P **Pearson** **英国培生酒店管理教育经典**

国际接待服务业概论

（第9版）

INTRODUCTION TO HOSPITALITY (9th Edition)

【美】 约翰·沃克（JOHN R. WALKER）/ 著

李力 等 / 译

广东旅游出版社
GUANGDONG TRAVEL & TOURISM PRESS
悦读书·悦旅行·悦享人生

中国·广州

译者序

John R.Walker的著名教科书 *Introduction to Hospitality* 第7版译著，由广东旅游出版社出版以来，受到许多大学老师和学生的欢迎。原著是一本教材，一本针对接待或款待服务这一特殊的研究现象，通过管理学的理论与方法，从宏观的角度，阐述现代接待服务业的性质、结构和主要内容的教科书。它可以使学生通过学习，深入地了解这一产业快速发展的全貌，并帮助他们以全新的视野来重新看待接待服务业这个世界上最大的产业，通晓这一产业未来发展所需要的知识结构，以及学生个人未来在该产业的职业发展路径和应承担的领导者的角色。

目前，国内高校旅游管理和酒店管理的本科专业均开设"旅游接待业"这门课程，并在不太长的时间内，相继出版了一些教材，这是一个好的开始。考虑到教学使用的需要，就这门课程与本书的关系，我想借本书第9版出版的机会，再多说几句话。

第一，关于本书的核心概念——这也决定了本书的结构及主要内容。我们知道，核心概念一直是构建一门课程或某一理论的结构及内容体系的基础。本书的"接待服务"的概念源于英文的 hospitality，作为好客或者款待的一种"行为"的含义，hospitality 是指基于实物或非实物，包括住宿服务、饮食服务及休闲娱乐服务的供给，在主客之间，同时发生的一种暂时的人类交换行为。从产业的角度出发，接待服务业（hospitality industry）就是这种"交换行为"的商业化的总合。这与仅仅是某一接待的"地点或空间"，如酒店的"前台接待"（reception）的接待概念并不相同。

第二，本书对接待服务业范围的界定，包括酒店与住宿业、餐馆商业、酒水服务业、休闲娱乐业和会展与活动产业等。显然，这些产业的范围并不只限于对"旅游者的接待服务行为"的接待服务领域，而是以"顾客行为"为中心的接待服务领域。事实上，绝大部分所谓的旅游接待服务设施，也是以接待"当地"的顾客为主。一般说来，国内高校旅游管理专业和酒店管理专业都须开设"接待业服务业概论"这门课程，而国外高校也同时开设"旅游商业"（tourism business）这一课程。后者教学研究的旅游产业范围包括旅游产品、旅游代理、旅游中间商、旅游交通和旅游供应商等（也包括部分接待服务企业的供给），这值得我们借鉴，且它也可以取代目前国内课程建设水平不高的"旅行社服务与管理"和"导游服务"等课程。

第三，关于"接待业服务业概论"课程的学科理论基础。目前高校旅游管理专业学生普遍反映的问题是专业课程太多、理论基础不明、知识重复等，这显然是由于一直无法解决的以不同学科为基础建设旅游管理专业的问题引起的，其实每个高校都应该可以根据本校学科建设基础和教师的资源，建设自己独具特色的旅游管理专业，特别是一些研究型大学。"接待业服务业概论"课程的理论基础是以主客关系问题为核心的服务管理科学。作为一门专业的先导课程，它的核心内容是运用管理学的理论与方法，阐述现代接待服务业的性质、结构和运营管理特色，而不应试图让该课程的内容涵盖接待服务业几乎所有的经济与管理的理论与实践问题。例如，本书的酒店与住宿产业部分，只是从酒店商业模式的角度，集中阐述了酒店住宿服务和酒店餐饮服务的组织及运营管理特色。

第四，关于本书中的一些相关概念及重要词汇。目前旅游管理专业与酒店管理专业教材中的一些相关概念及关键词汇，许多源于国外英文的教材或著作。比较而言，这些概念的涵义，一是基于事实和学术名词表述一致的概念，例如"旅游""接待或款待"。这类概念，无论在实践中还是在学术研究中均广为人知，尽管在学术内容表述上，由于学科基础不同，有的概念一直是有争论的，例如旅游和旅游学等；二是人们认知的事实与学术名词不一致的概念，例如"节事"与"活动"的概念，前者在目前的学术研究中大行其道，但在实践中，人们往往不知所云，而在本书中，这两个概念有时是交替使用的。据此，本书译者对酒店商业、社会饮食业、休闲娱乐业、巡游服务业和会展与活动产业等关键概念及词汇的界定，力求在客观事实与学术研究的一致性方面，有科学与准确的表述。

总之，本书作为一本教科书，老师们在使用时，对上述学术问题的理解是重要的，因为这有助于让学生获得"接待服务业概论"这门课程系统和完整的知识，同时，也能通晓这门课程区别于旅游管理专业其他课程的独特的价值与意义。

毋庸讳言，目前国内旅游管理与酒店管理专业面临许多问题。但，尽管也会考虑国家政策变化或现代信息通信技术即数字技术发展对该专业人才需要的影响，旅游目的地或接待业的"专业管理人才"的培养仍然是该专业建设与发展的核心问题。因此，我们希望国内有更多的学者关心"接待服务业概论"这门课程的建设，面对数万学子，我想这远比一个论坛或某种现象的研究，影响更深远。

应该说明，本书的原著 *Introduction to Hospitality* 作为国外高校酒店管理专业的经典教材，已经再版了九次。广东旅游出版社在出版第7版译著之后，现在又推出原著的第9版，其意义自不待言。此次出版，我们结合原著第7版译著的内容，重新编译了全书。原书第7版译著，由李力编译第一篇和第四篇，李智编译第二篇的第3章和第4章，魏玲丽编译第二篇的第5章和第三篇；新推出的第9版译著，则由骆彦君重新编译新版书增加的部分内容，包括部分图表、复习思考题及英文案例等，由李力对全书的整体框架进行新的调整，对全书的内容做新的更正、补充与重新编译。

我们非常希望本书能对国内的旅游管理与酒店管理专业的学生培养有所助益。在此，也诚挚希望读者与同行对书中存在的一些问题与疏漏，批评指正。

李力

2025年6月

目 录

第 1 篇

导论

第1章 接待服务业概述

学习目标

- 描述接待服务业范围的特殊性。

- 理解现代接待服务业的产品特征。

- 解释为什么服务对于接待服务业的成功至关重要。

- 规划确定自己在接待服务业的职业发展路径，以及如何为自己的职业发展做准备。

1.1 接待服务与接待服务业

接待服务（Hospitality）或款待及礼待服务的概念就像文明本身一样古老。"接待服务"一词是由一个古老的法语单词演变而来，它源于最早的教会及救济院（Hospice），意为"为旅行者提供照料或住所的服务"。当时，法国一些教会或救济院为照顾一些信徒或无家可归的人，利用自己的场所为他们提供初步、慈善形式的服务，这被认为是接待服务的雏形。其中，最著名的救济院是位于法国勃艮第地区的博纳济贫院（Hospices de Beaune），它在1443年作为一所专为穷人服务的慈善医疗机构，由勃艮第公爵的宰相大臣尼古拉·洛兰（Nicolas Rolin）创立。这类救济院尽管可以提供给客人一些临时的食宿设施，但是，由于其慈善与救济性质，维持其运作是非常困难的。

今天，什么是接待服务？不同的人会有不同的回答。如"慷慨与热忱地接待客人""满足顾客的需求""创造一个使顾客愉快或维持一个可接受的环境""为客人创造一个友好和安全的氛围"等。显然，接待服务的发展来自古代对陌生客人的款待的风俗习惯，并受到今天多层次的、综合性的接待服务的运作与管理活动的影响。

从产业发展的角度，接待服务又称款待，是在特定的环境下顾客与服务供应者之间通过提供住宿、饮食和休闲活动等产品，同时进行的交换行为。在商业社会中，接待服务业是以服务满足个人消费需求为主的现代服务业的重要组成部分，接待服务业管理涉及住宿业、饮食业和休闲娱乐业的服务与管理。

1.1.1 欢迎你加入接待服务业

接待服务业对一个学生或致力于从事服务业职业发展的人来说，是一个最具魅力、最有趣、最能激发人热情，又能让你享受未来事业发展潜力的行业，你不仅能获得丰厚的报酬，还有绝佳的职业发展机会。我们经常会从接待服务业领导者那里听到，当你成为这一行业中的一员，这一行业会融入你的血液中。在数不尽的行业类别中，有些人说他们不会改变他们的工作，即便他们有机会这样做，只有从事接待服务业工作的人会说："如果你们想在这个行业工作，那你们肯定是疯了。"当然，这只是个玩笑，但我们确实需要了解这个行业的一些现实情况，这些内容将在描述行业特征的部分中进行讨论。有些例子表明，任何一位学生在毕业后开始他的职业生涯时，都有可能在接待服务业获得帮助他们在这个行业打下坚实知识和经验基础的工作机会。这些毕业生的职业前景如图1-1所示。

通常情况下，升职机会不会是遥不可及的。要记住，在接待服务业，无论你身居何职，你及每一个人在职业领域内的发展，对接待服务业这一令人激动的行业的成功，都起着至关重要的作用。

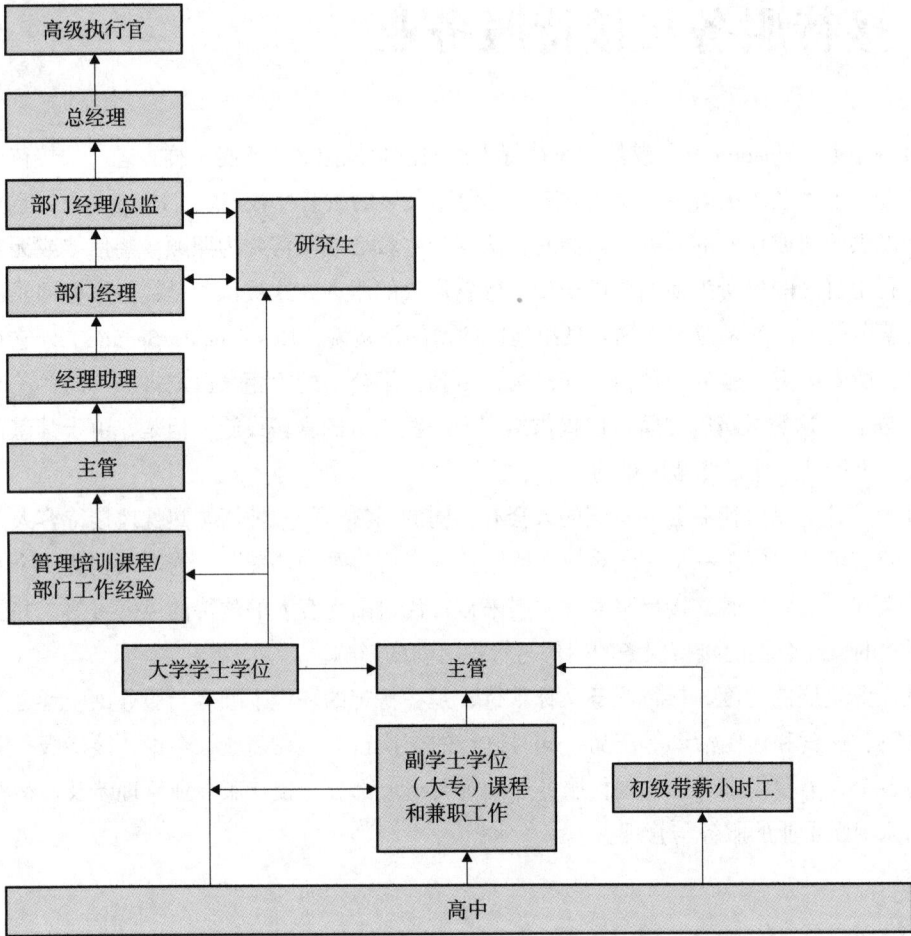

图1-1 接待服务业的职业发展路径

1.1.2 旅游业与接待服务业

旅游业与接待服务业是世界上规模最大且增长最为迅速的产业。该行业最令人兴奋的一点在于，它由众多不同的职业构成。当你想到在酒店与旅游行业的职业时，脑海中会浮现出怎样的画面呢？你想到的是一名厨师、一位总经理、自主创业的老板、市场营销总监，还是活动策划经理呢？可以说，该行业为每一个在这一行业发展的人带来了多种职业发展的可能性，涵盖了餐厅、度假村、航空公司和邮轮公司、主题公园、旅游景点以及赌场等领域的职位，而这只是酒店与旅游行业众多细分领域中的一部分（见图1-2和1-3）。

纽约市技术学院教授詹姆斯·里德（James Reid）对这部分内容提出了自己的见解。他认为，尽管接待服务业是丰富多样的，但也存在一些强大且共通的要素，包括服务与产品的提供，以及顾客对它们的印象。无论员工是直接与客人接触（前台服务人员），还是在幕后

图1-2 旅游业与接待服务业的范围

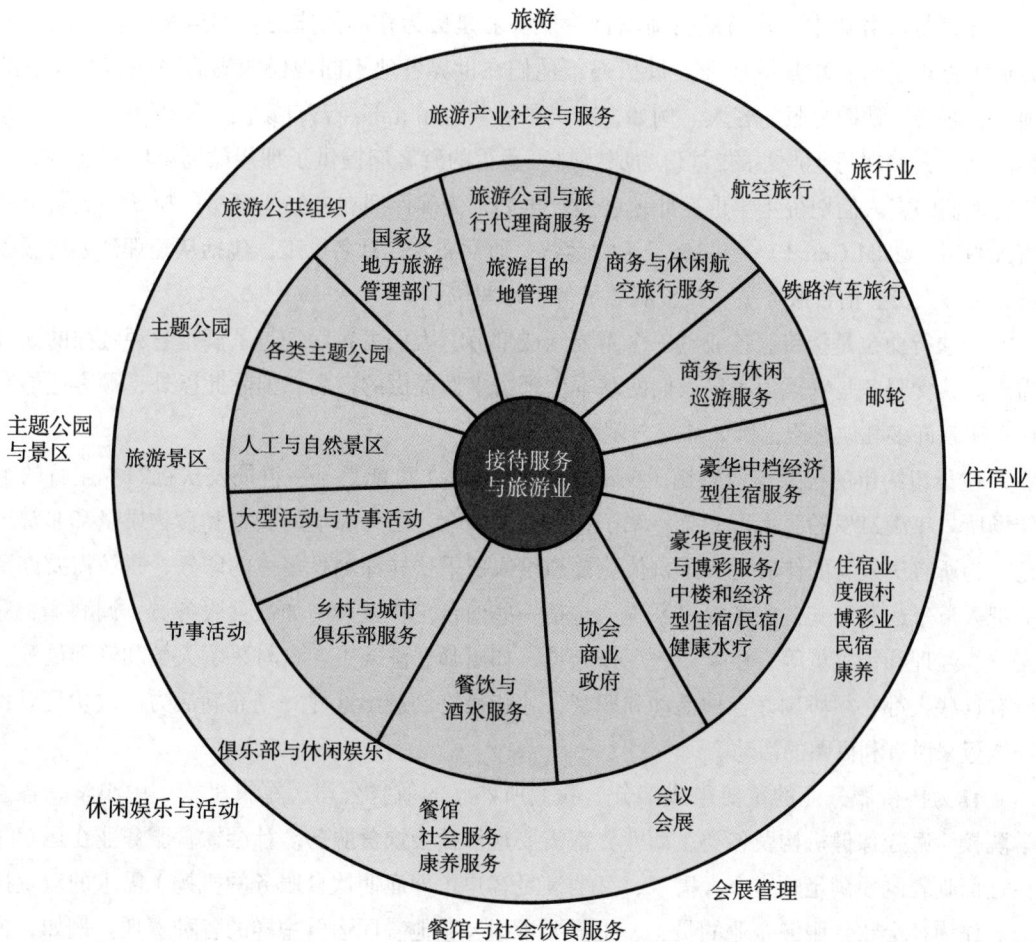

图1-3 旅游业与接待服务业相互关系

履行职责（后台工作人员），在这个行业工作需面临的深刻且最具挑战性的现实是，酒店员工有能力通过留下深刻的印象来影响客人的体验——即使是短暂的"关键时刻"（即客人与服务的接触瞬间），这些印象也可能会伴随客人一生。

想象一下，人们为什么要暂时离开家（无论是独自一人还是与他人一起）去或远或近的其他地方。显然，人们出行的原因有很多——度假、出差、参加会议，甚至可能是参观大学校园等等。无论出于何种原因，在接待服务业的范畴内，都需要许多专业的服务来满足人们外出旅行时的需求。想想那些为旅行者提供服务的众多人员，他们有责任代表自己的行业，创造出让旅行者满意和难忘的体验。这些人款待客人，提供信息服务与舒适的环境，为游客提供关怀……其实，他们都通过自己的职业及专业的服务，共同构成了一个能够对人们的生活和幸福产生积极影响的过程。

1.1.3 接待服务业的构成

在接待服务业中，**住宿服务业与饮食服务业是最为核心的产业**。酒店及住宿业的发展为员工提供了日益增加的职业发展机遇，他们在世界各地不同规模的酒店与住宿企业协助预订、迎接、帮助并服务客人。例如，在美国佛蒙特州北部经营自家民宿（B&B）的一对夫妻。这对夫妇在每年严寒的2月份为那些热衷滑雪的游客们提供了理想的周末度假之所，这使得他们的客人们期待年年重返此地度假。再如，为确保拥有5505间客房的拉斯维加斯米高梅大酒店（MGM Grand）一年365天正常运营，通常需要几百名员工，包括从经理到客房服务员、工程人员、前台服务员、饮食服务员等工作职位。

餐饮行业也是接待服务业的一个重要组成部分。人们去餐厅是为了满足各种各样的饮食需求。饮食服务是餐馆为满足人们的基本生理需求而提供的产品，但除此以外，顾客还能在这里实现许多其他愿望，例如社交与闲暇娱乐等。

位于纽约市的格莱美西餐馆（Granmercy Tavern）可能是某一群朋友庆祝21岁生日的绝佳场所。年满21岁的客人可能会一辈子记住这个聚会，因为那里的服务和食物质量都非常出色，为所有庆祝者的体验增添了价值。要想给人留下这样深刻且集体的印象，餐馆需要许多关键人员来运营和支持服务提供系统：包括一些前台工作人员，如饮食服务员、调酒师、迎宾员、经理和传菜员等；还有后台工作人员，如厨师、洗碗工、食材采购人员和管理员等。所有这些人都必须协调好各种活动和职责，才能最终创造出这样一场充满活力、成功且对餐厅老板来说有利可图的活动。

作为接待服务业的重要组成部分。我们所熟悉的航空公司、军事机构、中小学、各大学院校、医疗保健机构及各类工商业界都需要这种**社会饮食服务**。社会饮食服务业在运营时往往面临着既要满足顾客个人需求，又要满足客户（即雇佣饮食服务的机构）需求的双重挑战。作为社会饮食服务企业的员工，也需要承担与其他餐厅运营一样的各种责任。例如，为航空公司提供的食品质量或许是赢得回头客，并树立正面积极口碑以吸引新客户的关键。

　　与食物产品一样，**酒水产品服务**也是接待服务业的重要组成部分。自有历史记载以来，酒水及各类饮品满足了人们的生理需求，这使得饮品菜单远远超出了仅仅只有水的范畴。如今，这一服务已经形成了日益扩大及发展迅速的新行业。无论是里维埃拉度假区游泳池边点缀着柠檬与薄荷的冰茶，还是波士顿的金婚纪念派对上的香槟祝酒，酒水及各类饮品在满足人们需求并且为许多庆祝聚会增光添彩方面，都起着重要的作用。有意思的是，在酒水产品的生产和供应系统中，活动着许多顾客很少能见到的身影：纳帕谷（美国加州葡萄酒的主要产地）里每天都要去葡萄园劳作的农民、哥伦比亚的咖啡豆采摘者、东京的清酒侍应生，或者是佛罗里达州正将橙子装箱的果园主……这些幕后人员肩负着各自不同但同样重要的职责，即让那些无论是在度假区、办公室、医院、大学，还是路边小吃店的顾客，都能享受到他们想要的高品质产品。这些也是接待服务业的一部分。

　　活动产业是接待服务业的另一个重要组成部分。无论是大型的音乐节、运动赛事，还是企业会议或私人派对，都需要精心策划和组织，以确保活动的成功。例如，在柏林举办的柏林国际电影节吸引了来自世界各地的电影制作人、明星和观众。为了成功地组织这样的大型活动，需要从活动策划、场地布置、安全保障到后勤保障等多方面进行协调和管理。而对于私人派对，如婚礼或生日派对，提供的服务不仅限于食物和饮料，还包括音乐、娱乐、装饰等多个方面，确保每一位嘉宾都能有一次难忘的体验。

　　休闲娱乐业也是接待服务业的重要组成部分，它包括了电影院、游乐园、剧院、体育馆、健身中心等场所。这些场所为人们提供了从日常生活中放松和娱乐的机会。例如，位于洛杉矶的环球影城是一个结合了电影制作与游乐园特色的综合性娱乐场所。它不仅为游客提供了观看电影的机会，还提供了各种刺激和有趣的游乐设施，满足不同年龄段的游客需求。

1.2 现代接待服务业

　　一旦进入接待服务业，你会发现这个行业几乎是全年无休的。工作时间长，工作繁重，是接待服务业的一个重要职业特征。那些希望在接待服务业晋升到高级职位的人，以及在这方面的许多其他人，通常每天工作10小时。工作日包括晚上和周末——所以我们必须接受这样一个事实，即当别人在享受休闲时光时，我们可能正在工作。由于管理层的职业倦怠，该行业出现了一种趋势，即减少经理的工作时间以吸引和留住员工。

　　现在的接待服务业严重依赖工作轮班制度。在员工职业生涯的早期，根据所在部门的不同，基本上，有四种轮班模式：早班从早上7:00开始，所以你可能需要在早上6:00左右起床以准备开始工作；中班通常从上午10:00持续到晚上7:00；晚班从下午3:00开始，一直工作到晚上11:00；夜班从晚上11:00开始，一直工作到早上7:30。主管和经理通常从早上8:00开始，一直工作到晚上6:00或8:00。显然，职业的成功来之不易。

上述这些都是接待服务业这一行业的表象特征,现代接待服务业的特征是从该行业的产品和运营的特征上反映出来的。

1.2.1 接待服务业的产品特征

现代接待服务业最重要的特征是来自接待服务产品的特征。在《新韦伯世界词典》中,"服务"的定义是为顾客提供产品或支持的行为或方式。在接待服务业中,接待服务产品通常具有**无形性**(intangibility),这就意味在这一行业中,客人在入住一晚之前不能"试住",在就餐之前也不能"品尝牛排"。酒店服务产品仅供顾客使用,而非占有。甚至更加独特的是,为了提供我们的产品——接待服务,我们必须得到客人的反馈。想象一下通用电气让客户在工厂里参与冰箱的实际制造过程来生产冰箱。这似乎很荒谬,但我们每天都在这样做,而且每天要做很多次,每次的方式还都独特不同。这被称为接待服务产品生产和消费的**不可分离性**(inseparability),因为每个顾客可能都有自身对服务产品的要求,并且在提供接待服务产品的过程中,生产和消费是同时进行的。

接待服务业的服务产品又具有**不可贮存性或易逝性**(perishability)的特点。例如,一家酒店某日拥有1400间可供出售的客房库存,但实际只售出了1200间客房。这就意味着其余200间未售出的客房当日的售出机会及其收益已经永久地失去了。酒店经营者可以尝试以其他方式弥补未售出房间的收益,但可供出售的客房库存已经浪费掉了。与其相似的情景有:餐馆座位在营业时未坐满,飞机座位在航班出发时未售完,当航船驶向大海时邮轮客人座位还有空余等等。

与接待服务产品同时生产和消费这一观点相关的是,接待服务业需要考虑的另一独特性是生产与消费主体的**内在易变性**(variability)。例如,在生产方面,由于每个员工的技能、知识、能力以及对工作的热情程度都不同,因此我们经常会看到工作质量的差异及不稳定性。而在消费方面,每个客人在他们所寻求购买的东西上,经验、理解和期望水平都不同,因此我们经常会看到客人在消费接待服务产品的能力和方式上存在差异。员工和客人的可变性,再加上接待服务产品的高度易逝性且同时生产和消费这一事实,催生出接待服务业比其他行业更加复杂的购买与销售关系。

1.2.2 接待服务业的企业理念

在接待服务业中,我们不断追求的是顾客满意度。显然,由于成功的服务所带来的顾客满意度会影响顾客忠诚和企业收益。目前,接待服务业的理念已从管理者进行计划、组织、实施和评估,转变为管理者为员工提供指导,给予他们资源并帮助他们独立思考。其结果是形成了一种更具参与性的管理风格,从而增强了员工的能力,提高了生产力,同时提升了客人和员工的满意度。例如,为了让客人完全满意,丽思卡尔顿酒店(Ritz-Carlton)的员工被授权可花费高达2000美元。试想一下，一位准新娘到达酒店后把她的婚纱送去熨烫，不料酒店在熨烫时把婚纱烫坏了。幸运的是，礼宾服务员及时赶到，带着准新娘前往婚纱店挑选了一款价值约1800美元的漂亮婚纱。新娘很高兴，因为这件婚纱比原来的更漂亮。

企业理念（Corporate philosophy）是企业组织的价值以及在此基础上的伦理、道德、公平和平等观念的总和。新的企业理念强调管理者应将关注的重点从企业生产方面更多地转移到对客服务方面，并从强调业务生产过程转向重视企业与客户相关互动的服务过程。"不惜一切代价"的理念正在取代"那不是我的工作"的观念，创新和创造力正在取代"我们一直都是这么做的"的想法。成功的企业是那些能够将企业理念传递给员工和客人的企业。在后面的章节中，我们将要讨论的来自万豪国际（Marriott International）的一个杰出、典型案例，正是关于一个企业理念深入人心的很好例子。

在接待服务业中，服务是一种生活方式。例如许多国际著名品牌的酒店企业的理念，都涉及要实现企业自己的"服务精神"这一特殊而重要的信条。这就构成一个企业区别于其他企业的价值观，这些价值观源于这些国际酒店企业自身，它是真实的、刻骨的，并为企业强烈地拥有和实施着的价值观念。酒店企业最为普遍的核心价值观念（core values）包括服务第一、客户第一以及员工第一，这既是企业持续改进和克服困难的承诺，也是企业员工努力工作并享受这个工作过程的方式和其企业文化建设的核心。

在现代社会经济发展过程中，可持续性（sustainability）也是接待服务业一个整体反映企业理念的观念。它是指接待服务业的运作也需要"既能满足当代人的需要，又不对后代人满足其需要的能力构成危害"。如同1987年布伦特兰报告（Brundtland Commission Report）的标题所概述的，可持续发展关乎"我们共同的未来"（Our Common Future）。布伦特兰委员会是联合国组织的环境与发展的世界性委员会，致力于解决备受关注的"关于人类环境加速恶化"的问题。可持续发展的目标是实现经济持续繁荣的同时，保护地球自然资源以及保持人们和后代的生活质量。

接待服务业的运营者总体上拥护并将可持续接待服务的概念越来越多地作为企业运营的一部分。以住宿业为例，维拉德华盛顿洲际酒店（Willard Inter Continental Washington）的可持续发展倡议就展示了在这一领域坚持可持续发展观念的实质性成果。该项目主要是基于项目、人以及地球的相互关系，根据"三重底线"（Triple Bottom Line）的概念寻找酒店可持续发展运营的方式。"三重底线"是企业可盈利的运作、对在酒店消费或购买服务的人们的关注，以及对资源的精确管理三大焦点的结合。酒店业会更多地关注可持续接待服务运作的相关问题，例如与其相联系的水资源、固体废物、建筑物、可替代资源的使用以及能源的减少等。

1.2.3 接待服务业成功的关键

怎样才能在接待服务业中取得成功？鉴于美国和加拿大大约70%的经济以及其他国家中越来越高比例的经济都涉及服务业，为客人提供卓越的服务至关重要。但什么是卓越的服务？服务是"服务的行为或方式"，是"提供商品和服务"以及"对他人有所帮助"。

这是一个服务的时代，现代接待服务业正在进行革新，随着顾客对优质服务的期待不断增加，企业认识到卓越的服务意味着"我们用服务赢得顾客的忠诚度"。接待服务业每天都有成千上万次的客人接触，即客人服务接触，因此在每个酒店企业中融入卓越的服务至关重要。一些企业采用这样的说法："如果你不是在为客人服务，那你最好是在为正在服务客人的人服务。"这就是团队合作的精髓：在一个企业工作团队里，如果你是后台工作人员（back of the house）在为前台工作人员服务，而前台工作人员在为客人服务。

客人是指任何接受他人工作成果或从中受益的人。外部客人是大多数人传统意义上所认为的客人。外部客人的满意度最终衡量着一个企业的成功，因为他们是愿意为公司服务付费的人。内部客人是指公司内部接受公司内其他人工作成果或从中受益的人——例如，准备餐厅午餐服务的服务员或传菜员，就得到了洗碗工的"服务"，因为洗碗工准备了干净的盘子、刀、叉、勺子和玻璃器皿。

要想在服务方面取得成功，我们需要做到以下几点：

- 以客人为中心。
- 理解与客人接触的员工的角色。
- 将服务文化融入教育与培训体系中。
- 既要强调高科技，也要注重高情感交流。
- 在变化中蓬勃发展——不断提升客人的体验。

作为接待服务行业的专业人士，我们要善于识别各种与客人相关的情况，并采取行动缓解或避免这些情况。让我们想象一下，在以下情形中，员工通过展现同理心（即设身处地为他人着想）能赢得多少好感：一个寒冷的天气里，两位女士来到佛罗里达州一家高档海滨酒店用午餐。她们决定在露台上用餐，以便同时享受美丽的景色。隔壁休息区的一名服务员注意到了这两位顾客，得知她们希望在露台用餐后，迅速为她们布置了餐桌，给她们提供了热茶，并记下她们的点餐。而后，这位服务员又走到洗衣房，将两条毯子放入烘干机中稍微加热，然后送到了顾客手上，以确保她们感到温暖舒适。这位服务员压根没想到这两位客人是谁——她们是《纽约时报》的旅游专栏作家，她们在一篇文章中赞扬了该酒店及其卓越的服务，为这家酒店及其服务带来了赞誉。

服务成功的另一个关键目标是培育顾客忠诚度。我们不仅要让顾客在企业提供服务期间感到愉悦，还要促使他们再次光顾——我们希望他们还能带着朋友一起来！吸引新顾客比起挽留固有顾客需要花费更多的时间和成本。想象一下，一家酒店服务业企业如果能够挽留10%的顾客使其成为忠诚顾客，那它的利润会增加多少。失去一个客人比失去一张订单的损失更大，因为企业很有可能失去的是一位终身客人。

每个酒店企业每天都会接待成千上万的客人，要一直保持预期的服务水准是巨大的挑战。以客人在餐厅用餐为例，让我们看一看整个过程中会遇到哪些服务接触：

- 客人致电餐厅或在线预订餐位。

- 客人试图找到餐厅的位置。
- 客人停车。
- 客人受到欢迎。
- 客人被告知餐桌还未准备好。
- 客人要么等待，要么去休息区喝杯鸡尾酒。
- 由于没有座位，客人试图引起调酒师的注意来点一杯鸡尾酒。
- 客人被扩音器或寻呼器呼叫。
- 客人被引导至餐桌入座。
- 客人点餐。
- 服务员送上饮料或食物。
- 服务员清理食物或饮料。
- 服务员送上账单。
- 客人支付餐费。
- 客人离开餐厅。

你也可以根据自己的亲身经历，想想在餐厅用餐过程中会遇到多少次服务接触。

以服务为本、提供优质服务是一项非常艰巨的任务，很少有企业能充分重视对员工进行如何提供服务的培训。我们过度依赖技术，这导致服务提供者往往缺乏提供优质服务的动力。例如，在为客人办理酒店入住手续时，前台服务人员可能会向客人问好，但在接下来的服务过程中却一直低头看电脑，甚至在询问客人姓名时也是如此。再比如，预订员在被问及某一特定类型的客房时一言不发，因为他正在等待电脑显示该房型是否有空房。

商业的本质已经改变。领导者应该向那些乐于变革的员工赋予适当的权力。获得授权会让员工产生一种伙伴关系的感觉，在这种关系中，员工会对自己的工作感到负有责任，并认为组织的成功与自己息息相关。

获得授权的员工往往会有以下表现：

- 坦言自己的问题和担忧。
- 对自己的行为负责。
- 视自己为专业人士中的一员。
- 在为客人服务时，敢于行使自己的决策权。

赋予员工更多权力时，管理者需要注意以下几个问题：

- 敢于冒险。
- 合理地委托责任。
- 营造一个学习环境。
- 积极分享信息，鼓励员工自我表达。
- 让员工参与制定自己的职业愿景。
- 对员工做到周全且有耐心。

1.3 接待服务业与职业发展

接待服务业有众多的专业职业可供希望进入这一行业的学生选择，尽管每个人在进入这一行业之前还无法确定哪一个工作职位更适合自己。现代接待服务业主要包括以下细分领域：住宿业、餐饮和食品服务业、娱乐和节事活动、会展管理、主题公园和旅游景点、旅行及旅游业等。例如，住宿业为许多员工提供了职业机会，他们在世界各地的酒店、度假村和其他住宿场所中负责预订、接待、协助和服务客人。显然，作为接待服务业的重要组成部分，住宿服务对员工有大量的职业需求。

图1-4、1-5和1-6展示了住宿管理、餐饮管理以及中大型酒店客房部门的职业晋升阶梯。图1-7则展示了餐厅管理的职业晋升阶梯。并不是所有人都遵循这样的步调，有些人会从前台接待服务岗位转向后台职位，以丰富他们的职业经历。

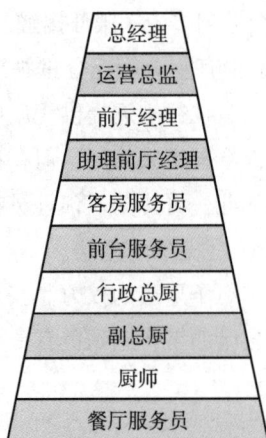

图1-4　住宿管理职业发展阶梯

图1-5　餐饮服务管理职业发展阶梯

图1-6　酒店房务管理职业发展阶梯

图1-7　餐厅管理职业发展阶梯

1.3.1 接待服务业的职业发展路径

　　既然我们知道接待服务业是世界上规模最大且可以说是发展最快的行业，那么让我们来探索一下可供毕业生选择的众多职业发展路径。职业发展路径（Career Paths）这一概念常被用来描述员工在接待服务业每个细分领域中可能的职业发展进程。接待服务业的职业发展路径并不总是像职业晋升阶梯中有时所描述的那样呈直线发展。你可以将其比作跳进游泳池里：无论从哪一端跳进去你都会湿身，然后你可能会游到另一边——但并不总是沿直线游过去。在接待服务业中亦是如此，我们可能从某一领域起步，后来又发现另一领域对你更有吸引力。当机会来临时，我们需要做好准备去把握它们。例如，某一位接待服务管理专业的毕业生，由于性格较内向，在职业发展初期，他决定在酒店财务部谋一职，但几年后，令人惊喜的是，他成为前台经理，面露微笑迎接客人。在以后的时间里，他又先后进入餐饮部、市场营销部工作，现在他已经是一名总经理了。

　　职业发展路径意味着我们能够依此从一个职位晋升到另一个职位。在接待服务业中，我们并不总是使用直线职业阶梯，因为在成为总经理、人力资源总监、餐饮经理、会议策划人、市场营销总监之前，我们需要在多个领域积累经验。在酒店业中，通往总经理的道路需要经过餐饮部、客房部、市场营销部、人力资源部和财务会计部，或者更有可能是这些部门的综合经历，因为在多个领域有经验（交叉培训）会更好。在餐馆工作也一样。拥有服务经验的毕业生在成为餐厅的早班或晚班助理或经理、总经理、区域经理、地区总监、副总裁和总裁之前，需要在厨房花些时间学习每个岗位的工作，然后再去做调酒师。

　　确实，有时候我们会犯刚学走路之前就想奔跑的错误，急切地想要快速进步，但请牢记：我们既要享受目的地的美好，也要享受沿途的旅程。如果你晋升得过快，可能来不及准备好承担起额外的责任，且可能并未储备好晋升所需的技能。例如，在你真正了解"餐饮"之前，你不能期望成为餐饮总监：这意味着要在厨房花上几年时间。否则，你怎么能与行政总厨沟通呢？你必须知道食物应该如何准备和上菜。你必须设定标准，而不是让别人为你设定标准。你必须时刻准备好，因为你从不知道机会会在何时出现。这些，都是你的职业发展道路所必须经历的。

　　我们在前面章节中看到了每一个人在接待服务业中都会有许多职业选择。在进入接待服务业工作前，你可能想要成为会计总监、活动策划经理、市场营销总监或餐饮总监，或者是一名餐馆经营者，将这些作为你的职业目标。其实，如果你还不能确定要追求哪一职业目标也没关系，你可以去逐步探索接待服务行业的发展，获得你需要的相关信息，以决定选择哪条职业发展路径。其中较有效的方式是可以通过实习和工作来逐渐获得你对职业发展目标的认识。有人建议尝试各种不同的工作，而不是一直从事同一份工作。

　　接待服务业是服务产业，这意味着我们要像照顾自己一样照顾他人。确保客人得到优质的服务是接待服务企业的目标。这是一个会让你全身心投入的行业！它大多时候充满乐趣、令人兴奋，很少会枯燥乏味，而且几乎每个人都能在这个行业中取得成功。那么，在酒店业取得成功需要具备什么呢？你需要拥有诚实的品质、努力工作的态度，要善于团队协作，以及能够忍受长时间工作；同时，还需要具有强抗压能力和决策能力，要有良好的沟通技能，有勇于为顾客服务的奉献精神，以及拥有提供超越顾客期望的服务的热情和渴望。此外，领导力、雄心壮志和成功的决心也是在这一行业获得成功的重要且必备的素质。

1.3.2　接待服务业与你

接待服务业适合你吗？我们在前面已经阐述了接待服务业的特征，今天，接待服务业的规模和范围，其职业前景正在逐渐改善。我们已经认识到这是一个令人兴奋且充满活力的行业，具有发展潜力，尤其是在经济强劲的情况下。在接待服务业，我们经常在别人休闲时工作——想想你的晚班或周末班。不过有一些岗位，比如会计、市场营销和销售、人力资源以及客房管理等，可以按自己的意愿享受休闲时光的晚上和周末时间也不少。

企业招聘人员寻找的是服务导向型的人，这些人"言行一致"，也就是说他们能说到做到。良好的实习经验、参与校园和专业组织的经历、积极的态度以及优秀的学业平均绩点，都表明一个人对自己学业的投入，也是对个人未来职业发展的一种承诺与保障。为了你自己的乐趣以及个人的成长和发展，积极参与校园内以及专业的酒店与旅游行业组织，并参与活动的组织工作是非常重要的。招聘者能够察觉到那些积极参与各种组织的学生与未参与的学生之间的差异，并在评估职位候选人时将此纳入考量范围。积极参与相关活动将展现你对所选择职业的投入，并让你有机会结识有趣的同行和业界专业人士，他们能够在你选择的职业发展路径上给予帮助。通过积极参与，你将培养出对你的职业生涯大有裨益的领导力和组织能力。那些具有主观能动性、做好努力工作的准备且致力于为企业服务的、有事业心的求职者们，正是各个公司所努力寻找的人才。

完成自我评估的目的是衡量我们目前的优势和劣势，并确定如果我们要实现目标，需要在哪些方面进行改进。自我评估有助于确定我们现在所处的位置，并向我们展示当前状态与我们想要达到的目标之间的联系。在自我评估中，我们列出自己的积极特质。例如，我们可能有从事客户服务岗位的经验，这将有助于我们为担任主管和管理职位做好准备。其他积极特质包括我们的性格，以及如前文所列的招聘人员所看重的所有其他方面。

当然，我们同样需要列出自身有待提高的方面。例如，我们可能已经达到了一定的烹饪专业水平，但在这个专业领域还需要更多的经验和学习一门相关课程。或者你可能想要提高自己的西班牙语技能，因为你将与说西班牙语的同事共事。你的理念就是你的信念以及你对待他人和工作的方式。它将决定你是怎样的人以及你所坚持的原则。你可能会说，你喜欢通过以己度人来提供优质服务，并且相信在生活与工作中诚实与尊重的重要性。

关键词汇与概念

接待服务	接待服务业的范围	服务的无形性
服务的不可分离性	服务的不可储存性	服务的易变性
接待服务业的企业理念		接待服务业的职业发展路径

复习讨论题

1. 举出至少三个例子，说明接待服务业最近是如何发展变化的。

2. 解释现代接待服务业的企业理念的重要性。

3. 请阐述如果你想成为以下职位之一，需要经历的职业发展路径。

　　a.客房部经理

　　b.餐厅经理

　　c.中型酒店总经理

知识应用

1. 请思考毕业五年后你希望在接待服务业中担任的职位，创建一个表格，在一栏中列出你目前的优势，在另一栏中列出为达到该职位你需要掌握的技能和知识，然后制订出弥补这些差距的计划。使用思维导图、愿景板或大纲与全班同学分享你的计划并相互支持。

2. 调研某地的接待服务企业，提出改进接待服务业服务的建议。

3. 您所在社区内的一家受欢迎的餐厅开始出现客人数量下降的情况。社交媒体上经常批评其服务水平差，等待时间长，且服务员动作慢。请提供两到三种改进服务的方法。

Introducing ❯❯ Bill Marriott Jr.

J.W. (Bill) Marriott, Jr., is chairman of the board of directors of Marriott International Corporation. Mr. Marriott's philosophy comes from core values that can be traced back over 80 years to the personal core values of his father, J. Willard Marriott, who wove them into the fabric of the company and then passed them on to his son, Bill Marriott Jr. The Marriott corporate philosophy embraces the values of the organization, including ethics, morals, fairness, and equality. The values originate from deep inside the people themselves—authentic, bone-deep, passionately held. Marriott believes that people are number one, then a commitment to continuous improvement and overcoming adversity, and a good old-fashioned dedication to hard work and having fun while doing it. Another of Marriott's core purposes is to make people away from home feel that they are among friends and are really appreciated—this serves as a fixed point of reference of guidance and inspiration.

Ever wondered why Marriott International is so successful? Well, one reason is given by Jim Collins in the foreword he wrote for Bill Marriott's book *The Spirit to Serve: Marriott's Way*. Collins says that Marriott *has timeless core values and enduring purpose*... including the belief that people are number one: "Take care of Marriott people and they will take care of the guests." In addition, a commitment to continuous improvement and a good old-fashioned dedication to hard work and having fun while doing it provide a foundation of stability and enduring character.

So, where does *hospitality spirit* fit into all this? It's simple—it begins with each and every time we have a guest encounter. People with a *service spirit* are happy to do something extra to make a guest's experience memorable. The hospitality spirit means that it is our passion to give pleasure to others and to make our guests feel great. Every day we encounter guests who rely on us for service, which can make or break their experience. We want to "wow" guests and have them return often with their friends.

Jim Collins adds that Marriott's core purpose—make people who are away from home feel that they are among friends and that they are wanted—serves as a fixed point of guidance and inspiration. So where does *hospitality spirit* fit in to all this? It is simple; it begins with each and every time we have a guest encounter—people with a *service spirit* are happy to do something extra to make the guest's experience memorable. The hospitality spirit is a passion to give pleasure to others, or, as former Ritz Carlton Human Resources Director Charlotte Jordan calls it, "Creating memorable experiences for others and being an ambassador of the world, adding warmth and caring." Every day, we encounter guests who rely on us for service, which can make or break their experiences. We want to wow the guests and have them return often with their friends. Yes, we are in the people business, and it's "we the people" who take pride in the words of the Ritz-Carlton Hotel—"We are ladies and gentlemen taking care of ladies and gentlemen"—who succeed in the hospitality industry.

What do you think? Mr. Marriott likes to listen to Marriott associates.
In 1954, President Eisenhower was visiting the Marriott family farm, where there was lots of quail for hunting. The president and his entourage were deciding whether to go out hunting because it was 20 degrees on a really cold and grim day. The president, a five-star general, turned and asked Bill, who was the most junior officer in the room and who was on leave for Christmas, "What do you think?" Bill was impressed that the president should ask him, the most junior person in the room, this question. Ever since that day, Bill Marriott has used those four words to great advantage for many years—now you can too!

.inc | Corporate Profile

Marriott International, Inc.

With 30 brands, Marriott International is now the largest hotel company and its heritage is traced back to a small root beer shop opened in Washington, D.C., in 1927 by J. Willard and Alice S. Marriott. Today, Marriott International has more than 6,700 lodging properties in the United States and 129 other countries. Marriott places its brands in five groupings: Luxury, Premium, Select, Longer Stays, and Collections.

Luxury: The Ritz-Carlton, the worldwide symbol for the finest in hotel and resort accommodations, dining, and service, is a two-time recipient of the Malcolm Baldrige National Quality Award. It offers signature service amenities, fine dining, 24-hour room service, twice-daily housekeeping, fitness centers, business centers, and concierge services. Other luxury brands include St. Regis, JW Marriott, Ritz-Carlton Reserve, The Luxury Collection, Bvlgari, W Hotels, and Edition.

Premium: This category includes Marriott Hotels, Sheraton, Marriott Vacation Club, Delta Hotels, Gaylord Hotels, and Distinctive Premium brands such as Le Meridien, Westin, and Renaissance Hotels.

Select: Brands in this category are Courtyard Hotels, Four Points, Spring Hill Suites, Protea Hotels, Fairfield Inns and Suites, and Distinctive Select brands like AC Hotels, Aloft Hotels, and Moxey Hotels.

Longer Stay: Marriott Executive Apartments, Residence Inn, and Towne Place Suites fall under this category, with Distinctive Longer Stay represented by Element.

Collections: This grouping includes Autograph Collection Hotels, Design Hotels, and Tribute Portfolio.

Marriott has 30 different brands of hotels that cater to different clientele. Marriott knows who their guests are and where they like to stay.

How is the Marriott brand positioned?

Marriott like many other companies in the hotel industry, have many different brands that are positioned to attract different travelers. Marriott's high-end and generally expensive brands include Ritz-Carlton, JW Marriott, and Autograph Collection. Who stays at hotels like these? Usually, they are upper-level executives that work for large corporations. The companies are willing to spend the money to be sure their top-level management is comfortable when traveling. Other guests are usually folks who have a pretty high level of wealth and are willing to spend extra money to receive a higher level of service and amenities.

Marriott learned a long time ago that there is money to be made with higher-end hotels and services, but to also cater to those that don't want to or can't afford a lot of money to travel. Marriott has brands such as Fairfield, Elements, and Four Points that cater to folks that have more limited funds. Many companies and organizations do not allow their employees to just stay anywhere when they are traveling. They are on tighter budgets and are required to stay at hotels that don't have lavish services and amenities. The same is true for the typical traveler who doesn't have endless funds to frequently stay at high-end hotels.

How do they distinguish themselves from their competitors?

Hotels try to distinguish themselves from their competitors all the time. However, this is not an easy thing to do. Most companies brag about how great their service is and how special they are. But are they really any different from the hotel down the street? The companies that really distinguish themselves from the competition are the ones that really understand how good guest service is delivered.

For example: If a hotel General Manager truly treats their employees well, they will usually end up with a hotel that guests want to come back to. Why? Is it because the GM treats the guest well? The answer is no. The GM rarely gets to even talk with guests. When the GM (or any manager) treats their employees well, the employees are generally going to be happy and treat the guests well. When the guests are happy, they will come back and spend their money and make the owners happy. This is true for almost any business. There are other ways that hotels distinguish themselves from the competition, but service is usually the number one issue. Some hotels distinguish themselves by location, others by price, amenities or pools, spas, types of restaurants and food service.

Introducing ≫ Ryan LeVeque

Ryan LeVeque, DePaul University Alumnus and Revenue Manager Marriott Marquis Chicago

Ryan LeVeque is a graduate of the DePaul School of Hospitality Leadership. He understood the importance of practical experience within the industry prior to embarking on a fast track into revenue management. At the time, revenue managers had been viewed within the industry as former general managers or sales leaders; a recent college graduate would not be able to jump right into the discipline without a foundation. LeVeque began his career in college working in a large health club and found a familiar niche in the hospitality field upon enrolling at DePaul. By bridging connections, he landed an internship with the Convention Visitors Bureau of Northwest Indiana. Following this, LeVeque approached White Lodging, one of the world's largest lodging management companies, to attain its first revenue management intern role for the organization. This provided the chance to experience downtown Chicago's hotel atmosphere and revenue strategy planning sessions. White Lodging committed to LeVeque's goals and offered an entry-level position as a front office agent. He filled in other roles, too, working bellman and concierge shifts, creating training materials to help onboard new coworkers, and learning the "ins and outs" of the city. Within a year, LeVeque was promoted into management. He kept this position for two years, grinding through to learn all aspects of the front office and boost guest service scores into the top 3 percent of the Courtyard by Marriott brand. In his free time, he acquired a certification in revenue management from the American Hotel and Lodging Association. LeVeque was then approached by another hospitality company as they were expanding their front office department to include revenue management, which is when he transitioned to First Hospitality Group as an area revenue manager, overseeing markets from Omaha to Columbus. LeVeque eventually returned to White Lodging, moving into a position managing revenue for a larger, full-service hotel.

LeVeque maintains an active relationship with the faculty and his peers from DePaul and is often invited back to be an industry judge for students working revenue management-focused projects. Through this experience, he connected with two key players in the Chicago market with Marriott. One was the market leader for revenue and the other was the director of revenue for the soon-to-open Marriott Marquis Chicago, at the time the largest Marriott property being built in North America. A couple cups of coffee with the director and few interviews later, LeVeque found himself as the senior revenue manager of this same Marriott Marquis prior to its opening in September of 2017. Having been in various revenue positions, LeVeque understands that his next move will most likely need to be related to a large group strategy as he has worked on developing multiple markets and brands. Ambitions of a postgraduate degree are a twinkle in his eyes as he looks to land his next role in a city that will further his professional education within hospitality.

第2章 接待服务管理与领导力

学习目标

- 掌握管理的概念和管理的职能。
- 理解管理者角色的转换。
- 探讨管理者与领导者的区别。
- 讨论什么是领导力和领导力的管理的趋势。

在管理活动中对领导力（leadership）的关注，可以追溯到许多个世纪以前。然而，近年来，在企业竞争越来越激烈的环境中，领导力在接待服务业以及其他一些提供服务与产品、追求卓越的产业中成为一个非常重要的因素。其实，不管是在产业、政府、学校或一个非营利的组织中，甚至是一个社区机构里，都能让人经历、体验不同的领导能力带来的不同结果。可以说，在任何一个企业或组织中，一个有效率的领导者的参与，是确保其最终成功的基础。

2.1 管理与管理者

管理者要对团队的工作进行预测、规划、组织、决策、沟通、激励和控制，以实现预先设定的目标。管理还需确立组织的发展方向。有时，这一过程会借助员工或外部顾问（如市场调研专家）的帮助。管理者获取实现目标所需的资源，随后监督并监控团队及个人在达成目标过程中的进展。

行政层级的领导者，如负责整个公司的总裁和首席执行官，往往将大部分时间集中在战略规划和组织使命上。他们也会花时间组织和控制公司的各项活动。大多数高层管理者不会参与日常运营事务，这些职责通常由中层和基层管理人员承担。用酒店行业的行话来说，人们不会期望万豪酒店的总裁去当地万豪酒店的酒吧值班。尽管他有能力这么做，但他的时间和专业知识更适合用于塑造公司的未来。因此，尽管酒吧领班和公司总裁都可被视为管理人员，但要成为高效能的管理者，他们所需的技能各不相同。

2.1.1 管理与效率

所谓管理（management），简单地说，就是管理者所做的事：规划、组织、决策、沟通、激励和控制。为此，管理被定义为：协调和监督他人的活动，使他们的活动能够高效且有效地完成。从这个定义可以看出，管理职能以及与他人协作并通过他人工作是持续进行的。

此外，管理还涉及取得高效且有效的成果。效率（efficiency）意味着以最少的投入完成最多的工作。管理者要利用稀缺资源，如资金、人力、时间和设备。可以想象一下厨房为准备饮食服务时的忙碌情景。但仅仅有效率是不够的，管理还关乎效果。效果指的是"做正确的事"。例如，厨师按照食谱正确烹饪食物，并在需要时准备好，那么这个厨师就是做了正确的事。

2.1.2 谁是管理者

在许多酒店企业中，组织和工作性质的不断变化，模糊了管理者与非管理员工之间的界限。如今，许多传统工作都包含管理活动，尤其是在采用团队协作模式时。例如，团队成员通常要制订计划、做出决策并监控自己的表现。全面质量管理就是这种情况。

那么，我们如何定义谁是管理者呢？管理者是指那些与他人协作并管理他人活动，以高效且有效的方式实现组织目标的人。在接待服务业中，管理者通常分为三个等级：

一线管理者（frontline manager）是初级管理者。他们管理基层员工的工作，也可能被称为主管。例如，前台主管负责一个班次，并监督该班次的客服人员。

中层管理者（middle manager）类似于部门负责人，处于一线管理者和高层管理者之间。他们负责制订短期到中期的计划，并确立目标和指标以实现这些计划。他们监督一线管理者的工作。

高层管理者（top manager）负责制订中期到长期的计划，并确立目标和战略以达成这些目标。图2-1展示了管理层的三个等级与非管理层同事。

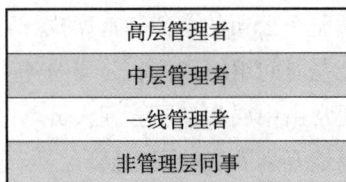

图2-1　管理层的三个等级与非管理层同事

2.1.3 管理者的职能

关键管理职能包括计划、组织、决策、沟通、人力资源管理和控制。这些技能并不是孤立的，相反，它们之间相互依存，且经常同时发生，或者至少相互重叠。图2-2展示了引领目标完成的几项关键管理职能。

接待服务业企业为特定目的而存在，必须有人来确定愿景、使命和战略，以实现或超越目标，这个人就是管理者。**规划**（planning）职能包括设定公司目标，并制订计划以实现或超

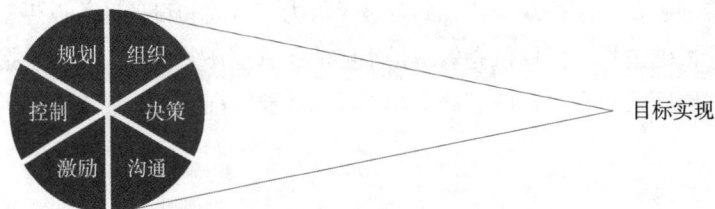

图2-2　引领目标完成的关键管理职能

越这些目标。一旦计划完成，就需要进行**组织**（organizing）工作，以确定需要做什么、谁来做、任务如何分组、谁向谁汇报以及谁来做决策。

决策（decision making）是一个关键的管理职能。所有接待服务企业，无论是大型跨国经营公司还是独资企业，它们的成功都依赖于决策的质量。决策包括确定项目（可能涵盖整个组织）的愿景、使命、目标和指标，还包括安排员工排班、决定菜单内容以及响应客人需求等。

要完成工作任务，管理者需要与个人和团队进行**沟通**（communication）。人力资源与**激励**（human resources and motivating）涉及吸引和留住最优秀的员工，并营造一个员工愿意在此工作的环境。

控制（controlling）是最后一项管理职能，它使整个管理过程形成闭环。在设定目标和制订计划之后，管理者接着进行组织、沟通和激励，调配完成工作所需的资源。控制包括设定标准，并将实际结果与这些标准进行比较。如果发现显著偏差，就会进行调查，并采取纠正措施以使工作回到正轨。这种监控、比较和纠正的科学过程就是控制职能，它对于确保工作不出意外、避免盲目行事必不可少。

除了预测、规划、组织、沟通、激励和控制等职能外，管理者还需要其他重要职能：概念职能、人际关系职能和技术职能。

概念职能使高层管理者能将公司视为一个完整实体，同时理解公司如何划分部门以实现特定目标。概念职能让高层管理者能审视整个公司，尤其是各部门之间的相互依存关系。

管理者需要领导、影响、沟通、监督、指导和评估员工的表现，这就需要较高水平的人际关系职能。组建团队和与他人协作的能力是成功管理者需要培养的人际关系职能。

管理者需要具备理解和运用现代技术、方法、设备和程序所需的技术职能。这些职能对基层管理者更为重要。随着管理者职位的晋升，对技术职能的需求会减少，而对概念职能的需求会增加。此外，管理者还需要认识到公司理念、文化和价值观，以及公司使命、目标和指标的至关重要性。

图2-3展示了高、中层管理者及一线管理者所需的上述三种管理职能的情况。

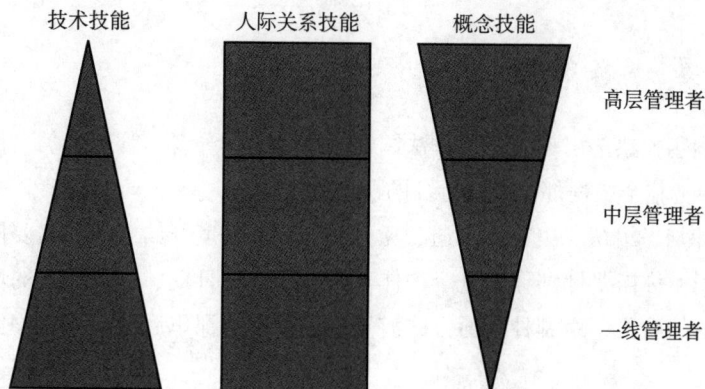

图2-3　不同管理层等级所需要的管理职能情况

2.1.4　管理者角色的转换

管理者可能有下属，但如今成功的管理者更被视为团队领导者或教练。当然，还有其他方式来描述管理者的工作。例如，管理者不仅仅是规划、组织、决策、沟通、激励和控制，他们还扮演着多种角色，包括：

- **礼仪角色**。每个管理者都要花些时间去履行礼仪性职责。例如，公司总裁可能需要迎接重要的商务访客或客户，或者代表公司参加晚宴。
- **领导者角色**。每位管理者都应成为领导者，指导、激励员工。
- **联络者角色**。管理者花费大量时间与组织内部其他部门以及外部的人员进行接触。例如，销售经理与客房部总监保持联络。
- **发言人角色**。管理者通常是组织的发言人。例如，管理者可能会接待高校班级对酒店的参观访问。
- **谈判者角色**。管理者要花费大量时间进行谈判。例如，公司负责人会同执业律师，可能会与工会代表就员工工资和福利进行谈判。

这些角色与管理职能共同涵盖了管理者的工作内容。请记住，管理者往往需要迅速切换多种角色，甚至有时要同时扮演两个或更多角色。

如今的管理者面对的不仅是一个要求更高、日益复杂的世界，还是一个更加动态和相互依存的世界。"地球村"已成为现实，未来的管理者必须理解社会文化传统和价值观，尊重并鼓励多样性。目前正在发生的两个最重要的变化是技术进步以及接待服务业与旅游业的国际化。作为未来的领导者（管理者），你掌握这些变化和职能的程度将决定你的未来。

管理者的角色不仅涉及内部，还关乎外部。例如，管理者必须响应市场需求并创造收益。管理者必须不断通过流程改进，在各自负责的领域实现效率提升，从而努力创新。例如，确定如何减少机场和酒店的入住排队时间。一些公司采用创新和有创意的方式简化入住流程，为客人提供更有价值的体验。例如，迪士尼采用富有创意的方式，在客人排队时让米老鼠及其伙伴们去为客人表演娱乐节目。

2.1.5　你也是一名管理者

你的同学们刚刚投票选出你担任夏季法国留学之旅的领导者（管理者）。你会从哪里开始进行？（请拒绝把整个旅程都交给旅行社的诱惑）

你可能会从计划、组织、决策、沟通、激励和控制的角度开始思考你需要做什么。你需要哪种类型的计划？你需要计划你们这个团体出发和返回的日期、打算参观的城市和小镇、到达那里以及返程的航班、用哪种交通方式游览法国、到达那里后会在哪里停留。这些计划是非常重要的。

总之，一定要充分了解以上内容所涉及的工作量，这样即使你不能全部完成，也能维持一个好的成绩。你可以成立一个团队，把工作分配好，即要求某个人去查询航班时刻和价格，另一个人查询酒店价格，其他人搜索游览的景点以及所需要的交通等。然而，仅仅靠团队成员自己是无法独立完成上述任务的，每个人都需要从你这里得到指导和协调，例如负责航班预订的那个人无法确认预订，除非他知道旅程出发、返回的城市和机场。同样，安排酒店的那个人不能对预订进行确认，除非他知道要去哪些城市游览。所以，为了提高沟通效果，你必须组织召开例会，并且在例会之后随时更新进度。此外，确保每个成员处于集中且积极的状态是非常重要的。

当然，你必须确保整个计划都在控制之中。如果有什么地方出错，这通常会发生在大家一起旅游时，因此所有的东西都需要仔细检查。换言之，管理是管理者几乎每天都会做的事情，甚至是在自己也没有意识到的情况下。上文提及的管理者身负的不同角色以及管理的职能，实际上包含了管理者需做的全部事情。记住，管理者需要完成许多事情，甚至会同时身兼数职，而且这些事情通常是接二连三发生的。

阿里·卡舍克彻（Ali Kasikci）曾经是加利福尼亚比弗利山半岛酒店的一名高层管理者。他曾参与创造和实施了一系列工作，显著且深刻地影响了整个组织的变化。阿里分享了他担任酒店总经理的秘诀：

- 了解你自己，明确自身的核心竞争力和价值。
- 聘请一个经验丰富的管理团队。
- 具备灵活性。
- 接触你的顾客与业主，定义你对现实的认知。
- 展现领导力，从上至下。
- 知人善任。离开了这一点你不可能存活下来。
- 顺应潮流。
- 相信你的直觉。
- 勇于冒险，改变基本的原则。
- 不要过度自信。
- 让自己看起来像是成功人士，否则人们会觉得你不胜任工作。
- 管理好未来的发展——这是你最需要做的事情，一定要把握好现在到未来的发展。

2.2 领导者与领导力

2.2.1 领导者的特征

造就卓越领导力的要素有哪些呢？如果你从军队中寻找卓越领导力的例子，就会发现领导者具有某些特定特质。例如，《美国海军陆战队指南》（*US Marine Guidebook*）列出了以下领导特质：勇气、果断、可靠、坚韧、热情、主动、正直、判断力、公正、知识、忠诚、机智、无私。在这些特征中，军队的军官们可能会选择"正直"作为最重要的特质——因为正直"意味着你在言行上诚实坦率"。

除了以上这些领导特质，领导者还普遍有以下可识别的行为：

- 挑战过程。积极主动，而非消极被动；寻找机会；勇于尝试并敢于冒险。
- 激发共同愿景。创造愿景；展望未来；赢得他人支持。
- 赋能他人。不要独自行动；促进协作；增强他人能力。
- 以身作则。做好规划；树立榜样；争取小的胜利。
- 鼓舞人心。分享热情；认可个人贡献；庆祝成就。

在接待服务业中，对领导者的要求来自所有者、公司总部、顾客、员工、监管机构以及竞争对手（见图2-4）。为了应对各种要求，领导者必须能够平衡另外两种力量：在追求结果上投入多少精力，以及在维护关系上投入多少精力。

像皮特·德鲁克（Peter Drucker）这样的应用社会科学家、像比尔·马里奥特（Bill Marriott）这样有影响力的行业领导者，以及公共服务领域的领导者，他们在价值观、风格和优先事项上似乎存在着差异，但也有一些共同特质，包括：较高的个人能力、战略思考能力、着眼未来的导向、对人类行为某些基本原则的信念、敢于展现的紧密联系、政治敏锐性，以及为提高效率和实现组织更大利益而运用权力的能力。

近年来，酒店总经理的角色已经从一个友善、知识深厚、熟悉酒店管理细节的人转变成了一个能够满足多方面需求的管理者。这个角色不仅要使顾客、员工、业主和社区感到满意，还应该让他们为酒店的经营业绩感到高兴。

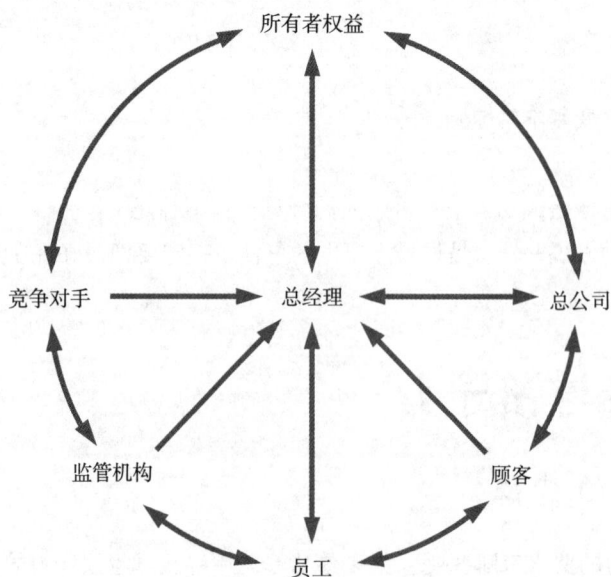

图2-4　酒店服务业对领导者要求的动态化

2.2.2 什么是领导力

由于领导力的复杂性、领导类型的多样性以及人们对领导者的不同认知，领导力有多种定义。许多定义存在共性，但也有差异。就接待服务业而言，较为恰当的定义是：领导力是一个有远见的人能够以期望的方式影响他人的活动及结果的过程。

这个定义意味着领导者应该了解在接待服务业运营管理的既定背景下，需要什么以及为什么需要，并且他们能够将这种必要性传达给他人，以获得他人的合作与支持。随着时间的推移，领导力理论和实践也在不断发展，目前在行业范围内，大致可划分为交易型领导力和变革型领导力两种类型。

交易型领导力（Transactional Leadership）：交易型领导是一种管理模式，它奖励自我激励行为，并对表现不佳的情况予以斥责。这种以结果为导向的方法，在成熟企业中，对于自我激励的员工以及短期目标的实现颇为有效。交易型领导被视为这样一个过程：领导者通过运用特定行为、奖励或激励措施，促使他人做出预期的行动。本质上，领导者与追随者之间发生了一种交换或交易。例如，酒店总经理鼓励餐饮总监达成特定目标，以换取奖金，就是实践交易型领导力的一个例子。

变革型领导力（Transformational Leadership）：这意味着探寻方法，促使追随者的行为发生更长期、更高层次的改变。变革型领导力描述的是一种促使绩效超越正常预期的过程。变革型领导者通常能以身作则，借助融洽关系、鼓舞激励或共情能力来吸引追随者。众所周知，他们具备勇气、自信，并且愿意为了更大的利益做出牺牲。变革型领导者能够激励他人超越自我，做到原本认为不可能做到的事；这是通过培育对共同未来愿景的承诺来实现的。

变革型领导者践行一种亲力亲为的理念，并非指去执行下属的日常任务，而是从个人层面培养和鼓励追随者。变革型领导力包含以下三个重要的因素：个人魅力、个性化关怀和智力激发。

一个人也有可能既是魅力非凡的变革型领导者，同时也是交易型领导者。尽管这确实需要付出相当大的努力，但这类领导者在其职业生涯中往往非常成功。

而**可持续领导力**（Sustainable Leadership）则是通过积极地影响他人、创造变化与符合社会发展最高准则的价值，为社会带来长期发展利益的过程。联合国已经为企业的可持续领导力的发展制定了一份蓝图。这份蓝图包含的内容旨在支持与推进更广泛的联合国可持续发展目标的同时，领导者可以在他们的组织内实施影响。参与的公司和他们的领导者同意在他们的战略和运营中实施这些准则，用行动支持联合国的目标和解决发展中的问题，并致力于参与联合国的全球契约。

许多的商业领导者，包括接待服务业，越来越关心可持续发展。他们关心的不仅是环境，还有社会责任。我们必须知道，许多接待服务企业在其运营管理中越来越需要可持续的发展方式。如果领导者强调可持续发展的重要性，那么其他人就会遵循。领导者和管理者需要控制所在的组织走在可持续发展的道路上，并让所有的同事紧紧追随。

可持续发展不会自动地发生，它需要领导者去推广，从城市里禁止使用塑料饭盒，到减少水、纸、电的消耗等，都包含其中。当领导者在他们运营的所有的主要工作范畴都关注可持续发展的时候，经济社会的可持续发展目标就会实现。

2.2.3 卓越领导力的范例

马丁·路德·金（Martin Luther King）博士是历史上最具魅力的变革型领导者之一，他毕生致力于通过非暴力手段为所有公民争取权利。他对理想社会的憧憬，获得了数百万美国人的认同，并于1964年荣获诺贝尔和平奖。

另一位变革型领导者是西南航空公司的联合创始人、名誉董事长和前首席执行官赫伯·凯莱赫（Herb Kelleher）。他成功地激发了追随者对企业愿景的追求，超越自我，从而使西南航空公司具备了区别于竞争对手的独特优势。

凯莱赫认识到公司的目标不仅仅是满足员工需求，更重要的是确保西南航空盈利。他坚信，通过关注个体，是可以达到获得卓越绩效的最佳途径。乘坐西南航空的乘客可能目睹过赫伯·凯莱赫的服务：他常常亲自在飞行中为乘客倒饮料、调整枕头，或者在机舱内与乘客亲切交流。西南航空的成功和员工的热情证明，凯莱赫成功地实现了将个人利益与公司利益紧密结合的目标，使得西南航空大家庭的每个成员都能从中受益。总而言之，凯莱赫是一位杰出的变革型领导者，他善于通过构想愿景、激励鼓舞、赋予权力和沟通交流来引领公司发展。

美国酒店与住宿协会前任会长兼首席执行官、中佛罗里达大学达顿餐饮管理杰出学者比尔·费舍尔（Bill Fisher）和《全国餐饮新闻》（*Nation's Restaurant News*）编辑查尔斯·伯恩斯坦（Charles Bernstein）在他们的著作《领导力课程：酒店业成功的视角》中采访了100多位行业领袖，并请他们以亲切且个性化的方式提供建议。其中一位领导者的回答是："经验是一位严厉的老师，因为她先给出考验，之后才传授经验。"

关于成功的思考因人而异，成功的概念多种多样。其中一种看法是将个人和家庭的兴趣、梦想和抱负与事业或职业生涯融为一体，相辅相成，相得益彰。领导力的另一个方面是在工作环境中激励他人的能力，同时决策职能也是必不可少的。稍后的章节将对这些方面进行讨论。

2.3 接待服务业的领导者与领导力

领导力是一个历久弥新的话题，通常被定义为激励人们实现一个共同的愿景（当然，这只是其中之一，还有很多其他的定义）。领导力的范畴比"管理"更广泛，后者在一百多年前开始流行，更侧重于实现组织目标，范围相对较窄。从某种意义上说，"管理"这一概念的出现，是为了协助新兴的铁路、钢铁厂和汽车公司实现那些传奇企业家的宏伟设想。

2.3.1 管理者与领导者的区别

管理是通过下属的努力实现组织目标的正式过程。领导则是有远见的人以期望的方式影响他人行为的过程。虽然管理者凭借其职位拥有权力，但组织寻求的管理者，是那些凭借个性、经验等成为领导者的人。管理者和领导者之间的区别主要有：

管理者：	领导者：
（1）执行	（1）创新
（2）循规蹈矩	（2）独具创见
（3）维持现状	（3）推动发展
（4）关注系统与结构	（4）关注人
（5）依赖控制	（5）激发信任
（6）着眼短期	（6）具备长远视角
（7）关注方式与时机	（7）关注内容与原因
（8）盯住盈亏底线	（8）望向广阔前景
（9）发起行动	（9）开创先河
（10）接受现状	（10）挑战现状
（11）正确地做事	（11）做正确的事

也就是说，领导侧重于风格和理想，而管理侧重于方法和流程。领导并非如字面所暗示的那样产生一致性和秩序，而是带来变革。

2.3.2 接待服务业的职业道德

职业道德（ethics）是职场中人们用来回答是非问题的一套道德准则和价值观。由于职业道德还关乎我们个人的价值体系，所以拥有不同价值体系的人看待事物的方式也不同。价值体系源自何处？如果一种价值体系与另一种不同，会发生什么情况呢？幸运的是，几乎所有宗教、文化和社会都认同某些普遍的指导原则。所有原则的基础是，所有人的权利都至关重要，且不应受到侵犯。这一信念是文明社会的核心；没有它，社会将陷入混乱。

如今，人们很少认定道德的绝对准则，而是视情况来决定对待偷窃、说谎、酒驾等行为的态度。他们似乎认为，对个人最有利的就是正确的。所以，你可能会认为，在一个享有多元文化的国家，确定个人道德行为的共同标准是不可能的。然而，在许多来自不同时期和地方的各种文献资料中，例如《圣经》、亚里士多德的《伦理学》、威廉·莎士比亚的《李尔王》和《古兰经》《论语》等，你就会发现以下基本的道德价值观：正直、尊重生命、自我克制、诚实和勇气。

在康奈尔大学酒店管理学院的前荣誉院长史蒂芬·霍尔（Stephen S.J.Hall）主编的《酒店服务业管理的伦理学》的前言里，罗伯特·贝克（Robert A.Beck）提出了这样的问题："酒店房间和航空座位的超售合乎道德规范吗？应该怎么衡量酒店老板和航空公司经理的法律责任和道德义务？"他还问道："什么是公平合理的工资？什么是公平合理的投资回报？为了投资者的利益而少付员工工资，这公平或合乎道德吗？"

职业道德标准已经变成酒店服务业决策中不可或缺的一部分，从员工雇用（平等的机会与积极的行动）到菜单的真实性等方面皆是如此。许多公司和企业都制定了一套道德准则，供所有员工在做决策时遵循。这是非常必要的，因为太多管理者在做决策的时候没有考虑到这些决策对他人产生的影响。作为酒店服务业中职业道德标准方面研究的开拓者之一，史蒂芬·霍尔曾经为酒店服务业制定了如下道德准则：

● 我们承认道德与伦理是经营业务时不可忽视的要素，并将依据诚实、合法、公平、公正和良知的最高标准来审视每一项决策。

● 我们个人及集体在任何时候的行为举止，都应给酒店和旅游业增光添彩。

● 我们将把时间、精力和资源集中用于改进自身的产品和服务，在追求成功的过程中，不会诋毁竞争对手。

● 我们将平等对待所有客人，不论其种族、宗教、国籍、信仰或性别。

● 我们将始终如一地向每一位客人提供所有标准的服务和产品。

● 我们将随时为每一位客人和员工提供完全安全和卫生的环境。

● 我们将不断通过言语、行动和事迹，努力在客人、客户、员工、雇主以及广大公众之间建立并维持最高水平的信任、诚实和理解。

● 我们保证，各级员工都将拥有与从事相同或类似任务的所有员工一样的表现、晋升机会，并依据相同标准接受评估。

● 我们会保证每个等级的每位员工都会有同样的机会去表现与发展自己，以及所有从事相同或相似任务的员工可以用相同的标准进行工作业绩的评估。

● 我们在所有工作中，都将积极自觉地努力保护和维护自然环境与自然资源。

● 我们将追求公平诚实的利润，不多也不少。

正如大家所看到的，对于未来的接待服务业专业人士而言，遵守这一准则至关重要。但在酒店服务业运营与管理中，以前，某些行为可能未被视为不道德，但管理层常常对此视而不见。以下是一些如今被认为不道德且违反大多数公司道德政策的情景：

第一，作为一家大型宴会运营机构的餐饮部经理，酒店的鲜花通过你预订，为此公司账单上每个月要支出1.5万美元。一位花商向你提议从他那里预订鲜花，并承诺给你10%的回扣。鉴于同公司另一家姐妹酒店的同事尽管财务业绩不如你，却获得了丰厚奖金，而你却没有，你觉得接受这笔回扣合理吗？如果接受，你会和谁分享呢？

第二，作为一家酒店服务业机构的采购代理，你负责采购价值500万美元的易腐品和非易腐品。为了争取到你的业务，一位产品质量和价格与其他同行相近的供应商，提出赠予你一辆新车，你会接受吗？

第三，公司总部下达指令，来自世界某些特定地区的客人，只有通过其各自国家的大使馆进行预订才能被酒店接受。一个周日的下午，你作为值班经理，接待了一批来自这些特定地区的客人。他们开着豪华轿车，以个人名义要求预订几个星期的房间甚至为此私下给了你一个信封，声称里面有1000美元。尽管还有可提供的房间，你还是婉拒了对方的要求。你对拒绝他们的请求有什么感受？

2.3.3 接待服务领导力管理的趋势

在接待服务业快速发展的今天，领导力是企业管理成功的基础，是与管理密切相关的，这一趋势主要体现在：

领导力体现在企业管理过程中的言行一致。想要建立有效的领导，管理过程中的言行一致和树立榜样是非常关键的。例如，每个员工工作中都有一些共同需要积极努力或不断提高的方面，但员工个人则可能拥有一些别人也许不具备的特殊的技能或能力，领导力要求在员工和客人之间建立一种关系，以显著地提高主客之间真诚的个人互动。酒店服务业的领导者应该注意通过分享知识与经验的形式来建立这种关系，提升其价值。

企业经营环境的不确定性使领导力的执行变得更艰难。未来的经济和贸易环境会持续难以预测，企业势必为此推出一系列的变革方案。但企业经营不确定性的增加，一方面会导致员工缺乏自信；另一方面会打乱变革的计划。与前些年相比，如今的商业领袖相信拥有应变能力将是一项关键的挑战。因此，积极地预测未来对领导力与管理来说是非常重要的。

发展一线领导者是发展企业领导力的基础。接待服务业中一线管理者几乎占了管理层的一半，他们负责直接管理大多数的职工。然而，最近的研究表明，许多接待服务业一线管理者都缺乏作为领导者协调人际关系的技能。在一个组织中，一线管理者代表企业领导者中最重要的群体，因为他们的工作涉及公司从战略到顾客满意度的所有层面。一线管理者通常依靠技能和知识获得晋升，其中作为领导者的人际关系技能，决定了他们未来在企业担任新的领导角色中的有效性。

领导者的人际关系能力与善于倾听至关重要。强有力的人际关系领导能力对企业所有员工至关重要。研究发现，人际关系领导能力对一个领导者的事业成功的重要性是其他管理技巧的三到四倍。有效的领导者应该变成人际关系领导能力领域的专家：像领导者一样思考、指导团队，激励员工通过与他人合作而取得成绩。

在接待服务业，优秀的顾客服务来源于善于倾听。尽管一个领导者能够做出最终的决策，但倾听他人的声音总是很重要的，包括执行委员会、员工、客人，以及所有竞争者。事实上，每个人的声音都应该被听到。这不仅能使每个人都感到快乐，而且有助于领导者以指数级方式成长。倾听还有助于识别出所有需求，让领导者能够快速且专业地去应对这些需求。尤其是定期与员工见面，倾听他们所有人的观点和想法，是很重要的。

更多专业培训的重要性。接待服务业员工在培训方面需要更多的承诺。在这一行业，许多员工始终觉得他们有太多工作要完成，更多人则担心他们是否有能力去完成更多的工作。在具体的培训项目中，由于员工日常工作常常需要全力以赴，工作量过大，因此往往不愿意选择一日一次的培训日活动，而倾向于参加集中培训，且欣赏有意义的、实用的和有挑战性的学习。

选择一种合适的领导风格。任何领导者在领导一个团队或组织的方式上都有所偏好。对接待服务业的领导者来说，选择一个合适的领导风格，并偶尔学着为特定的人去调整它，是十分必要的。有些领导者的领导风格可能是强制性、权威性的，也有些可能是民主或指导性的。无论是哪一种，对于一位有效的领导者来说，关键在于学习应该在什么时候、什么情况下使用这些方法，更重要的是应该如何根据实际情况转换领导方式。

理解你的组织并承担责任。作为接待服务业的一分子，领导者需要与大量不同类型的人接触，其中可能包括你的员工、竞争者、顾客、供应商和政府等。因此，领导者理解自己所在的组织是非常重要的，它有助于确保企业的所有职能部门平稳运行。更重要的是，领导者也要帮助所有员工明白公司的组织结构，并理解公司的目标与使命。

作为接待服务业的领导者，需要做出许多决策，有一些决策会比较困难，但也让你因此比其他人更具有影响力。领导者永远都不应该把自己的责任推卸给其他人，例如为员工或组织的错误向顾客道歉。特别是在接待服务业里，一个好的领导者能够在大多数情况下承担责任，无论是对待一位愤怒的顾客，一个不良的决策，还是一份糟糕的收益报告，都是如此。

不要犹豫，问清原因。确实，有些酒店服务业的管理者只执行总公司告诉他们要做的事情，而不去问为什么。但一个驻场管理者通常比组织里的其他任何人都要更了解设施、运营情况，以及自己的员工，所以，面对某项决策，如果驻场管理者不同意或无法理解，那么请不要犹豫，一定要问清原因。

要善于抓住每个机会。为了达到组织品牌构建过程中的顶端，接待服务业企业组织经常重新评估他们的服务，不断改进工作，以便与最高标准相匹配。如果你期望你的顾客们给你一个真实且积极的反馈，那么接待服务业务中每个层次的顾客服务都必须创造出一些令人印象深刻的因素。过去几年，为了适应经济和企业竞争性的环境，企业提供特色服务成为一种新的趋势。我们可以在很多创新工作中发现这种趋势，例如在线订购、为了特殊的经营目的与当地酿酒厂或餐馆合作、为繁忙的商务行政客人准备的室内用餐体验以及与不同的服务提供者联合创造愉快的体验等。未来的酒店服务企业准备通过提供多样的设施和服务、积极的态度以及迎合每个客人的需要来满足甚至超越顾客的需求，这为领导者抓住企业成长的每个机会并促进酒店服务业的发展提供了动力。

关键词汇与概念			
管理	效率	计划	组织
决策	沟通	控制	领导力
交易型领导力	变革型领导力	职业道德	经理
中层管理者	高层管理者		

复习讨论题

1. 阐述领导力的定义，并列举出一位领导者应具备的特质。

2. 阐述成为一名成功的管理者所需掌握的核心管理职能。

3. 阐释作为接待服务业领导者的职业道德在企业决策时起到的关键作用。

知识应用

1. 作为一家拥有300间客房的豪华酒店总经理，您正在为行政总厨和前台经理这两个岗位进行面试。在考虑酒店运营、员工队伍以及客户需求的基础上，您期望这两位应聘者具备哪些品质？另外，根据岗位的具体要求，您更希望招聘到的是善于领导的人才，还是精于管理的人才？

2. 作为一家有明确禁止员工招揽政策的餐厅的一线服务主管，当您的优秀员工向您提出请求，希望您能为她孩子的学校筹款活动购买一些爆米花时，您会如何回应？您既不想伤害员工的感情，又不愿违反公司规定，那么您将如何妥善处理这种情况？同时，您的回应可能会带来哪些潜在的影响？

.inc | Corporate Profile

Inter Continental Hotels Group

InterContinental Hotels Group (IHG) is a franchisor and manager of some 6,000-plus hotels with more than 900,000 rooms in over 100 countries. IHG's purpose is to provide "True Hospitality for Good." IHG is a British multinational company that mostly surrounds two iconic brands: InterContinental Hotels and Resorts (a company the author worked with) and Holiday Inn.

InterContinental Hotels began in 1946 as a division of Pan Am, the large American airline. At the time, it seemed to make sense: If Pan Am was flying thousands of people around the world, why not provide hotels for them to stay? This vertical integration was successful to an extent; competing airlines did not use them much.

Eventually, in 1981, Pan Am sold InterContinental Hotels to UK-based Grand Metropolitan for $500 million. Since then, the company has been sold a few times.Holiday Inn started because a businessman, Kemmon Wilson, was not happy having to get a second room for his kids, so he developed a hotel room with two double beds and created a family-friendly hotel that became very popular. Now, thankfully, it is common to see two queen-sized beds in a room.

IHG Hotels and Resorts offer a diverse portfolio of collections and several differentiated brands, among them are:

- Luxury and Lifestyle: Six Senses, Regent, InterContinental, Vignette, Kimpton, and Hotel Indigo
- Premium Collection: Voco, Hualuxe, Crown Plaza, Even Hotels
- Essentials Collection: Holiday Inn Express, Holiday Inn, Avid
- Suites Collection: Atwell, Staybridge, Holiday Inn Club Vacations, and Candlewood

Like most lodging companies, IHG lost millions during the COVID-19 pandemic, but fortunately is now recovering. IHG leadership is recognized around the world as an outstanding employer and for leading the challenge to substantially reduce emissions and achieve net zero greenhouse gas emissions by 2050.

Introducing >> Fallon Zoe

Leader, LadyTribe.com, St. Petersburg, Florida

Fallon is the leader of the LadyTribe, a 10,000 member plus Facebook page that helps women grow their businesses organically, meaning there are no paid ads. When asked if she could have envisioned herself running a business like this when she was younger, the answer would be no. First, social media was just beginning to make its way into the daily lives of people around the world, and second, she was a high school dropout who knew she needed to find the opportunities if she was going to be more than a cashier in a grocery store.

How did she go from a high school dropout to the leader of a six-figure business, helping women grow their businesses? She stated that mindset and looking for opportunities lead her to this path. She knew that it was important to innovate and to not be afraid to "muck things up." Fallon got her start in social media in high school by setting up her MySpace page and learning about editing, interacting, and everything that went with it.

When Facebook came on the scene, she switched to that platform and started using it as so many do, as a place to share pictures and snippets of her life. Around 2016, she discovered "Live" videos on Facebook, entered a live video challenge sponsored by a business couple that she knew, and her business took off. She goes live every day on her business page and has built a following of more than 10,000 dedicated fans, offers to coach and paid training, and finds the time to host her own video challenges.

In today's world, it is important to understand how to use social media to build your personal brand and the opportunities for a career in social media are also ample. When it comes to building a personal brand, Fallon recommends that you learn how to use social media to your advantage, think of it as your digital resume, and believe her when she says future employers will check your social media profiles out. If you post party pictures or images that show you having a little *too* much fun, these can come back to haunt you during your job search. Employers are looking for employees that will bring value to their company and who they feel confident will represent them well.

If you are interested in a career in social media management, building your personal brand is also a great way to help you and a non-competitor grow your business. Show a prospective employer what you can do. If you can demonstrate that you understand how to build your following from zero to thousands while you are in school, future employers will want to know how you did it and they will know you know what you are talking about. From the employer's point of view: Would you rather hire someone who helped build a brand or someone who built their own brand?

Speaking of employers, social media is also an essential tool for any business today, from showcasing their hotel property on Instagram to posting restaurant information and reviews on a Facebook page. Managing the social presence of a business can be a full-time job. When asked for her suggestions on how a hospitality business can take advantage of social media, Fallon offered the following suggestions:

- *Collaborate with businesses that serve your same customer.* For example, if you are hotel that doesn't allow pets, collaborate with a service such as Rover.com to provide your guests an option for pet sitting. Not only do you show your guests you care, your collaboration with another company also builds additional opportunities for new visits to your page and vice versa. Think about other types of collaborative opportunities that you can implement to help you and a non competitor grow your business.

- *Feature your customers.* This is key and not only makes your customer feel important, it also lets prospective customers know you really care about customer service. Before posting a customer picture on your social media site, always ask for permission first. But once that's received, you can highlight their experiences and that customer is most likely going to tell their friends about their stay, too.

- *Learn to storytell your new offerings.* If you have a new dish on the menu, tell the story on social media where your ingredients came from or describe the quality of cotton in your new room linens for your hotel. Try new things, find out what works, then do more of it.

Finally, don't worry about how you are going to do something, just go out and try something new. Social media changes rapidly and there are no experts. "Muck it up," learn what works for you and your customers, and get really good at that. Then be open to trying the next new thing. At the end of the day, that's really what this industry is all about.

第 2 篇

酒店与住宿服务业

第 3 章 酒店商业

学习目标

- 比较不同的酒店商业经营模式和所有权形式。
- 比较酒店商业不同的等级划分标准。
- 了解一些最佳酒店和特色酒店。

3.1 酒店商业的经营模式

从所有权发展的历史来考察，酒店及住宿业的商业模式具有特殊性，即所有权与经营权的分离。伴随着特许经营和管理合同这两种主要经营模式在商业运营中被普遍应用，自20世纪50年代开始，现代酒店及住宿业进入了持续繁荣发展的时期。特别是自特许经营模式雏形出现之后，经过约半个世纪的发展，酒店及住宿业被彻底改变了。

3.1.1 特许经营

在酒店业及住宿业，特许经营权是一个通过使用他人的资金而不是依靠自己融资而使公司获得快速发展的概念。特许人（即公司）将某些权利授予受许人，例如使用其商标、标识、成熟的运营系统和操作程序，以及可能还包括其预订系统、营销诀窍、采购折扣等权利，受许人为此需支付一定费用。特许经营费用会根据特许人和受许人之间的协议而有所不同，不过一般平均基于客房收入的3%或4%来收取费用。作为回报，受许人通过签署特许经营合同，同意按照特许人设定的指导方针来经营餐厅、酒店或特许经营门店。特许经营是一种对双方都有利的商业模式，对于那些希望快速扩张业务的特许人，以及那些有资金支持但缺乏特定专业知识和知名度的受许人来说，都是如此。

酒店及住宿业的特许经营模式开始于美国，而美国的酒店特许经营始于1907年，当时丽思发展公司在纽约市对"丽思卡尔顿"这一名称进行了特许经营。假日酒店（现为洲际酒店集团[IHG]的一部分，洲际酒店集团是世界上最大的住宿企业之一）也是因特许经营而发展壮大的：1952年，开发商凯蒙斯·威尔逊在一次家庭度假中，因不得不为孩子们额外支付一间房的费用而有了一次不愉快的经历。因此，威尔逊决定建造一家价格适中的家庭式酒店。

假日酒店集团成功发展的关键来自对市场的准确分析和定位：它是最早进入市场中价位区间的公司之一。这些酒店或汽车旅馆通常位于远离价格昂贵的市中心的地方，靠近重要的高速公路交会处和价格更为合理的郊区。它们成功的另一个原因是其提供的价值：以合理的价格提供舒适的住宿，避免了豪华酒店那些昂贵的装饰。每间客房的面积都很舒适，且配有两张双人床，这样孩子们就可以免费和父母住在同一间房里。20世纪50年代至60年代早期，随着经济的增长，假日酒店的规模和知名度越来越大，逐渐增加了餐厅、会议室和娱乐设施等，还升级了卧室的家具和固定装置。

大约在这个时候，一批新的经济型汽车旅馆出现了。加利福尼亚州的"6号汽车旅馆"（Motel6。之所以叫这个名字，是因为最初一间房一晚的费用是6美元）慢慢地在全国范围内扩张，戴斯酒店和其他一些酒店也是如此。

直到20世纪60年代，希尔顿和喜来登酒店集团才开始实施特许经营的商业模式。从这时候起直至20世纪80年代，特许经营开始迅猛发展，成为酒店和汽车旅馆主要的增长和发展策略。目前，世界酒店业特许经营领导品牌之一的洲际酒店及度假村已拥有5959家酒店，共计883819间客房；温德姆酒店集团拥有特许经营的酒店9280家，共计80万间客房；精品国际酒店集团则有7118家酒店，约59.7万间客房。然而，特许经营也面临两个主要的挑战，一是如何确保服务质量标准；二是如何避免受许人出现财务失败的情况。因为特许经营公司很难一一书面陈述可能出现的意外情况，这就意味着很难确保所有特许经营品牌的酒店总是能达到特许人要求的质量标准，特别是当涉及酒店的外部维护和宾客服务方面。

显然，对受许人和特许人来说，特许经营模式既有优点也有缺点。对受许人而言，其优点如下：

- 有利于酒店投资者的规划和实施酒店的管理标准。
- 可以获得特许经营商广告宣传的优势。
- 可以与特许经营商共享中央预订系统（Central Reservation System，简称CRS）。
- 采购家具、固定装置和设施设备时能够享受批量折扣。
- 加盟的酒店可以列在特许经营商的指导列表中。
- 信用贷款公司对加盟商收取的费率会较低。

但是，其主要的缺点包括：

- 加入和持续加入必须支付高额加盟费用。
- 中央预订系统通常只能带来17%到26%的预订量。
- 受许人必须遵从与特许人签订的协议。
- 受许人必须执行特许人制定的所有标准。

而对于特许经营商而言，这种模式的主要优点有：①增加企业市场占有量，提高消费者对于企业的认知；②可以获得协议约定的加盟费用。缺点则在于：①选择受许人时必须非常谨慎；②通过受许人维持和控制品牌标准有时十分困难。

在包括全球许多国家中，尽管因为受许人没有坚持执行特许人的运营管理标准而被取缔特许经营权的事情时有发生，但特许经营仍将继续成为企业运营扩张所采用的普遍形式，特别是在接待服务业。

3.1.2 管理合同

自20世纪70年代以来，管理合同推动了国际酒店业的迅速繁荣。因为几乎不需要或根本不需要前期融资或股权投入，它们在酒店企业中广受欢迎。酒店管理公司通常会与开发商和业主建立一种便利的合作关系，而这些开发商和业主往往没有经营酒店的意愿或能力。管理公司会提供运营专业知识、营销和销售影响力，通常还会提供一个中央预订系统。

一些公司会在集群、区域或全国范围内管理一系列酒店物业。即使酒店企业参与了酒店的建设，所有权通常也会归还给大型保险公司或其他大型企业。美国加利福尼亚拉荷亚的万豪酒店就是这种情况。万豪集团花费约3400万美元建造了这家酒店，完工后以约5200万美元的价格卖给了主要投资银行公司——潘恩·韦伯（Paine Webber）公司。这使得初始投资获得了非常可观的回报。

管理合同通常允许专业的酒店管理公司对酒店物业进行为期5—10年甚至20年的运营管理。作为回报，酒店管理公司会收取管理费，通常是营业毛利润和/或净利润的一定比例，一般约为营业收入的2%—4.5%。如今，2%左右的较低管理费更为常见，同时还会根据盈利能力增加奖励费。也有一些合同规定，第一年的管理费为2%，第二年则增至2.5%，第三年及合同剩余期限内增至3.5%。

如今，许多合同规定管理费按销售额的一定比例和营业利润的一定比例收取，通常为2%+2%。在过去的一些年里，管理公司之间的竞争日益激烈，导致管理合同的费用降低。近年来，酒店公司越来越倾向于选择管理合同，因为与直接拥有酒店物业相比，管理酒店所占用的资金要少得多，这就促使了一些全球知名的酒店品牌的管理公司在国际市场的快速扩张。

随着管理合同商业模式在酒店商业的普及，如今的酒店业主或投资人也会要求管理公司增加股权投入。此外，尽管有管理合同的约束，一些业主还是加大了他们在运营上的决策选择，以便在控制、维护酒店资产方面获得更多主动权。而作为职业经理人，酒店管理公司总经理的责任也增加了，因为业主也希望分得利润。

今天的酒店管理公司处在一个竞争非常激烈的环境中。它们发现，就像其他大多数行业一样，酒店的业务已经发生了变化，他们也在相应地做出调整。事实上，如今的酒店业主追求更理想的财务业绩和更低的费用成本，而管理公司则在寻求可持续发展，并希望在业务中占据更大的份额。随着国际扩张，进入市场的酒店公司可能会积极寻找当地合作伙伴或业主，以某种合资形式开展合作。

3.1.3 国际酒店集团

随着国际酒店业的快速增长，由专业的酒店管理公司管理的不同类型的国际酒店集团形成。但从酒店商业的角度来看，作为酒店集团经营的一部分，酒店在功能上与酒店集团的联系是复杂的。任何一家酒店都有可能与其他酒店管理公司有多重的关联，包括隶属于某个酒店连锁集团、母公司、运营形式（如公司直营、特许经营或独立经营）、管理公司、业主、资产管理公司，以及/或者成为某个会员组织或营销团体的成员。

当一家酒店属于某个连锁集团时，它就与某个特定的酒店品牌相关联。如今，在美国有几个拥有5万间或更多客房的酒店连锁集团，而在全球范围内，拥有数千间甚至更多客房的酒店连锁集团则至少有24个。像万豪国际集团、希尔顿全球酒店集团和温德姆环球酒店集团这样的酒店母公司，通常会拥有各种不同类型的品牌连锁酒店。对于大型连锁集团来说，每种酒店分类往往都有相应类型的酒店。一家母公司可能拥有一系列高端、中端和低端的连锁酒店，或者也可能专注于某一个领域。希尔顿全球酒店集团拥有被归类为该公司豪华酒店的康莱德酒店（Conrad）和华尔道夫酒店（Waldorf Astoria）品牌，被归类为超高档酒店的使馆套房酒店（Embassy Suites）和希尔顿酒店（Hilton）品牌，被归类为高档酒店的希尔顿花园酒店（Hilton Garden Inn）和家木套房酒店（Homewood Suites）品牌，以及被归类为中高档酒店的汉普顿酒店（Hampton Inn）和逸林酒店（Doubletree Club brands）品牌。被归类为中档酒店的热门品牌包括温德姆环球酒店集团旗下的豪生酒店（Howard Johnson）和华美达酒店（Ramada）品牌，或者精品国际酒店集团的品质客栈（Quality Inn）或安眠酒店（Sleep Inn）品牌。被归类为经济型酒店的例子包括温德姆环球酒店集团的戴斯酒店（Days Inn）或速8酒店（Super8）品牌，以及精品国际酒店集团的经济客栈（Econo Lodge）或罗德威酒店（Rodeway Inn）品牌。

　　酒店还可以被归类为公司直营的酒店（corporate hotel）、特许经营酒店（franchise hotel）以及独立经营酒店（independent hotel）等多种形式。公司直营酒店一般是由连锁集团或母公司管理或直接拥有的连锁酒店。特许经营酒店是由第三方公司运营的连锁酒店，连锁集团会从中收取某种特许经营费用。独立经营酒店则不隶属于任何连锁集团或母公司。

　　酒店也可能与一家管理公司相关联，该管理公司代表另一方来运营酒店。一些连锁集团或母公司自行管理旗下酒店，而其他一些则可能管理各种不同的酒店连锁集团。

　　酒店还可能隶属于一个或多个会员及营销团体，这些团体提供各种福利，比如营销支持和预订服务。全球顶尖的会员组织包括世界酒店组织、瑞士酒店协会、立鼎世酒店集团等。

　　如今，酒店还可以被归类为准连锁酒店。准连锁酒店是最近才出现的，基本上是介于连锁酒店和独立酒店营销团体之间的一种形式。创建这些新型连锁酒店的大多数目的是将独立酒店纳入母公司的旗下或品牌之下。独立酒店可以充分利用加入母公司所带来的诸多好处，包括采购、营销、预订等等。一些最新的准连锁酒店品牌包括万豪集团的傲途格精选酒店（Autograph Collection By Marriott），凯悦集团的安达仕酒店（Andaz）、希拉度假酒店（Zilara）和希瓦度假酒店（Ziva），以及精品国际酒店集团的 Ascend 酒店系列。

3.1.4 酒店业专业联盟

　　酒店业专业联盟通常也会通过专业的管理标准和市场，以较低的成本向联盟内的酒店物业提供与特许经营权相类似的好处。加入酒店业专业联盟的酒店和汽车旅馆共享一个中央预订系统（CRS），并拥有共同的形象、标识或广告语。此外，专业联盟可能还会向其成员提供团购折扣、管理培训及继续教育项目。每家独立酒店都会将客人推荐给其他成员酒店。酒店和汽车旅馆需支付一笔初始费用才能加入该联盟。与特许经营不同的是，每一个参加酒店业联盟或协会的会员在一些酒店运营管理的标准上享有更多的能动性，且在规模和外观方面的标准没有特许经营协议那么严格，因此，客人可能会发现，与特许经营成员酒店相比，专业联盟旗下酒店的设施差异性更大。

　　"全球精选酒店及度假村"是一个由650家独立豪华酒店及度假村组成的联盟，这些酒店遍布全球80多个国家和地区，它们联合起来，以抗衡连锁酒店运营的营销影响力。该联盟宣扬成员酒店的个性化、高标准、殷勤好客以及奢华品质。同时，联盟还提供营销支持服务和一个预订中心。

随着航空公司佣金的减少，推荐组织（尤其是高端市场的推荐组织）能够很好地为旅行社提供激励措施，促使他们为客户预订推荐联盟旗下的酒店。例如，每预订10间客房就奖励旅行社工作人员前往该酒店的一次旅行，或是在淡季，推荐联盟旗下的酒店可能会向旅行社提供20%的佣金。

1928年，立鼎世酒店集团（The Leading Hotels of the World，简称LHW）作为全球最大的独立奢华酒店联盟成立，最初名为"欧洲及埃及豪华酒店组织"，其初始成员共38家豪华酒店，其中包括英国伦敦的萨沃伊酒店（Savoy），法国埃维昂的皇家酒店（Royal Hotel）和尼斯的内格雷斯科酒店（Hotel Negresco）等。这些酒店品牌创立的灵感来源于一群独具开拓精神和前瞻视野的欧洲酒店业者，他们通过专业联盟汇聚一堂，吸引了数量日益增长的国际旅行精英阶层。这些酒店都希望提升自身的营销效果。该组织的运作方式是让各酒店建议客人选择其他成员酒店的服务。随后，它在纽约开设了办事处，以便与有意前往欧洲和埃及旅行的美国和加拿大富有的旅行者直接联系。

立鼎世酒店集团主要由其欧洲成员掌控，是其成员酒店的重要营销平台，遍布全球的办事处提供预订、销售和推广服务。所有的酒店和办事处都通过一个名为ResStar的中央预订系统连接起来。尽管成员酒店从中获得的预订数量因地而异，但由于该组织在80多个国家和地区拥有400多家成员酒店，因此对成员酒店来说肯定是有益的。除了本土的一些市场营销项目，立鼎世酒店集团为其成员酒店提供了已经参与内部的可用性服务的预订系统。而此举也让旅行代理商们可获得在标准化统一报告数据库中难以获取的真实房价和客房出租率的信息。

与立鼎世酒店集团类似，全球小型奢华酒店协会（Small Luxury Hotels of the World，简称SLH）是一个由520家独立拥有及经营的酒店与度假村组成的市场联盟，其会员遍布全球80多个国家和地区。在过去约35年时间里，该协会不断开拓市场，向旅游业推销其成员酒店，并为所有成员提供酒店间的网络系统。每一家成员酒店都要接受定期评估和检查，以确保其酒店产品与服务的质量维持最高标准。

3.2 酒店商业投资及影响

酒店的所有权和开发是资本高度密集型（capital intensive）的业务，开发一处酒店物业往往需数百万美元。新酒店由开发商作为一个商业项目来建造，由于开发商期望从（巨额）投资中获得合理回报，所以通常会进行可行性研究（feasibility study），以评估项目的可行性。显然，酒店的投资及运营情况对接待服务行业的发展乃至一个国家的经济都有重要影响。

3.2.1 酒店投资评估

　　酒店投资评估的主要方式是做酒店投资项目的可行性研究，它通常是贷款方要求的。酒店投资可行性研究，首先是要考察目标市场区域的供需情况，包括潜在的或实际存在的竞争，还要确定拟议的酒店项目在财务上能够成功的程度。可行性研究报告中会给出基于预期入住率（anticipate occupancyrate）、平均每日房价（average daily rate）和每间可售房收入（sales revenue per available room）的收入预测。可行性研究还有助于确定最适合市场的酒店类型，开发商可利用它来为项目获取融资。

　　可行性研究的一个最重要文件是运营汇总报表，它详细列出了一段时间内的收入和支出情况。表3-1给出了一份全服务酒店运营汇总报表的示例。

表3-1　全服务酒店运营汇总报表

	2021每个可用房收入（美元）	较上一年相比变化率	2021收入百分比	2021每个已售房收入（美元）
收入				
客房	$30567	78.1%	74.6%	$163.60
餐饮	7335	59.1	17.9	39.37
其他运营部门	1877	71.8	4.6	10.05
租金和其他收入	1191	44.7	2.9	6.37
总收入	$40970	73.0%	100.0%	$219.39
部门开支				
客房	$8454	40.9%	27.7%	$45.24
餐饮	5734	27.3	78.0	30.69
其他运营部门	785	55.2	41.8	4.20
总部门开支	$14973	36.0%	36.5%	$80.13
总部门收入	$26018	N/C	63.5%	$139.26
未分配的营业费用				
行政总务	$4324	21.6%	10.5%	$23.14
信息通信系统	823	6.9	2.0	4.41
市场销售	4074	30.7	9.9	21.80
物业经营与维修	2424	19.6	5.9	12.97
能源成本费	1868	19.6	4.6	10.00
总未分配费用	$13513	22.5%	33.0%	$72.32

（接上表）

	2021每个可用房收入（美元）	较上一年相比变化率	2021收入百分比	2021每个已售房收入（美元）
营业利润总额	$12505	N/C	30.5%	$66.93
管理费	$1295	74.6%	3.2%	$6.93
营业外收入与支出前的收入	$11210	N/C	27.3%	$60.00
营业外收入与支出				
收入	$601	N/C	1.5%	$3.22
租金	935	（4.7）%	2.3	5.00
财产税和其他税	2677	（8.2）	6.5	14.33
保险	739	14.6	1.8	3.95
其他	470	（41.6）	1.1	2.52
总营业外收入与支出	$4220	（20.0）%	10.3%	$22.58
净营业收入	$6991	N/C	17.1%	$37.42
入住率	51.2%	60.6%		
平均每日房价	163.60	11.2%		
每间可销售房收入（RevPAR）	83.74	78.6%		
平均规模（房间）	235	—		

注：表格中，"N/C"表示该项收入数据未被计算或不适用于该项。

　　在表3-1中，请注意，一家酒店近70%的收入和大部分利润来自客房销售；约26%的收入来自食品和饮料销售。图3-1表明，酒店客房收入的平均占比为66.6%，与报表略有不同。每家酒店根据自身的具体情况，这些数字会有轻微差异。

　　同样值得关注的是行业资金的来源和用途，图3-1给出了一个示例。图3-1还显示，员工的工资、薪水和福利等成本所占的比例高达46.7%。

　　显然，市场中需要存在尚未被满足的细分需求（例如，像英迪格酒店这样时尚的生活方式精品酒店），而且如果新酒店的房价与现有酒店相近，预计新酒店会从现有酒店那里抢走一些业务。就房价和利润而言，对于新建酒店和翻新酒店存在两种不同的观点。一方面，新

收入　　　　　　　　　　　　　成本费用

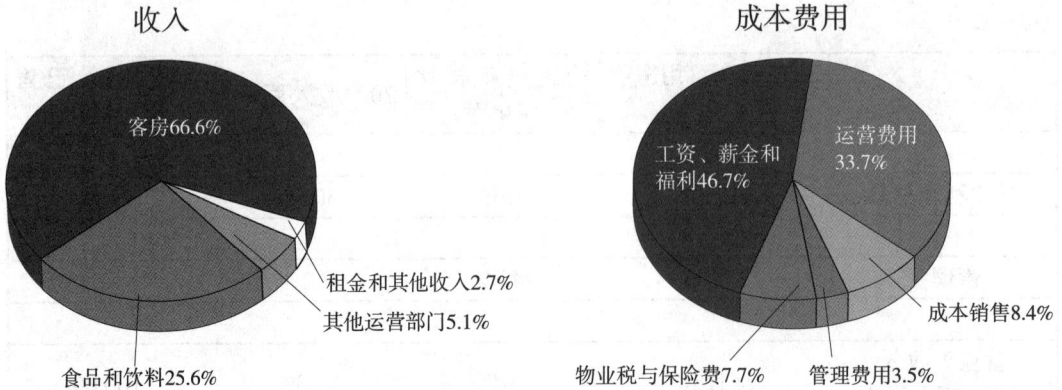

客房66.6%

租金和其他收入2.7%
其他运营部门5.1%

食品和饮料25.6%

工资、薪金和福利46.7%

运营费用33.7%

成本销售8.4%

物业税与保险费7.7%　　管理费用3.5%

图3-1　行业资金流向与分配分析

建酒店在最初的几年里往往很难盈利，因为建设成本较高，而且还需要提高知名度并获得良好的市场份额。另一方面，翻新酒店需要支付翻新成本，而且在能源和维护方面的运营成本也更高，所以这两种选择的成本因素往往几乎相互抵消。

如今，许多大型酒店是作为综合用途项目的一部分进行开发的。酒店可能位于会议中心、商业区附近，或者紧挨着某个景点。酒店可能还包括住宅部分（比如共管公寓），并且可能设有水疗中心。较老的酒店通常大约每7年翻新一次，否则它们很可能因为变得陈旧而失去市场份额——如果出现这种情况，无疑意味着利润减少甚至亏损。老酒店相比于新酒店有一个优势，或者说由于在市场上获得了积极的认可，老酒店应该具有优势。此外，即便不是全部，它们的大多数抵押贷款可能也已经还清，所以与新酒店相比，它们在现金流方面的偿债压力可能更小。老酒店可能更具魅力，但维护成本也更高。老酒店往往还通过客人的忠诚度积累了回头客业务，这是新酒店需要努力去做的事情。

世界各国一些酒店连锁集团在识别出细分市场的需求后，正在向其品牌组合中引入新的品牌。万豪酒店集团拥有"傲途格精选"系列风格各异的独立酒店，包括精品商务旅行酒店、设计典范酒店、美食天堂酒店、团队度假酒店和都市生活酒店。凯悦酒店集团推出了安达仕品牌，这是一种充满活力又轻松惬意的精品风格酒店，每家酒店都体现了周边社区独特的文化氛围和精神。凯悦酒店集团还为全包式度假市场推出了齐瓦和齐拉拉品牌酒店，这些酒店拥有独特的设施，比如漂浮火坑、与海豚互动体验和互动式饮食服务。

3.2.2 酒店商业的经济影响

酒店对其所在的社区会产生重大的直接和间接经济影响（direct and indirect economic impact）。就直接经济影响而言，以一家平均每晚有240位客人的酒店为例，每位客人每天在酒店以及社区的餐厅和商店消费250美元，这就意味着每年注入当地经济的资金为240人×250美元×365天=2190万美元。

　　间接经济影响则来自酒店业对相关行业的影响，即乘数效应。如酒店员工（工资和薪金）在社区的消费支出，酒店为服务客人而购买所有物品的支出等。社区还会从临时住宿税（TOT，也被称为床位税）中受益。此外，酒店及其客人和员工在购物时也需要缴纳当地税款。所有这些加起来，产生了相当可观的经济影响。

　　显然，酒店收取的每一美元最终都会循环流转，或者说产生倍增效应，在社区中创造出多个层次的经济活动。通过使用收入、工资、薪金和就业方面的经济乘数，可以估算出酒店业务所产生的这种多层次经济活动。如果仅考虑收入影响，我们可以看到，如果一家酒店的年销售额为425万美元，而该地区的收入乘数为1.979，那么该酒店当年对总收入的影响将达到841.075万美元。如果考虑就业影响，我们注意到，假设这家示例酒店有160名员工，而该地区的就业乘数为1.62，那么这家酒店将在该地区创造259个就业岗位。图3-2展示了酒店的乘数效应。

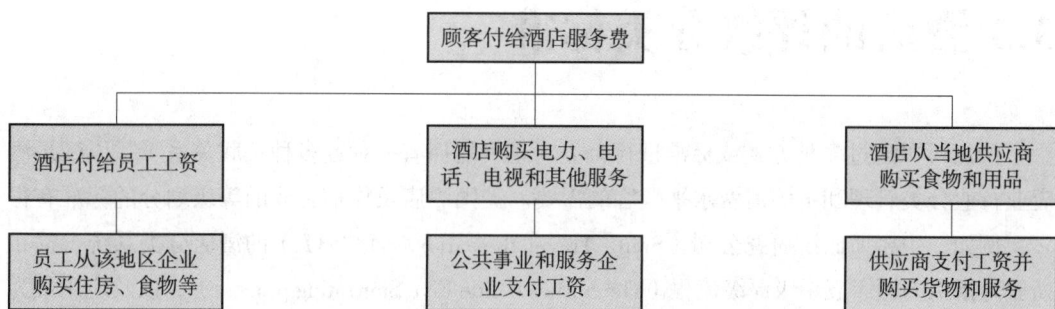

```
                    ┌─────────────────────┐
                    │  顾客付给酒店服务费  │
                    └──────────┬──────────┘
          ┌────────────────────┼────────────────────┐
┌──────────────────┐  ┌──────────────────┐  ┌──────────────────┐
│  酒店付给员工工资  │  │  酒店购买电力、电 │  │  酒店从当地供应商  │
│                  │  │  话、电视和其他服务 │  │  购买食物和用品    │
└────────┬─────────┘  └────────┬─────────┘  └────────┬─────────┘
┌──────────────────┐  ┌──────────────────┐  ┌──────────────────┐
│  员工从该地区企业  │  │  公共事业和服务企  │  │  供应商支付工资并  │
│  购买住房、食物等  │  │  业支付工资        │  │  购买货物和服务    │
└──────────────────┘  └──────────────────┘  └──────────────────┘
```

图3-2　酒店业收入对社区经济的乘数效应

3.2.3 国际酒店业的发展

　　世界上任何国家都是庞大的全球经济体系的一部分，而这个体系又分化为多个大型贸易集团，如欧洲联盟（EU，以下简称欧盟）等。欧盟由27个国家组成（原为28个，后英国于2020年1月31日正式脱欧），拥有近4.47亿人口，它是一个经济联盟，不仅消除了各国之间的贸易壁垒，还消除了资本和劳动力流动方面的限制。这27个成员国之间形成的协同效应惠及各方，是一种自我持续发展的模式。随着欧洲经济共同体（EEC）内部的旅行、旅游业、商业和工业活动不断增加，对酒店住宿的需求也在增加。

　　在中东地区，特别是在迪拜和阿布扎比这两个阿联酋城市，建造了一些令人印象深刻的酒店和度假村，这是鼓励更多游客前往该地区以及在该地区和世界各地旅游的战略举措之一。一旦机场具备了每天处理多趟国际航班的能力，很快就会建造酒店来满足旅客的需求。如今，这些城市已成为该地区的门户，并举办国际会议。

　　考虑到国际旅游贸易和商业活动的增加，酒店业的国际化发展也就不难理解了。环太平洋国家的旅游业预计将以近年来相同的速度持续增长。印度尼西亚、马来西亚、泰国和越南已开发了一些度假村，中国和印度的酒店业也都实现了增长。东欧、俄罗斯以及前苏联的其他加盟共和国也存在进一步的国际酒店开发机会，一些公司已将其发展战略从建造新酒店转变为收购和翻新现有物业。这在过去的一些年里为酒店公司提供了发展机会。在发展中国家，一旦政治稳定得以持续，酒店业的发展就会迅速跟进，成为整体经济和社会发展进程的一部分。

中国的酒店业发展迅猛，几乎所有的国际大型酒店公司都争相在这个重要的新兴市场站稳脚跟。在亚洲，整个东南亚地区蓬勃发展的经济以及供给学派所渴望的税收制度，推动了中国香港的发展。中国香港政府征收统一的16.5%的企业税、15%的个人所得税，并且对资本收益和股息不征税。因此，一些享有国际声誉的国际酒店集团都选择在香港设立总部，如文华东方酒店集团、半岛酒店集团和香格里拉酒店及度假村，它们都以五星级酒店的地位而闻名于世。除了低税率，能够相对轻松地引进高级外籍高管也是香港受到青睐的主要原因之一。

3.3 酒店的评级分类标准

酒店可以通过多种方式或标准进行分类（且可能拥有一种或多种关联关系），以满足酒店业行业分类管理和不同消费水平顾客的需要。美国酒店及住宿企业的等级划分的标准有很多，例如，史密斯旅游研究公司（Smith Travel Research，简称STR）的酒店分类系统、福布斯旅游指南的酒店五星级评级流程（The Forbes Guide Five Star rating process），以及应用最为广泛的美国汽车协会（American Automobile Association，简称AAA）的钻石评级系统。现在，这三种酒店评级标准也逐渐扩展到美国以外的世界其他国家及地区。

3.3.1 美国汽车协会的酒店评级标准

酒店评级分类旨在根据酒店品质对其进行归类，以便潜在的客人能够获取相关信息，从而做出住宿选择。在全球范围内，酒店通常依据其品质，采用星级评级的方式进行分类。而在美国，主要运用的评级体系有两种：美国汽车协会（AAA）钻石评级，以及福布斯旅游指南星级评级。

美国汽车协会自1937年起就开始对酒店进行检查，并从1963年起对受检的酒店物业进行评级。1976年，美国汽车协会推出了其钻石评级系统（见图3-3）。现在，美国汽车协会每年会对美国、加拿大、墨西哥和加勒比地区的数千家酒店进行检查和评级。社交媒体对顾客的酒店选择有着巨大的影响。像猫途鹰（Trip Advisor）这样的网站，它能比较来自200多个预订网站的价格，帮助客人找到最低价格，同时还提供评论者的评分和评论。其他一些社交媒体网站，如Trivago、Orbitz和Hotwire等，也提供酒店评论服务。

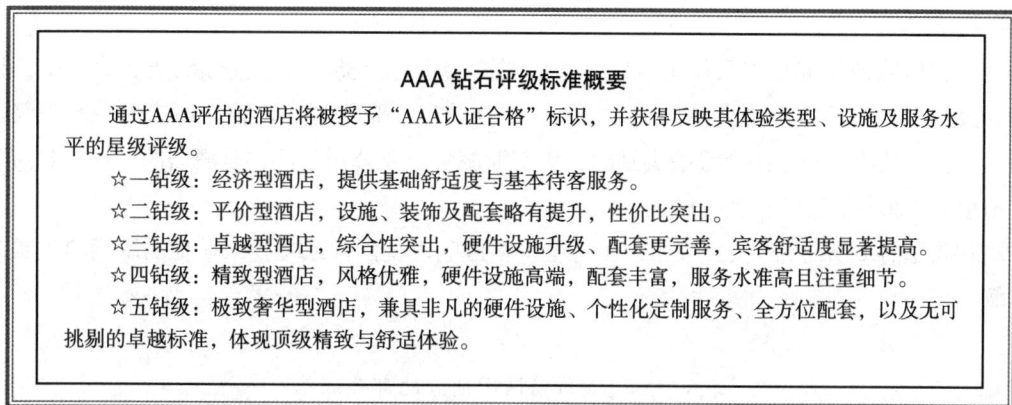

> **AAA 钻石评级标准概要**
>
> 　　通过AAA评估的酒店将被授予"AAA认证合格"标识，并获得反映其体验类型、设施及服务水平的星级评级。
> 　　☆一钻级：经济型酒店，提供基础舒适度与基本待客服务。
> 　　☆二钻级：平价型酒店，设施、装饰及配套略有提升，性价比突出。
> 　　☆三钻级：卓越型酒店，综合性突出，硬件设施升级、配套更完善，宾客舒适度显著提高。
> 　　☆四钻级：精致型酒店，风格优雅，硬件设施高端，配套丰富，服务水准高且注重细节。
> 　　☆五钻级：极致奢华型酒店，兼具非凡的硬件设施、个性化定制服务、全方位配套，以及无可挑剔的卓越标准，体现顶级精致与舒适体验。

图3-3　AAA钻石评级标准概要

3.3.2 福布斯旅行指南的评级标准

　　与美国汽车协会使用的系统类似，福布斯旅游指南采用五星级评级系统对酒店进行分类。在美国的成千上万家酒店中，福布斯每年会对大约8000家酒店进行评级并给出推荐。在这些酒店中，只有几十家能获得五星级评级。只有符合福布斯旅游指南严格标准的酒店设施才会被评级，并被列入旅游指南以及福布斯旅游指南的网站上，而那些设施陈旧或管理不善的酒店则会被从其名单中删除。福布斯旅游指南星级评级分类如下：

　　• 五星级酒店：卓越非凡的酒店，通过近乎完美无瑕的服务和最优质的设施，为客人提供难忘的体验。酒店员工敏锐、热情且充满激情，积极主动地提供超越客人期望的服务。酒店在设计时充分考虑了客人的舒适度，尤其注重工艺和产品质量。

　　• 四星级酒店：提供独特的环境，酒店内有许多有趣且吸引人的元素供客人欣赏。从设计理念到所提供产品的质量，都高度注重细节。员工乐于提供服务，并以满足客人的特定需求为傲。

　　• 推荐酒店：设施完备的酒店，配备了优质的设施，无论是在风格还是功能方面，都能让旅客强烈感受到当地的氛围。这些酒店在公共区域和客房中都可能拥有独特的风格和氛围。

3.3.3 史密斯旅行研究量表

　　虽然福布斯的五星级评级和美国汽车协会的钻石评级分类在消费者了解酒店分类方面很受欢迎，但史密斯旅游研究公司（Smith Travel Research，简称STR）的等级分类在酒店行业内对酒店进行分类时更为常用。史密斯旅游研究公司于1985年在美国成立，是酒店业绩数据的收集、分析和传播以及相关研究领域的行业领导者。该公司收集有关酒店物业的数据、由四到五家被视为直接竞争对手的酒店组成的酒店群的数据，以及美国境内外的行业数据，并发布《酒店及旅游市场分析报告》（简称STAR报告），该报告按周、月和年对酒店及市场业绩进行总结。

　　史密斯旅游研究公司采用七等级分类法对酒店进行分类，其中连锁酒店分为六个类别（如经济型、中档型、中高档型、高档型、超高档型和豪华型），独立酒店为一个等级类别。在将连锁酒店归入某个等级类别时，史密斯旅游研究公司关注的是酒店的平均每日房价（ADR），而非酒店的特色或设施。

　　根据这种划分标准，表3-2给出了每个价格区间内全国性或主要区域性品牌酒店连锁的示例。

表3-2　　按价格区间划分的部分酒店

经济型/中档型 （<$150/晚）		中档偏上型/高档型 （$150—275/晚）	豪华型 （$275—800+/晚）	全套房 （$159—275/晚）
假日快捷酒店 （Holiday Inn Express）	费尔菲得酒店 （Fairfield Inn）		皇冠假日酒店 （Crowne Plaza） 洲际酒店 （Hotel InterContinental）	
	庭院酒店 （Courtyard Inn） 居家酒店 （ResidenceInn）	万豪酒店 （Marriott）	万豪伯爵酒店 （Marriott Marquis） 丽思卡尔顿酒店 （Ritz-Carlton）	万豪套房酒店 （Marriott Suites）
戴斯酒店 （Days Inn）		欧姆尼酒店 （Omni）	万丽酒店 （Renaissance）	
经济客栈 （Econo Lodge）	雷迪森酒店 （Radisson Inn）	雷迪森酒店 （Radisson）		雷迪森套房酒店 （Radisson Suites）
华美达丽米特德酒店 （Ramada Limited）	华美达酒店 （Ramada Inn）	华美达酒店 （Ramada）		华美达套房酒店 （Ramada Suites）
红屋顶酒店 （Red Roof Inn）		喜来登酒店 （Sheraton Inn） 福朋喜来登酒店 （Four Points）	喜来登大酒店 （Sheraton Grande）	喜来登套房酒店 （Sheraton Suites）

（接上表）

经济型/中档型 （<\$150/晚）		中档偏上型/高档型 （\$150—275/晚）	豪华型 （\$275—800+/晚）	全套房 （\$159—275/晚）
安眠酒店 （Sleep Inn）	美国唐尼假日酒店 （American Inn）	凯悦酒店 （Hyatt）	君悦酒店 （Grand Hyatt） 凯悦酒店 （Hyatt Regency） 柏悦酒店 （Hyatt Park）	凯悦套房酒店 （Hyatt Suites）
凯富酒店 （Comfort Inn）	品质客栈 （Quality Inn） 蔚景酒店 （Wingate）	号角酒店 （Clarion Hotels）		品质套房酒店 （Quality Suites） 凯富套房酒店 （Comfort Suites）
美国延住酒店 （Extended Stay America）	希尔顿酒店 （Hilton Inn）	希尔顿酒店 （Hilton）	希尔顿塔楼酒店 （Hilton Towers）	希尔顿套房酒店 （Hilton Suites）
廉价旅馆 （Thrift Lodge）	希尔顿逸林俱乐部酒店 （Double Tree Club）	希尔顿逸林酒店 （Double Tree）		希尔顿逸林套房酒店 （Double Tree Suites）
旅行者酒店 （Travelodge Hotels）	旅行者酒店 （Travelodge Hotels）	福泰饭店 （Forte Hotel）	福泰饭店 （Forte Hotels）	
汽车旅馆6 （Motel6）	卡尔森田园套房酒店 （Country Inn & Suites）	威斯汀酒店 （Westin）	威斯汀酒店 （Westin）	斯普林希尔套房酒店 （Spring Hill Suites）
速8酒店 （Super8） 麦客达酒店 （Microtel） 贝蒙特酒店 （Baymont Inns） 骑士酒店 （Knights Inn）	拉昆塔红屋顶酒店 （La Quinta Red Roof Inn） 最佳西方酒店 （Best Western） 汉普顿酒店 （Hampton Inn）			希尔顿家木套房酒店 （Homewood Suites by Hilton） 汉普顿套房酒店 （Hampton Suites） 使馆套房酒店 （Embassy Suites）

3.4 酒店的主要类型

酒店行业也可以根据酒店的位置、特色以及经营优势进行分类。酒店可能位于城市中心或市中心区域、郊区、机场附近、州际公路或高速公路旁、度假区、小镇或乡村、赌场旁，也可能是提供全方位服务的酒店、长住型酒店、全套房酒店、会议型酒店或民宿。下面根据大家熟悉的几种分类方法来认识酒店的主要类型。

3.4.1 按地理位置划分

酒店业也可以通过所处位置及特征进行分类。例如，豪华型酒店通常位于较大的城市或度假社区；超高档型酒店往往位于较大的城市以及商业活动较多的城市或郊区；而经济型和中档型酒店则多位于较小的城市、乡村和公路沿线。

3.4.1.1 城市中心商务酒店

城市中心商务酒店的住宿服务可能以豪华型和中档型为主，当然也有经济型或其他住宅型。豪华型酒店一般提供：24小时客房服务，包括室内布置、管家服务、特别楼层礼宾服务、秘书服务及无线网络或智能客房技术；标志性的宴会厅、咖啡厅或知名品牌的餐厅、酒廊或知名酒吧；高标准的会议室和会展室；高级夜间娱乐场所。相比于郊区的度假地酒店，城市中心商务酒店的价格通常更高，这是因为其土地、翻新和建设成本更高，建筑规范也更严格。

通常，根据客人的需求不同，商务型酒店可分为全服务和有限服务两种类型。

全服务酒店提供各种高标准设施和24小时服务，它包括上述豪华型酒店所拥有的许多项目：多个餐饮场所，包括酒吧、酒廊和餐厅；正式和休闲的饮食服务；以及会议、会展和饮食服务。商务设施可能包括商务中心、秘书服务、传真、客房内计算机连接等等。目前，在全球各大城市的城市中心，你可以很容易找到许多知名的商务连锁酒店，比如四季酒店、希尔顿酒店、洲际酒店、精品国际酒店、凯悦酒店、万豪酒店、欧尼酒店、温德姆酒店、丽笙酒店、洛斯酒店和喜达屋酒店。这些连锁酒店中的每一个都有一系列针对不同市场细分的品牌：豪华型，如万豪酒店的丽思卡尔顿酒店和JW万豪酒店；奢华型，如万丽酒店；以及豪华精品型，如艾迪逊酒店和傲途格精选酒店（这是一系列个性鲜明的独立酒店）。

有限服务型酒店又称为经济型酒店。在过去20年的大部分时间里，经历了一波增长之后，经济型酒店市场可能已接近饱和点。这一市场细分领域大约有2.5万家酒店，涵盖了许多不同的市场类别。在这个市场领域里，供求经济规律发挥了其作用：如果某一区域有太多类似的酒店，那么为了吸引客人，通常会爆发价格战。一些酒店会试图使自己与众不同，强调通过差异化运营来提升其价值，而非单纯打折。这也为该行业增添了魅力。

这一市场领域的热门品牌有汉普顿酒店、万枫酒店、智选假日酒店、最佳西方酒店、特拉韦洛奇酒店、6号汽车旅馆、麦克特尔青年旅社、戴斯酒店、精品国际酒店旗下的舒适客栈、公路旅馆、经济旅馆、温盖特酒店、速8酒店、贝蒙特酒店及乡村旅馆等。

经济型酒店提供的服务是有限的，除了提供干净整洁、大小适中且配有家具的客房外，并没有全服务酒店那样高标准的服务设施。这些酒店没有餐厅，也不提供大量的饮食服务，但它们会在酒廊或大堂为客人提供早餐或自助饮食服务。这些经济型连锁酒店之所以受欢迎，是因为它们通常更专注于销售客房，而非餐饮或会议服务，这使得它们与中等价位的酒店相比，能够降低约30%的房价。在城市中心酒店市场里，经济型酒店约占酒店客房总数的15%，且近年来发展迅猛。

3.4.1.2 城市郊区度假地酒店

城市郊区的度假地酒店对休闲旅客和团体旅客都很有吸引力。它们本身往往就是一个旅游目的地，且在开发时就力求做到包罗万象，让客人在酒店内无须外出就能享受到娱乐、休闲、会议或放松的体验。

度假酒店是随着铁路旅行的出现而发展起来的。越来越多的城市居民和其他人渴望前往他们觉得有吸引力的地方度假，因此，前往这些更具异国情调的地方旅行成为快乐体验的一部分。19世纪80年代末，为接待乘坐铁路而来的客人，豪华度假地酒店应运而生。这个时期在美国所产生的此类酒店，包括位于西弗吉尼亚州著名的绿蔷薇度假酒店、加利福尼亚州圣地亚哥附近的科罗纳多酒店、佛罗里达州的听涛山庄和弗吉尼亚州的霍姆斯特德酒店等。

那个时代的休闲和度假旅客往往被度假胜地、海滩或壮观的山景所吸引。起初，由于条件的限制，许多这样的大型度假酒店都是季节性营业的。然而，一方面，随着汽车和航空旅行的发展，使得人们能够到达更多充满异国情调的地方，无论是欧洲，还是加勒比地区或墨西哥等。另一方面，越来越多的人有能力前往度假，因此许多度假酒店开始全年营业。由此，在美国，从棕榈泉到棕榈滩的阳光地带涌现出了许多度假社区。一些度假酒店专注于主要的体育活动，如滑雪、高尔夫或钓鱼，另一些则提供家庭度假服务。

但是，随着时间的流逝与公众旅游热点目的地的改变，一些度假酒店也由于客源紧缺而面临着经营的困难。从度假旅游者的行为角度来看，由于传统的为期一个月的家庭假期让位于更短时间和更频繁的4—7天的短途出游，且常规度假的游客相对年龄变得越来越大，度假酒店的传统客源结构正在发生改变。今天，通常情况下，年轻的游客更喜欢汽车带来的出行灵活性，以及更新颖、更随意的度假酒店所提供的轻松氛围。因此，为吸引新的顾客，一些度假酒店为孩子们组织了各种活动，从而让家长有机会享有一些属于自己的自由时间，或者和孩子们一起参与有趣的活动。不少度假酒店还特别在旅游淡季或过渡季节期间吸引各种类型的会议、大会和商务聚会的客户，以维持或提高入住率。

客人前往度假酒店是为了休闲和娱乐。他们希望有一个良好的气候——无论是夏季还是冬季——在那里他们可以放松或参与娱乐活动。由于很多度假酒店地处偏远，客人在某种程度上属于"固定客源"，他们可能一次会在酒店里待上好几天，希望能够享受周全的服务、悉心的照顾，这就需要一支细心、训练有素的员工队伍。这给度假酒店的管理者带来了一些独特的经营挑战。另一个经营挑战是旅游的季节性问题：一些度假酒店要么不是全年营业，要么有入住率非常低的时期。显然，这两种情况都对吸引、培训和留住有能力的员工带来了挑战，尤其是对于一些偏远地区和发展中国家来说。

由于许多客人需要长途跋涉前往度假酒店，因此，他们在度假酒店的停留时间往往比在普通酒店要长。这就对度假酒店餐饮管理者提出了挑战，要求他们提供更丰富多样的菜单，并以吸引人、周到的方式呈现和服务。为了实现这一要求，度假酒店通常会使用循环菜单，每14—21天重复一次。此外，他们还提供各种各样的菜肴以激发客人的兴趣。当然，现在的菜单更加注重健康——更清淡，饱和脂肪、胆固醇、盐和卡路里含量更低。

食物也以更多样化的方式呈现。其中，自助餐是很受欢迎的一种方式，因为它将食品展示出来并提供给客人自主选择的机会。烧烤、现场烹饪、池畔用餐、特色餐厅以及与附近酒店的互惠用餐安排，为客人提供了更多的选择。

随着全球竞争的加剧，度假酒店不仅要应对来自其他度假酒店的竞争，还有来自邮轮公司的竞争。因此，度假酒店管理者面临着既要吸引客人，又要让这些客人成为回头客的挑战，而回头客传统上一直是度假酒店生存的基础。一些度假酒店为了提高入住率，会适时推出多元化的营销组合，包括举办普通会议、商务会议、销售会议、奖励旅游团、体育赛事，增加体育和娱乐设施、水疗中心、探险旅游、生态旅游等。

当然，与普通酒店相比，经营度假酒店也有许多好处。例如度假酒店通常位于风景优美的地方，客人的心情要放松很多。这常常使员工能够享受到比普通酒店员工更好的生活质量。回头客往往会把酒店员工当作朋友一样对待。这增添了整体的融洽氛围，这种氛围在许多成熟的度假酒店中是很普遍的。

3.4.1.3 机场或公路酒店及汽车旅馆

随着交通运输业的发展，从各大机场出发和到达的旅客为很多机场酒店带来了很高的入住率。机场酒店的客人包括商务旅客、团体旅客和休闲旅客。乘坐早班或晚班航班的旅客可能会在机场酒店过夜，而其他旅客则会在等待转机航班时在酒店休息。机场酒店的规模一般在200—600间客房，并且提供全方位服务。为了满足那些可能仍感觉处于不同时区的客人的需求，客房服务和餐厅的营业时间可能会延长，甚至提供24小时服务。价格较为适中的酒店会配备自动售货机。

随着机场酒店之间的竞争加剧，一些酒店增加了会议空间，以满足那些希望飞来开会然后再飞走的商务人士的需求。在这里，机场酒店的优势在于可以让客人不必前往市区。几乎所有的机场酒店都提供往返机场的免费接送班车服务。

便利的地理位置、经济实惠的价格以及往返机场便捷且成本较低的交通，这些都是机场酒店成为商务旅客明智选择的一些原因。对于团体旅客来说，机场酒店可能是一个划算的选择，尤其是考虑到往返酒店和机场的交通通常是免费的，或者费用非常低廉。

在美国,20世纪50年代和60年代,随着高速公路的发展,公路旅客需要一个价格合理、设施简单的方便住宿之处,在州际公路法案的推动下,高速公路酒店和汽车旅馆开始崭露头角。它们的规模小于大多数酒店,通常客房数量少于50间,且常常是家庭经营的店铺或特许经营店(如6号汽车旅馆)。客人可以直接开车到酒店,在办公室外停车,登记入住,租一间房,然后把车停在房间外。在此后的发展中,这些旅馆的设施逐渐增加:酒廊、餐厅、游泳池、自动售货机、游戏室和卫星电视等。

这类旅馆经常聚集在城镇和城市郊区的高速公路出口匝道附近。如今,一些汽车旅馆采用模块化建筑,每100间客房仅配备11名员工。这些在土地、建筑和运营成本上的节省以更低的房价形式让利给了客人。

3.4.2 按酒店功能和规模划分

3.4.2.1 博彩与会议酒店

博彩酒店业如今在全球许多国家正逐渐成为金融领域的主流,以至于作为娱乐产业的一个重要组成部分,它正在重塑美国经济。娱乐和休闲行业已成为美国经济增长的一个重要引擎,促进了消费者支出,从而为该行业创造了巨大的繁荣。博彩业务严格面向成年人;除了博彩之外,还提供跨国美食餐饮、用于放松的健康水疗中心、舞蹈俱乐部以及精彩的表演。

博彩酒店现在往往将自己定位为商务酒店进行营销。它们在客房内配备了工作空间、无线网络、传真机、复印机和计算机数据接口。其他设施还包括一个提供全方位服务的商务中心、旅行社和客房服务。较大的博彩酒店还承办各种会议,这是一项利润丰厚的业务。现在美国原住民部落土地上有超过150家酒店。它们迎合了越来越多既想住宿、娱乐,又想参与博彩的客人的需求。

会议和会展酒店提供各种设施,以满足参加和举办会议的团体的需求。除了这一细分市场的客人外,会议和会展酒店还吸引季节性的休闲旅游者。一般来说,会议和会议酒店专注于提供会议和会议设施,并且通常符合国际会议中心协会(IACC)的指导方针。另一方面,这类酒店通常至少有300间客房和至少2万平方英尺的会议空间以及更大的公共区域,以便在任何时候都能容纳数百人。会议和会展酒店在酒店建筑群内及周边设有许多宴会厅。这些酒店的双人入住率很高,客房内往往配备两张大号双人床。会议和会展酒店还可能提供楼层的礼宾服务,以满足个别客人的需求。除此之外,酒店还提供24小时客房服务、内部洗衣房、商务中心、旅行服务台和机场接送服务等。

3.4.2.2 长住型酒店或公寓

长住型酒店,也被称为企业公寓,主要是为满足长时间停留的客人需求的住宿设施,当然,在有空余房间的时候,它们也会接待短期入住的客人。客人可以根据入住时长享受房价优惠。这类酒店的客人主要是商务人士、专业技术人员或正在搬家的家庭。这种住宿类型的可选择范围从普通客房到单间公寓或三居室公寓不等。

全套房长住型酒店通常会在与同价位的普通酒店价格相同的情况下，提供多25%的空间。这个额外的空间通常以休息区的形式存在，可能还包括一个小厨房区域。烛木套房酒店、美国长住酒店、霍姆斯特德公寓式酒店、霍桑套房酒店、贝蒙特套房酒店、万豪居家酒店及希尔顿惠庭酒店，都是住宿行业中这一细分领域的热门品牌。

长住型酒店通常会报出周租或月租价格，租赁时长可以是短期或长期。客人的入住时间通常在一周以上、六个月以内。这些房间通常配有家具，备有床上用品，还设有设备齐全的厨房。长住型酒店的类型将决定其提供的设施和服务。例如，可能提供客房清洁服务，但可能是每周一次，而不是每天一次。酒店也可能设有游泳池、健身中心、网球场，并提供有限的饮食服务。许多酒店设有商务中心，并提供如代客购物和洗衣/干洗等服务。

长住型酒店的设计师们意识到客人更喜欢居家般的氛围。因此，许多酒店在设计上营造出一种社区感，让客人能够轻松自在地交流互动。对于那些可能正在搬家、参加研讨会或因工作项目需要入住超过五天的客人来说，这些酒店能让他们感受到家庭般的温馨舒适。

3.4.2.3 产权式酒店及综合用途酒店

产权式酒店是传统商务酒店和长住型公寓的结合体。开发商建造一家酒店，然后将酒店的全部或部分产权作为公寓单元出售，业主可以选择将自己的单元纳入租赁池出租或自己使用，并享有所有度假设施和便利服务的使用权。酒店运营公司接受业主委托，统一代业主出租公寓，并从出租单元中获得一部分收入作为代管费用，而业主也能从中获利。公寓单元的业主可能在一段固定的时间内（通常为一个月）拥有该单元的独家使用权，其余时间由酒店管理公司代为出租这些公寓，并获取出租收益，即分时度假。

一些新建的酒店被开发成综合用途的物业，这意味着一家酒店可能还会有"住宅"——人们实际居住的真正的公寓，它们不像产权式酒店那样用于出租——以及水疗中心和体育设施等配套设施。综合用途酒店也可以成为大型城市或度假开发项目的一部分，该项目可能包括办公楼、会议中心、体育设施或购物中心。

3.4.2.4 民宿

民宿（Bed and Breakfast Inns，通常简称为B&B）为人们提供了一种不同于普通酒店或汽车旅馆的住宿体验。民宿的概念起源于欧洲，最初是在私人住宅中提供的过夜住宿服务。真正的民宿是由住在酒店内或附近的业主经营的住宿场所，他们提供干净、有吸引力的住宿环境，通常还有令人难忘的早餐。由于民宿提供了一种家一般的氛围，它们被恰如其分地称为"家外之家"。而与其他住客和主人一起享用社区早餐，更增强了这种感觉。主人还会为客人提供路线指引，推荐餐厅，并给出当地娱乐或观光的建议。

民宿的风格多样且独特，装修风格会根据所处的地区和主人的独特品位而有所不同，其价格则从每晚约30美元到300美元甚至更高不等。民宿的主人通常会承担所有必要的工作，但也有一些会雇佣全职或兼职的帮手。仅在美国，就有超过2万家民宿。民宿得以蓬勃发展有诸多原因，商务旅客对一些商业酒店复杂的入住/退房流程感到厌倦就是其中之一。当然，酒店临时住宿价格的上涨，也为民宿创造了机会，使其能够服务于对价格更为敏感的旅客群体。此外，许多休闲旅客正在寻找一种介于大型正式酒店和住在朋友家之间的住宿方式。

爱彼迎为酒店行业提供了一个全球性的点对点市场和民宿房源分享平台，它使得人们能够在住宅物业中登记并以低于酒店的价格出租短期住宿。爱彼迎覆盖了数千个城市，为传统酒店住宿提供了一个不错的替代选择。房主可以在他们愿意的时候接待客人，或在不方便的时候在平台上屏蔽掉相应的日期。房主还可以自行设定价格和房屋使用规则。

Evolve 是一家度假租赁管理公司，它会通过专业的摄影和描述为房屋创建定制的房源列表。Evolve 会在诸如爱彼迎、VRBO 和 Booking.com 等顶级网站上列出房源，并且针对每个网站采用最佳策略，以确保房源获得较高的排名。他们还会回复客人的询问、确认预订，并提供全天候的客人支持服务。

3.4.3 酒店与分时度假

分时度假行业，也被称为度假所有权或部分产权，是一种房地产所有权形式或对物业部分使用的权利。这类物业通常是度假型或城市型的公寓、联排别墅或独栋住宅，多个业主共同拥有该物业及其配套设施的所有权和使用权。所有权和使用权在规定的时间段内（例如一周、两周、一个月等）进行指定，这些单元可以被永久拥有，也可以在特定的时间段内以租赁或使用权利的形式持有。从20世纪60年代开始，分时度假产业成为旅游和观光行业中增长最快的细分领域之一。酒店企业正在为这一概念增添品牌影响力，万豪度假俱乐部国际、华特迪士尼公司、希尔顿酒店、凯悦酒店、精品国际酒店、洲际酒店，甚至丽思卡尔顿酒店和四季酒店等公司都参与到了这个近年来迅速发展的行业中。

度假所有权为消费者提供了以多种形式购买配备齐全的度假住宿的机会，例如按周时段购买或采用积分制系统，只需支付部分所有权成本。通过一次性支付购买价格和每年支付维护费用，购买者可以永久（永远）或在预先确定的若干年内拥有他们的度假房产。业主们共同分担其单元以及度假物业公共区域的使用和维护成本。度假所有权的购买通常通过为期5—10年的消费贷款来融资，贷款条款取决于购买价格和买家的首付金额。

国际度假公寓协会（Resort Condominiums International，简称RCI）是最大的度假所有权交换机构（允许会员与其他地点交换度假体验），在全球110个国家和地区拥有超过380万个会员家庭。到目前为止，RCI 已经为超过5400万人安排了度假交换。从佛罗里达州的基韦斯特到夏威夷的科纳，从纽约市和拉斯维加斯到科罗拉多州的滑雪胜地，分时度假在美国的度假酒店中都很受欢迎。

度假俱乐部或积分制项目提供了在多个度假地点灵活使用住宿的机会。通过这些产品，俱乐部会员购买的积分代表着一种旅行和使用会员资格或一种契约房地产产品。然后，这些积分就像货币一样，用于在一个季节内，在参与项目的度假酒店中购买一定天数的住宿。使用度假酒店住宿所需的积分数会因会员对住宿单元大小、季节、度假酒店位置和设施的需求而有所不同。

亨利·西尔弗曼（Henry Silverman）曾就职于拥有位于印第安纳州印第安纳波利斯的国际度假公寓协会（RCI）的阿维斯预算集团（Avis Budget），他表示，分时度假实际上是拥有一套两居室套房，而不是像临时住宿那样租用一间酒店客房。另一方面，度假俱乐部是一种"旅行和使用"产品。消费者无须每年购买固定的周数、单元大小、季节、度假酒店或度假天数。相反，他们购买代表货币的积分，这些积分用于享受俱乐部的度假福利。这种方式的一个重要优势是产品的灵活性，尤其是与积分系统相结合时。迪士尼度假俱乐部就是一家采用积分系统的大型公司。总经理马克·帕卡拉（Mark Pacala）表示："在多种不同的度假体验中进行选择的灵活性，使迪士尼度假俱乐部有别于许多类似的计划。度假积分系统使会员能够选择最适合他们需求的度假类型，尤其是当这些需求逐年变化时。"

通过锁定住宿的购买价格，度假所有权有助于确保以今天的价格在豪华度假酒店享受未来的度假时光，这些度假酒店的设施、服务和氛围可与世界上任何顶级度假胜地相媲美。通过度假交换项目，分时度假的业主可以前往世界其他热门度假目的地旅行。凭借无与伦比的灵活性和配备齐全的公寓，度假所有权为消费者提供了最优质的度假奢华体验，让他们能够自主规划和享受适合自己生活方式的假期。

如今，分时度假酒店的开发商包括许多世界领先的酒店经营者、上市公司和独立公司。将度假所有权度假酒店与普通酒店、探险度假酒店和博彩度假酒店相结合的物业，是分时度假行业新兴的趋势之一。目前的分时度假业主最常提到的购买原因是，他们所拥有和交换的度假酒店的住宿和服务质量高，通过度假交换机会提供的灵活性，以及度假所有权的成本效益。近三分之一的度假业主在体验了拥有权之后会购买额外的时段。在长期业主中，这一趋势更为明显：拥有八年或更长时间的业主中，超过40%的人会在分时度假项目中购买额外的时段。

度假所有权提供了无与伦比的灵活性，并且通过度假所有权交换，人们有机会以实惠的价格进行全球旅行。通过国际度假交换网络，业主可以用他们的分时度假时段，换取在世界各地类似度假酒店的度假时间。大多数度假酒店都与一家交换公司相关联，该公司为其会员管理度假交换服务。通常情况下，交换公司会直接招揽年度会员，业主可以自行选择成为相关交换公司的会员。为了进行交换，业主将自己的度假时段纳入交换公司的度假酒店和可交换周数的资源库中，然后从该资源库中选择一个可用的度假酒店和度假周数。除了年度会员费之外，当完成一次交换时，交换公司还会收取一笔交换费用。交换公司和度假酒店经常为他们的会员提供额外的福利，即可以在储备计划中节省或存储度假时间，以便在不同的年份使用。

Interval International就是一个这样的度假交换网络，由全球80多个国家和地区的数千家度假酒店和数百万个会员家庭组成。Interval International 并不拥有或管理任何一家度假酒店，而是为来自世界各地的度假所有权会员提供各种交换服务，以提升他们的度假体验。会员可以用自己在常住度假酒店的住宿，交换在 Interval International 所支持的某一个分时度假酒店的住宿。

3.4.4 最佳酒店、最佳连锁品牌和特色酒店

到底哪家酒店最棒呢？这个问题可能取决于你是在观看旅行频道，还是在浏览商业或旅游杂志的调查。在美国，像*Travel + Leisure*杂志和TripAdvisor这样的网站会邀请读者投票选出他们最喜爱的酒店，随后发布榜单，这类评选更像人气比拼。不过投票结果颇具趣味性，且通常细分为多个类别：亚洲最佳、加勒比海最佳、最浪漫酒店、最佳城市酒店等。近期一份榜单将捷克布拉格的Golden Well Hotel列为榜首，而另一份榜单的冠军则是印度拉贾斯坦邦的The Oberoi Vanyavilas酒店。肯尼亚马赛马拉的费尔蒙马拉狩猎俱乐部酒店与南非克鲁格国家公园萨比萨比私人保护区的Earth Lodge也常名列前茅。泰国曼谷的文华东方酒店、香港洲际酒店及伦敦的康诺特酒店均曾摘得"全球最佳"头衔。不同榜单的入选酒店各有差异。

目前全球最大的酒店是马来西亚云顶第一大酒店，有7351间客房，其次是威尼斯人/帕拉佐酒店（7117间客房），和拉斯维加斯美高梅大酒店（6852间客房）。

至于连锁酒店，丽思卡尔顿与四季酒店长期稳居高端连锁酒店品质榜首。丽思卡尔顿酒店集团包揽了酒店业所有重要奖项及顶级消费者组织的最高赞誉，更两度荣获美国商务部颁发的马尔科姆·鲍德里奇国家质量奖（1992年与1999年），成为唯一获此殊荣的酒店集团，也是唯一两度折桂的服务业企业。该品牌始终被视为行业奢华酒店标杆。安缦度假村荣膺Zagat全球最佳酒店集团，瑰丽酒店及度假村亦拥有多家卓越物业。

肯尼亚野生动物公园内的树顶酒店（Treetops Hotel）堪称奇观——名副其实建于树冠之上，其独特之处在于可俯瞰园区野生动物饮水点。另一奇景是瑞典拉普兰地区尤卡斯耶尔维古村的冰旅馆，这座完全由冰块打造的梦幻建筑每年都会以全新设计重建，包括特色套房、功能区域甚至"绝对冰吧"——冰雕酒吧内，甚至连酒杯、餐盘均由冰制成。酒店可容纳逾百位宾客，每间冰屋风格迥异，更设有冰教堂、冰艺展厅乃至冰电影院。

澳大利亚大堡礁拥有海底酒店，客房内即可饱览水下奇观。日本则以胶囊旅馆颠覆传统住宿概念，这种茧形空间仅约1.2米×2.1米，内置床铺与电视机（客人甚至需用脚趾操控遥控器）。这类酒店深受被迫陪老板深夜饮酒的上班族及访问学者的青睐，在物价高昂的东京堪称经济之选。

世界海拔最高酒店当数珠峰观景酒店，坐落在喜马拉雅山脉1.3万英尺（约4000米）处。天气晴好时可远眺珠穆朗玛峰雄姿，但约80%的客人会因高反出现恶心、头痛或失眠症状，无怪乎客房服务中最畅销的商品竟是氧气瓶。

关键词汇与概念

特许经营	酒店特许经营	管理合同	酒店管理公司
酒店业专业联盟	资本高度密集型	投资的合理回报	直接经济影响
间接经济影响	酒店评级分类	分时度假	度假所有权

复习讨论题

1. 描述特许经营和管理合同是如何改变现代酒店业的面貌的，请举例说明。

2. 酒店要想获得成功，必须满足商务和休闲旅客的需求。请解释以下不同的酒店如何成功做到这一点：机场酒店、度假村和博彩酒店。

3. 描述最佳酒店的主要特征。

知识应用

1. 运用你所掌握的知识，来对比特许经营酒店和独立运营酒店各自的潜在优势和不足。在每一种经营模式中，至少要列举出三个方面的考量点。参考你所列出的这些优缺点，讨论一下如果有选择的机会，你会倾向于哪一种所有权模式，并解释一下你的选择理由。

2. 当你思考未来的职业发展路径时，请考虑一下与大型连锁酒店相比，在独立运营酒店工作可能有哪些优点和缺点呢？

.inc | Corporate Profile

Wyndham Worldwide— A Collection of Hotel Brands

Wyndham Hotels consist of 20 brands including Hawthorn, Microtel, Baymont Inns and Suites, Travelodge, Knights Inn, Dolce Hotels and Resorts, Dazzler Hotels, Esplendor Boutique Hotels, and others including RCI, totaling more than 8,900 hotels in 95 countries.

As a franchisor, the company licenses the owners and operators of independent businesses to use Wyndham brand names, without taking on big business risks and expenses. Wyndham does not operate hotels, but instead provides coordination and services that allow franchisees to retain local control of their activities. At the same time, franchisees benefit from the economies of scale of widely promoted brand names and well-established standards of service, national and regional direct marketing, co-marketing programs, and volume purchasing discounts.

All brands share extensive market research, use proprietary reservation systems, and have a room inventory tracking system, which is extremely technology intensive and eliminates waste. By monitoring quality control and extensively promoting the brand names, Wyndham offers its independent franchise owners franchise fees that are relatively low compared to the increased profitability they gain.

Through franchising, the company limits its own risks and is able to keep overhead costs low. Wyndham also limits the volatility in the business as best as they can because fees come from revenue, not the franchisee's profitability. A further advantage of being a franchiser of such dimension is that the company is even more protected from the cyclical nature of the economy than are other franchise ventures.

Wyndham Vacation Ownership is the largest vacation ownership business when measured by the number of vacation ownership interests. It develops, markets, and sells vacation ownership interests and provides consumer financing to owners through its three primary consumer brands: Wyndham Vacation Resorts, WorldMark by Wyndham, and Wyndham Vacation Resorts Asia Pacific.

Wyndham Vacation Ownership has developed or acquired approximately 220 vacation ownership resorts throughout the United States, Canada, Mexico, the Caribbean, and the South Pacific that represent approximately 71,000 individual vacation ownership units.

Wyndham Exchange and Rentals helps to deliver vacations to more than 3.8 million members in more than 100 countries. Wyndham provides exclusive access for specified periods to more than 117,000 vacation properties, including vacation ownership condominiums, traditional hotel rooms, villas, cottages, bungalows, campgrounds, city apartments, second homes, fractional resorts, private residence clubs, condominium hotels, and yachts. With a portfolio of more than 55 brands, Wyndham delivers unique vacation experiences to over four million leisure-bound families each year.

Introducing >> Conrad Hilton and Hilton Hotels Corporation

"King of Innkeepers" and Master of Hotel Finance

Before he was 18, Conrad Hilton had worked as a trader, a clerk, a bellboy, and a pianist. By age 25, he had worked in politics and banking.

In 1919, while visiting Cisco, Texas, Conrad Hilton had intended to take advantage of the oil boom by buying a small bank. Instead, he found bank prices prohibitive and hotels so overbooked he could not find a place to sleep. When one owner in Cisco complained, he would like to sell his property to take advantage of the oil boom, Hilton struck a deal. He bought the Mobley Hotel with an investment of $5,000. Hilton rented rooms to oil industry prospectors and construction workers. Because of high demand for accommodations and very little supply, Hilton rented rooms in eight-hour shifts, for 300 percent occupancy. On some occasions, he even rented out his own room and slept in a lobby chair.

Because Hilton knew the banking business well and had maintained contacts who would lend him money for down payments on properties, he quickly expanded to seven Texas hotels. Hilton's strategy was to borrow as much money as possible to expand as rapidly as possible. This worked well until the Great Depression of the early 1930s. Hilton was unable to meet the payments on his properties and lost several of them but did not declare bankruptcy.

Hilton, like many great leaders, even during the Depression years had the determination to bounce back. To reduce costs, he borrowed money against his life insurance and even formed an alliance with the National Hotels Corporation.

Hilton's success was attributed to two main strategies: (1) hiring the best managers and letting them have total autonomy and (2) being a careful bargainer who, in later years, was careful not to overextend his finances. The *New York Times* described Conrad Hilton as "a master of finance and a cautious bargainer who was careful not to overfinance" and as someone who had "a flawless sense of timing." In 1954, Conrad acquired the Statler Hotel Company for $111 million, which at the time was the world's most expensive real estate transaction.

Hilton was the first person to notice vast lobbies with people sitting in comfortable chairs but not spending any money. So, he added the lobby bar as a convenient meeting place and leased out space for gift shops and newsstands. Most of the additional revenue from these operations went directly to the bottom line. Today, Hilton Hotels Corporation includes Conrad Hotels, DoubleTree, Embassy Suites Hotels, Hampton Inn and Hampton Inns & Suites, Hilton Hotels, Hilton Garden Inn, Hilton Grand Vacation, Homewood Suites by Hilton, and the Waldorf Astoria Collection. There are over 6,100 Hilton brand hotels in cities all over the world, and "Be my guest" is still the gracious and warm way guests are received.

Introducing » **Valerie Ferguson**

Regional General Manager–Resort Operations, Walt Disney Company

To most, "making it big" seems like a regular statement and a task easily achieved. To Valerie Ferguson, it comes with a lot of work, dedication, and heart. She speaks often about seizing opportunities and adding self-interest to what you do for your career.

For this amazing African American woman, life wasn't always easy. As the managing director of Loews Philadelphia Hotel and regional vice president of Loews Hotels, she had a lot to say about what got her to where she is now.

One of her most important role models was her father, Sam Ferguson. She says, "My father and I had a great relationship in which he supported me, but in which he never put any images in front of me about what I should shoot for."

After high school, Valerie applied to and was accepted at the University of San Francisco, where she earned a degree in government. Eventually realizing that law wasn't where her heart was, she decided to move to Atlanta where she got a job as a night-time desk clerk at the Hyatt Regency. She fell in love with the hotel industry and saw it as a challenge. Soon enough, though, she realized that the challenges she was really facing were issues of race and gender. She explains, "I was raw in my approach to the business world, but I soon came to realize that it takes more than working hard. To succeed, a person must be able to proclaim his or her goals."

Through the years, Valerie has managed several hotels for Hyatt and Ritz-Carlton. Her outstanding work and devotion to the hospitality and lodging industry have not gone unrewarded. Ed Rabin, executive vice president of Hyatt and an early Ferguson mentor, says, "From the get-go, she demonstrated an ability and willingness to understand and learn the business and win over guests, colleagues, and peers in the process."

When Loews was being opened, Valerie was thrilled with the adventure of being with a still-growing company. Chairman and CEO of Loews, Jonathan Tisch, became a close friend as they served together on the board of the American Hotel and Lodging Association (AHLA). Valerie is the past chairman of the AHLA, and she was the second woman who served as chair for the association, and she was the first woman who is African American.

She comments on the hospitality industry: "The hospitality industry is one of the last vestiges of the American dream, where you can enter from very humble beginnings and end up a success." The great relationship she has with people has been a great contribution to her well-deserved success.

Ferguson has come a long way in her career and is now Regional General Manager—Resort Operations, Walt Disney Company. She is proud of what she is doing and doesn't believe that she has stopped climbing the ladder of success. She is fighting to make other women and minority members realize that there is a whole world of opportunities out there and they should set their goals high. She believes that equality of opportunity "should not come as the result of a mandate of the federal government or as the result of pressure from groups outside this industry. The impetus for change must come from within the hearts and souls of each of us."

_____

Source: Lodging 23, no. 5 (January 1998); Loews Hotels and Resorts, Welcome to Loews Hotels, www.loewshotels.com (accessed October 26, 2011); American Hotel & Lodging Association; Robert A. Nozar, "Newsmaker Interview: Valerie Ferguson."

第4章 酒店住宿服务

学习目标

- 概述酒店总经理和酒店管理执行委员会的职责。

- 概述房务部门的主要职能部门及其职能。

- 讨论收益管理重要性和收益管理者的日常工作职责。

- 描述酒店前厅部门运营管理的主要内容。

4.1 住宿服务的组织

现代酒店及住宿企业的核心功能是提供住宿服务，并通过以部门管理为基础的组织结构来实施。例如，一个大型酒店的住宿服务是由酒店总经理和包括部门高管在内组成的酒店管理执行团队合作完成的。这个团队包括房务总监、餐饮总监、市场销售总监、人力资源总监、财务总监/财务主管及总工程师/设施经理等。这些高级管理人员一般都管理着一个与他们的业务有直属关系的部门，通常需向区域或集团层面的对口上级汇报，但总经理是其直接上级。

酒店由多个业务单元（即营收部门）与成本中心构成，每日需处理数千项商品与服务的销售。每个专业领域都需专注细节、追求品质，确保各部门持续精准运作。此外，酒店运营依赖庞大且多元化的团队协作。正如那不勒斯丽思卡尔顿酒店总经理詹姆斯·麦克曼蒙（James McManemon）所言："这是一门细节的艺术（business of details）。"

通常来说，酒店行业主要是通过住宿服务的运营来获取利润或者收益。酒店被形容为"人间宫殿"，有的极尽奢华，有的注重实用，但共同目标是为旅人营造家的舒适。显然，无论隶属连锁品牌还是独立运营，酒店的使命皆在于服务社会、创造价值，同时为业主盈利。酒店常被视作"大富翁游戏棋盘上的地产"，其资产增值或贬值带来的盈亏往往远超日常运营收益。

不同规模的酒店，其管理结构的差异是显著的：中端及小型酒店结构相对简化，但确保关键业务领域责任到人仍是成功关键。例如，小型酒店可能不设人力资源总监，但部门主管需承担日常人事管理职责，最终决策权仍归属总经理。类似情形也见于工程维护、财务核算、市场营销、餐饮管理等其他领域。因此，在酒店住宿服务的组织结构中，总经理的角色非常重要。让我们步入一家想象中的酒店，感受如演艺行业般的活力——酒店是实时上演的剧场，总经理则是这场演出的总导演。

4.1.1 酒店总经理

总经理肩负多重责任：为业主创造合理投资回报、提高顾客的满意度和忠诚度、维持员工幸福感。由于酒店全天候运营且涉及大量人际互动，酒店住宿服务的运营变得更加复杂，总经理需直面并化解复杂的运营挑战。其职责不仅包括领导各部门运作，还涵盖基础设施管理，包括从客房氛围营造到安全保障等一系列问题。

大型酒店更具非人格化特征，总经理可能仅需接待少数贵宾；而小型酒店中，总经理更易（且同样重要）通过接触宾客确保难忘体验、赢得回头客。但即便在大型酒店，资深总经理也可在退房、午餐、入住及晚餐等高峰时段现身大堂或餐饮区与客人互动，以确保顾客拥有难忘的住宿体验以保证顾客的忠诚度。宾客珍视这种被重视的感觉。巴黎著名的四季酒店总经理Max Blouet深谙此道，三十余年间坚持在午间及傍晚迎宾时段亲自接待客人——卓越的酒店人永不忘"主人"身份，且总是在正确的时间出现在正确的地点。

作为酒店的领导者，总经理对酒店整体绩效与员工表现负最终责任，同时向集团或业主承担盈利目标。

成功的酒店总经理需具备多元素质，最常被提及的包括：领导力、细节把控能力、执行力（确保任务闭环）、人际交往能力、耐心，以及有效授权能力等。优秀的总经理善于选拔与培养人才。如芝加哥四季酒店的某前任总经理，就曾特意聘用专业能力超越自己的部门总监。总经理设定卓越标准，团队随之跟进。体系建立后，每位员工致力于诠释酒店对卓越的承诺。总经理需理解、共情并尊重宾客与员工的文化差异，开明的管理者会授权员工以合规方式创造惊喜体验。

4.1.2 酒店管理执行委员会

总经理会根据酒店管理执行委员会（见图4-1）的建议，制定所有影响酒店住宿服务的重要决策。酒店管理执行委员会一般由人力资源、餐饮、房务、市场营销、工程及财务部门的主要负责人组成，共同制定包含营收预测与费用预算的酒店整体预算。酒店管理执行委员会的会议通常每周召开一次会议，关注并讨论以下主题：

- 顾客满意度
- 员工满意度
- 入住率预测
- 市场营销计划
- 员工培训规划
- 重大支出
- 翻新工程
- 业主关系
- 节能措施
- 回收利用
- 新政法规
- 盈利能力

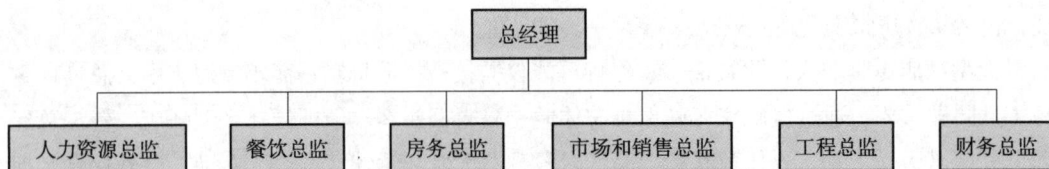

图4-1　拥有300间客房的全服务酒店管理执行委员会

不同总经理对委员会建议的倚重程度取决于其领导风格。这些高管共同塑造酒店特质，确立使命与目标（连锁酒店需与集团使命协调）。多数酒店中，委员会参与决策，但最终权责归属总经理。委员会的另一重要职能是成为上下级沟通的桥梁，促进跨部门协作。当然，并不是所有的酒店都需要执行委员会，汽车旅馆、客栈或民宿等小型住宿业态就无须此类架构。

4.1.3 房务总监的职责

大型酒店中，房务部由多个协同运作的部门组成，致力于提升宾客体验；中端及小型酒店虽部门规模缩减，但服务功能仍需完备。酒店房务总监直接向酒店总经理负责，统筹房务部各分支的高效运营。房务总监的主要职责包括：

- 房务部财务管控
- 员工满意度目标达成
- 顾客满意度目标实现
- 宾客服务与关系维护
- 安全管理
- 礼品商店运营

房务部门下设前厅部、预订部、客房部、礼宾部、宾客服务部、安保部及通信部。图4-2是一个拥有300间客房的酒店房务部门组织架构图。图4-3的顾客入住周期简图则显示了客人从预订到退房的全流程。

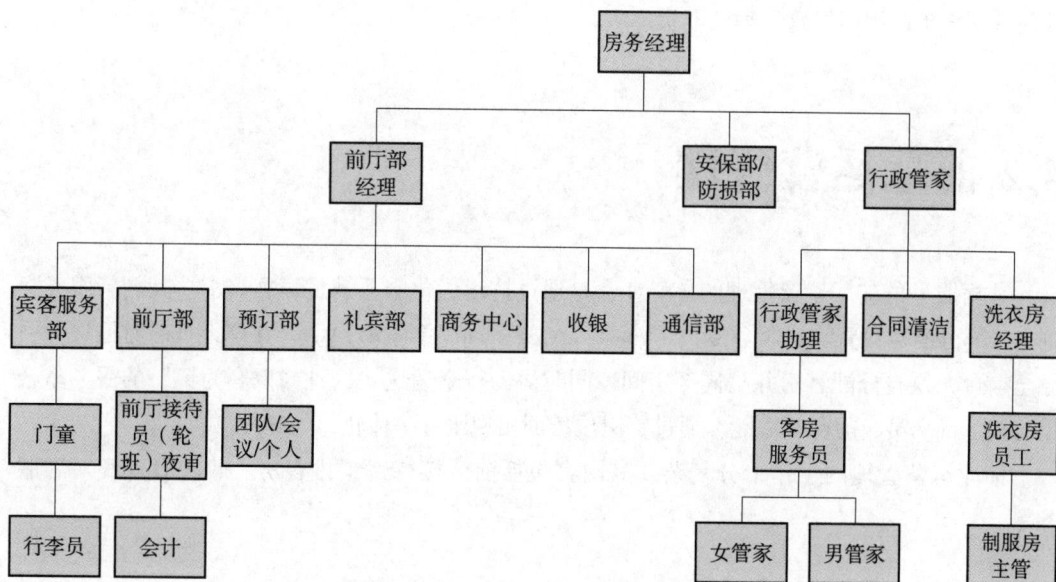

图4-2　酒店房务部门组织架构图

```
            ┌──────────┐
     ┌──────│   预订    │──────┐
     │      └──────────┘      │
     │                        ↓
┌──────────┐            ┌──────────┐
│(补登费用) │            │ 入住登记  │
│ 结清离店  │            │(房间分配, │
└──────────┘            │  收款)   │
     ↑                  └──────────┘
     │                        │
┌──────────┐                  ↓
│ 夜审核账  │            ┌──────────┐
└──────────┘            │ 客人在店  │
     ↑                  │  消费    │
     │                  └──────────┘
     │      ┌──────────┐      │
     └──────│安排入住,   │←─────┘
            │离店挂账    │
            └──────────┘
```

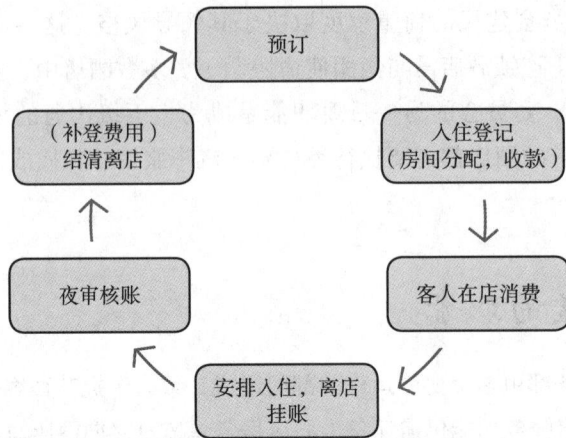

图4-3　顾客入住周期简图

　　酒店及住宿服务企业的房务管理部门被认为是住宿服务的"中心",因为它是酒店收入和对客服务的核心部门。在住宿服务中,客房的销售是许多酒店及住宿服务设施收入的主要来源,许多有限服务或经济型酒店的客房销售收入几乎占到了其总收入的100%。大型酒店的房务管理部门由前厅部、预订部、对客服务部及客房服务部门组成。由于预订部需要为其他部门提供准确信息,以用于预测酒店的收入和客人需求的变化,故对人员配置的要求也较高。

　　如果在一家酒店的房务部门开始你的职业生涯,并有机会从事房务总监的工作,会是一段令人振奋的、有意义的经历:你必须努力工作,以便有能力确保客户的期望得到满足,让他们获得一段难忘的住宿经历;你的工作也将成为酒店整个工作团队的一部分,并将与其他部门共同承担起酒店经营管理的职责。

4.2 前厅运营管理

　　住宿服务的前厅运营管理的核心使命是通过持续优化服务满足宾客需求。其创新服务案例如:部分酒店设置宾客服务专员(guest service agent,简称GSA),在客人抵店时迎接并引导至前台,亲自分配客房并陪同至房间,同时协助行李运送。这种"以客为镜"的服务整合了门童、行李员、前台等职能,通过跨岗位培训实现服务一体化。

　　前厅运营管理的工作十分复杂,其内容包括前台接待、销售客房、收入管理和对客服务等。

4.2.1 前厅运营管理的主要内容

前厅被誉为酒店的"神经中枢",是塑造第一印象的关键部门,其服务质量贯穿宾客的整个入住周期。疲惫的旅客渴望温暖的笑容与真诚的问候——若入住体验不佳,后续服务将更难赢得信任。

4.2.1.1 前台接待

任何酒店(包括小中型酒店、主题酒店、豪华型酒店等)的前台,都是前厅运营管理的一部分,它包括酒店前台接待、礼宾服务、通信/PBX(PBX即专用交换机,仍广泛使用)、行李服务、代客泊车及预订协调等服务工作。在具体的前台接待中,酒店前厅经理和他的团队需履行以下日常的工作职责:

- 核查夜班报告
- 分析前一日的入住率与平均房价
- 评估市场组合,制定分价房型销售策略
- 办理入住/退房手续
- 审核免费房安排
- 确认未来30天团队用房
- 梳理当日到/离店信息
- 高效响应宾客咨询
- 预审VIP名单并安排预登记
- 协调换房需求并注意后续跟进
- 准备所有到店宾客预登记
- 出席房务与运营会议
- 通知客房/餐饮部布置VIP鲜果篮
- 预排次日到/离店信息
- 根据客流调整人员配置
- 记录日志要事
- 检查钥匙发放与管理
- 审核周排班计划
- 每日与GSA领班沟通

在某些酒店,预订经理及其团队被划归市场销售总监管辖,而夜审员、夜审助理及收银员则向财务总监汇报。

4.2.1.2 客房销售

任何一个酒店或住宿服务企业的酒店前台员工团队,都会尽力通过电话预订和进店预订销售剩余的房间。为此，酒店前厅管理人员的整个工作流程就会像接力赛中的团队一样：销售人员或预订部员工完成前期销售；下午6点，预订部员工会将预期入住信息移交给前台晚班；下午6点闭店之后的预订则由前台或集团预订中心处理。总之，前台团队通过电话预订、散客接待及紧急需求处理，力争满房（100%入住率）。在销售客房时，前台接待员工会通过推荐高楼层、大空间或景观房型提升收益。源于航空业的收益管理策略在酒店业也同样适用：提前预订并支付定金的宾客享受优惠房价，临近入住日（如提前3天）价格随需求上涨。

很多其他因素影响着酒店的客房销售能力，其中最主要的是供需关系，即客人需要房间的数量和可提供使用的房间数。例如纽约国际酒店及餐饮展期间，刚性需求会推高房价（见图4-4）。类似地，航空业在感恩节、圣诞节等旺季调价的策略，亦反映了收益管理逻辑。

大多数连锁酒店制定了不同类型的房价，常见的类型如下：
- 门市价（Rack rate）
- 公司协议价（Corporate）
- 协会协议价（Association rate）
- 政府协议价（Government）
- 旅行社协议价（Cititravel）
- 娱乐卡优惠价（Entertainment cards）
- 美国汽车协会（AAA）协议价
- 美国退休人员协会（AARP）协议价
- 批发价（Wholesale rate）
- 团体价（Group rates）
- 促销特价（Promotional special）

其中，门市价是酒店房间的基准价格。假设加州旅馆的客房门市价是135美元，那么任何折扣价格都是在这个门市价的基础上给予一定百分比的折扣。例如，公司协议价可能是110美元，协会协议价是105美元，美国退休人员协会协议价是95美元，以此类推——当然，也可能会有某些限制条件。团体价则可能会根据酒店对业务的需求程度，在95—125美元之间浮动。

在全球范围内，房价主要基于以下三种主要方案制定：
- 美式计价方案American Plan / AP：房价包含客房以及一日三餐
- 修正美式计价Modified American Plan / MAP：房价包含客房以及两餐
- 欧式计价 European Plan / EP：房价仅包含客房，用餐需额外付费

图4-4　酒店提供的房价类型

4.2.1.3 账务管理

维持来宾账户收支平衡也是酒店前厅运营管理的重要方面。在具体的管理中，从预收款、建立客账到整合各部门消费记录，现代酒店依托物业管理系统（Property Management System，简称PMS，将在本章后面更详细地解释）与各营业点（Point of Sale，简称POS）终端实时联动，确保消费直接计入客账。退房时结清账款或转至挂账公司（须已建立信用额度），后续将按约定期限结算。

4.2.1.4 对客服务

酒店前厅提供的对客服务包括处理邮件、留言以及本地/酒店信息咨询。前台人员需熟知酒店动态，其对客服务的规模、布局和人员配备因酒店规模而异：拥有800间客房的繁忙城市商务中心的酒店与乡村旅馆相比，其前台员工人数自然会有所不同。前台服务人员24小时分三班制运作，其中晚班职责如下：

- 查阅日志追踪特殊需求。日志由宾客联络员保存，前台员工记录客人的具体和重要要求及情况，如要求调换房间或加婴儿床等。
- 检查房间状态、预计退房人数、仍未退房的人数，以及是否有客人入住。
- 通过反复核对登记卡和电脑的信息，检查客房状态、预计退房人数和到达人数，以便更新当晚的入住率预测，这些数据将决定还有多少房间可以出售。如今，这些都已成为PMS系统功能的一部分。
- 办理入住并传递特殊需求。如无烟房或为超高客人提供长床。
- 接管当日闭店后的即时预订及未来预订。

4.2.2 前厅预订管理系统

前厅预订是酒店住宿服务管理人员与顾客或者代理预订的客人的第一次接触，虽然这种接触可能是通过电话、网络、现场预订或其他形式。正因如此，作为酒店客房或其他服务预订的一部分，特殊的销售技巧和酒店预订系统是必要的。客人来酒店消费一定是为了完成其特定的利益诉求，所以，在沟通中，前厅及销售人员通过强调与同类竞争对手相比酒店的优点或特点来销售酒店产品是很有必要的。当然，这取决于酒店的规模大小。酒店期望的是在预订的结果超过客人期望的同时，尽可能使酒店的收益最大化。图4-5展示了酒店顾客预订的程序及相互关系。

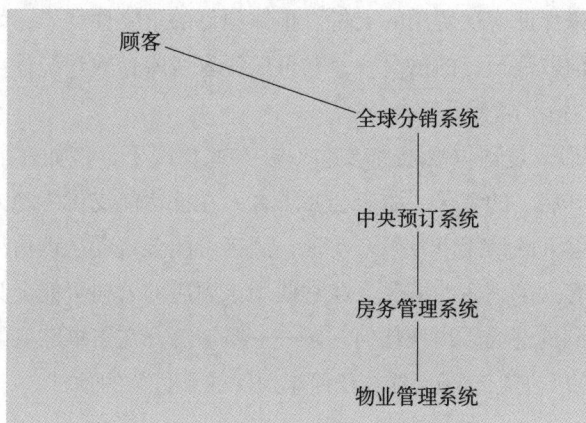

图4-5　酒店顾客预订的程序及相互关系

4.2.2.1 酒店预订渠道

可以肯定的是,预订服务对酒店的住宿服务运营管理而言,有重要的意义,因为它能够实现潜在和实际收入,其目标是达到酒店收益与销售房间数的平衡。

通常情况下,酒店预订有不同的渠道:

- 网络预订
- 企业预订
- 旅行社预订
- 直接致电酒店
- 会议策划者
- 旅游运营商
- 同公司其他酒店的推荐
- 机场电话预订
- 直接到店预约

显然,预订对于酒店来说极其重要,因为它关系到潜在和实际的收入。许多酒店连锁集团都设有免费预订电话,潜在客人可以拨打该电话,免费预订该集团在全球各地的任何一家酒店。公司的中央预订系统使接线员能够查询连锁酒店中每家酒店的客房可预订情况。一旦预订成功,在客人入住期间,相应的客房会立即从可售客房库存中扣除。中央预订系统与酒店的客房库存系统相连,同时也允许酒店的个别预订人员进行预订操作。当然,在接受预订时,需要记录许多重要细节,其中包括顾客预订信息的确认。

确认预订是指有足够的时间通过邮件或电子邮件向客户发送确认单的预订。确认单由计算机生成,上面会显示确认号码、抵达和离开日期、预订的客房类型、客人数量、床的数量、床的类型以及任何特殊要求。客人可以携带确认信息到酒店以核实预订情况。

担保预订是在预订人希望确保预订能够得到保留时采用的方式。这是在预订时安排好的,通常适用于预计客人会晚到的情况。酒店承诺为晚到的客人保留客房,并记录下付款人的信用卡号码,以此来保证客房费用的支付。担保预订的重要性在于,如果出现客人无法按时到达,更有可能提前取消预订的情况时,它可以使客房库存数量统计更加准确,并将未到店客人(no-shows)的情况降至最低。

另一种担保预订形式是预付款/提前支付。在某些情况下,例如在节假日期间,为了防止出现空房(客人未到店)的情况,酒店会要求客人在抵达前支付一晚或整个住宿期间的押金。这可以通过获取客人的信用卡号码来实现,酒店可能会自动从该信用卡中扣除第一晚的住宿费。这可以减少客人未到店的情况。经常使用该酒店的公司可能会为其所有预订提供担保,以避免在客人晚到的情况下出现任何问题——要知道,在需求旺盛的城市,酒店一般会在客人预计抵达当晚的下午4点或6点释放任何未担保或未付款的预订。

4.2.2.2 客房预订系统

在酒店开始使用互联网进行预订之前，通过信件、电报、传真和电话等接受预订是比较常见的方式，如今客房预订系统发挥着重要的作用。航空公司是最早开始使用全球分销系统（Global Distribution System，简称GDS）进行预订的行业。目前，GDS在旅游、酒店、汽车租赁和景区等领域被广泛使用。现在，一些世界著名酒店管理公司的中央预订系统（CRS）存储在公司中央预订办公室（Central Reservations Office，简称CRO）的电子数据库中。酒店通常通过数据通信线路向CRO提供实时房价和可预订情况信息。CRS会自动更新信息，便于顾客通过CRO预订时能获得最优惠的房价，并立即得到他们的预订确认或取消的信息。

酒店使用CRS有诸多好处。有了这样一个系统，酒店可以避免过度超售客房。CRS的数据库不仅可以用作连锁酒店或单个酒店的营销工具，因为客人信息可以很容易地存储在其中，还可以为酒店提供收益率管理信息。CRS越灵活，就越有助于收益率管理。例如，当酒店需求疲软时，需要降低房价以增加预订量和盈利能力。当需求较高时，酒店可以以更接近门市价的价格出售客房（门市价是为客房报出的最高价格，所有折扣都基于此价格）。

CRS可以在酒店的多个部门中使用。如果酒店设有预订部，则该部门的终端或计算机可以连接到CRS。前台员工也需要访问CRS，以了解酒店客房的可预订情况，因为他们可能需要为没有预订的到店客人预订客房。CRS与前厅的前台接待和预订部之间需要不断地来回沟通，酒店决策者也会使用该系统来预测客房和不同服务设施的需求，并设定价格。

现在有几家公司提供软件即服务（SaaS）模式来促进预订。这些系统可能包括在线预订引擎、在线旅行社（Online Travel Agency，简称OTA）和市场平台的集成、发送电子邮件确认的选项、酒店层面的定制功能，以及在多个平台上更新客房库存的能力。

4.2.2.3 酒店账单系统

如今，酒店企业都在努力获取他们能够负担得起的最快速、最可靠的计算机系统，以便能够及时为客人结账。大型酒店需要能够快速访问客人账户，因为他们非常重视客人的满意度（避免在退房时排队）。在这方面，物业管理系统（PMS）有助于大型酒店更快地完成交易，并为客人提供更高效的服务。这些系统可以帮助酒店员工在几秒钟内为客人结账。

还有一些酒店使用的软件使客人能够通过电视和遥控器查看并确认他们的账单，从而避免了在收银台排队退房的麻烦。最终账单的副本随后会邮寄到客人的家庭地址。

在酒店账单系统的管理中，夜审的重要性尤为突出。因为酒店是为数不多的在每个营业日结束时结算应收账款的企业之一。由于酒店每天24小时营业，很难在任何特定时刻停止交易，因此夜班审计员及其团队一般会在凌晨1点左右酒店业务相对清闲时，才开始结算客人的应收账款。夜班审计的流程如下：

- 运行初步对账报告，该报告显示客房及税费、宴会和餐饮、餐饮部门以及其他杂项（电话、礼品店等）产生的总收入。

- 检查报告中的所有错误。
- 记录所有变更信息，并将其与初始收费进行核对。
- 比较收费情况，将初始收费与实际费用进行匹配。
- 核实信用卡收费、客房运营、餐饮和杂项的总额。
- "滚动日期"，进入下一天。
- 记录晚班未能记录的任何收费。
- 早上将差异情况告知各班次经理，然后将客房和税费计入每个客人的账单，并显示新的余额。
- 运行程序生成备份报告，以备计算机系统发生故障时，酒店能够有最新信息来进行手动操作。
- 将销售点系统和物业管理系统与客人账户进行核对。如果不相符，夜审员就得查出是哪里出错或有遗漏，然后进行调整。这可以通过检查每个部门的收费是否都显示在客人账单上来完成。
- 整理并发送每日报告。该报告详细记录了前一天的活动，并包含有关酒店经营业绩的重要信息。
- 确定酒店内可能发生盗窃的区域。

规模较大的酒店可能会配备不止一名夜审员，但在规模较小的酒店，这些职责可能会与夜班经理、前台或夜班保安的职责相结合。

4.2.2.4 酒店通信系统

现代酒店仍然依靠电话等信息通信系统进行预订和对客服务。通信系统，即程控专用小交换机（Computerized Branch Exchange，简称CBX）或用户级交换机（Private Branch Exchange，简称PBX），包括内部通信、客人通信（如传呼机和对讲机）、语音信箱、传真、留言和应急中心。客人与酒店的第一次接触往往是通过电话。这就凸显了及时而礼貌地接听所有来电的重要性，因为第一印象往往会持续很久。

通信部门是酒店顺利运营的重要组成部分。它也是一个利润中心，因为酒店通常会对客人从客房打出的所有长途电话加收附加费，但许多酒店也提供免费的本地电话服务。通信部门像前台一样，每天24小时运营，分三班制工作。该部门的员工必须经过培训，能够在压力下保持冷静，并遵循应急程序。

4.2.3 收益管理

收益管理旨在使酒店的客房收入最大化。它基于经济学的供求原理，这意味着当需求旺盛时，产品价格会上涨；当需求疲软时，产品价格会下降。住宿服务企业管理者自然希望每间客房都能以最高的门市价出售。然而，这并不现实，客房往往会以低于门市价或广告价的折扣价出售。企业协议价或团体价就是一个例子。在大多数酒店中，由于会议团体预订、团体价以及其他为刺激需求而设置的促销折扣等因素，最终只有一小部分的客房是以门市价出售的。

收益管理以合适的价格将合适类型的客房分配给合适的客人，以实现每间可用客房的收入最大化。因此，收益管理的目的是提高盈利能力。一般来说，客房预订需求遵循这样的模式：团体预订通常在客人抵达前数月甚至数年就已完成，而个人预订大多在抵达前几天才进行。图4-6和图4-7展示了个人和团体客房预订的模式。收益管理会考察数年时间内的客房需求情况，并确定每晚对特定客房的需求程度。这包括旺季、淡季和节假日。计算机程序会计算出这种需求的模型，然后用于预测未来的管理需求，以便管理层确定定价水平。

由于团体预订是在数月甚至数年前就已确定，收益管理系统可以监控预订情况，并根据以往的趋势和当前的需求，确定应以何种价格出售多少数量和类型的客房，以获取最大收益。

图4-6中的曲线表明，在客人抵达前120天左右预订的数量很少。大多数个人客房预订是在客人抵达酒店的前几天才进行的。收益管理程序会监控供求情况，并针对任何一天建议出售的客房数量和类型，以及每间客房的售价。

在收益管理中，不仅客人抵达前的时间是客房定价的重要考虑因素，客人将入住的客房类型也是如此。

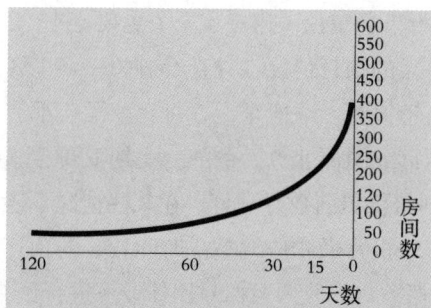

图4-6　个人客房预订曲线

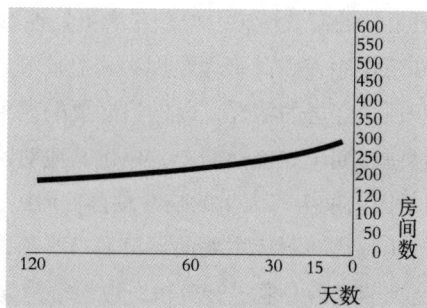

图4-7　团体客房预订曲线

收益管理在酒店住宿业的应用仍在不断完善中，以考虑多个因素，如多晚预订以及餐饮的增量收入。而且，如果客人想在需求旺盛的夜晚抵达，并在接下来几个需求较低的夜晚继续入住，应该如何收费呢？

当然，收益管理也有一些缺点。例如，如果一位商务人士在抵达前三天试图预订一家酒店，而酒店为实现收益最大化所报的房价被认为过高，这位人士可能会决定选择另一家酒店，甚至在未来预订时不会再考虑这家酒店。

酒店每间可销售客房收入（Revenue Per Available Room，简称RevPAR）的概念是由史密斯旅游研究公司提出的。它的计算方法是将客房收入除以可售客房数量。

举例来说，一家酒店有400间可售客房，某日客房销售额为5万美元，那么RevPAR的计算公式为5万美元除以400间客房，即RevPAR为125美元。当然，这仅在入住率为100%时成立。

酒店使用 RevPAR 来了解自己与同类型竞争酒店相比的经营状况，并将 RevPAR 作为衡量酒店收益管理项目的一个指标。此外，RevPAR 还有一个用途，即在史密斯旅游之星报告（Smith Travel STAR report，简称STAR 报告）中与同类型竞争酒店的其他酒店进行比较。

STAR报告（由史密斯旅游报告［Smith Travel Report，简称STR］发布。STR 前身为史密斯旅游研究公司）在酒店行业中被广泛用作收益管理的最佳工具。这套基准衡量工具被用于跟踪一家酒店的入住率、平均每日房价和 RevPAR，并与同类型竞争酒店进行比较。该报告所提供的信息有助于确定某一特定酒店是在获得还是失去市场份额，并帮助酒店组织对其管理、营销和销售策略做出必要的调整。

所以，本质上，酒店收益管理是一种销售策略，它能够最大限度地提高客房收入（每间可销售客房产生的平均实际营业收入），也能不断增加酒店的市场份额。每间可销售客房收入和市场份额是住宿服务行业中用来衡量一个酒店收益管理经理能力的两个主要指标。以圣地亚哥希尔顿酒店的收益管理经理Denny Bhakta为例，其日常职责包括：

第一，数据分析。

收益管理经理必须建立一个酒店收益管理的报告系统。近年来，一些较大的酒店连锁品牌开发了专用的收益管理系统，以提供历史时期和预测点的数据以及酒店未来应对实时价格变化能力的报告。了解过去的绩效还可以发现在高需求和低需求期的各种业务趋势，了解以往定价策略的有效性，以便在未来更好地对酒店进行市场定位。这一点至关重要。

在工作中，收益管理经理必须监控酒店客房每天的预订情况，并查看过去一年里客房的价格和预订客房的状况，以做出必要的调整来提高销售量。一般来说，每一家酒店都有不同的预订窗口期（或提前期），以供其应对临时的预订或团体业务。例如，圣地亚哥希尔顿酒店在120天内就会有大量的临时预订，而团体业务则需要提前数月预订，在某些情况下还需要提前几年预订。酒店主要的预订窗口必须每天进行分析并做相应调整。时间较长的预订窗口可以定期与销售总监进行分析，以便于销售团队根据酒店的收入目标对团体业务进行预订。

第二，组合业务评估。

酒店在入住率和涨跌率（Advance/Decline Ratio，简称ADR）之间寻找合适的平衡，会极大地受到组合业务的影响，并可能会影响酒店最大的收益。酒店的客房收益取决于两个主要的客户群体：临时的（商务或休闲的个人旅行者）和团体的顾客。收益管理要根据地点、房间数量和活动空间的不同，针对不同的顾客做相应改变。为了达到最佳的利润目标，传统的酒店可能会将80%的团体业务和20%的临时业务混合，而中小型酒店可能需要更多的临时业务，这些都是制定有效定价策略的关键因素。尽管大部分的团体业务将会提前预订，但这些费用也由收益管理经理和销售总监根据历史趋势和未来的业务需求确定。

第三，竞争对手分析。

收益管理是科学与艺术的结合，知道竞争者在做什么总是很有价值的。随着技术的进步，史密斯旅游研究公司的研究团队创建的技术工具，可以在未来的365天内为每一个酒店提供竞争对手的客房价格和入住率信息，这可以让酒店经营者及收益管理经理知晓他们在市场上的竞争地位。史密斯旅游研究公司制作的每周和每月的星级报告，让一个酒店有机会选择一些具有竞争力的酒店进行比较，从而得出酒店的入住率、涨跌率和每间可销售客房收入的市场份额指数。尽管每个酒店的经营目标都是占有自己的市场份额，但通过超越竞争者来获得市场份额是更重要的。

第四，分销渠道。

收益管理了解业务的来源渠道，以及如何提高销量，是至关重要的。现在，大多数酒店连锁品牌都有中央预订系统，此外还有成千上万可帮助预订酒店的旅行代理商，包括在线代理和线下代理（如AAA旅游公司和美国运通旅游公司等）。一个优秀的收益管理经理会与各类代理商进行日常沟通以获取信息，因为一些主要代理商将会基于区域市场份额的数据，提供对酒店战略或未来发展非常有利的见解。酒店信息系统也是重要的渠道，酒店会在他们的网站上标注其酒店的位置，如果顾客找不到你，他们就不会预订你的酒店；同样的情况也适用于线下旅游代理商，更多的市场信息可以使得旅游代理商做出明智的决策，而这些代理商通常由酒店的市场营销团队提供有针对性的预订服务。

第五，定价策略。

对收益管理来说，任何一个客房的定价变化，调整的次率应该是没有对错之分的。然而，基于历史信息和未来市场的信息更好地理解市场动态，是很重要的。"我们是否可以做一些改变来使每间可销售客房收入最大化？"这个问题总是会被不断地提及。完整地解答这个问题是收益管理经理的职责。成功的总经理会更加欣赏一个能够弄清楚他们所制定策略的优缺点的收益管理经理，并对这样的收益管理经理报以更多的信任。

4.2.4 宾客服务

由于第一印象对客人而言至关重要，宾客服务人员或穿着制服的员工肩负着特殊的职责。大型酒店都设有宾客服务部门，酒店的预算要能确保他们准确掌握客人所需，以及其他确保宾客服务实施的任何资源。宾客服务部或制服服务人员由宾客服务经理领导，而宾客服务经理也可能兼任行李员领班。该部门员工由门童、行李员和礼宾服务员组成。不过在一些酒店中，礼宾员会直接向前台经理汇报工作。

酒店门童是酒店的非正式迎宾员，他们通常身着气派的制服，在酒店正门迎接客人、协助客人开/关车门、从后备厢取出行李、招呼出租车、保持酒店入口处无车辆阻挡，并以礼貌友好的方式为顾客提供有关酒店和当地的信息。在许多国家，担任这一职位的人通常会收到很多小费。有传言说，这是酒店里最赚钱的职位之一，甚至比总经理的职位还赚钱。

行李员的主要职责是护送客人并将其行李运送到他们的房间。行李员还需要熟知当地情况以及酒店的方方面面和各项服务。由于他们与客人接触频繁，所以需要具备热情友好、开朗外向的性格。行李员会向客人介绍酒店的服务项目，并告知房间的各项设施（照明设备、电视、空调、电话、叫醒服务、洗衣和代客泊车服务、客房送餐服务、酒店餐厅，以及泳池和水疗健身中心等）。

礼宾员又称酒店的大堂助理，属于酒店前厅的礼宾部门管理，在酒店的大堂或专门的礼宾楼层设有独立的服务台。礼宾员的工作不同于前台的客房登记员和收银员，通常为客人提供一系列广泛的服务，主要包括：

- 为客人获取当地最热门演出的门票，即使是客人在演出当天傍晚才提出的购票请求也尽力满足。
- 在已无空位的餐厅为客人预订餐位。
- 为客人提供有关当地餐厅、活动、景点、便利设施和场所的建议。
- 为客人购买机票并确认航班信息。
- 处理贵宾的留言和特殊要求，比如购物需求。

也有一些不常见的服务请求，如：

- 在接到通知后的两天内筹备一场婚礼。
- 安排礼宾部的员工前往领事馆或大使馆为客人的护照办理签证盖章手续。
- 处理商务事务。

礼宾员有助于提升住宿服务企业的市场价值和形象，他们所提供的贴心服务是"顶级酒店"的标志。为了确保能够满足客人的具体需求，礼宾员应确切了解客人的预算要求以及其他任何相关条件。礼宾员必须非常细心，并尽可能预测客人的需求。在这个竞争激烈、高端酒店林立且客人见多识广的时代，只有知识渊博的礼宾员才能提供让客人难忘的服务。随着越来越多的酒店努力展现更高的附加值，礼宾服务的重要性也日益凸显。

礼宾员不仅需详细了解酒店及其服务项目，还需熟知所在城市的情况，甚至包括国际方面的细节。许多礼宾员会说多种语言；最重要的是，他们必须乐于助人，且拥有热情友好、开朗外向的性格。礼宾员的专业组织为"国际金钥匙组织"（Union Professionelle des Portiers des Grand Hotels，简称UPPGH），致力于提升专业水平和职业道德标准。因其成员通常会在制服翻领上佩戴交叉的金钥匙徽章，所以该组织更常被称为"金钥匙"（Les Clefs d'Or®）。

4.3 房务管理

住宿业房务管理的核心部门是客房部，它被称为酒店雇佣员工数量最多的部门，其员工数量往往占据酒店员工数量的50%。由于工作辛苦且工资相对较低，这个关键部门的员工流动率非常高。在针对酒店客人进行的调查中，客房清洁程度始终被列为首要因素，也从侧面强调了房务管理的重要性。图4-8显示了一般住宿企业客房部的组织结构图：

```
                        ┌──────────────┐
                        │  客房部经理    │
                        └──────┬───────┘
          ┌────────────────────┼────────────────────┐
    ┌───────────┐        ┌───────────┐        ┌───────────┐
    │客房部经理助理│        │ 合约清洁服务 │        │  洗衣房经理  │
    └─────┬─────┘        └───────────┘        └─────┬─────┘
    ┌───────────┐                              ┌───────────┐
    │楼层客房服务员│                              │  洗衣房员工  │
    └─────┬─────┘                              └─────┬─────┘
    ┌──────┴──────┐                                  │
┌─────────┐ ┌─────────┐                        ┌───────────┐
│ 客房服务员 │ │ 客房勤杂工 │                        │  制服主管  │
└─────────┘ └─────────┘                        └───────────┘
```

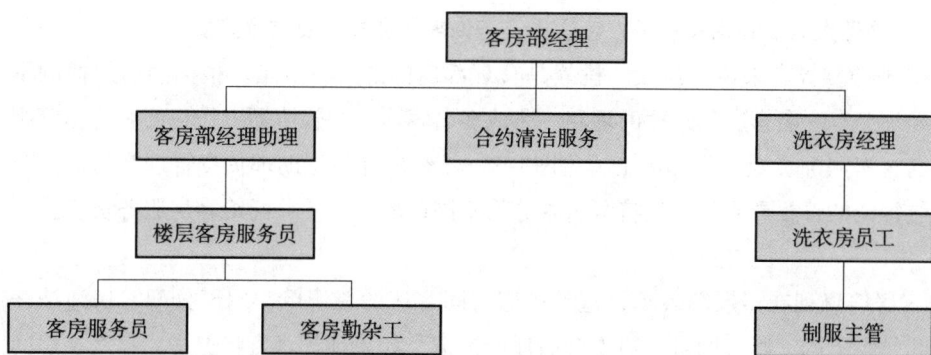

图4-8 客房部组织结构图

4.3.1 房务管理者

客房服务部门的管理者是客房服务总监、客房部经理及客房部主管等，他们需具备卓越的领导能力、组织能力、激励能力，以及对维持高标准的坚定承诺。对一个管理者而言，每天管理大量房间的客房服务，在后勤安排上是一项颇具挑战性的任务。酒店房务管理者的主要职责包括四方面：

- 领导部门员工，管理设施设备和客房部物品供给。
- 保证客房区域和公共区域的清洁与服务工作。
- 根据总经理规定的财务准则运营部门。
- 留存各类对客服务情况记录并归档。

在具体的工作中，一位客房部经理或房务主管一天工作内容为：

上午7:45：与夜班清洁人员和值班主管一起巡视酒店大堂及各处。

- 查看客房部工作日志。
- 查看预计退房数量的客房预报。
- 查看每日活动报表、续住客人、入住客人和贵宾信息，以确保符合相应标准。
- 参加客房部员工会议。
- 对新员工进行工作流程培训。
- 与资深客房服务员部门经理会面。
- 进行工作效率检查。
- 核查预算。
- 批准采购订单。
- 检查库存情况。
- 进行客房检查。
- 查看设备维修检查情况。
- 面试应聘人员。

下午6点：处理人力资源相关事务，包括员工咨询辅导和员工发展事宜。

对房务管理的领导者来说，最大的挑战是管理部门内的所有员工。根据酒店规模的不同，客房部经理会有一名客房部经理助理和一名或多名客房部主管协助工作，而客房主管则负责监督多名客房服务员或客房部员工（见图4-8）。客房部经理助理负责管理客房部办公室。这个职位每天的首要重要任务是将酒店划分为不同区域，以便分配给客房服务员安排工作日程。

酒店的客房信息列在楼层总表上，这是酒店每间客房的总清单，用于分配客房清洁任务。如果房间是空置的，则房间号旁边不会做任何标记。如果预计客人将退房，那么在房间号旁边会写上"SC"。续住的房间会标记为"SS"，保留的房间标记为"AH"，无法使用的房间标记为"OO"，贵宾房则会根据所需的特殊待遇用不同颜色突出显示。

客房部经理负责大量的记录保存工作。除了安排员工日程和进行员工工作评估外，客房部经理还必须准确记录所有客房和公共区域的家具情况，并记录翻新情况。客人期望他们的客房设施齐全且能正常使用，尤其是在如今的房价水平下。客房部要对客房用品、清洁用品和布草进行持续的库存管理。

4.3.2 客房服务管理成本

客房服务的劳动力成本和能源成本是酒店及住宿企业最受关注的管理领域之一。为了降低工资成本并激励客房服务员成为"明星员工"，一些酒店集团会授权最优秀的服务员自行检查他们负责的客房。这减少了对主管的需求。

客房部的工作效率是通过每间已入住客房的人时来衡量的。一家提供全方位服务的酒店，每人时的劳动力成本至少在8.5—9.5美元之间，或者说酒店每间已入住客房需要20分钟的劳动时间。客房部员工每天要清洁和服务15—20间客房，具体数量取决于各个酒店的情况。在一些较旧的酒店中，清洁一间客房所需的时间比在一些较新的酒店要长。此外，服务时间还取决于退房房间和续住房间的数量，因为清洁退房房间所需的时间更长。

另外一个成本核算的关键指标是客房劳动力的成本，一般预计应约占客房销售额的5.1%。可控费用是按每间已入住客房来衡量的。这些费用包括客人用品，如肥皂、洗发水、护手霜和身体乳液、针线包和文具等。不同类型的酒店里，这些低值易耗品和清洁用品的成本及购买和洗涤所有布草的开支略有差异，而成本的预算也是不同的。其实，尽管所有住宿企业都有上述成本的预算，但这些成本预算有时候很难实现，因为哪怕客房部经理可能在成本控制方面做得很好，但只要销售部门对客房进行打折，客房销售额就可能会低于预算。这会导致每间已入住客房的成本增加。

其次，酒店可通过能源管理系统，利用科技提升客人在客房内的舒适度，也可减少客房的能源消耗。例如，被动式红外线运动传感器和房门开关可以通过自动关闭灯光和空调，将能源消耗降低30%甚至更多，从而在客人离开房间时节约能源。其他功能还包括以下方面：

- 客房入住状态报告

- 自动照明控制
- 烟雾探测器报警报告
- 中央电子锁控制
- 客人可控制的设施设备

由于能源成本不断上升，一些酒店经营者会安装一些软件程序，以便在一天中电费高峰时段关闭非必需设备（公用事业公司按高峰时段的用电量收费）。酒店经营者可以利用这种节能软件来降低能源成本，从而节省开支。

通话计费系统（CAS）可用于追踪客房电话费用。软件程序包可用于监控通话的去向，以及通话发生于酒店的哪一台电话。要监控这些信息，通话计费系统必须与电话交换机（PBX）和物业管理系统（PMS）协同工作。如今的通话计费系统可以对客人的本地通话和长途通话设置不同的费率，甚至可以在酒店的非高峰时段提供优惠通话费率。

4.3.3 住宿安全

关于客房服务管理，另外一个需要关注的问题是应如何预防意外事故的发生。近几年，突发事故应急处理成本大幅上涨，雇主们正在努力提高员工和客人的安全保障。对事故进行仔细调查是很有必要的。例如有些员工被发现在家中发生事故，却在上班时将其报告为与工作相关的受伤，以便获得工伤赔偿。为了在一定程度上保护自己，酒店会记录公共区域的清扫日志，这样的话，万一客人滑倒摔伤，酒店可以证明它确实采取了预防措施来保护客人。

在美国，以保证安全健康的工作条件为宗旨的职业安全与健康管理局（OSHA）制定了强制性的职业安全与健康标准，并据此进行规范检查，并在发现不合规情况时发出传票。此外，美国参议院法案第198条《员工知情权法案》强调了员工对危险化学物品的存储、处理和使用的认识，要求关于化学物品的信息必须向所有员工提供，通过高度关注和普及培训来避免发生危险事故。

显然，无论规模大小，为客人提供保护和防止损失对于任何住宿场所都是至关重要的。由于暴力犯罪成为一个日益严重的社会问题，法院已将保护客人免受身体伤害定义为酒店应满足的合理期望。客房服务管理中，也要求物品遗失率必须控制到最小，并为此制定严格的制度和流程来防止客房物品遗失。有些酒店还要求客房部员工签署一份表格，声明他们明白不得让任何客人进入其他房间。如果违反这一规定，将立即被解雇。虽然这看起来可能很严厉，但这是避免酒店内某些盗窃行为的唯一方法。

酒店业的安全部门一般都会安装可维护酒店住宿安全的警报系统，并采取旨在保护客人、员工和酒店财产的措施。全面的安全计划必须包括以下要素：

安保人员：这些人员定期巡视酒店区域，包括客房楼层、走廊、公共和私人活动室、停车场、办公室等。其职责包括观察可疑行为并采取适当行动、调查事件，以及与当地执法机构合作。

设备：安保人员之间配备对讲机很常见，而闭路电视摄像头安装在偏僻的走廊和门口，以及食品、酒水和存储区域。法律规定，酒店的每个区域都必须安装烟雾探测器和火灾警报器，以保障客人的安全。电子门卡提供了更高级别的客房安全保障，卡上通常不会显示酒店名称或房间号码，即使丢失或被盗，也不容易被追踪。此外，大多数电子门卡系统会在计算机上记录每次进出房间的情况，以供日后参考。

安全程序：前台服务人员会在客人退房后禁止其再次进入房间，以确保安全和防止丢失酒店财产。安保人员应能随时进入客房、储藏室和办公室。安保人员要制订灾难预案，以确保员工和客人的安全，并将灾难造成的直接和间接损失降至最低。灾难预案会审查保险措施，分析物理设施的安全性，并评估可能的灾难场景，包括发生概率的高低。可能的灾难场景包括火灾、炸弹威胁、枪击事件、地震、洪水、飓风和暴风雪。准备充分的酒店会制定正式政策来应对任何可能的情况，并对员工进行培训，以便在必要时执行选定的程序。

身份验证程序：应向所有员工发放带有照片的身份识别卡。对于可能与客人接触的员工，佩戴名牌不仅能为酒店树立友好形象，还能起到安全防范的作用。

总之，酒店业的每家企业都会为客人和员工提供某种形式的安全保障。酒店或餐厅的安全无忧是提高客人满意度的关键因素。酒店信息技术系统包括监控系统，在酒店的许多不同区域安装监控摄像头，以监控场地，帮助确保客人的安全。这些摄像头直接与电脑、电视和数字录像机相连接，有助于安全团队密切关注整个酒店的安保状况。

技术进步催生了电子门锁系统，有些系统还提供定制的安全配置。客房电子门锁系统现在可以同时管理来自磁条卡和智能卡的信息。从酒店的角度来看，这种钥匙的一个主要优点是方便酒店管理人员了解谁在什么时候进入了房间，因为系统可以追踪任何进入房间的人。

客房保险箱可以通过房卡操作。这两种系统都比旧的金属钥匙有了改进。更智能的保险箱甚至也会采用生物识别技术，比如使用指纹或视网膜扫描来验证用户的身份。

4.3.4 辅助服务

酒店为客人提供舒适和便利，让他们有宾至如归的感觉。提供Wi-Fi、客房内游戏机及系统、升级的客房用品、客房送餐服务等各种便利设施和服务，都是为了给客人带来温馨的体验。酒店还可以在客房外提供许多其他服务，比如游泳池、按摩服务、高档餐饮、邮政服务和会议场地，其他如礼宾服务和商务中心等也是为了满足不同客人的需求。

许多酒店都设有自己的洗衣房。这个子部门通常向客房部经理汇报工作。现代洗衣房配备了计算机控制的洗衣机/烘干机和大型熨烫设备。为客人和员工提供干洗服务也可能属于洗衣房的业务范畴。由于环保方面的考虑，酒店正逐渐减少内部干洗业务。最近，一些酒店决定将洗衣工作外包给外部公司，因为洗衣房区域温度高、噪声大，工作环境不佳，导致员工流动率居高不下。此外，场地、设备以及人力和福利成本也使得内部洗衣房在成本效益分析中未能达标。

几乎每一家大型酒店都设有某种类型的水疗中心，邀请客人在此放松身心。其项目包括桑拿、温泉浴、漩涡浴、按摩浴缸和蒸汽房等。水疗服务通常以减压、恢复活力、美容和精神提升为理念，最终目的是让客户进入一个没有焦虑的境界，使身体的自然治愈能力得以充分发挥。对一些人来说，通往涅槃的道路是通过漫步与自然交流来实现的。而对另一些人而言，则是通过揉捏、按摩、浸泡在芳香精油中、裹上海藻混合物或沉浸在特殊泥浆中来实现。但无论如何，水疗服务越来越受欢迎是个不争的事实，因为对很多人来说，水疗是一个恢复精力或减压的时刻，也是享受呵护、实现身心和精神富足的机会。

4.3.5 酒店信息技术

虽然客房的主要功能从未改变——即提供一个清洁、安全的过夜场所，但为了让客人有宾至如归的感觉，酒店就必须为客人提供通常在家庭中会使用到的技术设备。1970年，酒店业者首次在客房内放置了制冰机和小型冰箱。起初，这些设施只在部分收费更贵的客房中配备，而并非所有客房。

1972年，第一批电话系统机型被引入客房。但由于当时整个酒店往往只有一条电话线，因此客人有时需要等很长时间才能打出电话。1975年，随着彩色电视机在家庭中的普及，酒店也开始配置彩色电视机，一些酒店甚至大力宣传房间配有彩色电视机，以此区别于竞争对手。当然，这种配备电视的房间往往也需收取额外费用。

1980年，酒店计费信息系统（HOBIS）问世。1981年，酒店被获准从电话通话中盈利，推动通信计费系统在酒店行业迅速发展。1986年，电子门钥匙首次亮相，提高了客人入住的安全性和便利性。1990年，电视系统与物业管理系统之间建立了接口，使客人可以通过电视查看自己的账单。到了1993年，客人可以通过电视在客房内办理退房手续。1995年，酒店客房可以使用高速互联网接入服务。2000年后，酒店开始采用互联网协议（VoIP）电话系统、高清电视、无线上网、互动娱乐系统、智能能源管理系统等。

时至今日，为了让客人居住得更加舒适、安全，现代酒店客房中通常可以看到以下技术设备：电子门锁系统、能源管理和气候控制系统、火灾报警和安全系统、客房迷你吧、客房保险箱、客房电话系统、语音信箱/叫醒系统、客房娱乐系统、客房控制面板，以及自助办理入住/退房系统等。

4.4 酒店及住宿业的可持续发展

为了酒店及住宿业的可持续发展，那些具有环保意识的酒店及住宿企业不仅在帮助避免环境进一步恶化方面扮演优秀公民的角色，同时也为自己的企业节约运营成本。在实践中，酒店业多年来一直在推动住宿服务物品的回收再利用。例如，在一些酒店，如果客人没有特别声明（或者没有在卡片上留下要求信息），酒店一般3天更换一次床上用品、毛巾布草和补充洗剂，还有一些酒店会在第二或第三天将床单换向使用（即由床头移向床尾）——这些酒店意识到，床单、毛巾等使用寿命的大大延长，会使库存消耗减少。

另外，酒店客房的能源控制也是一个重要的课题。在美国，客房灯泡照明功率的减少和寿命延长，以及LED荧光灯的使用，每年可以为一个酒店节省数千美元。由于科技的运用，客房空调设备现在可以通过身体运动传感装置，甚至是通过测试人们的呼吸来控制房间的温度。客人离开房间时，这些设备可以使空调装置自动关闭。还有，节水如厕装置和高压节水淋浴喷头的使用也可以减少能耗。

显然，生态资源使用效率是指在创造更多的商品服务的同时，使用更少的资源，产生更少的浪费污染，这有助于酒店用更少的资源提供更优质的服务；与此同时，减少商品服务的消耗以及能源使用强度，可降低酒店对生态的负面影响，提高酒店利润。

今天，可量化的环境影响包括消耗有限的资源、能源使用、水质和可用性以及排放的污染。社会影响包括社会卫生、员工和客人安全、教育质量和多样性。在这方面，三重底线模型，有时被称为TBL（社会、环境和财务目标）或3P模型（人、地球与企业利润），在应用时需要在三个维度同时考虑能源的消耗问题。图4-9展示了酒店及住宿服务业的可持续发展模型。

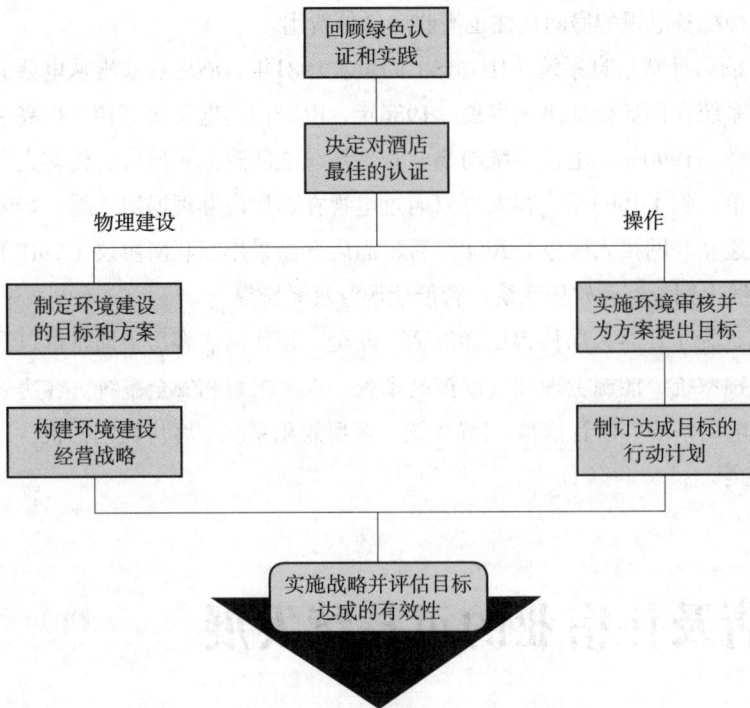

图4-9　酒店及住宿服务业的可持续发展模型

　　酒店及住宿业的可持续发展，建设绿色酒店，已经成为酒店业发展的趋势。现在，美国饭店协会（AH&LA）以及各国酒店行业协会都在为酒店获得绿色认证提供最佳途径，并且提供具体的实施运营建议。酒店将通过制定建设绿色酒店目标，教育员工，并利用客人的信息反馈，改善酒店绿色环保可持续政策的执行，寻找新的酒店业发展机会。美国鲍尔市场研究公司（J.D Power and Associates）对2009年的北美酒店客房满意度指数的调查说明，2008年5月至2009年6月期间，在北美酒店入住的6.6万名客人中，66%的客人（前一年为57%）对酒店运营中的绿色意识的满意度有显著提高。雷·霍布斯（Ray Hobbs）是生态客房与生态套房（EcoRooms & EcoSuites）顾问团的一员，也是绿色国际组织的注册审计师，他说："……已经有23个州有正式的绿色酒店认证项目，而且这个行业仍在努力寻找最符合自己需求的认证程序。"

　　绿色酒店建设的意义在于可以通过节约能源和水，减少浪费，还可以通过减少有毒化学品的使用，促进经济社会的绿色发展。在酒店业，绿色环保降低了酒店的运营成本，使酒店能够为客人提供更好的服务，也为客人和员工提供更健康的环境。酒店及住宿企业正在通过以下措施来使自己在绿色酒店建设及经营实践中变得更加可持续：

　　1.通过在酒店公共区域内安装传感器，在客房内安装感应传感器，安装节能照明设备、调光器和定时器，以减少能源消耗。具体包括：

- 安装LED（发光二极管），安装节能之星的电器；
- 增加建筑隔热层；
- 尽可能使用自然采光；
- 更好地改善材料绝缘性，更换窗户减少能源流失。

　　2.通过以下步骤节约酒店用水：

- 在客房水龙头上安装加气仪；
- 在现有厕所里安装水箱节流器或安装节水厕所设施；
- 安装低流量淋浴喷头；
- 实现毛巾和亚麻制品的再使用；
- 用原生植物美化环境；
- 在景观灌溉中使用定时器或湿度传感器；
- 改变草坪灌溉方式，种植根系更发达的植被。

　　3.通过以下操作减少浪费：

- 大量采购再生纸；
- 提供布质餐巾，引入可重复使用瓷器和餐具；
- 在浴室里使用可重复充装的肥皂或洗发水分装器；
- 通过二手商店、慈善机构回收可用的家具和其他物品；
- 重复使用旧毛巾和亚麻制品，作为清洁抹布；
- 要求供应商尽量减少包装；

- 回收烹饪油脂；
- 把食物和草坪废料做成堆肥。

4.通过执行以下措施减少危险废物产生：

- 妥善处理荧光灯、计算机等电子设备的回收；
- 参与本地危险废物收集日活动；
- 使用低挥发性有机化合物油漆、地毯和胶水；
- 使用充电电池；
- 使用环保清洁产品。

关键词汇与概念

酒店总经理	酒店管理执行委员会	房务总监
酒店房价	预订确认	担保预订
全球分销系统	中央预订中心	中央预订系统
物业管理系统	收益管理	酒店每间可销售客房收入
客房入住率	宾客服务	房价
客房部	客房服务成本	

复习讨论题

1. 请对比中小型酒店与大型酒店中总经理和部门主管的工作职责，并列举至少三个他们之间的相同点和不同点。

2. 请阐述房务管理者的主要工作职责，并探讨房务部工作与客人住宿体验之间的联系。

3. 请描述收益管理的概念，并分析酒店业如何利用收益管理策略来实现其收益目标。

知识应用

1. 你是市中心一家大型酒店的房务部总监。总经理对客房收入下降表示担忧，他要求你制订一个在未来90天内提升客房收入的计划。为了达成这个目标，你打算首先采取哪些行动？

2. 你的酒店共有500间客房。目前有5间正在进行维修，暂时不对外开放，另有175间已经被客人入住。目前客房部的总收入为15万美元。请根据这些信息，计算出客房入住率、每日平均房价以及每间可销售客房收入（RevPAR）。

Introducing >> César Ritz

César Ritz was a legend in his own time; like so many of the early industry leaders, he began at the bottom and worked his way up through the ranks. In his case, it did not take long for Ritz to reach the top because he quickly learned the secrets of success in the hotel business. His career began as an apprentice hotel keeper at the age of 15. At 19, he was managing a Parisian restaurant. Suddenly, he quit that position to become an assistant waiter at the famous Voisin restaurant. There, he learned how to cater to the rich and famous. In fact, he became so adept at taking care of the guests—remembering their likes and dislikes, even their idiosyncrasies—that guests would ask for him and would only be served by him.

At the age of 22, Ritz became manager of the Grand Hotel National in Lucerne, Switzerland, one of the most luxurious hotels in the world. The hotel was not very successful at the time he became manager, but Ritz, with his ingenuity and panache, was able to attract the "in" crowd and complete a turnaround. After 11 seasons, he accepted a bigger challenge at The Savoy Hotel in London, which had been open only a few months and which was not doing well. César Ritz became manager of one of the most famous and luxurious hotels in the world at the age of 38.

Once again, the flair and ability of Ritz to influence society quickly made a positive impression on the hotel. To begin with, he made the hotel a cultural center for high society. Together with a famous French chef and father of modern French cooking Auguste Escoffier as executive chef, he created a team that produced the finest cuisine in Europe in the most elegant of surroundings. He made evening dress compulsory and introduced orchestras to the restaurants. César Ritz would spare no expense to create the lavish effect he sought. On one occasion, he converted a riverside restaurant into a Venetian waterway, complete with small gondolas and gondoliers singing Italian love songs.

Both Ritz and Escoffier were dismissed from the Savoy in 1897. Ritz was implicated in the disappearance of over 3,400 pounds worth of wine and spirits. In 1898, Ritz opened the celebrated Hôtel Ritz in the Place Vendôme, Paris, France. The Hotel Ritz in Madrid, Spain, opened in 1910, inspired by King Alfonso XIII's desire to build a luxury hotel to rival the Ritz in Paris.

Ritz considered the handling of people as the most important of all qualities for an hotelier. His imagination and sensitivity to people and their wants contributed to a new standard of hotel keeping. The Ritz name remains synonymous with refined, elegant hotels and service. However, Ritz drove himself to the point of exhaustion, and at age 52, he suffered a nervous breakdown. This is a lesson for us not to drive ourselves to the point of exhaustion.

.inc | Corporate Profile

Hyatt Hotels

When Nicholas Pritzker emigrated with his family from Ukraine to the United States, he began his career by opening a small law firm. His outstanding management skills led to the expansion of the law firm, turning it into a management company. Pritzker purchased the Hyatt House motel next to the Los Angeles International Airport in 1957.

Today, Hyatt is an international brand of hotels within the Hyatt Hotels Corporation, a multibillion-dollar hotel management and development company. It is among the leading chains in the hotel industry, with close to eight percent of the market share. Hyatt has earned worldwide fame as the leader in providing luxury accommodations and high-quality service, targeting especially the business traveler, but strategically differentiating its properties and services to identify and market to a very diverse clientele. This differentiation has resulted in the following types of hotels:

- *Luxury.* Park Hyatt hotels are smaller, European-style luxury hotels. They target the individual traveler who prefers the privacy, individualized service, and discreet elegance of a small European hotel.
- *Premium.* Grand Hyatt, Hyatt Regency, and Hyatt Resorts represents the company's core products. They are usually located in business city centers and are often regarded as four- and five-star hotels. Hyatt Resorts are vacation retreats. They are located in the world's most desirable leisure destinations, offering the "ultimate escape from everyday stresses."
- *Modern Essentials.* Hyatt Place locations are lifestyle 125- to 200-room properties located in urban, airport, and suburban areas. Signature features include The Gallery, which offers a coffee and wine bar and a 24/7 kitchen where travelers can find freshly prepared food.
- *All-Inclusive.* Hyatt Zilara and Hyatt Ziva are all-inclusive luxury resorts that provide guests with unique experiences and entertainment options. Additionally, Hyatt Zilara offers guests adult-only lodgings for a relaxing kids-free getaway.
- *Lifestyle.* Andaz Hyatt Centric is a casual, stylish, boutique-style hotel; each hotel reflects the unique cultural scene and spirit of the surrounding neighborhood.
- *Extended-Stay.* Hyatt House is an extended-stay brand of 125- to 200-

room all-suite properties that provide the feel of a residency. Hyatt House offers a casual hospitality experience, and features complimentary breakfast with a build-your-own omelet station. Locations are urban, airport, and suburban. Hyatt Residence Club offers vacation ownership, vacation rentals, and mini vacations in sensational destinations throughout the United States.

The Hyatt Hotels Corporation is characterized by a decentralized management approach, which gives the individual general manager a great deal of decision-making power, as well as the opportunity to use personal creativity and, therefore, stimulate differentiation and innovation. The development of novel concepts and products is perhaps the key to Hyatt's outstanding success. For example, the opening of the Hyatt Regency Atlanta with its atrium lobby gave the company instant recognition throughout the world. The property's innovative architecture, designed by John Portman, revolutionized the common standards of design and spacing, thus changing the course of the lodging industry.

A further positive aspect of the decentralized management structure is the fact that the individual manager is able to be extremely guest responsive by developing a thorough knowledge of the guests' needs and thereby providing personalized service-fundamental to achieving customer satisfaction. This is, in fact, the ultimate innkeeping purpose, which Hyatt attains at high levels.

The other side of Hyatt's success is the emphasis on human resources management. Employee satisfaction, in fact, is considered to be a prerequisite to external satisfaction. Hyatt devotes enormous attention to employee training and selection. What is most significant, however, is the interaction among top managers and operating employees.

Current Issues in Hotel and Rooms Division Operations

Rooms Makeover
Many hotels are seeking to attract younger guests by giving their rooms a make-over, modernizing them by replacing carpets with wood floors and changing the paint colors and decor. Some hotels have themed their rooms to attract guests who have an interest in the theme. Others have themed the hotel like Hotel Celeste at UCF. Others have specially themed rooms available, such as romantic, anniversary, birthday and bachelorette party. (I hope I'm not the housekeeper for those rooms). Even repainting the walls can enliven a room with a refreshing newish look. Guests expect multiple charging locations for all their devices.

Technology and Social Media

Technology to help improve the guest experience and social media reviews are increasingly important- Trip Advisor has more than 390 million unique monthly visitors. Websites like Trip Advisor offer reviews of hotels, restaurants, and other hospitality attractions. Some hotels have created virtual reality property tours to help persuade potential guests to become actual guests. Guests value a personalized experience, so some hotels have appointed a chief guest experience officer to oversee the guest journey. There are hotel apps that promise best rate for bookings, easy check-in, and front desk calls all designed to optimize the guest experience and avoid guests booking with outside channels that cost the hotel fees.

As described earlier in the text, there is automatic contactless check-in so guests can enter their booking reference number and the kiosk will issue their room key and Wi-Fi code. Guests can ask a robot concierge any question and easily depart the hotel as payment is handled automatically. With a smooth check-in guests can now avail of room service, if it's offered, via a web-based app or even sup award-winning wine poured from an electronic dispenser. Many guests like the idea of having a glass of wine instead of a whole bottle. Some hotels are using brands like Angie, for setting the room temperature by HD voice or touch screen thermostats.

- How important are social reviews to you when booking a hotel or choosing a restaurant?
- Would you prefer interacting with a robot or human concierge?

Guest Service

Remember from an earlier chapter when a famous hotelier was asked the secret of his hotels' success and he replied, "Service, service, service." Superior service is a competitive advantage for hotels that offer it. A hotel that gains a reputation for superior service will attract more guests.

To give great service, associates are advised to anticipate guests' needs. We want guests to feel important and that we genuinely want to make their stay a great experience. If necessary, apologize, listen carefully and empathize with the guest and let them know that you are "with them" and what you will do to help the guest. We need to be good listeners and fully grasp what the guest is saying and asking for and notice their body language and tone of voice by giving complete attention and letting the guest know what you will do to help them. Be sincere and use their name whenever possible.

- What are three things you could do to turn a poor guest experience into a positive experience?
- What does service mean to you?

Loyalty Programs

Many guests become brand loyal because they have a strong bond or connection to the brand. Hotel companies boast the lowest member rates and possible upgrades. The major chains offer a variety of incentives for guests to remain loyal to the brand. The Hilton Honors Reserve Card and the

Hyatt credit card give bonus points and free rooms. Some suggest using smaller companies' programs like Fairmont, Kimpton, Omni, or the Preferred group. Marriott's Bonvoy attracts millions of members and offers various benefits. The various loyalty programs steer guests to make direct reservations rather than using an OTA which means no points. Just think of InterContinental Hotels Group that has 92 million members—if they all book directly with the hotel, that is a lot of points and free room nights.

第 5 章 酒店餐饮服务

学习目标

- 阐述饮食服务组织的主要部门及餐饮总监的工作职责。
- 阐述厨房的主要管理方式以及食品成本和人工成本控制的重要性。
- 详述餐厅的管理方法及其领导所肩负的主要职责。

5.1 酒店餐饮服务组织

5.1.1 组织结构

餐饮运营是酒店对客服务的重要组成部分,特别是对大型的全服务酒店来说。以一家拥有500间客房的大型酒店为例,其餐饮部门的经济影响力不容小觑。试想,750位住客每日需要早餐、午餐、晚餐,以及各种饮品,同时非住店客人也可能使用餐厅、宴会厅、会议设施及相关饮食服务。这些需求每天可产生数千美元的收入,年收入高达数百万美元。

如图5-1所示,酒店的餐饮部门由餐饮总监(director of food and beverage)负责管理,向总经理汇报工作,并负责以下部门的高效运营:

- 厨房/饮食服务/宴会部
- 餐厅/客房送餐服务/迷你吧
- 酒廊/酒吧/后勤管理部

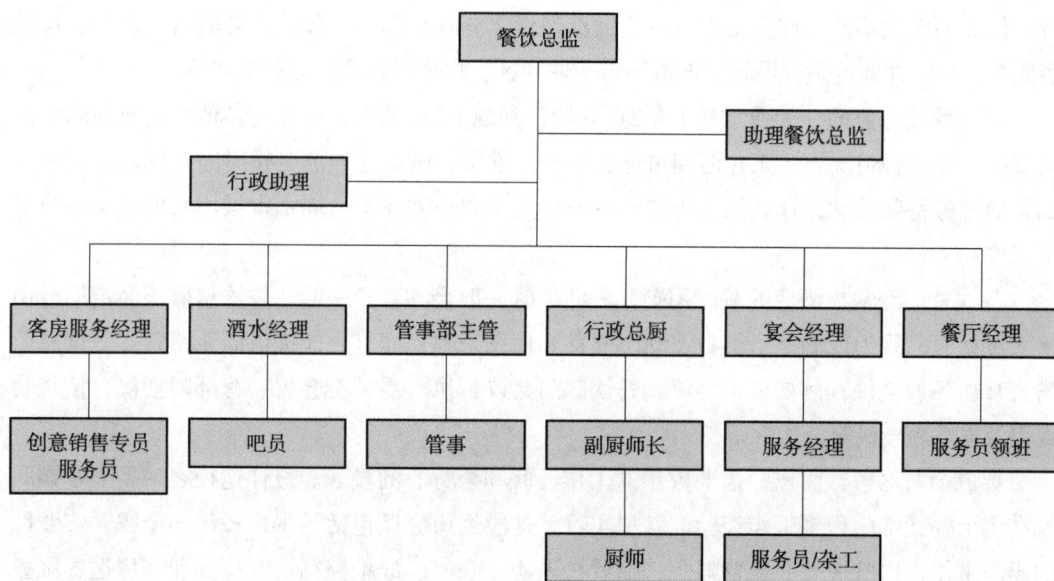

图5-1 大型酒店餐饮部门组织结构图

酒店餐饮运营的挑战是基于一定时期内酒店增长停滞或客房入住率降低导致收入降低而产生的。因而,餐饮销售的利润在酒店经营部门里的比重不断上升,变得更为重要。从前,酒店的营业利润中只有20%来自餐饮部门,而目前来自餐饮部门可接受的利润率通常被认为在25%—30%。当然,这个数据根据酒店类型的差异会有所不同。有趣的是,美国酒店内的餐厅数量比亚洲和欧洲的酒店要少。究其原因,可能是因为在亚洲和欧洲文化中,酒店常被用作会面地点,酒吧、餐厅经常会有非住店客人光顾。

5.1.2 酒店餐饮总监

在酒店管理体系中，对餐饮总监的职位描述不仅涵盖工作职责，还包括胜任该职位的个人能力要求。近年来，餐饮总监这一职位所需的技能要求显著增加，其主要工作职责如下：

- 确保餐饮产品及服务超越顾客期望
- 具备领导力
- 掌握餐饮运营发展趋势
- 招聘、培训并激励优秀员工
- 编制预算与成本控制
- 挖掘各营业点的盈利潜力
- 精通前厅服务与后厨运营细节

餐饮总监的一项极其重要的职责是严格管理和控制食品、饮料和劳动力成本，确保其符合酒店设定的盈利目标。如果酒店的招牌餐厅客流量低迷，对酒店来说将是一个真正的挑战。另一个挑战是客房服务或客房内就餐。一些全服务酒店和高档度假胜地提供客房饮食服务，但如果客人不使用或觉得太贵，餐饮部门肯定会蒙受损失。部分高端酒店已取消客房送餐服务，转而在前台附近设置"即取即走"便利区，提供低价简餐以控制成本。

一位餐饮总监的一天通常从上午8点开始，到晚上8点结束，除非有其他早间或晚间的活动安排，在这种情况下，工作时间可能会更长。通常，餐饮总监的工作时间是周一至周六。如果周日有特殊活动，那么周日工作也在所难免（周一调休）。周六常被用来处理文书或专项工作。

餐饮总监经常在酒店的餐厅用餐，去酒吧时一般会和客户一起。餐饮总监还会定期与销售人员见面，因为他们是了解行业动态的良好信息来源，而且还能提供商业线索。餐饮总监需要参加各种会议，例如员工会议、餐饮部门会议、执行委员会会议、跨部门会议、信贷会议以及损益表会议等。

要成为一名餐饮总监，需要数年的工作经验和全身心的投入。最佳途径之一是大学期间就在多个餐饮部门积累工作经验或参加实习。这段经历应该包括至少1—2年的全职、实践性的厨房工作，以掌握核心运营概念，随后在采购、仓储、成本控制、管事部和客房送餐服务等部门分别工作几个月不等。管事部负责后厨区域的工作，如餐具清洗，以及瓷器、玻璃器皿和餐具的发放和盘点。管事部的职责还包括保持所有区域的清洁。此外，在以下每个工作岗位各工作一年，也会很有帮助：餐厅、饮食服务和酒吧。在积累了这些部门的工作经验并掌握了核心能力之后，你很可能就可以担任部门经理了——最好是在与获得部门工作经验不同的酒店任职。这样可以避免曾经是某个部门的员工，现在却成为该部门经理的尴尬情况，同时也为员工提供了在不同酒店学习不同知识的机会，拓宽行业视野。

5.2 厨政管理

酒店的厨政管理在酒店餐饮总监领导下由行政总厨（executive chef）负责，在一些中小型酒店中则一般由厨师长负责。行政总厨或厨师长需向餐饮总监负责，确保厨房食品生产的高效与有效运营。其预期目标是在食物的质量和数量方面超越客人的期望，包括食物的呈现方式、味道以及分量大小，并确保热菜热食、凉菜冷食。行政总厨需按照公司政策运营厨房，并努力实现预期的财务目标。

5.2.1 厨房管理

一些酒店的行政总厨又被称为厨房经理（kitchen manager），在部分中小型酒店里，他们也同时担任餐饮总监的角色。行政总厨工作权力扩大，是一种"合理精简"（在其他行业也很常见）的趋势，有利于通过整合工作职能来削减劳动力成本，这也意味着餐饮部门的重组以保留最重要的员工。例如，拥有440间客房的希尔顿拉霍亚托里松酒店的行政总厨兼餐饮总监代表了新一代管理风格：他主张培养副主厨（Sous Chef）承担更多运营决策权，包括食材订购、员工招聘与解雇等。副主厨直接管理生产团队，而行政总厨则通过授权培养各工位主厨（Chefs de Partie）的决策能力。副主厨被教导"决策无绝对错误——但若结果欠佳，事后需复盘讨论"。

厨房团队常面临高强度、快节奏的工作压力，因此合作与协调至关重要。行政总厨可能选择不召开常规会议，而是频繁与员工小组沟通，及时解决问题。同时，通过软件系统标准化食谱成本、建立永续盘存（perpetual inventory，实时更新库存），并计算各营业点潜在食品成本，实现有效管控。现代行政总厨不仅关注食品成本，更重视单品的实际利润贡献。例如，一份成本3.25美元、售价12.95美元的意面，其边际贡献为9.70美元。当前，一些程序提供了用于采购、订单处理、库存控制以及食谱和菜单成本核算的软件解决方案，部分系统还支持销售分析、理论库存报告及多利润中心管理。

控制成本是餐饮运营中的重要环节，由于人工成本是最主要的可变成本，人员的配置就成为餐饮场所日常运营中的一个重要因素。人工成本的衡量标准是每人每小时服务的客人数，如后勤清洁每小时需覆盖37.1位客人。管理者面临着一些有趣的挑战，比如根据早餐时段客人需求的高峰和低谷来合理安排人员配置。许多客人都想在早上7点到8点半的高峰时段吃早餐，这就要求酒店组织在合适的时间把合适的人员安排到合适的岗位上，以确保餐食能够妥善准备并及时供应。

财务业绩通常用比率来表示，例如食品成本率（food cost percentage），即食品成本除以食品销售额。一个简单的例子是，一个售价为10美元的汉堡包。如果其食品成本是3美元，那么食品成本率就是30%，这在许多酒店中大约是平均水平。在那些承接大量宴会业务的酒店中，这一平均水平可能会降低到27%。在考察餐饮部盈亏情况时，行政总厨和餐饮总监不但要考虑食品成本百分率，还要考虑菜单上各菜品的边际贡献。边际贡献（contribution margin）是指某一菜品对间接费用的贡献金额，即制作该菜品的成本与售价之间的差额。

对于厨房来说，另一个重要的成本比率是人工成本率（labor cost percentage）。人工成本率可能会因购买方便食品与使用原材料自制食品的比例不同而有所变化。在厨房中，人工成本率可以用人工成本占食品销售额的百分比（food sales percentage）来表示。例如，如果食品销售总额为1000美元，人工成本总额为250美元，那么人工成本占食品销售额的百分比可以用以下公式计算：

$$人工成本额/食品销售额 \times 100\% = 人工成本率$$
$$即：250美元/1000美元 \times 100\% = 25\%$$

借助人工成本跟踪程序可以实现对人工成本的管理控制。这些程序可用于记录时间、考勤情况，制定排班表，并提供有助于预测和分析的工具。

一位行政总厨可能会有一名或多名副厨师长。由于行政总厨的大部分时间都花在行政管理工作上，副厨师长通常负责每个班次的日常运营。根据厨房规模的不同，一个厨房可能会有几名副厨师长：一名或多名负责白班，一名负责晚班，还有一名负责宴会工作。

在副厨师长之下是轮值厨师（chef tournant，也叫"替班厨师"）。轮值厨师会在各个工作站之间轮换，以替换各工作站的厨师长。这些工作站是根据法国厨师奥古斯特·埃斯科菲耶的经典"厨房团队编制"，按照生产任务来组织安排的。厨房团队编制包括以下岗位：

- 酱汁厨师（Sauce Chef）：负责准备酱汁、炖菜、煎炒菜肴以及热开胃菜
- 烧烤厨师（Roast Chef）：负责烤肉、炙烤、铁扒及烩肉
- 鱼厨（Fish Chef）：烹制鱼类菜肴
- 汤厨（Soup Chef）：负责准备各类汤品
- 冷厨（Garde Manger Chef）：负责准备所有冷盘食物，如沙拉、冷开胃菜、自助餐食物以及调味汁
- 宴会厨师（Banquet Chef）：负责所有宴会食品
- 甜品厨师（Pastry Chef）：负责准备所有冷热甜点
- 蔬菜厨师（Vegetable Chef）：负责准备蔬菜（在一些较小的厨房中，该厨师可能还兼任油炸厨师和汤品厨师）

当然，在一些较小规模的厨房中，汤厨、冷厨、宴会厨师、甜品厨师和蔬菜厨师的岗位可能会视实际情况而被合并。

5.2.2 餐厅管理

不同酒店的餐厅数量和类型有所不同。一家酒店可能拥有几家餐厅，也可能不设餐厅；餐厅的数量和类型也各不相同。大型连锁酒店一般会有两家餐厅：一家招牌餐厅或高档正式

餐厅，以及一家休闲的咖啡厅式餐厅。这些餐厅既为酒店客人服务，也面向普通大众开放。近年来，由于客人的期望不断提高，酒店更加重视餐饮的准备和服务工作。因此，对酒店员工的专业素养也有了越来越高的要求。

酒店餐厅的运营方式与其他独立餐厅大致相同，由餐厅经理（restaurant manager）负责。餐厅经理通常承担以下职责：

- 确保餐厅服务超越顾客预期
- 招聘、培训和培养员工
- 制定并维护质量标准
- 市场营销
- 宴会服务
- 咖啡服务
- 客房送餐服务、迷你吧或鸡尾酒酒廊的管理
- 向餐饮总监提交年度、月度和每周的预测报告及预算

一些餐厅经理实行激励计划，根据季度业绩发放奖金。酒店餐厅的经理面临着一些特殊的挑战，因为酒店客人的用餐选择往往难以预测：他们有时选择酒店内用餐，有时外出就餐。若实际用餐人数与预测偏差过大，可能导致问题——客流量过高会导致用餐延误和服务质量下降；客流量过低则会造成员工闲置，增加人力成本（除非提前安排员工下班）。为此，餐厅经理会记录餐厅每周、每月及每年同期的客流量数据。

在预测餐厅用餐人数时，酒店客人的数量（入住人数）和类型（例如会议客人可能有独立用餐安排）也应考虑在内。这个数据称为捕获率（capture rate），结合历史数据、宴会活动数据以及酒店入住率，将成为餐厅预测用餐人数的依据。

尽管一些酒店发现难以吸引住客进入餐厅消费，但许多酒店正努力将饮食服务从一项必要的基础配套设施转型为盈利中心。例如，在美国，新奥尔良皇家索内斯塔酒店（The Royal Sonesta New Orleans）向住客及周边酒店客人发放餐厅优惠券。纽约的雅典娜广场酒店（Hotel Plaza Athenee）则采取另一成功策略：在客人入住客房之前，带他们参观餐厅并介绍餐厅的菜品。这一措施吸引了更多客人在入住期间选择到酒店餐厅用餐。也有一些酒店让餐厅在大堂举办厨艺展示来进行自我推广，客人可以免费试吃。此外，部分酒店通过独立入口设计，使餐厅看起来更像独立运营的场所。

5.2.3 酒吧管理

酒店酒吧为客人提供了一个在忙碌一天后，一边品尝鸡尾酒一边放松身心的场所。这种社交机会无论是出于商务还是休闲目的，都能既满足客人需求，也为酒店创造收益。由于所有饮品的利润率都高于食品，酒吧是餐饮部门的重要收入来源。从采购、收货、储存、发放、补货、服务到向客人结账，饮品的整个运营流程较为复杂，但与餐厅餐食不同的是，饮

品如果当天未售出，可以留存至后续销售。纽约瑞吉酒店的国王科尔酒吧便是全球知名案例，其以童谣角色"老国王科尔"壁画为特色，长期受到名流青睐。

酒吧由饮品经理负责运营，其职责包括以下方面：

- 监督葡萄酒、烈酒和其他饮品订购与储存
- 制定酒单
- 管理员工
- 成本控制
- 协助客人选择饮品
- 正确地侍酒
- 掌握啤酒、烈酒的知识及服务流程

酒吧运营的效率通过酒水成本率（pour/cost percentage）来衡量。酒水成本率是指一定时期内消耗库存成本与销售额的比值。餐饮总监通常期望该比率介于16%—24%。一般来说，低成本率通常源于更精细的管控系统与高客流运营，例如使用自动定量出酒设备（虽初期投入高，但能减少偷盗、过量倒酒等问题，并降低人力成本）。不过，高端酒品仍可能由调酒师手工倾倒以增强观赏性。

酒店酒吧和其他酒吧一样，也容易出现一些问题。餐饮总监必须制定严格的政策和工作规程，并确保这些准则得到遵守。在当今诉讼频发的社会中，经营者有责任建立规范并确保负责任地提供酒精饮品服务，所有饮品服务人员都应在这一重要领域接受培训，因为这有助于限制酒吧的法律责任。如果客人已经喝醉但仍被提供酒精饮品，或者向未成年人提供酒精饮品且该未成年人在涉及他人的事故中致第三方受伤，那么提供饮品的服务员、调酒师和经理可能要对受伤的第三方所遭受的伤害承担责任。

酒吧经营面临的另一个风险是偷窃，这也是酒店经营中常见的问题。其中较为普遍的是酒吧员工偷盗或篡改销售数据。例如，他们可能会用水或其他有色液体对饮料进行稀释，然后进行销售，以获取更多的收入，而多出的部分便收归己有。当然，还有其他的欺诈行为，例如高价销售，或售卖给客人的酒水不足量，也有一些酒保会采取超量斟酒的方法来赚取大量的小费。对于酒吧来说，防止这些行为的最好方法，是拥有一个行之有效的控制系统，例如雇佣"神秘顾客"（酒吧雇佣他们来扮演酒吧的常客，观察酒吧的运营情况）就是其中的一种方式。

大型酒店开设的酒吧类型颇为多样：

- **大堂吧**（Lobby bar）：源自康拉德·希尔顿（Conrad Hilton）的创收理念——他希望利用其大型酒店大堂创造收入。其后这种便捷的聚会场所开始流行。如果管理得当，大堂吧可成为稳定的收入来源。
- **餐厅吧**（Restaurant bar）：传统上，餐厅吧远离喧嚣的大堂，为酒店的招牌餐厅提供一个等候区域。
- **服务吧**（Service bar）：在一些大型酒店，餐厅和客房送餐服务有一个独立的后台酒

吧。否则，餐厅和客房送餐服务会由常规的饮品营业点之一提供服务，例如餐厅吧。

- **宴会吧（Catering and banquet bar）**：宴会吧专门用于满足酒店所有餐饮和宴会的需求。这些酒吧可能会让任何经营者都面临极大的挑战。通常，必须在多个不同的地点设立几个现金酒吧（Cash bar）；如果晚宴提供现金付费的葡萄酒，那么在客人用餐前，最好是在上开胃菜之前把酒送到客人手中就成了一场"竞赛"。由于宾客人数众多，服务难度较大，因而许多酒店都鼓励举办"酒水全包"模式的活动以简化服务，即客人支付稍高的票价，即可享用预先确定数量的饮品服务。

宴会吧需要严格的库存控制，通常宴会结束后就应立即清点酒瓶数量。如果酒吧营业繁忙，经理应在酒吧打烊前将钱款收齐。如果可能，应当场清点明细以防止偷盗行为的发生。

宴会吧不仅需要储备大量畅销的葡萄酒、烈酒和啤酒，还需要提供一些精选的高档烈酒和餐后甜酒。这些饮品尤其会在宴会厅和私人餐厅中使用。

- **泳池吧（Pool bar）**：泳池吧在度假酒店中很受欢迎，客人可以在泳池边享受各种异国风情的鸡尾酒。承接会议的度假酒店通常会在会议期间的某一晚举办主题派对，让参会来宾得以放松。在美国，围绕泳池举办的受欢迎的主题派对有：夏威夷卢奥宴会、加勒比雷鬼之夜、墨西哥嘉年华、美国乡村或西部风情活动等。总之，只要发挥想象力，就可以构思出许多不同的主题活动。

- **迷你吧（Mini bar）**：迷你吧有时也被称为"诚信酒吧"，实际上是指一个置于客房内、方便客人随时享用饮料的小型冷藏酒吧。为安全起见，迷你吧有一把单独的钥匙，根据客人的意愿，或在客人办理入住时与房卡一起交给客人，或暂时保留。迷你吧通常每天都会进行检查和补货，客人使用的物品费用也会自动计入客人的账单。

- **夜总会（Night club）**：夜总会是一些酒店为客人提供夜间娱乐和跳舞的场所。无论正式与否，这些餐饮营业点都会提供全方位的饮品服务。现场娱乐表演的费用非常昂贵。许多酒店正在转向由 DJ 主持的活动，或者打造以酒吧本身为娱乐场所的模式（例如运动吧）。现在，餐饮总监在与现场乐队协商时，会提供较低的基本工资（通常低于最低工资），并让乐队从入场费中抽取一定比例作为报酬。

- **运动吧（Sports bar）**：运动吧已成为酒店中颇受欢迎的特色场所。几乎每个运动吧都有一个相应的运动主题，这可以营造轻松的氛围，符合现代的生活方式。许多运动吧都设有各种游戏，例如台球、桌上足球、酒吧篮球等，再加上通过卫星电视转播的体育赛事，进一步烘托了氛围。

- **赌场吧（Casino bar）**：赌场吧的饮品服务旨在通过提供低成本或免费的饮品，延长客人的博彩时间。一些赌场吧提供奢华的娱乐表演和小食，使客人沉溺于赌博之中，即便他们已经持续亏损。

不同酒吧的营收因酒店类型及位置而异。一般而言，夜总会、运动吧和宴会吧的酒精饮品消费量较大，而餐厅吧的酒精饮品消费量通常比迷你吧和休闲酒廊要多。

5.2.4 管事部管理

酒店餐饮管理设有管事部主管或行政管事，他们对餐饮总监负责，并主要执行以下职能：

- 确保酒店后台区域（酒店客人看不到的所有区域）的清洁卫生
- 保持餐饮营业点的玻璃器皿、瓷器和餐具的清洁
- 执行严格的库存控制与月度盘点
- 确保洗碗机的维护
- 管理清洁用品库存
- 监督厨房、宴会通道、储藏室、冷藏/冷冻库以及所有设备的卫生
- 与害虫防治公司协调虫害控制工作
- 预测人力与清洁用品需求

在一些酒店，管事部负责保持厨房的清洁。这项工作通常在夜间进行，以避免干扰日常食品生产运营。下午在午餐和晚餐服务之间会进行一次较简单的清洁。管事部主管的工作繁重且不易被认可——在酒店里，这意味着每天三次为数百人清理用餐区域，仅物品追踪便令人头疼。部分酒店会为不同餐饮营业点配备不同风格的玻璃器皿、瓷器及餐具（如休闲餐厅采用非正式风格，宴会服务更正式，高端餐厅则使用极正式餐具）。确保所有物品归位并防止客人或员工私拿纪念品十分困难，需通过严格的库存管理与持续监督以减少盗窃行为的发生。

5.3 宴会餐饮服务

5.3.1 宴会与餐饮服务

全球文化与社会演进中，"共餐"始终是展现待客之道的重要方式。宴会的奢华程度曾成为东道主竞逐的焦点。如今，需举办庆祝活动、宴会饮食服务的场合包括：

- 国宴，即国家领导人款待来访的王室成员和国家元首的宴会
- 国庆日庆祝活动
- 大使馆招待会和宴会
- 商业和社团会议及宴会
- 慈善晚宴舞会
- 公司晚宴舞会
- 婚礼

"饮食服务（catering）"这个词涵盖的范围比"宴会（banquet）"更广。"宴会"特指人群于同一时间、地点集体用餐，而"饮食服务"则包含不同时段分散用餐的场景，但二者

常被混用。例如，位于市中心的大型酒店的餐饮部门一日内可能承接以下活动：

- 《财富》世界500强企业的年度股东大会
- 国际贷款签约仪式
- 时装秀
- 大型会议
- 多场销售与董事会会议
- 私人午宴及晚宴
- 一场或两场婚礼

当然，每类活动均需个性化处理。小城市酒店则可能承办本地商会会议、高中舞会、企业聚会、区域销售会议、专业研讨会及小型展览等。

饮食服务还可细分为酒店内服务和酒店外服务。酒店外饮食服务的活动在酒店以外的地方举行，其餐食既可以在酒店准备，也可以在活动现场制备。

5.3.2 宴会餐饮服务的管理者

图5-2展示了宴会部门的组织架构。虚线表示协作汇报关系，实线表示直接汇报关系。例如，宴会厨师长一般直接向行政总厨汇报，但必须与宴会总监（director of catering，简称DOC）和宴会服务经理（catering services manager，简称CSM）协作。

宴会部门的工作极其复杂且要求很高，工作节奏快，创新压力持续存在。大城市酒店的宴会总监在多年的工作中需积累客户资源，深入了解展会、企业、协会及SMERF（社会、军

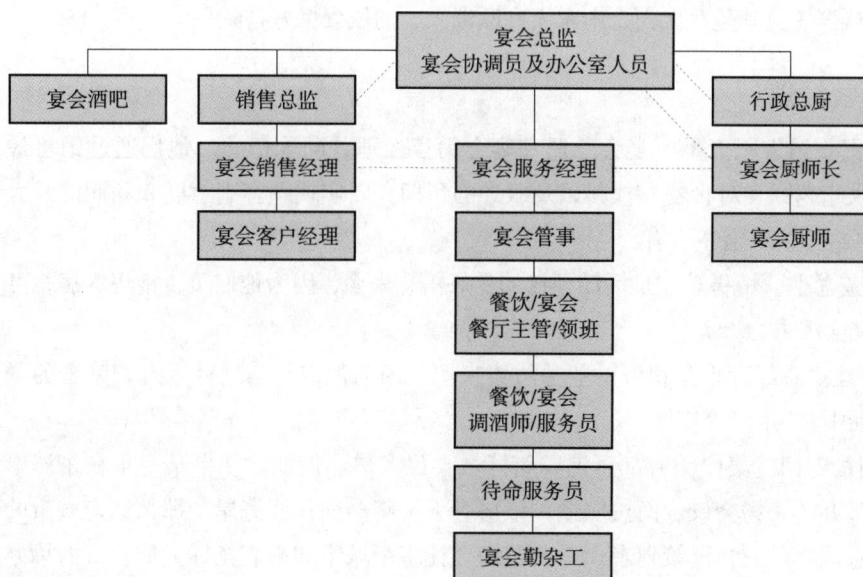

图5-2 宴会部组织架构图

事、教育、宗教和兄弟会组织）的市场需求。这些资源与团队组建能力对宴会总监的成功而言至关重要。

以下为宴会部门各岗位的工作描述。

5.3.2.1 宴会总监

宴会总监就宴会销售、宴会服务、宴会承办、会议和展览活动的饮食服务安排等内容向酒店餐饮总监负责，以确保餐饮运营超越顾客的预期并产生相应的利润为目标。宴会总监与客房部经理有着密切的工作关系，因为宴会部门经常会为酒店带来需要客房的会议活动。宴会总监与行政总厨也有着紧密的合作关系。行政总厨负责设计宴会菜单，但宴会总监必须确保这些菜单符合客户需求，并且从服务的角度来看是切实可行的。有时他们会共同制定一系列满足所有要求（包括成本和价格）的菜单。

宴会总监必须具备领导能力，并且全面掌握餐饮管理知识。担任此岗位的人员必须具备以下素质：

- 领导团队
- 制定部门的使命、目标和指标
- 制定服务标准
- 确保餐饮部门高效运作
- 具备销售会议、活动及宴会的能力
- 能够制定个人和部门的销售及成本预算，并实现盈利
- 具备培训团队全面运营能力
- 具备食品、酒水和服务的创意与知识
- 了解不同族群（尤其是犹太人、中东人和欧洲人）的饮食偏好与禁忌

5.3.2.2 宴会销售经理

宴会部门的主要销售职责是由宴会总监和宴会销售经理共同承担的。他们通过销售最赚钱的宴会和提供超越顾客对食物、饮料以及服务的预期，以实现顾客满意度和利润的最大化。他们获取业务线索的渠道主要有：

- **酒店的销售总监。**销售总监是活动预订的良好信息来源，因为他们负责销售客房，可同步引入会议与宴会需求。
- **酒店总经理。**总经理也是很好的业务线索来源，因为他们与当地社区有着紧密的联系，可在社区活动中发掘潜在客户。
- **集团的销售部门。**集团销售部可追踪跨区域会议客户。例如，如果某一年在东海岸的一家万豪酒店举办了一场会议，而按照惯例该协会下一年会前往西海岸，那么选定城市的万豪酒店可以联系该客户或会议策划者。一些组织会让多个城市和酒店竞标大型会议的承办权，这确保了酒店在住宿和服务方面能提供有竞争力的报价。

- **会议与旅游局**。会议与旅游局是另一个很好的业务线索来源，因为其主要职责是寻找潜在的团体和组织来访问该城市。为了公平对待所有酒店，他们会公布一份客户名单以及客户需求的简要信息，酒店的餐饮销售部门可以跟进这些信息。

- **竞争对手酒店的活动公告板**。活动公告板一般位于酒店大堂，竞争对手经常会查看。宴会销售经理（CSM）可致电活动组织者，争取承办该活动的下一次生意。

- **客户延续合作**。一些组织，特别是当地的组织，更倾向于选择同一地点举办活动。如果这对酒店来说是一笔不错的业务，那么宴会总监（DOC）或者总经理（GM）会试图说服客户再次选择本酒店。

- **电话推销**。在淡季，宴会销售经理会致电潜在客户，询问其在未来几个月是否有举办活动的计划。此举的目的是吸引客户参观酒店及其餐饮设施。

5.3.3 会议组织与策划

　　酒店会议服务与宴会服务紧密相关，一些会议会展与酒店的宴会是统一策划的，所以，我们经常见到的会议布置的场所往往就是宴会服务的同一场所。酒店可以根据客户的需要，提供多种类型的会议室布置。常见的会议室布置方式如下：

- **剧院式（Theater style）**。这种摆放方式的正前方是主席台，面向主席台摆放一排排的观众席，中间留出过道，视听设备集中放置在一个视听平台上（见图5-3）。如果有多媒体演示需要更多空间来进行背投时，会场的座位数量会相应减少。

- **教室式（Classroom style）**。顾名思义，"教室式"会场的座位前方往往会摆放桌子，以方便参会人员做笔记（见图5-4）。这类会场所占空间通常为剧院式会场的三倍，且其布置和撤台所花费的时间和人力都更多。

- **"U"形（Horseshoe style）**。"U"形会场通常用于培训或研讨会等涉及参会人员之间互动的会议类型（见图5-5）。演讲者或培训师一般站在"U"形的开口一端，配备有黑板或白板、挂图和投影仪等设备。

- **宴会式（Dinner style）**。此类型布置在大型会议时通常采用能容纳8—10人的圆桌（见图5-6），在人数较少时则使用会议室风格的长桌。当然，宴会式的布置方式也根据需要存在多种变体。

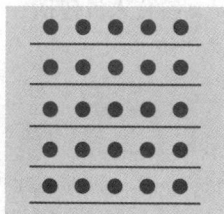 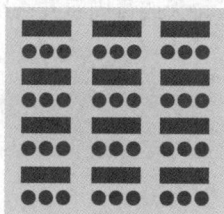 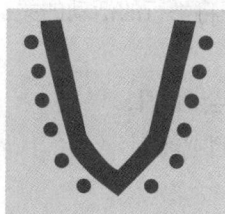 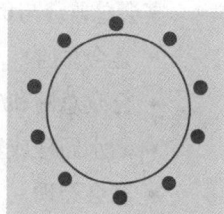

图5-3　剧院式　　　　图5-4　教室式　　　　图5-5　"U"形　　　　图5-6　宴会式

5.3.4 宴会餐饮服务组织

宴会服务从宴会预订开始，常见的宴会/餐饮活动包括会议宴会、午餐会、晚宴及婚礼宴会等类型。

5.3.4.1 宴会预订单

为确保每场活动的成功举行，宴会部门需制定一份餐饮活动订单（CEO，亦称宴会预订单BEO），向客户与酒店人员传递关键信息（流程与时间等）。

餐饮活动订单是根据与客户的沟通以及在酒店实地考察时所做的记录来编制的。图5-7展示了一份餐饮活动订单，其中列出了宴会场所的布局、装饰、到达时间、VIP待遇、酒水服务时段、饮品的种类和服务方式、现金支付或记账酒吧、用餐服务时间、菜单、葡萄酒以及服务等细节。宴会服务经理或总监会与客户确认这些细节。餐饮活动订单通常一式两份，双方确认签字后各持一份副本。

随订单附上的一封信函会感谢客户选择酒店，并表达该活动对酒店的重要性。信函中也会申明"最低保证人数"政策。最低保证人数是指酒店将准备服务并据此收费的客人数量，通常在活动开始前7日确定。这一点可以保护酒店不会出现为350人准备了食物，而实际却只到场200人的情况。当然，客户也不想为额外的150人付费，因此与客户建立紧密的合作关系非常重要。对于较大规模的活动合同，会要求客户以10人或20人为增量，并随时通知酒店预计客人数量的任何变化。

5.3.4.2 宴会服务的沟通

经验丰富的宴会总监会与活动策划者保持联系，以确保无论是活动组织者还是酒店都不会有"惊喜"发生。宴会总监偶尔会犯一个错误，即在没有询问最终客人人数是如何确定的情况下就接受了这个数字，造成实际到场的客人人数与该数字之间出现差异。事实上，根据活动的不同，从发出邀请到实际到场的客人转化率约为50%，再加上多数酒店都规定，提供宴会服务时，要比客户预计人数或保证人数多准备3%—5%的产品，这就造成了更大的浪费。幸运的是，大多数活动都有之前的经验可供参考，或是该客户可能曾在同一城市或国内类似的酒店举办过活动。这样的话，宴会总监或宴会服务经理都能够从那家酒店的宴会总监那里获得有帮助的信息。总之，类似事例强调了一个事实：宴会总监应该成为客户的顾问。

宴会总监会与负责即将举行的活动的关键人员每天或每周召开一次会议。参会人员包括：

- 宴会总监
- 行政总厨和/或宴会厨师长
- 酒水经理或宴会酒吧经理
- 宴会经理
- 宴会协调员

大多利松酒店宴会订单

事件标注：   早餐   谢利·沃尔特
事件名称：   会议
团队：   格鲁恩及其合伙人
地址：   丹佛市主街41号   记账：
电话：   (619) 635-4627   直接汇票
传真：   (619) 635-4528
团队联系人：   查德·格鲁恩博士
现场联系人：   同上   收入总计

星期	日期	时间	任务
星期五	2023年1月20日	上午7:30—12:00	会议

房间	预计人数	确定人数	布置人数	租金
棕榈树花园	50			$250.00

酒吧布置：
N/A

酒：

植物：

菜单：

早上7:30欧式早餐
鲜榨橙汁，葡萄柚汁和番茄汁
各式百吉饼，松饼和迷你奶油蛋卷
奶油乳酪，黄油和果酱
切片时令水果陈列
单人水果酸奶
咖啡、茶和无咖啡因咖啡

音乐：

视听设备：
- 投影仪/屏幕
- 活动挂图/马克笔
- 录像机/显示屏

停车：
酒店免费停车，请提供停车券

价格：_____

布草：
酒店提供

11:00a.m. 茶歇时段

饮品按需补充

布置：
教室式布置
2人位主席台
适当的咖啡时间安排
入口处布置登记处（6张桌子、2把椅子、1个废纸篓）

　　所有食物和饮料均收18%的服务费和7%的地方税，确定的宾客人数，取消、变更等事宜须提前72个小时提出，否则将预计人数视作确定人数。为确保以上内容，本合同需签名并返回。

签名：_____   时间：_____

图5-7 宴会预订单

- 采购部总监
- 管事部经理
- 影音负责人

会议的目的是确保所有关键员工都了解活动细节和客户的特殊需求，以避免出现问题。

5.3.4.3 宴会协调员

餐饮协调员需精准管理办公室事务并掌控"活动宝典"（即电脑上的活动日志）。其职责包括确保合同准确拟订，并核实大量"最后一刻"的细节（如鲜花与菜单卡是否到位）。

目前，宴会协调工作可资利用的技术工具越来越多，像阿玛迪斯的德尔菲酒店业管理系统（Amadeus Delphi Hospitality）这样的技术工具，在为全球旅游和娱乐集团提供团体销售、餐饮和宴会管理软件方面处于领先地位。德尔菲系统通过与酒店管理系统对接，实现库存信息实时更新。德尔菲系列产品能够清晰、准确地管理活动场地，从而提高客人的满意度和酒店的盈利能力。

5.3.4.4 宴会服务经理

宴会服务经理肩负着为客人提供超出预期服务水平的重大责任。从宴会总监将客户介绍给宴会服务经理那一刻起，宴会服务经理就负责该活动的一切事务。这项工作挑战巨大，因为酒店常常会同时举办多项活动，因此时间安排和后勤保障对于活动的成功举办至关重要（例如在白天的会议结束到晚宴舞会的接待开始之间，往往仅间隔数分钟）。

宴会服务经理必须深受客人的喜爱和尊重，同时还得是一位出色的组织者和管理者。这就需要具备出色的人格魅力和卓越的领导管理职能——这些是取得成功的关键要素。宴会服务经理所承担的重要职责主要有：

- 统筹所有活动的服务流程
- 监督宴会布置人员完成场地搭建
- 安排宴会领班的工作时间表，并核准各活动人员配置
- 与宴会厨师协作，核对菜单和服务安排
- 确保客户对场地布置、餐食饮品及服务满意
- 检查最终细节
- 活动结束后即时生成客户账单
- 遵守酒店餐饮部门政策，包括负责任地提供酒精饮品服务以及遵守消防法规
- 计算并分配服务人员小费与附加费
- 与宴会服务总监和宴会协调员协调客户的特殊需求

5.4 客房用餐服务

5.4.1 客房用餐服务的定义

"客房送餐服务"（Room Service）这个术语长期指代酒店客房内的所有饮食服务，但现在许多酒店已将其更名为"客房用餐服务"（In-Room Dining），以便更精准地描述这项服务——通过提供优质的食物、饮品以及高质量的服务，让客人在房间内就能享受到用餐体验。

经济型酒店和一些中等价位的酒店为了避免客房送餐服务的运营成本，会在每层楼设置自动售货机，或者与当地的餐馆合作，由餐馆提供送餐服务，或者使用其他餐馆的送餐服务，为客人提供更多选择。部分酒店甚至设计不标注酒店标识的菜单与低价结构，让客人误以为自己订购的餐食来自外部商家。

曾被视为"必要负担"的客房送餐服务，现因财务压力需为酒店盈利贡献力量。客房送餐服务经理面临每日16—24小时运营的挑战，须高效管理才能实现盈利。主要难点包括：
- 准时送达：早餐时段尤为关键，因为这是客房送餐服务最热门时段。
- 盈利提升：将客房送餐服务部门转化为盈利部门。
- 费用投诉：避免客人对客房送餐服务的高额收费提出投诉。

为了避免订单送餐延迟的问题，越来越多的酒店在高峰时段设置了专供客房送餐服务使用的专用电梯。在一些酒店，还会部署快速反应团队（RATs）。这些团队由指定的餐饮经理和助理组成，在客房送餐订单较多时可以随时调用。

威斯汀酒店推出了"快捷服务"（Service Express），客户只需拨打一个电话，就可以解决所有需求，包括客房送餐服务、客房清洁服务、洗衣服务和其他服务。此外，一些新建的酒店在设计时，将客房送餐厨房设置在主厨房旁边，这样就可以提供更多种类的食物。

要想成功运营客房送餐服务，快速应对、准确沟通至关重要。这从及时的日程安排开始，以客人满意为结束。在此过程中，客人、接单员、厨师和服务员之间需要保持持续沟通。

5.4.2 客房用餐服务需求预测

客房送餐服务的运营还面临许多其他挑战。其中之一是预测需求。客房送餐服务经理会分析前台提供的数据（该数据会详细说明未来两周的入住人数以及客人的构成，如会议客人、团体客人和其他客人等），并结合餐饮预测数据（该数据会显示预计的早餐、午餐和晚餐用餐人数），以及会议纪要（该记录会显示会议代表在哪些地方用餐），实时调整运营策略。例如，参加会议的代表人数较多，可能会大幅减少客房早餐订单数量。

经验丰富的经理会关注跨时区客人（如美国东、西海岸或海外旅客）的作息差异，此类客人可能早起或晚睡，导致客房用餐服务需求产生波动。需求在工作日和周末之间也会有所波动：以城市酒店为例，工作日期间，其客人可能以商务旅客为主，往往需要客房用餐服务的时间相对集中；到了周末，该酒店可能会吸引家庭客人，则订购客房用餐服务的时间相对分散。

另外一个挑战是要确保客房用餐服务部门拥有训练有素、能力出众的员工。从接单员的礼貌用语到VIP晚餐服务的优雅呈现，培训将决定普通服务与卓越服务的差距。通过侍酒培训与建议性销售技巧培训，接单员可以转型为销售专家，为需要客房用餐服务的客人推荐佐餐酒水与甜点，提高客单价。培训还能帮助布置和服务人员提升技能，使他们成为高效的员工，并为自己的工作感到自豪。

5.4.3 销售点系统

全服务酒店一般拥有多元餐饮业态，如提供早餐、午餐和晚餐的餐厅，大堂吧、泳池吧、健身俱乐部吧，水疗吧和小吃吧，夜总会和迪斯科舞厅，以及宴会厅和活动室。此外，酒店可能还设有礼品店等零售点。所有这些交易都由销售点（POS）系统进行管理。

销售点系统可以提升决策制定、运营控制以及客户服务水平，并增加收入。它是由收银员终端和服务员终端组成的网络，通常用于处理餐饮订单、将订单传输到厨房和酒吧、为客人结账、记录时间，以及将消费费用交互式地记入客人账单。销售点系统的数据还可以对接财务及食品成本/库存管理软件。它可以生成各种报告，包括未结账清单（未结账账单列表）、收银员报表、作废/免费账单报表、销售分析报表、菜单销售组合报表、服务员销售汇总报表、小费报表、人工成本报表等等。先进的销售点系统可以生成多达200种管理报告。

在餐饮运营中使用POS系统的优势包括以下几点：

* **消除计算错误，提高客户满意度和员工的小费收入**。研究表明，使用手写账单的餐厅收到的小费较少，并且潜在收入有很大损失。

* **强化交易管控**。在餐饮业中，头三年的倒闭率约为60%，因此控制成本和收入至关重要。POS系统可以记录所有交易，减少欺诈行为的发生空间。如果不审核丢失的账单，不将客人账单销售额与收银机记录进行核对，往往会导致销售额降低和成本比率升高。有了POS系统，服务员必须通过服务员终端下单，订单才能在厨房或酒吧打印出来。这确保了所有销售都能被记录下来，并为一线厨师提供清晰易读的订单。POS系统还可以通过电子方式跟踪未结账单、已结账单、作废账单、免费账单、折扣账单以及每个服务员的销售额，同时也能记录员工用餐情况。

* **提高客单价**。由于订单会传输到厨房打印机，服务员往返厨房的时间减少了。这使得服务员有更多时间进行建议性销售和为客人提供服务。另外，POS系统会为每个服务员提供详细的销售汇总，列出客人平均消费金额、销售的菜品以及总销售额。这些信息可资进行工作评估、制定激励计划（比如葡萄酒销售竞赛）、评估推销技能（比如客单价和物品销售），以及衡量服务员的效率（比如每小时销售额）。

- **市场趋势实时响应**。POS系统可实时提供大量信息，轻松地按时间段（例如每小时、每天、每周）、员工、用餐时段、收银机、营业点、餐桌和菜单项跟踪销售和成本信息。这使餐厅经营者能够快速发现影响盈利能力的问题区域，及时调整经营策略，例如午餐时段客人平均消费金额下降、厨房人工工时过多、菜单销售组合发生变化或酒类销售不畅等问题。
- **降低人工成本并提高运营效率**。最新的POS系统甚至加入了生物识别指纹读取器，这在防止欺诈方面更加可靠。再比如，Touch Bistro的桌边点餐管理系统具有线上销售功能和可视化菜单，有助于提高销售额。

酒店餐饮部门可以与在线预订服务平台合作，这样客人就可以通过该平台在集团旗下的多家酒店进行预订。大型连锁酒店正在使用移动应用程序与客人建立联系并回应客人的需求。这项技术通过客人的设备和社交媒体，为客人带来更多的品牌体验。还有一个基于云平台的客户服务应用程序（WI-Q），名为MI=Room。

那种能帮助客人选择葡萄酒并加深其对葡萄酒知识的认识的虚拟酒单也很受欢迎，使用这种虚拟酒单的餐厅无一例外，均发现其销售较之以往有所增加。

除了销售点系统之外，餐厅还会使用一些其他应用程序，包括餐桌管理系统、外卖配送系统、会员计划和礼品卡计划系统、库存控制系统以及菜单管理系统。我们将在后续章节中介绍这些内容。

关键词汇与概念

餐饮总监	行政总厨	厨师长	人工成本率
酒水成本	宴会	宴会总监	宴会服务经理
宴会销售经理	宴会预定单	客房用餐服务	销售点系统
酒水服务	客房服务	采购	

复习讨论题

1. 餐饮运营管理总监主要的工作职责是什么？讨论餐饮运营管理总监应如何有效地管理和控制食品、饮料及劳动力成本，以确保餐饮部门的营利性。

2. 为什么说在厨房、采购、库房、成本控制、管事部、客房送餐等各部门的工作经验对希望成为餐饮运营管理总监的人来说非常重要？这些经验将如何帮助他们更好地担任餐饮总监的职位？

3. POS系统在餐饮业中有哪些使用优势？请列举并解释这些优势如何帮助餐厅提升经营效率和盈利能力。

知识应用

1. 管理食品和饮料成本是一项重要的工作，请计算以下项目的食品成本百分比。

自制沙拉 菜单价格：4.99美元；成本：1.50美元

肉饼配土豆泥和肉汁 菜单价格：12.99美元；成本：4.50美元

巧克力蛋糕 菜单价格：3.00美元；成本：1.25美元

2. 确定以上项目的边际贡献。

英文延伸阅读

Introducing ≫ Terri A. Haack

Senior Vice President Lowe and Coral Tree Hospitality

Terri is the senior vice president with Lowe, a leading real estate investment, development, and management firm and Coral Tree, a top 20 hotel management company that operates hotels and resorts in several major U.S. cities. Previously, she led Terranea Resort to national prominence, positioning it as one of the top destinations in the United States. Prior to that, she held the position of executive vice president and managing director at Wild Dunes Resort in Charleston, South Carolina, and Kingsmill Resort in Williamsburg, Virginia, and has over 35 years of experience managing hotels, resorts, and residential communities. A longtime contributor to the American Hotel and Lodging Association (AHLA), Haack currently serves on the organization's executive committee and board of directors, representing the national resort segment, and is chairman of California Hotel and Lodging Association. Additionally, she is a founding board member and chairman of the Women in Lodging Executive Council, Chairman of the AHLA Educational Foundation Scholarship Committee and has served on this committee for more than 25 years. She was named 2010 Hotelier of the Year for California and Hotelier of the year by AHLA. Terri is also immediate past chairman of the board for the Palos Verdes Peninsula Chamber of Commerce and a member of the long-term strategic planning board for Marymount California University. She also serves on the board of directors for Habitat for Humanity of Greater Los Angeles, California. A highly distinguished leader in hospitality, Haack successfully blends effective business vision with passionate commitment to positively make a difference, both in the world of business and the community she serves. She earned a bachelor of science in Business Administration and a master's in Organizational Management. Terri is married to Doug Haack, Commercial Pilot and Business Owner, and has one son, Brian, a graduate of The University of Southern California.

.inc | Corporate Profile

Four Seasons Hotels and Resorts

Isadore Sharp, founder and chairman of Four Seasons Hotels and resorts, says, "There was no vision, there was no grand dream—but there has always been a constant thread and it propels us forward today, as we continue to grow globally and that's service." Mr. Sharp says the reason for our success is no secret. It comes down to one single principle that transcends time and geography, religion and culture. It's the Golden Rule—the simple idea that if you treat people well, the way you want to be treated, they will do the same. Mr. Sharp insisted that Four Seasons "walked the talk" about the culture. Today, there are over 100 Four Seasons hotels and resorts around the world; offering exceptional experiences—a long way from the 125-room motor hotel in Toronto, Canada, in 1961.

Four Seasons has a great reputation for outstanding food and beverage preparation and service. Each hotel offers exceptional menus. For example, in Philadelphia, fine dining is offered by Michelin-starred Chef Jean George Vongerichten and inventive flavors by local James Beard Award–winner Chef Greg Vernick. At the Four Seasons Resort Orlando at Walt Disney World, guests may enjoy breakfast with Goofy and his Pals, at Ravello, CAPA, the 17th-floor rooftop steakhouse and bar, showcases wood-fired prime cuts and unique Spanish-influenced Basque-inspired small plates, and an array of fresh seafood. At the modern Italian restaurant Ravello, guests can enjoy in-house-made pasta, pizza, and limoncello, crafted with imported Italian ingredients. Other food and beverage outlets complement this remarkable resort.

Four Seasons has over 750 luxury vacation homes, and these residences and villas have staff dedicated to meeting every guest's need. They come with staff like a resident chef who can prepare a personalized menu using the freshest ingredients. These private residences offer the comforts of home and the luxury of Four Seasons. Or, for the rich and maybe famous, you can jet away to a private island in the Maldives, at Voavah, Baa Atoll, in a UNESCO-protected Indian Ocean domain.

Current Issues in Lodging Food and Beverage Operations

Changes in Food Service Operations

COVID-19 changed hotel food and beverage operations as many restaurants and bars closed or operated with a skeleton staff. Operating amid lockdowns and restrictions drastically changed hotel food and beverage operations. It became necessary for health and safety protocols to be implemented, including wearing masks, social distancing and enhanced sanitation. Hotel restaurants offer take-out and delivery just to give guests some dining options.

Some hotels have decided to eliminate food in the form of restaurants and room service. Instead, they offer a grab-and-go market near the front desk, along with a microwave to heat up foods. Other hotels lease out their restaurants to popular, local restaurateurs or national chain operators. More hotel guests are focusing on their health and want natural and healthy food options that are locally sourced. A perennial issue is declining guest capture, meaning many hotel guests leave the hotel to dine instead of utilizing the hotel bars and restaurants.

Healthier Food and Beverage

Healthier items continue to be important to guests so using terms like natural and fresh get their attention. Guests like the idea of locally sourced food and appreciate the efforts made on their behalf. Menus can offer more healthier items with fewer calories, less fat, salt, and other additives. Hyatt hotels, as an example, has a philosophy centered around three pillars: serving people, the community, and serving the planet with foods from local and sustainable sources.

The progressive hotels food and beverage offerings are being reimagined to appeal to lifestyles and tastes of today's travelers. An example being open kitchens, a kind of chefs table, is very popular. Another hotel did a make-over of the lobby, introducing three new concepts: a bar with cocktails prepared using a French press, a specialty coffee shop, and Stroke restaurant with an open kitchen and a wood-burning oven. There, cooks often deliver plates to guests—a nice touch in today's world. Moxy, Marriott's young brand, offers an informal breakfast bar, which later becomes a day bar, and in the evening offers naan-based sandwiches, cocktails, local beers, and alternatively sources wines.

Health and sanitation is another food and beverage issue. Guests want to feel comfortable knowing that their food is safe and free from any contamination. News stories about foodborne illnesses and outbreaks can cause guests to question food practices. Providing ongoing training and education for all employees and assuring guests that these practices are followed can help decrease potential concerns.

- As a traveler, do you prefer to stay

at a hotel that offers room service and on-site dining, or would you prefer to explore the local dining scene?

Beverage Service

On the beverage side, craft cocktails are popular, with some bartenders creating cocktails that have fresh herbs infused to make a healthier cocktail. Craft beers are also popular, especially when brewed in-hotel or sourced from a local brewery. Some hotels have removed mini bars from guest rooms and offer a wine dispenser instead and other beverages in the market place.

- Why do you think that craft beers and cocktails are gaining in popularity?

Controlling Rising Costs

Labor costs and union wages are likely to increase, in some cases dramatically, in cities and states that are increasing the minimum wage, hotels will have to absorb the additional labor costs, increase their revenues, or change their operation so that fewer employees are needed. In some major cities, union activity is on the increase and food and beverage operators and hotel companies need to be prepared for this and be ready to work with unions should the staff decide they want union representation.

Cost control, food, beverage, labor, and other costs are constantly edging upwards; making it more difficult to make the percentages. Hotels have specific expectations when it comes to cost control and the food and beverage director must control them to make the expected return on investment.

- What do you see as the biggest challenge to controlling costs in the food and beverage division of a hotel?

第**3**篇

酒水与饮食服务业

第 6 章 酒水生产与服务

学习目标

- 描述各类葡萄酒的特点。
- 描述各类啤酒的特点。
- 描述各类烈酒的特点。
- 描述各类无酒精饮品的特点。
- 总结酒水服务的主要趋势。

本章主要介绍接待服务业中的酒精饮料及非酒精饮料产业的发展及其服务与管理。在酒水业里，顾客的酒水消费及行为和酒水的服务都是重要的。例如，如果你打算喝上一杯酒精饮料的话，为了安全，切记不要混合饮用不同种类的酒。当然，酒水的服务者也会适时提醒顾客这一点。这是因为酒精饮料（alcoholic beverages）的两大主要原料分别是葡萄（葡萄酒）和粮食（啤酒和烈性酒），如果混合饮用将会导致麻烦并造成严重的宿醉。

请记住，无论是在当地餐厅与朋友聚会还是外出度假，适度饮用是享受酒水的关键。生活中，每年都有很多人卷入因饮酒导致的悲惨车祸和其他事故中，因此，请享受饮酒的乐趣，但切勿沉溺其中。

酒水生产与服务是全球传统的接待服务业的重要组成部分。在不同的社会文化中，主人可能用咖啡、茶，也可能用波本威士忌（Bourbon）来招待客人。饮品一般可分为两大类：含酒精饮品和不含酒精饮品。酒水主要分为两大类：含酒精的和不含酒精的。其中，含酒精饮品可进一步分为葡萄酒、啤酒和烈酒三大类，如图6-1所示。

葡萄酒 Wine	啤酒 Beer	烈性酒 Spirits
加香葡萄酒 Aromatic	顶部发酵（Top Fermenting） 麦酒/艾尔啤酒 Ale	仙人掌酒 Cactus
加强葡萄酒 Fortified	波特啤酒 Porter	粮食酒 Grains
天然葡萄酒 Natural	黑啤酒 Stout	果酒 Grapes/fruit
起泡葡萄酒 Sparkling	底部发酵（Bottom Fermenting） 淡啤酒/拉格 Lager	甘蔗烧酒/糖蜜酒 Sugar cane/molasses
平静葡萄酒 Still	皮尔森啤酒 Pilsner	

图6-1 酒精饮料

6.1 葡萄酒的特点

葡萄酒（wine）由新鲜采集的成熟葡萄发酵酿造而成。葡萄酒也可能由如黑莓、樱桃或接骨木等其他含糖水果制成。不过在本章中，我们将讨论范围限定在由葡萄制成的葡萄酒。葡萄酒的生产历史非常悠久，最早的关于葡萄酒酿造的记录可追溯到7000年前。据记载，古埃及和古巴比伦人采用发酵工艺酿造出了葡萄酒。古希腊人从埃及人那里获得了葡萄藤，之后，古罗马帝国的军队在征服欧洲大陆的同时也将葡萄种植和葡萄酒酿造技术推广出去。

6.1.1 葡萄酒的类型

早期的葡萄酒酸度很高，并且口感粗糙。为了弥补这些不足，人们添加了不同的香料和蜂蜜，使得葡萄酒变得更加适口。至今，希腊和德国产的部分葡萄酒仍会添加调味料。

葡萄酒按颜色可以分为：红葡萄酒、白葡萄酒和桃红葡萄酒（亦称粉红葡萄酒）。葡萄酒还可分为：淡质佐餐葡萄酒、无气泡葡萄酒、起泡葡萄酒、甜葡萄酒、加强葡萄酒以及加香葡萄酒等。

淡质佐餐葡萄酒。白葡萄酒、红葡萄酒和桃红葡萄餐酒均属于"无气泡"的淡质佐餐葡萄酒，它们产自世界各地不同的种植区域。在美国，优质的葡萄酒都是以葡萄品种命名的，例如霞多丽（chardonnay）、赤霞珠（cabernet sauvignon）和梅洛（merlot）。在欧洲，葡萄酒传统上以其产地来命名，例如法国的两个产区普伊富赛（Pouilly-Fuissé）和夏布利（Chablis）。不过，一些欧洲葡萄酒生产商如今也开始以葡萄品种来命名他们的葡萄酒。

起泡葡萄酒。香槟、起泡白葡萄酒、起泡桃红葡萄酒均属于起泡葡萄酒（Sparkling wines）。起泡酒跟碳酸饮料一样，因含有二氧化碳而形成气泡。二氧化碳可能是自然产生的，也可能是后期注入葡萄酒内的。最著名的起泡葡萄酒是香槟酒（Champagne），它常常与快乐、欢笑、高兴同义，成为庆祝与幸福的代名词，且早在17世纪，就已成为法国和英国的时尚饮品。香槟的酿造采用独特的瓶内二次发酵（fermentation）技术，这种酿造过程被称为"香槟酿造法"。

法国本笃会修道士唐·培里依（Dom Pérignon，1638—1715）是奥特维莱尔修道院（Abbey Hautvillers）的酒窖主管，也是一位杰出的葡萄酒鉴赏家。他是第一个尝试混合不同的葡萄酒以实现"调配"的人，以此奠定了香槟生产的基础。他独创的将二氧化碳保留在酒瓶中的酿造方法引起了葡萄酒生产的变革，赢得了"香槟之父"的美誉。唐·培里依的香槟酿造方法在之后的几个世纪被不断改进，并最终形成了现代香槟酿造技术。

根据法律，只有在法国香槟区选用指定的葡萄品种，并根据指定的生产方法和流程所酿造的起泡酒才可被标注为香槟。因此，"香槟"一词的使用受到欧盟法律《原产地命名保护制度》（*Protected Designation of Origin*，简称PDO）的约束，且酒标的内容也被法律所规范。其他地区出产的起泡葡萄酒则会标注"Method Champenoise"（香槟法酿造），以此表明该酒的酿造采用了类似的方法。

香槟酒宜在7℃—10℃的温度下避光平放储存，其饮用温度应在6℃—8℃之间——将香槟瓶放入冰桶中冰镇是达到这一温度的最佳方式。

香槟的侍酒步骤如下：

（1）香槟置于冰桶中时，瓶身应直立向上，且冰块应均匀、无空隙地填满其周围。

（2）用口布包裹瓶身，将瓶口的锡纸揭开至固定瓶塞的铁圈下方。

（3）单手紧握瓶身，倾斜45°，解开并移除铁圈。用一块干净的口布，清洁瓶颈及瓶塞周围。

（4）用另一只手握住瓶塞以防瓶塞飞出。旋转瓶身，让瓶内压力将瓶塞缓缓推出。

（5）静置。待瓶塞取出后，将香槟瓶微倾斜，保持约5秒。如果直立，则酒液会随着瓶内气体的冲出而稍外溢。

（6）斟酒。注意应分两步操作：斟倒至泡沫到达杯子边缘处，待泡沫稍平息，然后再次斟倒至酒杯四分之三处即可。

加强葡萄酒。 雪利酒（Sherries）、波特酒（Ports）、玛德拉酒（Madeira）、玛萨拉酒（Masrsala）都是加强葡萄酒（Fortified wines）。加强葡萄酒在酒中添加了白兰地或酒精，赋予了葡萄酒独特的风味，并将酒精含量提升至20%左右。大部分加强葡萄酒比普通葡萄酒更甜。每类加强葡萄酒又有很多不同口感、不同香型的子类。

加香葡萄酒。 这是经过加强处理，并添加了香草、根茎、花瓣或树皮等芳香物质或加入芳香植物的浸出液（或蒸馏液），再经调配而成的葡萄酒。这类酒分为甜型或干型。加香葡萄酒是一种开胃酒，通常在餐前饮用，以便刺激胃口和增加食欲。常见的开胃酒品牌有红杜本纳（Dubonnet Red，甜型）、白杜本纳（Dubonnet White，干型）、红味美思（Vermouth Red，甜型）、白味美思（Vermouth White，干型）、皮尔（Byrrh，甜型）、利莱酒（Lillet，甜型）、庞特·埃姆斯酒（Punt e Mes，干型）、红圣拉斐尔（St-Raphael Red，甜型），以及白圣拉斐尔（St-Raphael White，干型）等。

6.1.2 葡萄酒与食物搭配

葡萄酒的消费及行为有其独特的特点。美食配美酒，无疑是人生一大享受。我们每天都在进餐，所以美食家不仅会寻找异国美食和陈年佳酿，也会青睐精心烹制的简单食物，并搭配一款朴实却优质的葡萄酒。多年以来，人们从传统文化中总结出葡萄酒与食物搭配的一些基本原则：

- 白葡萄酒最适合搭配白肉（鸡肉、猪肉或小牛肉）、贝类和鱼肉
- 红葡萄酒最适合搭配红肉（牛肉、羊肉、鸭肉或野味）
- 食物口味越浓郁，搭配的葡萄酒也应更浓郁、醇厚
- 香槟可以在整个进餐过程中饮用
- 波特酒和红葡萄酒与奶酪搭配相得益彰
- 甜葡萄酒最适合与甜品和酸度较低的新鲜水果搭配
- 如果菜品的制作中使用了某种葡萄酒，则佐餐最好也选用同种葡萄酒
- 当地美食搭配当地葡萄酒最为合适
- 专家建议，葡萄酒不宜搭配淋了醋汁的沙拉，否则味道会相互冲突或被醋味掩盖
- 甜型的葡萄酒应搭配甜度较低的食物

表6-1列举了部分知名葡萄品种的葡萄酒与食物的搭配方式。

表6-1　部分知名葡萄品种的葡萄酒与食物的搭配

葡萄酒	酒体的风味	搭配食物
琼瑶浆（法国阿尔萨斯） Gewürztraminer (Alsace in France)	葡萄柚、苹果、油桃、桃子、肉豆蔻、丁香、肉桂	泰国菜、印度菜、美墨边境菜、四川菜；火腿、香肠、咖喱、大蒜
霞多丽（法国勃艮第） Chardonnay Chablis (Burgundy in France)	柑橘类水果、苹果、梨、菠萝、其他热带水果	猪肉、三文鱼肉、鸡肉、野鸡肉、兔肉
桑塞尔长相思（法国卢瓦尔河） Sauvignon Blanc Sancerre (Loire in France)	柑橘类水果、醋栗、灯笼椒、黑胡椒、绿橄榄、草药	山羊奶酪、牡蛎、鱼肉、鸡肉、猪肉、大蒜
白皮诺 Pinot Blanc	柑橘类水果、苹果、梨、甜瓜	虾、贝类、鱼肉、鸡肉
金丘黑皮诺（法国勃艮第） Pinot Noir Côte d'Or (Burgundy in France)	草莓、樱桃、覆盆子、丁香、薄荷、香草、肉桂	鸭肉、鸡肉、火鸡肉、蘑菇、烤肉、鱼肉、蔬菜、猪肉
梅洛佳美（法国博若莱） Merlot Gamay (Beaujolais in France)	樱桃、覆盆子、李子、胡椒、草药、薄荷	牛肉、羊肉、鸭肉、烤肉、排骨
梅多克赤霞珠（法国波尔多） Cabernet Sauvignon Médoc (Bordeaux in France)	樱桃、李子、胡椒、灯笼椒、草药、薄荷、茶、巧克力	牛肉、羊肉、烤肉、陈年切达奶酪、巧克力
晚收白葡萄酒 Late harvest white wines	柑橘类水果、苹果、梨、杏、桃子、杧果、蜂蜜	奶黄、香草、姜、胡萝卜蛋糕、芝士蛋糕、奶油松饼、脆皮杏子馅饼

　　食物和葡萄酒一般可以从质地和风味两个角度进行描述。质地是我们在口中感受到的食物和葡萄酒的特性，如柔软、顺滑、圆润、浓郁、浓稠、稀薄、绵密、劲道、油腻、干涩、丝滑、粗糙等等。质地与触觉和温度的感觉相对应，这些感觉很容易识别，例如热、冷、粗糙、顺滑、厚重、单薄等。关于食物和葡萄酒的搭配，清淡的食物搭配清淡的葡萄酒始终是可靠的选择。浓郁的食物搭配浓郁的葡萄酒也很不错，只要搭配不过于浓烈就行。例如，赤霞珠或皮切诺红葡萄酒这样酒体饱满的红葡萄酒，与巧克力或意大利辣香肠披萨搭配就很合适。然而，像果仁糖这样非常甜的食物，或像中国的麻婆豆腐这样非常辣的食物，就不太适合搭配葡萄酒。在选择合适的葡萄酒时，需要考虑的两个最重要的特性是浓郁度和清淡度。

　　风味是指通过嗅觉神经感知到的食物和葡萄酒的特征，如水果味、薄荷味、草本味、坚果味、奶酪味、烟熏味、花香、泥土味等等。质地和风味的结合使食物和葡萄酒的搭配成为一种享受；食物和葡萄酒的完美搭配也会让一些特殊的聚会场合更令人难忘。

　　许多餐馆引入了葡萄酒品鉴活动作为餐馆或某个品牌葡萄酒的促销方式。品酒不仅仅是一个过程，更是一种富有艺术性的仪式。葡萄酒能带来三重感官刺激：视觉（颜色）、嗅觉（香气）和味觉（味道）。因此，其品鉴应遵循这三个基本步骤：

- **察颜**。将酒杯对光举起，通过颜色判断酒体。葡萄酒颜色越深，则酒体越饱满醇厚。一般来说，葡萄酒的酒液应清澈明亮。
- **闻香**。将酒杯夹在中指和无名指之间，轻轻转动酒杯，使酒的香味散发至杯子的边缘，然后鼻子靠近酒杯，深深地吸一口，判断葡萄酒的气味。
- **品味**。浅尝一小口葡萄酒，并轻轻吸入少许空气（这有助于释放葡萄酒复杂的风味），让口腔充分接触酒液，深切体会葡萄酒的风味。

6.1.3 葡萄酒主要产区

优质葡萄酒的酿造取决于葡萄品种的质量、土壤类型、气候、葡萄园的管理以及酿酒方法。世界上存在着数千种葡萄品种，它们在各种不同的土壤（黏土、白垩土、砾土或沙土）和气候条件下生长。目前，全球范围内，最重要的酿酒葡萄品种是欧亚种葡萄（Vitis Vinifera），用它可以酿造出包括赤霞珠、佳美、黑皮诺、霞多丽皮诺和雷司令等在内的诸多名品。世界上主要的葡萄酒产区包括：

6.1.3.1 欧洲

德国、意大利、西班牙、葡萄牙和法国是欧洲主要的葡萄酒生产国。德国莱茵河与摩泽尔河谷出产的优质雷司令葡萄酒相当出名。意大利则生产世界闻名的基安蒂（Chianti）红葡萄酒。西班牙葡萄酒的质量也属上乘，雪利酒尤为出色。葡萄牙也生产好酒，波特酒最为有名。

对法国人来说，葡萄酒向来被视为其文化和遗产的重要组成部分。作为欧洲最著名的葡萄酒生产国，法国不仅出产顶级的葡萄酒，也生产香槟和干邑白兰地。法国最著名的葡萄酒产区是波尔多产区和勃艮第产区。其中，波尔多产区又可细分为5个主要的子产区：梅多克（Médoc）、格拉夫（Graves）、圣埃美隆（Saint-Émilion）、波美侯（Pomerol）和苏玳（Sauternes）。每个区域产出的葡萄酒均有各自的特色。法国还有其他几个知名的葡萄酒产区，例如卢瓦尔河谷（Loire Valley）、阿尔萨斯（Alsace）和罗纳河谷（Côtes du Rhône）等。

在法国，葡萄酒通常是以出产的村庄命名的（当然，近几年，也出现了以葡萄品种命名的方式）。葡萄酒生产商的名字也很重要，因为葡萄酒的质量可能会有所不同，所以其声誉的重要性也就可想而知了。几个世纪以来，这些产区的葡萄园、村庄、小镇致力于生产最优质的葡萄酒，它们中散布着一些欧洲最美的乡村，葡萄庄园里还可能建造有一座酿酒的城堡，非常值得一游。

6.1.3.2 美国和加拿大

美国加利福尼亚州的葡萄栽培始于1769年，其时，一名西班牙修道士朱尼珀洛·塞拉开始为他建立的传教团酿造葡萄酒。加利福尼亚州生产的葡萄酒曾经一度被法国人认为质量较差，但事实上，加利福尼亚州拥有适宜葡萄种植的近乎完美的气候和绝佳的土壤条件。美国葡萄酒以葡萄的品种来命名，较为出名的有白葡萄品种葡萄酒霞多丽、长相思、雷司令和白诗南，以及红葡萄品种葡萄酒赤霞珠、黑皮诺、梅洛、西拉和仙粉黛。

加利福尼亚州的葡萄种植区可以分为三个区域：北部和中部沿海地区、中部大峡谷地区和南加利福尼亚地区。北部和中部沿海地区出产加利福尼亚州最上乘的葡萄酒。高度使用机械方法使得这里能够高效、大规模地生产优质葡萄酒。这一产区最出名的两个区域是纳帕谷和索诺玛谷，这里出产的葡萄酒与法国波尔多和勃艮第生产的葡萄酒相似，近年来甚至赶上或超越了法国和其他欧洲国家生产的葡萄酒，其中以霞多丽和赤霞珠尤为出众。因此，纳帕谷和索诺玛谷是加利福尼亚州顶级葡萄酒产业的标志和中心。

美国的其他几个州和加拿大的一些省份也生产优质的葡萄酒。纽约、俄勒冈、华盛顿是美国另外几个主要的葡萄酒产地。加拿大最好的葡萄酒产地位于不列颠哥伦比亚省的欧垦那根山谷和安大略省南部的尼亚加拉半岛。

6.1.3.3 澳大利亚

澳大利亚酿造葡萄酒的历史约有150年，但直到最近半个世纪，这些葡萄酒才获得其应有的卓越地位和认可。澳大利亚的酿酒师远赴欧洲和美国学习，不断完善酿酒工艺。与有许多严格的法律控制葡萄酒的生产和增长的法国不同，澳大利亚的酿酒师更倾向于用高科技酿造优质的葡萄酒，其中许多葡萄酒是经过调配的，以展现每种葡萄酒的最佳特性。

澳大利亚有60多个土壤类型和气候条件各异的葡萄种植区域，大多位于澳大利亚大陆的东南部，分布在新南威尔士州、维多利亚州和南澳大利亚州，距离悉尼、墨尔本和阿德莱德等主要城市都很近。澳大利亚境内约有1120家酒庄，其中规模较大、较为出名的是利达民酒庄（Lindemans），因坚持始终如一的品质和价值而备受赞誉。澳大利亚著名的红葡萄酒有赤霞珠、赤霞珠–西拉混酿、赤霞珠–梅洛混酿、梅洛和西拉，著名的白葡萄酒则有霞多丽、赛美蓉、长相思和赛美蓉–霞多丽混酿。新南威尔士州的猎人谷（Hunter Valley）是比较知名的葡萄酒产区之一，盛产赛美蓉。成熟的赛美蓉带有蜂蜜、坚果和黄油的风味。这里出产的霞多丽白葡萄酒则带有蜜桃和奶油的混合风味。近年来，澳大利亚葡萄酒展现出卓越的品质和价值，在欧洲、美洲和亚洲的销量不断增长。

世界上许多其他温带地区也生产葡萄酒，其中最著名的有新西兰、智利、阿根廷和南非。

6.1.4 葡萄酒的标签

不同国家对葡萄酒标签的要求差异很大。葡萄酒销售地的法律规定了标签上必须标注的具体信息，这些信息是根据葡萄酒的销售地而非产地来确定的。这一要求常常导致一瓶葡萄酒同时出现两种不同的标签。如果葡萄酒在其产地销售，它会有一个标签；如果葡萄酒要出口，为了满足进口地的法律要求，可能会有另一个版本的标签。标签设计完成后，必须得到该国负责监管葡萄酒生产的政府机构以及负责监管葡萄酒进口和销售的各个政府机构的批准。

在美国，葡萄酒以其葡萄品种命名，并在标签上注明产地。在欧洲，葡萄酒往往以产地命名，而不是以葡萄品种命名。酒瓶正面的葡萄酒标签通常包含以下五个项目：

- 葡萄园名称
- 葡萄品种
- 种植区域
- 年份
- 生产商

葡萄酒标签有助于你了解酒瓶中葡萄酒的很多信息。大多数葡萄酒酒瓶都贴有两个标签。正面的标签旨在吸引你的注意力，而背面的标签可能会用来激发你的感官。例如，标签上可能会写："这是一款美妙的开胃酒，口感顺滑、优雅，果味浓郁……"标签上还可能会包含与食物搭配的建议。这些描述并不受法律约束。

6.1.5 "可持续"的葡萄酒

葡萄生长和葡萄酒酿造过程的环境责任与社会责任曾经作为一种发展趋势，现在则已成为葡萄酒行业的标准。"有机"一词被用来指代不使用化学物质和杀虫剂的环保种植方法，而"可持续"则是指在种植和生产食物的整个过程中尊重环境、生态系统甚至社会的要求。

加利福尼亚可持续葡萄酒种植联盟（California Sustainable Winegrowing Alliance）编写了《加利福尼亚可持续葡萄酒种植准则工作手册》，这是一本自愿进行自我评估的工作手册，涵盖了从害虫管理到葡萄酒质量、从节水到环境管理各方面的内容。这本手册让葡萄种植者和葡萄酒生产商们能够评估自己的操作，继而规划和执行他们自己的行动方案。广泛采用可持续发展实践的关键领域还包括：用水效率、能源效率、土壤健康、废物管理和野生动物栖息地保护。采用可持续发展实践的葡萄种植者和葡萄酒生产商可以在提高质量和效率的同时降低成本，为改善环境做贡献。总体而言，该联盟协助葡萄种植者推广了从葡萄种植到葡萄酒酿造过程中的200多种可持续种植实践。

6.2 啤酒的特点

啤酒（beer）是用麦芽、大麦及其他含淀粉的谷物发酵酿造并用啤酒花增添风味而制成的。因此，啤酒一般是以麦芽浆为基础、酵母菌发酵酿造、酒精含量多在3.8%—8%的麦芽饮品的统称。啤酒通常包括以下类别：

- **淡啤酒/拉格啤酒（Lager）**。即通常所说的啤酒，是一种酒液清澈、酒体轻盈、口感清爽的啤酒。
- **麦酒/艾尔啤酒（Ale）**。与拉格啤酒相比，这种啤酒酒体更饱满，苦味也更重。
- **黑啤酒（Stout）**。是一种深色的艾尔啤酒，带有香甜、浓郁的麦芽风味。
- **皮尔森啤酒（Pilsner）**。严格来说它并非一种独特的啤酒类型，只是特指所有按照捷克共和国皮尔森酿造的著名啤酒的风格酿制而成的啤酒。

6.2.1 酿造过程

啤酒是由水、麦芽、酵母和啤酒花酿造而成的。其酿造过程首先从水开始，因为水是酿造啤酒的重要原料。水的矿物质含量和纯度很大程度上决定了成品的质量。水在成品啤酒中所占比例为85%—89%。

接下来，谷物以麦芽（以大麦研磨成的粗粒）的形式加入。谷物发芽后会产生一种酶，它可以将淀粉转化为可发酵糖。酵母是发酵的媒介。酿酒厂一般都会有自己培育的酵母，这在很大程度上决定了啤酒的类型和口味。

"糖化（Mashing）"是一个研磨麦芽并筛除所有杂质的过程。然后麦芽通过料斗进入糖化桶（一个大型的不锈钢或铜制容器）。在这里，水和麦芽被混合、加热，此时得到的液体称作麦汁（wort）。麦汁通过糖化过滤器或过滤槽进行过滤，之后流入酿造锅。在锅中加入啤酒花，煮沸数小时。酿造完成后，汁液通过啤酒花分离器或啤酒花提取器进行过滤。过滤后的液体被泵入麦汁冷却器，然后注入发酵罐中，加入纯种酵母进行发酵。在将啤酒装桶制成生啤，或进行巴氏杀菌装瓶或装罐之前，啤酒需要经过几天的陈酿。

如今，通过营销和分销合作，啤酒消费者有了更多样化的选择。例如，安海斯–布什公司（Anheuser-Busch）的经销商提供的啤酒包括德国的贝克啤酒（Beck's）、荷兰的时代啤酒（Stella Artois）和福佳白啤酒（Hoegaarden）、捷克的老泉啤酒（Staropramen）、中国的哈尔滨啤酒（Harbin），以及佛罗里达州的陆鲨（Landshark）啤酒等。

6.2.2 有机啤酒与精酿啤酒

美国农业部于2000年设立了国家有机项目，为有机啤酒的发展打开了大门。有机啤酒的指导方针与所有有机食品的标准相同：其原料种植时不得使用有毒和有残留性的农药或合成肥料，种植土壤必须至少3年内未使用过此类化学品；酿造过程中不得使用转基因原料。研究表明，有机农业减少了土壤侵蚀和地下水污染，且显著降低了对野生动物的负面影响。

有机标准非常适合小型啤酒厂。在美国，精酿啤酒厂就是这样一种小规模、独立运作的传统啤酒厂。精酿啤酒展示了这个国家不同地区看似独特的啤酒风格和精酿啤酒文化。你可以在任何地方买到印度淡色艾尔啤酒（IPA），但人们将其中一种超级浓郁、干爽的印度淡色艾尔啤酒称为"西海岸印度淡色艾尔啤酒"是有原因的。另外，很多精酿啤酒厂只在中小规模区域内销售。虽然精酿啤酒日渐成熟，但很少有人预料到这些风味饱满的精酿啤酒会激发出如此的兴奋和激情。

美国酿酒师协会将精酿啤酒厂定义为年产量不超过600万桶的酿酒厂。它们必须由精酿啤酒酿造商持有75%的股份，并且至少50%的啤酒以传统方式酿造。精酿啤酒通常使用麦芽大麦等传统原料来酿制，为了增加独特口感，有时还会添加一些有趣的、有时甚至是非传统的原料。在美国，目前有很多这样的精酿啤酒厂，销售出数百万加仑的啤酒，尽管如此，它们仍仅占整个啤酒市场的一小部分。

精酿啤酒厂与传统啤酒厂的不同之处在于，传统啤酒厂主要追求大规模生产和吸引大众市场，而精酿啤酒厂则注重个性、创新和合作。每家精酿啤酒厂不仅在酿造啤酒的种类上各有特色，而且在作为一个品牌所代表的理念、价值观和文化方面也各不相同。然而，为了让公众了解并喜欢上精酿啤酒这一共同目标，这些啤酒厂常常不吝相互支持，甚至还会在各自的啤酒吧上推出其他精酿啤酒厂的啤酒。

精酿啤酒的原料主要是麦芽、啤酒花、酵母和水；品尝时要关注其外观、口感、香气和味道。为了获得更好的体验，最好选择适合的杯子，搭配好美食，并使用正确的饮用方式好好品味其中的风味。

总之，对于啤酒爱好者来说，如今是个美好时代。在美国，可供选择的啤酒风格和品牌比世界上任何国家都要多。传统上，酿酒商要么有一款全麦芽旗舰啤酒（代表该酿酒商品牌中销量最高的啤酒），要么至少有50%的销量来自全麦芽啤酒，或来自使用辅料来增强而非减弱风味的啤酒。

6.2.3 啤酒的酿造与环境

啤酒厂消耗大量资源，但有潜力大幅减少其对环境的影响。以下是啤酒厂或制造商为此而采取的措施：

• **节能厂房**。啤酒厂尽可能地实现可持续和高效发展，首先体现在厂房建筑的可再生和再利用上。例如美国扬帆啤酒厂在俄勒冈州的旧钻石水果罐头厂开设的第一家酿酒厂就采用了这种方法。扬帆啤酒厂还采用节能照明设备和空气压缩机等设施，并将工作时间压缩至一周4天，使得该厂水资源和能源的消耗量减少了20%。

• **可持续的酿造工艺**。纯净水是从酿酒厂周围的山峰流下来的，扬帆啤酒厂很注重保护这一宝贵资源。与其他平均耗水量为生产每加仑啤酒需耗水6至8加仑的酿酒厂相比，扬帆啤酒厂将其耗水量减少到了仅仅3.45加仑，并拥有自己的现场废水处理设施。啤酒生产所需的其他原料也由当地农场供应：85%的啤酒花与95%的大麦产自西北农场。

• **减量、回报、再利用**。扬帆啤酒厂在所有包装中都使用了100%的再生纸纸板（是该行业首批承诺长期购买再生纸制品的公司之一）。从办公用纸到玻璃，从拉伸膜到木制托盘,都是可回收利用的。就连奶牛,也成了啤酒厂废料的受益者:每年有4160吨的酒糟和1248吨的废酵母被送回农场,作为奶牛的饲料。

- **社区实践**。扬帆啤酒厂每个月会购买140块太平洋电力蓝天可再生能源。这样做能够减少168吨二氧化碳的排放,相当于种植了3.3万棵树。扬帆啤酒厂每年还会资助300多个活动和慈善机构,重点资助俄勒冈州的活动和慈善机构。公司的员工也激发了胡德河区域内其他企业保护环境的灵感。扬帆啤酒厂是胡德河商会"绿色智能"计划的创始成员,该计划旨在帮助胡德河流域内的企业和组织通过提高资源利用率、减少浪费以及废水排放和污染,以提高公司的生产力和盈利能力。

啤酒是消费量仅次于水和茶的全球第三大饮料。随着可持续发展势头的增强,经过对多家啤酒厂和可持续酿酒文件的调研,蓝图集团(BlueMap Inc.)制定了啤酒酿造需要考虑的10项环保措施:

- **采用生物炭来循环利用酒糟**。通过高温分解处理酒糟(即通过燃烧谷物产生生物炭——一种有价值的土壤改良剂——的过程)是一种碳负极处理技术:该流程在隔绝碳的同时产生热量和合成气,因此,高温分解降低了啤酒厂的碳排放量。

- **采取节水措施**。啤酒酿造过程中水的投入量最大。啤酒厂可以通过减少水蒸气流失、提高麦芽汁生产效率、延长锅炉系统中水的使用寿命等方式节约用水,并防止浪费。

- **采用变速风扇或电机**。许多啤酒厂的生产过程都有可变负荷,使用变速电机、变速风扇或者变速驱动器可以更有效地提供服务。在适用的情况下,对上述设备进行升级,可以带来可观的节约效果,且其投资回收期较短。

- **保障定期保养制度**。定期保养制度能够有效弥补能源使用效率低下的问题。通过定期保养,啤酒厂能够尽早发现问题并及时解决,避免产生不必要的能源浪费。同时,保持系统正常运转意味着电机和泵以最佳速度运行,控制系统设置正确,控制系统处于开启状态。

- **使用现场水处理设备收集沼气**。酿酒厂在现场处理废水时,收集沼气是使废水重获价值的有效途径。目前已经有了封闭系统和池塘覆盖沼气收集技术。这些系统当场净化并燃烧沼气,以弥补啤酒厂燃料不足的缺陷并降低了成本。

- **发酵过程中回收二氧化碳**。发酵会释放二氧化碳。精明的啤酒厂会收集这些二氧化碳并用于灌装过程中,以便碳酸化啤酒(而不是另行购买二氧化碳)。这既减少了排放到空气中的二氧化碳,也节约了购买二氧化碳的成本。

- **优化酿造过程中的热能**。啤酒酿造过程中多个环节都涉及热处理——液体的加热和冷却。对整个流程进行检查,能够找到收集热能的方法,并将这些热能应用在其他酿造过程中,从而降低能源消耗以及燃料成本。

- **寻找硅藻土(DE)过滤的替代方案**。虽然以硅藻土作为过滤介质是一种长期存在的行业标准,但因硅藻土涉及健康风险(以及可能出现的对其使用和处置的监管问题),因此需要寻求替代方案。在适用的情况下,金属板式过滤、交叉流过滤系统和硅藻土循环系统的使用可以避免这些缺陷。

- **优化制冷、照明和其他建筑控制系统**。依靠生态建筑，啤酒厂能够最大可能地降低能源消耗、减少用电高峰（从而最大限度地减少罚款）。可以安装管理系统来使照明更节能，还可以最大限度地发挥建筑功能，优化冷却系统，并降低冷却载荷。
- **利用可再生能源技术**。啤酒用啤酒花、谷物、水和酵母酿制而成的，还有什么比用太阳能或风能来为酿酒过程提供动力更自然的方式呢？此外，类似地热、合成气或沼气等可再生能源，只要规模合适，使用它们，就能大幅降低电力和燃料的消耗，并带来有吸引力的投资回报。

6.3 烈性酒的特色

烈性酒（spirit）是由经过发酵和蒸馏的液体制成的，因此其酒精含量很高（美国用proof［酒精度数］来衡量。proof是饮品中酒精百分比的两倍，故80proof相当于酒精含量为40%）。传统上，人们习惯在饭前或饭后饮用烈酒，而非就餐过程中。很多烈酒可以直接饮用（不加冰或其他材料），也可以加入水、苏打水、果汁或鸡尾酒混合配料一起饮用。

烈性酒的发酵是通过酵母对含糖物质（如谷物或水果）的作用来实现的，发酵后的液体通过蒸馏而得到蒸馏酒。

6.3.1 威士忌

威士忌酒（whisky）是比较知名的烈酒之一，该词源于凯尔特语"Visgebaugh"（意为"生命之水"），是对几个世纪前首先在苏格兰和爱尔兰生产出的蒸馏酒的通称。威士忌是由加入了大麦芽的谷物发酵酿制而成的。大麦中含有一种叫作淀粉糖化酵素的酶，可将淀粉转换成糖。发酵完成之后再对液体进行蒸馏。一般来说，烈酒是白色或淡色的，但由于蒸馏后的威士忌会储存在经过炭化（烧制）的橡木桶中陈酿，故其酒液呈焦糖色。威士忌需要酝藏一段时间，最长可达12—15年，但也有很多优质的威士忌在储存3—5年后便被推向市场。

大多数威士忌都是经过调配的，以产生独具品牌特色的风味和品质。毫无疑问，每个酿酒厂的勾兑过程都是严格保密的。全球公认的蒸馏威士忌主要有4种类型：苏格兰威士忌、爱尔兰威士忌、波本威士忌和加拿大威士忌。

- **苏格兰威士忌（Scotch Whisky）**。又称Scotch，已经在苏格兰生产了几个世纪，并且一直是苏格兰人生活方式的一个独特部分。来自偏远的高地峡谷的苏格兰威士忌现在已经成为著名的国际性饮品，其风味备受全世界推崇。苏格兰威士忌的酿制方式总体上和其他威士忌类似，不同之处在于麦芽是在特殊的窑炉中烘干的，这赋予了它一种烟熏味。只有符合《苏格兰威士忌法案》的标准，并严格遵守这种工艺酿造的威士忌，才能被称为苏格兰威士忌。一些比较知名的苏格兰威士忌品牌有：芝华士（Chivas Regal）和尊尼获加（Johnnie Walker）的黑牌（Black Label）、金牌（Gold Label）、蓝牌（Blue Label）。

单一麦芽苏格兰威士忌由一家特定酿酒厂生产，且未与其他酿酒厂的威士忌混合。这种单一麦芽威士忌深受许多威士忌爱好者喜欢，可供选择的品牌有多个，其中拉弗格（Laphroaig）和麦卡伦（Macallan）是其中两个比较知名的品牌。

• **爱尔兰威士忌（Irish Whiskey）**。用麦芽或未发芽的大麦、玉米、黑麦和其他谷物作为原料酿造而成。由于所使用的麦芽并不需要像制造苏格兰威士忌时那样进行烘干处理，因而爱尔兰威士忌的口感更温和，风味绝佳。比较著名的爱尔兰威士忌有布什米尔黑标（Bushmills Black Bush）和詹姆森12年陈特藏（Jameson's 12-Year-Old Special Reserve）。

• **波本威士忌（Bourbon Whisky）**。这种威士忌有一段颇为特别的历史。它是由美洲首批殖民者作为药物引入美国的，并在殖民时期成为北美最流行的烈性酒。美国独立战争后，来自苏格兰和爱尔兰的移民者逐渐增多。他们中大多数是农民和酿酒师，并以生产威士忌谋生。由于乔治·华盛顿对威士忌征税，这些人往南迁移继续生产威士忌。但是由于黑麦作物歉收，他们决定将肯塔基州盛产的玉米与剩下的黑麦混合使用，其结果是令人惊喜的。该事件发生在波本郡，波本威士忌由此得名。

波本威士忌的主要原料是玉米，当然也会使用其他谷物，但它们的重要性次之。其蒸馏过程和其他威士忌的蒸馏过程类似。炭化过的木桶赋予了波本威士忌独特的风味。由于在美国，用来陈化酒的木桶只能使用一次，因此每次完成蒸馏过程后，都会用新的木桶对酒液进行陈化。波本威士忌可以陈酿长达6年，以使其口感更加醇厚。著名的波本威士忌品牌有杰克·丹尼（Jack Daniels）、美格（Maker's Mark）和乔治·迪克尔（George Dickel）。

• **加拿大威士忌（Canadian Whisky）**。与波本威士忌类似，加拿大威士忌也主要由玉米酿造而成，其风味细腻、口感轻快。加拿大威士忌需要陈化至少4年才可以装瓶销售。著名的加拿大威士忌品牌有施格兰（Seagram's）和加拿大俱乐部（Canadian Club）。

6.3.2　白酒

常见的白酒（white）有金酒（Gin）、朗姆酒（Rum）、伏特加酒（Vodka）和龙舌兰酒（Tequila）。

• **金酒**。金酒最早被称为Geneva，是以杜松子为原料的中度酒精含量的烈性酒。尽管金酒源自荷兰，但将Geneva简称为Gin的是伦敦人，且当时几乎任何东西都被用来制作金酒。通常，人们早上在浴缸里制作金酒，晚上就在伦敦各地的小酒馆里售卖。显然，当时金酒的质量不尽如人意，但穷人却大量饮用，以至于酿成了一场全国性的灾难。在禁酒令时期，美国也广泛生产金酒。事实上，将其他东西与金酒混合的习惯促成了鸡尾酒的诞生。多年来，金酒成为很多流行鸡尾酒的基酒（例如马提尼、金汤力、金酒加果汁，以及汤姆柯林斯酒等）。较为知名的金酒品牌有孟买蓝宝石（Bombay Sapphire）、必富达（Beefeater）和添加利（Tanqueray）。

- **朗姆酒**。朗姆酒的颜色可浅可深。浅色朗姆酒是由发酵的甘蔗汁蒸馏而成的，而深色朗姆酒是由糖蜜蒸馏而成的。朗姆酒主要产自加勒比海的巴巴多斯、波多黎各和牙买加等岛屿。朗姆酒大多用于制作混合冷冻饮品和特色饮品，如朗姆可乐（rum and cola）、朗姆潘趣酒（rum punches）、戴基里酒（daiquiris）和椰林飘香（piña coladas）。一些比较知名的朗姆酒品牌有百加得银朗姆酒（Bacardi Silver）、迈尔斯（Myer's）和摩根船长（Captain Morgan，一种深色朗姆酒）。

- **龙舌兰**。龙舌兰酒由狐尾龙舌兰（一种仙人掌）蒸馏而来。墨西哥官方规定，龙舌兰酒必须在龙舌兰镇周围地区酿造，因为这里的土壤含有火山灰，特别适合种植蓝色龙舌兰仙人掌。龙舌兰酒可能是白色、银色或金色的。白色龙舌兰酒未陈化，银色龙舌兰酒陈化时间最长可达3年，金色龙舌兰酒在橡木桶中陈化2—4年。龙舌兰酒主要用于制作流行的玛格丽特鸡尾酒（margarita）或龙舌兰日出鸡尾酒（tequila sunrise，最初因老鹰乐队的一首歌而流行起来）。一些受欢迎的龙舌兰酒品牌包括豪帅快活银龙舌兰酒（Jose Cuervo Silver）、唐胡里奥陈酿龙舌兰酒（Don Julio Reposado）和豪帅快活特级金龙舌兰酒（Jose Cuervo Especial Gold）。

- **伏特加**。伏特加酒的制作原料有多种，包括大麦、玉米、小麦、黑麦或土豆。由于缺乏色彩、气味和风味，伏特加通常会与果汁或其他风味占主导的混合配料混合在一起。为了给消费者更多选择，伏特加生产商推出了各种风味的伏特加，如柠檬味、胡椒味、香草味、覆盆子味、桃子味、梨味和杧果味等。伏特加的品牌包括瑞典的绝对伏特加（Absolut）、俄罗斯的斯托利琴那亚伏特加（Stolichnaya，简称 Stoli）、法国的灰雁伏特加（Grey Goose）、美国的醍拓伏特加（Tito's）和荷兰的坎特一号伏特加（Ketel One）。

6.3.3 其他烈性酒

其他烈性酒还有：

- **白兰地（brandy）**。以葡萄为原料发酵、蒸馏而成，其酿造过程与其他烈性酒类似。美国白兰地酒主要产自加利福尼亚州，在这里，白兰地是在塔式蒸馏器中蒸馏，并在白橡木桶中陈酿至少2年。美国最著名的白兰地由基督教兄弟公司（Christan Brothers）和嘉露酒庄（Ernest and Julio Gallo）生产。他们生产的白兰地酒口感顺滑，带有果味，并带有一丝甜味。最好的白兰地酒作为餐后酒饮用，普通的白兰地则用于调制混合饮品。

- **干邑白兰地（cognac）**。被行业人士认为是世界上最好的白兰地，只在法国南部科涅克地区（Cognac）生产。那里的白垩质土壤和湿润气候加上特殊蒸馏技术能够生产出顶级的白兰地酒，只有在这个地区生产的白兰地才能被称作干邑白兰地。大多数的干邑白兰地都是在橡木桶中陈酿2—4年或更久。由于干邑是由不同年份白兰地的混合酒，因此，标签上不能标注具体年份，而是用字母来表示其相对年份和质量。

标有"VSOP"（Very Special Old Pale）的白兰地必须陈酿至少4年。其他所有干邑白兰地必须在木桶中陈化至少5年时间。因此，5年是混合干邑中最年轻的干邑的年份，而且通常还会添加一些年份更老的干邑，以增添风味、香气和精致感。运往加拿大和美国的干邑中，约75%是由以下4个公司生产的：拿破仑（Courvoisier）、轩尼诗（Hennessy）、马爹利（Martell）和人头马（Remy Martin）。

- **鸡尾酒（cocktails）**。源自维多利亚时代的英国，但直到20世纪二三十年代才流行开来。鸡尾酒通常是两种或多种原料的混合饮品（如葡萄酒、烈性酒和果汁等）。这种混合饮品口感宜人，没有任何一种成分会过于突出。鸡尾酒通过搅拌、摇晃或混合的方式调制，其调制技巧对制作一杯完美的鸡尾酒来说是很重要的。根据容量大小，鸡尾酒可分为2种：短饮（最多3.5盎司）和长饮（一般最多8.5盎司）。

好的鸡尾酒的秘诀在于：

（1）成分的平衡。不能让某种成分的味道盖过其他成分。

（2）成分的质量。根据普遍规律，鸡尾酒的制造原料不得多于3种。

（3）调酒师的技术。调酒师的经验、知识和灵感是关键影响因素。

一位优秀的调酒师应该了解鸡尾酒的效果和"时机"。许多鸡尾酒根据最佳饮用时间进行分类并非偶然，如开胃酒、餐后酒、解醉酒、提神酒等等。鸡尾酒可以刺激食欲，也可以为一顿美餐画上完美的句号。

6.4 无酒精饮品

无酒精饮品（nonalcoholic beverages）越来越受欢迎。从20世纪60年代的自由恋爱到20世纪七八十年代的单身酒吧，再到20世纪90年代和21世纪，社会发生了巨大的变化。总体而言，人们对酒精的消费更加谨慎，生活方式变得更加健康，像反酒驾母亲协会（Mothers Against Drunk Driving，简称MADD）这样的组织也提高了社会对合理饮酒的意识。

6.4.1 无酒精啤酒与葡萄酒

近年来，无酒精饮品的种类不断丰富。从枸杞汁到百香果绿茶，无酒精饮品领域不断创新，推出了各种调味茶和咖啡，以及越来越多样化的果汁，用以满足顾客的不同口味需求。精酿饮品的流行，引发了人们对精酿汽水的浓厚兴趣，从独立的饮品公司和精酿啤酒生产商，到在全国范围内分销产品的大型生产商，都参与其中。无论是出于对口味的追求还是赶时髦，精酿汽水虽然不是市场上的新事物，但无疑是最值得一试的无酒精饮品之一。

其中，无酒精啤酒和葡萄酒满足了那些选择不饮酒或由于各种原因不能饮酒的消费者的需求。无酒精啤酒起初只是种普通啤酒，通过加热去除其中的酒精后成为无酒精啤酒。这也是无酒精啤酒通常味道更甜的原因。如今的酿酒厂正尝试通过调整风味配方，例如增加更多的啤酒花或苦味香料等，来减少这种额外的甜味。

无酒精葡萄酒则并不等同于葡萄汁。它们采用与葡萄酒相同的酿造方法生产,包括发酵和陈酿。但不同的是,装瓶之前,酒液中的酒精会被以下工艺去除:其一是蒸馏,即通过蒸汽去除酒精;其二是过滤,即通过反渗透去除酒精。

6.4.2 咖啡

咖啡是当下流行的饮品。以前经常去酒吧的人现在纷纷光顾咖啡馆。据估计,如今美国全国的咖啡馆超过2.4万家,美国咖啡市场每年的收入达180亿美元。

咖啡最早源自埃塞俄比亚和也门共和国的摩卡。传说,某天,一位年轻的阿比西尼亚牧羊人卡尔迪(Kaldi)注意到自己那些过去总是昏昏欲睡的山羊在咀嚼了某些浆果后变得异常兴奋。好奇的他亲自品尝了这种浆果,结果一时忘却烦恼,成为"快乐的阿拉伯"中最快乐的人。附近修道院的一位僧侣也尝试了这种浆果,还邀请了其他僧侣加入,结果当晚做祷告时,他们都感觉更加精神抖擞。

中世纪时期,咖啡经土耳其传入欧洲,但其后的传播过程并不顺利。一些人对这种新饮品心存疑虑或恐惧,称其为"撒旦的苦涩发明"。由于当地神职人员谴责咖啡,教皇克莱门特八世(Pope Clement Ⅷ)进行了干预,亲自品尝了咖啡。他非常喜欢咖啡,于是给予了认可。之后,咖啡渐渐成为欧洲中产阶级和上流社会的交际饮料。

咖啡馆被称为"一便士大学",在那里,只需花一壶咖啡的钱,就可以参与或旁听任何话题。男人们不仅在这里讨论业务,还在这里谈生意。

咖啡馆在欧洲其他地区也很流行。在巴黎,普罗可布咖啡馆(Café Procope)于1686年开业,至今仍在营业,它曾是许多著名艺术家和哲学家的聚会场所,包括卢梭和伏尔泰(据说他每天要喝40杯咖啡)。

殖民期间,荷兰人将咖啡引入美国。很快,咖啡馆成为革命活动家的聚集地,他们在这里密谋反抗英格兰乔治王的统治及其茶叶税。约翰·亚当斯和保罗·列维尔正是在咖啡馆里策划了著名的波士顿倾茶事件。随着时间的推移,咖啡渐成美洲人传统的国民饮料。

巴西的咖啡产量占世界总产量的30%以上,其中大部分用于制作灌装咖啡和速溶咖啡。咖啡行家会推荐特定品种的咖啡豆,如阿拉比卡(Arabica)和罗布斯塔(Robusta)咖啡豆。在印度尼西亚,咖啡以其种植的岛屿命名。这里最好的咖啡豆产自爪哇岛,味道浓香苦烈且醇度极强。在咖啡的发源地也门,以其港口的名字"摩卡"来命名其最好的咖啡。摩卡咖啡香气浓郁、口感醇厚,带有浓郁的、近乎巧克力的余味。烘焙咖啡豆的商人经常会将不同的咖啡豆混合,例如摩卡爪哇,就是两种优质咖啡混合的结果,且是最好的混合咖啡之一。

咖啡豆的烘焙程度可以根据个人喜好从轻度烘焙到深度烘焙。轻度烘焙通常用于罐装咖啡和机构使用的烘焙咖啡,而中度烘焙是大多数人喜欢的通用烘焙程度。经中度烘焙的咖啡豆呈棕褐色,表面干燥。虽然这种烘焙的咖啡可能具有活泼、酸性的特点,但其风味往往比较平淡。全深度烘焙、高度烘焙或维也纳烘焙是专业咖啡店偏爱的烘焙方式,这种烘焙方式能在甜味和苦味之间达到平衡。深度烘焙的咖啡具有独特、浓郁的风味，浓缩咖啡（espresso）是所有烘焙程度中最深的。浓缩咖啡的咖啡豆几乎是黑色的，表面有光泽且带有油性。浓缩咖啡中所有的酸性特质和特定的咖啡风味都消失了，但它浓郁的味道深受浓缩咖啡爱好者的喜爱。

通过溶剂或水的处理过程来去除咖啡因，可得到去除咖啡因的咖啡。相比之下，许多特色咖啡会添加一些成分。比较知名的特色咖啡有欧蕾咖啡（café au lait）或拿铁咖啡（caffè latte）。在制作这些咖啡时，牛奶会被加热并制作成奶泡，然后与咖啡一起倒入杯中。卡布奇诺则是在意式浓缩咖啡里加入热牛奶、奶泡，并撒上巧克力粉末或肉桂粉。

6.4.3 茶

茶是一种饮品，通过将茶树（一种原产于亚洲的常绿灌木或小乔木）的叶子浸泡在沸水中制成。大约世界上一半的人口将茶作为热饮或冷饮饮用，但在商业重要性方面，茶不及咖啡，因为世界上大部分的茶叶产量都在茶叶种植地区被消费掉了。茶叶中含有1%—3%的咖啡因。这意味着，在重量相等的情况下，茶叶中的咖啡因含量是咖啡豆的两倍多。但是，一杯咖啡中的咖啡因则比一杯茶中的咖啡因要多，因为1磅茶叶能冲泡出250—300杯茶，而1磅咖啡豆只能制作约40杯咖啡。

以下是各种茶的产地：

- 中国：乌龙茶（Oolong）、橙黄白毫（Orange Pekoe）
- 印度：大吉岭茶（Darjeeling）、阿萨姆红茶（Assam，也被称作英式早茶English Breakfast Tea）、杜阿尔斯茶（Dooars）
- 印度尼西亚：爪哇茶（Java）、苏门答腊茶（Sumatra）

6.4.4 碳酸饮料与功能性饮料

可口可乐（Coca-Cola）和百事可乐（Pepsi）长期主宰着碳酸饮料市场。20世纪70年代早期，健怡可乐（Diet Coke）和轻怡百事（Diet Pepsi）的推出更是迅速风靡欧美市场。如今，健怡可乐的市场份额略低于10%，但像零度可乐（Coke Zero）这样的新产品开始呈现轻微上升趋势。不含咖啡因的可乐为消费者提供了另一种选择，不过它们的受欢迎程度暂不如健怡可乐。为了控制肥胖问题，前纽约市长彭博（Michael R.Bloomberg）倡导限制大包装含糖饮料的销售，卫生部门也对此举措表示支持。与此同时，饮料行业和其他相关方发起了反对征收含糖汽水税的运动，而且到目前为止，他们似乎取得了胜利。由于负面的宣传，以及瓶装水、果汁、茶和运动饮料等非碳酸饮料的普及，汽水销量有所下降。为了促进销售，生产商们开始往碳酸饮料中添加维生素和矿物质，并以富含天然成分的名义进行营销。

功能性饮料是一种旨在通过混合甲基黄嘌呤（包括咖啡因）、B族维生素和各种特殊草本成分，为消费者提供能量的饮品。通常，功能性饮料中含有咖啡因、瓜拉纳（从瓜拉纳植物中提取的成分）、牛磺酸、人参、麦芽糊精、肌醇、肉碱、肌酸、葡萄糖醛酸内酯和银杏叶提取物。一些产品含有高糖，或使用人造甜味剂。红牛是功能性饮料的典型代表，它源自泰国，具有日本背景，又适应了澳大利亚人的口味，短短几年内便在全球范围内广受欢迎。据称，这款饮料能迅速为消费者补充能量和维生素，为疲惫的头脑和身体注入流失的关键物质，使身心充满活力，同时又能减少有害成分。到目前为止，红牛在171个国家销售，另一款功能性饮料怪兽（Monster）则在114个国家销售。

尽管人们对年轻人大量饮用高咖啡因饮料而导致的健康问题日益担忧，功能性饮料的销量仍在不断攀升。功能性饮料的销售额每年都在持续增长，部分归功于便利店的销售。前美国饮料协会科学政策高级副总裁莫林·斯托雷指出：实际上，功能性饮料并不比咖啡更糟糕。例如，一杯16盎司的星巴克派克市场咖啡中含有330毫克的咖啡因，而一杯16盎司的拿铁咖啡含有160毫克的咖啡因，这与16盎司的功能饮料——怪兽是一样的。美国联邦食品药品监督管理局（FDA）将软饮料中的咖啡因含量限制为每12盎司71毫克，但不对功能性饮料、咖啡或茶中的咖啡因进行监管。贝泊（Bai Bubbles）提供多款不含糖和人工甜味剂的碳酸饮料，包括姜汁汽水、哥伦比亚奶油汽水和科哈拉可乐，每瓶仅含5卡路里的热量。还有带有西瓜、黑莓、樱桃和菠萝口味的冰茶味饮料（Iced Tea hint），同样零卡路里。其他产品包括带有黑树莓、樱桃青柠、橙杧果和猕猴桃草莓口味的紫装气泡水（sparkling ice purple variety pack）。现在甚至还有碳酸茶饮料。还有阿马斯（Amaz）有机气泡马黛茶，它以植物为基础，含有适应原成分，能提供天然能量、帮助集中注意力并增强免疫力——考试前不妨试试。

6.4.5 果汁

广受欢迎的果汁包括橙汁、蔓越莓汁、西柚汁、杧果汁、木瓜汁和苹果汁。用果汁调制的无酒精鸡尾酒近年来也大受欢迎。

果汁吧将自己定位为提供快捷、健康饮品的场所。最近，能够激发体能、集中注意力的精力果汁（Smart Drinks）也开始走红。精力果汁是在混合果汁中添加了草药、氨基酸、咖啡因和糖，并取名为乳清能量饮料（Plasma Energy Drink）或IQ能量（IQ Energy）等进行销售。

其他的饮料也搭上了健康饮品的潮流快车，迎合消费者对提神、清爽和健康饮品的偏好。这些饮料一般都带有水果风味，给消费者一种比含糖汽水更健康的印象，但实际上，这些饮料只是添加了水果风味而已，几乎没有营养价值。另外一些饮料则通过混合不同类型的水果风味以创造出新的独特口味，例如百香果+猕猴桃+草莓口味，或是杧果+香蕉口味等。斯奈普（Snapple）和纯果乐（Tropicana）就是这样的例子。

运动爱好者在商店里可以买到职业运动员饮用或代言的饮料。这些特殊配方的等渗饮料旨在帮助身体补充在剧烈运动中流失的重要水分和矿物质。美国国家橄榄球联盟（National Football League）赞助佳得乐（Gatorade）并鼓励其运动员饮用。"职业运动员的饮料"无疑是佳得乐的销售和营销成功的主要原因之一。其他等渗饮料品牌还有宝旷力水特（Powerade）和全动（All Sport）。

6.4.6 瓶装饮用水

多年前，欧洲的自来水被认为不能直接饮用，瓶装饮用水便开始流行起来。在北美，瓶装饮用水的日益流行与人们追求更健康生活方式的趋势相吻合。

瓶装水现在推出了各种口味，给消费者提供了更多选择，包括添加咖啡因、锌和维生素A、维生素C抗氧化剂的激浪崛起能量风味饮料（Mountain Dew Rise Energy flavor drinks），还有西瓜、黑莓、樱桃和菠萝口味的零卡路里冰茶味饮料，以及含有黑树莓、樱桃青柠、橙杧果和猕猴桃草莓口味的紫装气泡水。

瓶装饮用水有气泡水、矿泉水、泉水等种类。瓶装饮用水可提神、口感纯净、卡路里含量低，既可直接饮用，也可以搭配红酒、威士忌等其他的酒精饮料一同饮用，其市场接受程度会不断增加。

6.5 酒水服务与酒吧运营管理

从运营的角度来看，酒吧和食品管理的流程与食品服务管理的流程大致相似，包括以下内容：预测，制定采购清单，选择供应商，订货，收货，储存，发放，供应，会计核算与控制等。其中酒水服务管理过程的设施设备、成本控制和员工是核心的要素。

6.5.1 酒吧运营管理的主要内容

酒吧运营管理的主要内容包括以下几个方面。

第一，酒吧布局。 无论酒吧是大型经营场所（餐厅）的一部分，还是独立的商业机构，酒吧的实际布局对其整体运营效率至关重要。设计酒吧区域时，不仅要使其美观悦目，还要有利于顺畅、高效地运营。这意味着调酒区（即调配饮品的地方）应设置在关键位置，并且每个调酒区都应配备所需的一切物品，以便能够应对大多数（即使不是全部）顾客的需求。所有的普通烈酒都应易于取用，受欢迎的指定品牌烈酒也不应放置得太远。那些不太可能被点到（且价格通常较高）的品牌可以放置在离调酒区稍远的地方。价格高昂的优质品牌最适合放置在吧台后方的酒架上，因为那里位置显眼。任何坐在吧台前的顾客都能直接看到吧台后方的酒架，这让顾客有机会看到酒吧所提供的酒品选择。

至于啤酒冷藏柜的位置，则取决于啤酒在该场所的相对重要性。在许多地方，啤酒存放在吧台下方或吧台后方酒架下方的冷藏柜中，并向顾客展示样品瓶或标识。然而，在很多地方，啤酒是最畅销的饮品，酒吧可能会提供来自世界各地的众多品牌啤酒。在这些地方，可能会采用其他的存放方式，比如带玻璃门的立式冷藏柜，以便让所有在销品种在顾客们眼前一览无余。生啤的存放也是如此。

第二，库存控制。一个机构的饮品盈利并非偶然。利润在很大程度上来自管理层和员工对有效库存控制的实施和运用。培训也非常重要。要确保员工将库存视为现金，并像对待自己的钱一样妥善处理。员工会效仿管理层的做法。如果员工感觉到管理松懈，就可能会产生盗窃的念头。没有任何控制系统能够完全保证可防止盗窃行为的发生，但控制系统越好，发生损失的可能性就越小。

为了确保盈利，酒水运营经理需要确定预期收益。例如：如果按每出售1盎司金酒来计算，那么一瓶25盎司的金酒就应该获得25次收益。将每瓶酒的这种预期收入相乘，就可以确定预期总收入，并与实际收入进行比较。

酒吧管理的另一关键点在于设计、安装并实施一套系统来有效控制酒吧饮品库存可能出现的偷窃行为。偷窃可能以多种方式出现，包括：

（1）赠送饮品

（2）过量倒酒

（3）饮品收费错误

（4）以普通烈酒的价格出售指定品牌烈酒

（5）员工直接盗窃酒吧饮品

与食品运营的情况一样，酒水预期利润率是基于所产生的销售额与相关饮品成本的比率。酒吧管理层应该能够解释导致预期利润率与实际利润率之间出现偏差的原因。

所有库存控制系统都需要对实际库存进行实际的实物盘点，根据需要可以每周或每月进行一次。实物盘点应该以单位为基础进行：对于烈性酒和葡萄酒，一瓶即为一单位，容量为0.75升或1升；对于瓶装啤酒，一箱24瓶为一单位；对于生啤酒，一桶为一单位。通过将最新一次实物盘点的结果与上一时期的盘点结果相比较，就能够得知一段时间内实际消耗的饮品库存量。然后通过每个品种的酒水消耗量乘以其各自的单位成本，将实际数量转化为成本或金额数字。将所有消耗饮品的总成本与所产生的销售额进行比较，得出利润率，然后将其与预期利润率进行比较。

管理层应设计能够记录酒吧所有类型烈酒、啤酒和葡萄酒的表格。物品的清单应按照它们在酒吧内的实际摆放位置排列，以便于对库存进行核算。表格还应设有栏目，用于记录每种库存物品的数量。一种传统的记录瓶中烈酒量的方法是使用10分制，即每瓶酒的液位用十分之几来标记。例如，一瓶半满的普通伏特加在表格上会标记为"0.5"。同样，对于桶装生啤酒，可以使用25%、50%、75%和100%的刻度来确定其实际数量。

第三，利用技术控制酒水成本。控制饮食服务运营中的成本是取得成功的关键要素之一。传统上，饮食服务场所的利润率非常微薄（约为5%—8%）。这就要求餐厅老板和经理始终控制好食品和酒水成本。

酒水服务和销售是餐饮业务的重要组成部分。控制酒水成本与控制食品成本有所不同：通常情况下，食品成本应占销售价格的28%—32%，而酒水成本应占销售价格的18%—22%。每降低一点食品和酒水成本的百分比，都会给餐饮企业带来更高的毛利润。酒水销售（包括酒精饮品和无酒精饮品）是提高盈利能力的一种简便方式，因为其成本较低，且毛利润率远高于食品。

有几种技术应用可以帮助经营者跟踪和控制酒水成本。其中之一是酒水管理程序，经营者可使用手持设备扫描烈酒、啤酒和葡萄酒瓶标签上的条形码，以及库存中几乎任何其他物品的条形码。该设备可以快速收集数量信息，简化对实物库存、收货、永续盘存、供应商、订单、不同地点之间的转移、宴会和活动消耗、大型酒窖、请购单、空瓶、差异、滞销库存以及商品成本的跟踪。一旦数据被收集，它会同步将加密文件发送到后端软件。用户可以通过安全网站登录，执行许多功能。餐厅经营者报告称，使用这类系统可以节省50%—80%的时间。这是一个关键优势，因为这往往意味着能够进行全面、深入的库存盘点，而不是在营业时间结束后匆忙完成盘点。这也意味着一位经理可以高效地完成盘点过程，还有剩余时间，而不是几位疲惫不堪的经理不得不工作到很晚或在非工作时间加班。

另一种跟踪酒水成本的方法是通过一种控制含酒精饮品分发的设备。在这个系统中，每个瓶子都连接到一个具有不同倒酒量设置的分发系统。调酒师每一次往杯子里倒酒的行为都会被记录下来，从而可以全面控制酒水销售并管理库存。这个系统的缺点在于，当酒吧业务繁忙时，其服务速度较慢。

还有一种基于射频识别（Radio Frequency Identification，简称RFID）的酒水分发控制系统。在这个系统中，酒吧里的每个瓶子都配备一个 RFID 喷嘴，每次分发的饮品都会被实时自动跟踪。这种流行的饮品跟踪方案使用支持 RFID 的自由倒酒喷嘴，它使调酒师在倒酒时无须改变正常的酒吧操作流程。每个喷嘴都包含一个 RFID 微芯片，该芯片通过射频将倒酒数据无线传输到接收器。每个 RFID 微芯片都有一个唯一的序列号，因此每个喷嘴都可以单独跟踪。这些喷嘴完全自成一体，内置电池、电子元件、发射器和微芯片。它们具有防水和抗冲击的特性，因此可以像其他倒酒喷嘴一样进行清洁。它们适用于所有主要品牌的酒水，并且可以通过简单的软件更新进行完全重新编程。每一个动作，包括倒酒、安装到瓶子上以及从瓶子上取下，都会标注日期和时间，并实时传输数据。使用这个系统，管理层可以在给定的时间了解永续盘存（总库存减去所有销售）情况。

皇家加勒比邮轮公司的和谐号、圣歌号、赞礼号和量子号上配备了引人注目的仿生机器人调酒师——这是世界上第一个机器人调酒师，每分钟可以调制两杯鸡尾酒。观看机器人不断重复着摇晃或搅拌的动作，实在是令人着迷的一件事。

第四，员工管理。内部控制的另一个关键组成部分是制定筛选和招聘酒吧人员的程序。员工必须具备调酒和提供鸡尾酒服务的经验，还必须诚实可靠，因为他们可以接触到酒吧的酒水库存和现金。

　　酒吧经理还可以实施其他一些程序来控制库存并减少员工盗窃的可能性。一种常用的方法是雇佣"监督员"，他们伪装成普通的酒吧顾客，但实际上在观察调酒师和/或鸡尾酒服务员的不当行为，例如不向顾客收钱或过量倒酒。检查酒吧人员的另一种方法是在换班时进行"现金交接"。在某些情况下，员工会通过不将顾客支付的钱录入收银机来偷取公司的钱。他们将额外的钱留在现金抽屉里，直到班次结束结账时再取出偷来的钱。进行"现金交接"时，经理必须对调酒师的收银机进行"结账归零"操作，取出现金抽屉，并用新的现金储备替换它。然后经理清点抽屉里的钱，减去初始的现金储备，并将这个数字与收银机打印条上的数字进行比较。如果现金有大量盈余，那么员工很有可能存在偷窃行为。如果现金少于打印条上显示的金额，那就意味着员工可能是诚实的，但在找零或按收银机按钮时粗心大意。无论哪种情况，都会给酒吧带来经济损失。

6.5.2 酒吧的类型

6.5.2.1 餐厅和酒店酒吧

　　在餐厅里，酒吧通常用作等候区，让客人在入座用餐前可以享用一杯鸡尾酒或开胃酒。这使得餐厅能够合理安排客人的点餐时间，以便厨房能够更有效地应对，同时也增加了酒水的销售额——要知道，酒水的利润率高于食品的利润率。

　　在一些餐厅中，酒吧是焦点或主要特色。餐厅的氛围和布局会吸引客人前来饮用酒水。酒水销售额通常约占总销售额的25%—30%。过去，许多餐厅的酒水销售额占比更高，但如今合理饮用含酒精饮品的趋势导致人们减少饮酒量，酒水销售量也日益降低。

　　酒吧会提供各种不同档次的烈酒。普通酒品是酒吧在客人只是简单要求"一杯苏格兰威士忌加水"时所使用的最便宜的倒酒品种。指定酒品是酒吧为那些可能会要求特定品牌的客人提供的烈酒。例如，客人可能会点尊尼获加红牌威士忌（Johnnie Walker Red Label）。尊尼获加黑牌威士忌（Johnnie Walker Black Label）是优质苏格兰威士忌的一个例子，而芝华士（Chivas Regal）则是超优质苏格兰威士忌。

　　计算每种倒出烈酒成本的一种常用方法如下例所示：

　　以灰雁（Grey Goose）这样的优质伏特加品牌为例，每升成本约为42.75美元，可以倒出22杯1.5盎司的酒，每杯售价为7.25美元，则这瓶酒将带来159.50美元的收入（22杯 ×7.25美元/杯）。酒吧的利润率可以分类如下：烈酒的倒酒成本百分比约12%，啤酒约为25%，葡萄酒约为38%。综合来看，销售组合的平均倒酒成本可能为16%至22%。当然，成本会因订购烈酒的数量、地点以及倒酒量的大小而有所不同，不同餐厅的情况可能会有所差异。

　　大多数酒吧都采用某种形式的最低库存量标准，这意味着对于正在使用的每一瓶烈酒，都有一个最低的库存量，可能是一瓶、两瓶或更多瓶作为备用。一旦库存水平降至最低库存量以下，就会自动采购更多的酒。

6.5.2.2 夜总会

　　长期以来，夜总会一直是人们摆脱日常生活压力的热门场所。从小城镇郊区的小俱乐部到纽约、拉斯维加斯和迈阿密南海滩的世界著名俱乐部，所有俱乐部都有一个共同点：人们经常光顾这里放松身心，而且往往会与朋友甚至陌生人一起享受疯狂的跳舞和派对之夜。

　　与经营餐厅一样，开办夜总会是一项风险很大的生意。但是，通过正确的教育和合理的规划，经营夜总会可以成为一项非常有利可图的事业。与酒店行业的大多数企业一样，许多人认为经验比教育更重要，并且认为可以在经营过程中学习。然而，当踏上经营夜总会这样复杂的旅程时，拥有学位和高学历的人会更具优势。

　　解读市场的能力是经营夜总会的关键。当投入30万—100万美元的启动成本时，至关重要的是要确保选择了合适的地点，并且能够接触到相关的市场。优秀的夜总会源于对市场的准确分析和精心规划，而绝非依靠运气。事实上，夜总会早期倒闭的首要原因是对市场的错误判断。例如，如果一位企业家有兴趣在城市社区开设一家乡村排舞夜总会，他或她可能需要进行广泛的市场调研，以确保社区成员喜欢乡村音乐。

　　在考虑开设新夜总会的前景时，投入大量时间研究目标市场的人口统计数据、市场态度和社会动态是很重要的。许多人往往会想出一个他们坚决要追求的概念，但没有真正深入研究市场。所有的市场都应纳入考察范围，即使其他市场在当时可能看起来不相关。未来，可能正是这些市场会被分流到新开业的俱乐部。

　　一个新颖且令人兴奋的概念是创办夜总会的非常重要的因素。有人认为，如果街对面的一家夜总会经营得很好，那开设同样类型的夜总会也会取得成功。但事实并非如此。多样化是企业经营成功的关键之一。通过为顾客提供全新体验，可吸引顾客光顾新俱乐部。

　　预算是经营夜总会的另一个重要因素。尽管这项事业可能成本很高，但在建筑和设计方面偷工减料只会在以后损害生意。现在多花点钱把事情做好，总比以后花更多的钱进行维修要好。制定预算应涵盖运营的所有方面，包括但不限于食品和酒水、人员配备和劳动力、许可证、建筑相关事宜、装饰、照明和娱乐等。

　　另外，还务必了解经营夜总会所涉及的所有法律问题。例如，在酒精饮品的销售和分销方面存在许多法律规定。在许多情况下，如果出现涉及最后在俱乐部饮酒的顾客的问题，运营管理方就难辞其咎，容易引发诉讼，因此了解这种可能性是非常重要的。

　　对于顾客和夜总会老板来说，夜总会都可以带来很棒的体验，尤其对于后者来说，收入可能非常可观。然而，意识到其中涉及的风险并努力将其降至最低绝不可忽视。

　　虽然本节只是对创办夜总会进行了简单讨论，但上文所列各要点对成功经营夜总会是非常重要的。经营者对所处行业越了解，成功的可能性便越大。

6.5.2.3 啤酒餐厅和小型啤酒厂

　　啤酒餐厅是集啤酒酿造厂和酒吧或餐厅于一体的场所，在现场酿造新鲜啤酒以满足当地顾客的口味。小型啤酒厂即精酿啤酒厂，年产量达1.5万桶（或3万小桶）啤酒。北美的小型啤酒厂行业趋势重新诠释了小型啤酒厂供应新鲜全麦芽啤酒的概念。尽管从啤酒总产量来看，区域性啤酒厂、小型啤酒厂和啤酒餐厅在北美啤酒酿造行业中只占一小部分（不到5%），但它们具有潜在的高增长率。小型啤酒厂和啤酒餐厅成功的原因之一是它们生产的啤酒风格和口味多种多样，它一方面让公众重新认识了一些已经停产了几十年的啤酒风格；另一方面也满足了当地顾客的口味和偏好。

开办一家啤酒餐厅是一项相当昂贵的投资。虽然酿造系统有多种配置，但设备成本在20万—80万美元。其成本受到产能、啤酒类型和包装等因素的影响。但无论如何，对小型啤酒厂和啤酒餐厅的投资因其巨大的回报潜力而非常合理。小型啤酒厂可以生产各种各样的艾尔啤酒、拉格啤酒和其他啤酒，其质量在很大程度上取决于原材料的质量和酿酒师的技术。美国有几家值得注意的区域性啤酒餐厅。例如岩底餐厅（Rock Bottom），它以新鲜手工酿造啤酒的传统和多样化的菜单为基础，主打朋友聚会，主张喝最好的酒、享受最好的食物并分享美好时光。约翰·哈佛餐厅（John Harvard's）则以一系列艾尔啤酒和拉格啤酒而闻名，这些啤酒是根据1637年约翰·哈佛（哈佛大学即以他的名字命名）带到美国的古老英国配方在店内酿造的。此外，戈登·比尔斯餐厅（Gordon Biersch）也拥有几家出色的啤酒餐厅，能提供手工酿造的艾尔啤酒和其他啤酒，以及多样化的菜单。

6.5.2.4 体育酒吧

体育酒吧一直很受欢迎，且随着迪斯科舞厅和单身酒吧的衰退，这种流行趋势还在不断增强。它是人们在体育氛围中放松的场所，因此像万豪酒店的Characters这样的酒吧或餐厅已成为热门的"聚饮地"。卫星电视对顶级体育赛事的转播更是帮助体育酒吧吸引了大量人群。

经过几十年的演变，体育酒吧已经不仅仅是那些每周播放比赛的街角酒吧了。过去，体育酒吧主要是铁杆体育迷经常光顾的地方，其他顾客很少会去。如今，体育酒吧更像是一种娱乐概念，面向的顾客群体更加多样化。它们更像是大型的体育娱乐场所，有音乐娱乐、互动游戏，还有数百台电视播放着几乎能想象到的各种体育赛事。芝加哥猛击者世界级体育酒吧（Sluggers World Class Sports Bar）的总经理说："再也没有单纯的聚饮地了。"他认为，随着人们越来越注重健康，酒吧需要提供的不仅仅是酒。人们期望体育酒吧有更好的食物、更好的服务，并且更具独特个性。

如今的体育酒吧吸引着更加多样化的顾客群体。佛罗里达州坦帕市李·罗伊·塞尔蒙餐厅（Lee Roy Selmon's restaurant）的创始合伙人斯科特·埃斯蒂斯（Scott Estes）已经认识到，女性消费者是这个行业收入增长的新动力，并因此调整餐馆的运营模式，以确保能够抓住这个迅速增长的市场。体育酒吧也在对自身进行改变，变得更加面向家庭。例如，李·罗伊·塞尔蒙餐厅的主餐厅是一个没有电视的环境。这是因为很多家庭去体育酒吧时，会要求酒吧提供一个没有电视的房间。意识到这一点，酒吧老板就设置了一个特殊区域，以确保家庭成员用餐时不被电视所干扰。

在生意清淡的夜晚吸引酒吧顾客的另一种方法是提供游戏和适合家庭的菜单。布鲁克林的富兰克林公园（Franklin Park）以其室内外空间吸引着家庭顾客。孩子们可以玩投币式曲棍球、在照相亭拍照和玩投篮游戏。体育酒吧也成为传统游戏厅的"最新版本"。许多酒吧提供互动电子游戏，朋友们和家庭成员间可以相互竞争。许多场所都有像《印第安纳波利斯500赛车》这样的虚拟现实游戏和其他体育游戏。一些场所甚至更进一步，提供击球笼、保龄球道和篮球场供顾客享用。

体育酒吧变化较大的另一点是菜单。体育酒吧向来以供应辣鸡翅、汉堡和其他典型的酒吧食物而闻名，但是随着体育酒吧变得更具娱乐性，其菜单也相应地发生变化。人们的口味发生了变化，这使得体育酒吧需要提供更加多样化的菜单。如今，顾客可以在这里品尝到各种各样的食物，从菲力牛排到新鲜的鱼，再到美味的三明治和披萨。现在人们经常光顾体育酒吧，既为了享受美食，也为了娱乐。过去，体育酒吧通常只有几台电视，播放着当地受欢迎的比赛和像超级碗这样的大型比赛，但技术的进步和电视频道的增多，使得观看比赛的方式发生了很大变化——卫星和数字接收器的普及使得酒吧在任何时候都能收看几十场比赛。现在酒吧有多达数百台电视，方便球迷们在一天中的任何时候都可以观看世界各地各种体育项目、各个球队和各种级别的比赛。

6.5.2.5 咖啡馆

在美国和加拿大的饮品行业，另一个趋势是咖啡馆或咖啡店的兴起。咖啡馆最初是基于意大利酒吧的模式建立的，这反映了意大利根深蒂固的浓缩咖啡传统。意大利酒吧的成功理念在于它们营造的氛围，这种氛围适合进行私人、社交和商务性质的交谈。在美国和加拿大也重现了类似的理念，其后，这一理念不断调整，咖啡馆增加了更多种类的饮品和咖啡风格，以满足北美消费者的口味。因此，传统的意大利咖啡馆中销售的意式特浓咖啡或卡布奇诺咖啡在北美得到了扩展，包括冰摩卡、冰卡布奇诺等饮品。

学生和商务人士发现咖啡馆可以用来放松、讨论、交际和学习。大部分咖啡馆还会给客人提供免费的无线网络。咖啡店的成功体现在像星巴克这样的连锁店以及众多家庭经营的独立店铺上。

6.5.3 酒水服务责任与法律

在美国，如果酒吧老板、经理、调酒师和服务员向未成年人或醉酒者提供酒精饮料，可能要承担法律责任且后果相当严重。颁布于19世纪50年代的管理酒精饮料销售的法规"酒类商店法"（dram shop legislation），规定酒类场所的所有者和经营者应对顾客醉酒而导致的伤害承担责任。

一些州恢复了18世纪的普通法，除非涉及未成年人的情况，否则免除销售者的责任。但是，大多数人都认识到，我们社会正面临着未成年人饮酒和酒后驾车的严重问题。

为了打击餐馆、酒吧和酒廊中的未成年人饮酒现象，一家大型酿酒厂特别制作并分发了一本小册子，上面展示了每个州驾照的真实设计和布局，方便核查顾客年龄。部分行业协会（如美国全国餐馆协会、美国酒店和住宿协会等）与大型企业携手，制订了一系列预防措施和计划，旨在促进提供负责任的酒精饮品服务，并提高大众对酒精饮料负责任消费的认识。其强制性培训计划 ServSafe Alcohol由美国全国餐馆协会赞助，教导参与者充分了解酒精及其对人体的影响、醉酒的常见迹象，以及如何帮助顾客避免过量饮酒。

其他促进提供负责任的饮酒服务和消费计划包括在一些场所设立指定司机制度，这些司机只饮用无酒精饮品，以确保能够将朋友安全送回家。有些地方甚至会为指定司机提供免费的无酒精饮品，作为一种关心的表示。

对于餐饮经营者来说，负责任的饮酒服务计划带来的一个积极结果是可以降低保险费和法律费用，这些费用在过去几年里曾大幅上涨。通过让员工接受干预培训程序（Trained for Intervention Procedures，简称TIPS），经营者可以减轻法律责任。

在得克萨斯州，如果有人违规向未成年人提供酒精饮料，将面临4000美元的罚款，最高可处以一年的监禁。即使雇主对此一无所知，也要共同承担责任。调酒师和服务员也要对此负责。有一个例外情况：如果你要求查看购买者的身份证，并且身份证看起来并无问题，那么这可以成为一种抗辩理由。但如果成年人购买酒精饮料并提供给未成年人，餐馆老板和工作人员仍然要承担责任。

6.5.4 酒水服务业的发展趋势

美国艾瑞克·弗莱德海姆（Eric Friedheim）旅游研究所高级讲师及常务董事格雷格·邓恩（Greg Dunn）博士的研究，涉及了未来一段时期内酒水生产与服务行业运营与发展的如下趋势：

第一，咖啡。 餐馆和酒吧在传统香草、摩卡和焦糖口味的基础上增添了新口味的咖啡和茶饮。例如，快餐和休闲餐饮店在假期销售南瓜拿铁、太妃榛果拿铁、姜饼拿铁等。一些餐厅则增加了红色丝绒（蛋糕口味）拿铁、薄荷摩卡和白巧克力芝士蛋糕等的供应。

第二，鸡尾酒。 调酒师的专业程度体现在其对制作鸡尾酒的浓厚兴趣上。将烈性酒与一系列其他原料进行混合、调制和搭配的艺术已经上升到实验甚至科学的高度。调酒师经常会探索新的方法来将普通马提尼或基本的鸡尾酒调制出一个新的高度，不仅看起来很酷，而且还能刺激味蕾并提升酒的品质。

第三，冰块。 冰块是酒水服务中的一个核心问题。调酒师深知冰块的用量及其形状会影响鸡尾酒成品的外观和口感。冰块有块冰、裂冰、碎冰、刨冰、球形冰和烟雾冰等不同形态，其用量和形状决定了融化速度。如果不想冰块快速融化到饮料中，可以采用球形冰来冰镇饮料。另外，干冰可以用来制造浓雾，在杯子中营造出火山喷发式的气氛。

第四，辅料。 少用辅料是酒水服务的一个趋势。调酒师越来越倾向于用天然、有机和新鲜的辅料替换传统的辅料（如玛格丽塔辅料、含气苏打水和浓缩果汁等）。通过使用新鲜榨取的果汁、自制糖浆、奎宁水、苦味剂和水果、蔬菜以及香料，饮品会更为新鲜，卡路里含量也更低。

第五，酒中添加新鲜风味。 酒中添加水果、蔬菜、草药、香料和一系列其他风味，这样的产品可以单独享用，也可以作为混合饮品。对调制酒来说，单一风味和简单混合效果最佳。想象一下，辣椒和青柠、柠檬和罗勒、巧克力和樱桃或其他任意原料互相搭配可能产生的效果。调制酒还可以与食品相配，为顾客创造出全新的美食体验。

第六，鸡尾酒与美食理念搭配。 例如，海鲜餐厅推出海滩饮料和"月光"鸡尾酒，巴西牛排馆销售各类传统凯匹林纳鸡尾酒，以及各具特色的苏格兰威士忌、草本酒和苦艾酒等。调酒师将自制的辅料与优质少量的烈性酒以传统方式混合，创新出精致的手工鸡尾酒，使得鸡尾酒芳香四溢、味道平衡并具有审美价值。

第七，本地精酿啤酒。 小啤酒厂在全国范围内的增长已让路给了新的自酿啤酒馆。这些啤酒馆自己酿造啤酒，客户由此获得与传统餐馆和酒吧不同的消费体验。连锁店现在也鼓励管理者遍访当地有名的啤酒馆，举办精酿啤酒晚宴，同时推动管理者将本地精酿啤酒与菜单上的菜品搭配。新的啤酒酿造配方正在向偏酸的啤酒口味转变，精酿啤酒师傅尝试用野生酵母发酵啤酒，并将啤酒放入木桶中陈化以期获得酸性口味，"啤酒鸡尾酒"——一种用啤酒而非葡萄酒或烈性酒调制的鸡尾酒——也开始出现。

第八，新鲜压榨果汁、风味冰茶以及手工苏打。 随着人们对新鲜、天然、有机的手工饮料需求的不断增加，很多酒吧和餐厅开始升级无醇饮料，提供新鲜压榨果汁、风味冰茶、功能饮料以及手工苏打水等。餐馆、酒吧和零售店开始供应新鲜压制的果汁（有机的或无机的），他们或自己生产，或从本地供应商处购买。茶，尤其是绿茶，因其有益于健康而备受赞誉。很多商家开始抢夺这块市场，并通过添加水果来制造自己的茶饮料，例如石榴冰茶、阿萨伊浆果冰茶，以及桃子冰茶等。其他商家也开始将抗氧化物质、维生素和矿物质添加到茶中，提供特色冰茶系列。越来越多的餐厅意识到提供特色无醇饮料的潜在利益，与此同时，他们也提供更多自制手工苏打水来增加独特体验、提升品牌形象。

第九，自由式饮料。 可口可乐和百事可乐都在尝试着提供一种新的自由式饮料调配机器。这种机器可以提供多达146种不同选择，让客户根据喜好制作自己的软饮料。饮料公司针对千禧一代客户，推出高科技触屏式调配机，方便其自我调配微剂量饮料。自由式饮料并不是一种"饮料配方"，而是企业在价值760亿美元的饮料行业里的"生存配方"。该行业竞争激烈，且越来越多的客户为了天然和健康开始拒绝碳酸饮料。而这种新模式，很可能会吸引千禧一代广泛参与并购买更多的饮料产品。

关键词汇与概念

酒精饮料	葡萄酒	白兰地	香槟酒
干邑	加强葡萄酒	起泡酒	鸡尾酒
发酵	啤酒花	酒类麦芽	糖化
烈酒	白酒	无酒精饮品	酒吧布局
库存控制	酒类商店法		

复习讨论题

1. 对比欧洲和世界其他地区在葡萄酒生产方面的差异，包括标签的要求以及所生产的葡萄酒品种类型。

2. 阐述啤酒的酿造过程，并详述麦芽啤酒、淡色啤酒和黑啤酒三者之间的区别。

3. 阐述四种威士忌之间的相似之处与不同之处。

4. 探讨当前无酒精饮品的流行趋势，并分析其背后的原因。

5. 概括管理者在供应含酒精饮料时可能会遇到的各种挑战。

知识应用

1. 绘制一幅世界主要葡萄酒产区的地图，其中应包含各产区最受欢迎的葡萄品种、产区的概况信息，以及当前或未来作物可能面临的潜在风险。

2. 对未成年人饮酒和酒后驾车的风险或相关问题进行深入研究，并基于此创作一则15秒的公益广告或设计一项社交媒体活动，旨在提醒广大学生警惕这些风险。

3. 选择一种流行的无酒精饮品，如咖啡、茶、能量饮料、气泡水等，为其制作一则广告，并在全班进行分享。

英文延伸阅读

Introducing ≫ Robert Mondavi

Founder of Robert Mondavi Winery

Since its founding in 1966, the Robert Mondavi Winery has established itself as one of the world's top wineries. Robert Mondavi, who passed away in 2008, was active as wine's foremost spokesperson, having greatly contributed to the wine industry throughout his successful life.

Robert Mondavi was born in 1913

to an Italian couple who had emigrated from the Marche region of Italy in 1910. His father, Cesare, became involved in shipping California wine grapes to fellow Italians. Extremely pleased with California, Cesare Mondavi decided to move to the Napa Valley and set up a firm that shipped fruit east. Robert Mondavi grew up among wines and vines and remained in his father's business.

Robert began by improving the family enterprise, adding to it the management, production, and marketing skills he learned at Stanford University, from which he graduated in 1936. Robert acknowledged the great business potential of the Napa Valley in the broader context of the California wine industry. What the firm needed was to be upgraded with innovations in technology to keep up with the changes in the overall business environment.

Mondavi had an ambitious dream that was realized when the Charles Krug Winery was offered for sale in 1943. The facility was purchased, and Robert knew that the strategy for success included well-planned marketing as well as the crucial winemaking expertise that the family already had.

Mondavi also understood the importance of the introduction of innovative processes that could place the winery in a competitive position. From the 1950s to the 1960s, he performed many experiments and introduced pivotal innovations. For example, Robert popularized new styles of wine, such as the chenin blanc, which was previously known as white pinot and was not doing well in the market. Mondavi changed the fermentation, turning it into a sweeter, more delicious wine. The name was also changed, and sales increased fourfold the following year.

Similarly, he noticed that the sauvignon blanc was a slow-selling wine. He began producing it in a drier style, called it fumé blanc, and turned it into an immediate success. Although the winery's operations were successful, Mondavi was still looking for a missing link in the chain. A trip to Europe, designed to study the finest wineries' techniques, convinced him to adopt a new, smaller type of barrel to age the wine, which he believed added a "wonderful dimension to the finished product."

In 1966, Robert Mondavi opened the Robert Mondavi Winery, which represented the fulfillment of the family's vision to build a facility that would allow them to produce truly world-class wines. In fact, since its establishment, the winery has led the industry, standing as an example of continuous research and innovation in winemaking, as well as a "monument to persistence in the pursuit of excellence."

Throughout the years of operation, the original vision remained constant: to produce the best wines that were the perfect accompaniments to food and to provide the public with proper education about the product. The Robert Mondavi Winery sponsors several educational programs, such as seminars on viticulture, a totally comprehensive tour program in the Napa Valley, and the great chefs program. In 2001, Robert Mondavi made a $20 million dollar gift to the University of California, Davis. The Robert Mondavi Institute for Wine and Food Sciences is a leading educational center for viticulture, enology, and food science.

The Robert Mondavi Corporation was acquired by Constellation Brands in 2004, a leading international producer and marketer of beverages, selling nearly 90 million cases annually.

Source: Robert Mondavi Institute for Wine and Food Sciences at UC Davis.

.inc | Corporate Profile

Starbucks Coffee Company

Starbucks Coffee Company (named after the first mate in Herman Melville's Moby Dick) is the leading retailer, roaster, and brand of specialty coffee in North America. More than seven million people visit Starbucks stores each week. In addition to its more than 32,000 retail locations, the company supplies fine dining, foodservice, travel, and hotel accounts with coffee and coffee–making equipment and operates a national mail–order division.

Locations and Alliances

Starbucks currently has more than 32,660 stores in 83 markets.

In addition, Specialty Sales and Marketing supplies Starbucks coffee to the health care, business and industry, college and university, and hotel and resort segments of the foodservice industry; to many fine restaurants throughout North America; and to companies such as Albertson's, ARAMARK, Bames and Noble, Compass, Costco, Hilton Hotels, Marriott International, Nordstrom, PepsiCo, Radisson, Safeway, Sodexho, Sysco, Wyndham.

Product Line

Starbucks roasts more than 30 varieties of the world's finest arabica coffee beans. The company's retail locations also feature a variety of espresso beverages and locally made fresh pastries. Starbucks specialty merchandise includes Starbucks private-label espresso makers, mugs, plunger pots, grinders, storage jars, water filters, thermal carafes, and coffee makers. An extensive selection of packaged goods, including unique confections, gift baskets, and coffee–related items, are available in stores and online.

Starbucks introduced Frappuccino blended beverages, a line of creamy iced coffee drinks. This product launch was the most successful in Starbucks history. The company also has a bottled version of Frappuccino, which is currently available in grocery stores and in many Starbucks retail locations.

Community Involvement

Starbucks contributes to a variety of organizations that benefit AIDS research, child welfare, environmental awareness, literacy, and the arts. The company encourages its partners (employees) to take an active role in their own neighborhoods.

Starbucks fulfills its corporate social responsibility mission by reducing its environmental footprint on the planet. The company addresses three high-impact areas: sourcing of coffee, tea, and paper; transportation of people and products; and design and operations (energy, water, waste reduction, and recycling). Starbucks has developed relations with organizations that support the people and places that grow its coffee and tea, such as Conservation International, CARE, Save the Children, and the African Wildlife Foundation.

Additionally, Starbucks has entered into a partnership with the U.S. Agency for International Development (USAID) and Conservation International to improve the livelihoods of small-scale coffee farmers through private sector approaches within the coffee industry that are environmentally sensitive, socially responsible, and economically viable. Starbucks has received the World Environment Center's Gold Medal for International Corporate Achievement in Sustainable Development. Starbucks has a College Achievement Plan with Arizona State University for benefits-eligible, U.S. partners, with full tuition for every year of college for earning a bachelor's degree. Among the many new offerings are premium instant coffee and several amazing drink concoctions. Starbucks has increased its community impact with partnerships and foundation neighborhood grants.

Starbucks has received numerous awards for quality innovation, service, and giving.

Current Issues in Beverage Management

Bubble tea
Bubble tea originated in Taiwan and is a tea-based drink with fruit jelly bubbles or tapioca and appeals to health-conscious people who want healthier variants low in sugar and calories with organic soy milk, green tea, or fruity mixes—there are about many different flavor combinations.

Boxed wine
For people who like the convenience

of their wine keeping longer (so they don't have to gulp down all of the bottle—because it does not keep long). It is also good for restaurant wine by the glass and since the quality has improved guests are appreciating it more.

Fermented drinks

Fermented drinks are gaining in popularity as many people crave more healthy beverages. Kombucha and Tepache are leading brands that have probiotic strains that help boost the immune system and digestion.

Alcohol–free beverages

Many people like the choice of having nonalcoholic beers and sprits but may like a spiked soda. There are numerous soda flavor innovations ranging from the traditional apple, ginger, orange, tic tac, Fanta, Coca Cola, and Dr. Pepper. Newer choices include fruity pickle sangrias. Then there are numerous premium flavored waters and sparkling waters.

Cocktails

The profession of tending bar is constantly developing to keep up with the increasing interest in crafting cocktails. The art of mixing, infusing, and pairing liquors with several other ingredients is evolving to new experimental and even scientific heights.

Outlined below are some of the trendy ingredients, accompaniments, and mixing methods that are gaining in popularity:

- *It's all about the ice.* The amount of ice used and the way ice is shaped makes a difference in the look and taste of the end product. Cubed, cracked, crushed, chipped, shaved, spherical, and smoky: The shape of ice and the amount that is used determine the rate of dilution. Some of the more advanced methods include using a dense spherical shape of ice to keep the alcohol cool when you don't want the ice to dilute the drink at a rapid rate. Additionally, dry ice is used to create a thick smoke, often reminiscent of a volcano erupting in your glass.

- *Less is more.* Replacing the typical sugary mixer, such as margarita mix, fountain sodas, and concentrated fruit juices, with natural, organic, and fresh mixers, is bringing a healthier twist to the cocktail. By using fresh squeezed fruit juices; homemade syrups, tonics, and bitters; and muddled fruits, vegetables, and herbs, your favorite drinks can be made fresher, less manufactured, and lower in calories.

- *Infuse spirits with fresh flavor.* Spirits can be infused with fruits, vegetables, herbs, spices, and several other flavors to create a product that can be enjoyed on its own or as a mixed drink. With infused spirits, single flavors and simple combinations are known to work best; Think chili and lime, lemon and basil, chocolate and cherries, or any one of those ingredients unaccompanied. Infused spirits can also be paired with foods to create a heightened culinary experience.

- *Match cocktails with food concepts.* For instance, seafood restaurants are introducing beach drinks and "moonshine" cocktails while others such as Brazilian steakhouses are offering variations of their traditional caipirinha.

- *Use different and unique scotches, herbaceous liquors, and bitters.* Mixologists are introducing and reinventing craft cocktails by combining upscale and small batch liquors with homemade mixers using old-school techniques to create premier cocktails full of flavor, balance, and aesthetic appeal. Some cocktailers mash fruits, herbs, and other fresh ingredients which may gunk up your straw but nonetheless taste great.

- *Canned cocktails.* Grab-and-go for convenience are gaining in popularity because many are low sugar, low calorie and low in alcohol. Hotels like them as they can easily sell them in the mini market by the front desk.

- Which beverage trend is most intriguing to you and why?

Microbreweries and Local Craft Beer

The proliferation of small breweries across the nation has given way to new brewpub concepts and offers chain restaurants a way to source local product without looking to brewers and farmers. Microbreweries are places that craft their own beers and offer customers a different type of experience than traditional restaurants and bars. Chains are encouraging local managers to seek out popular local beers, holding local craft beer dinners, and recommending specific local craft beer pairings to drink with its food menu items. New beer recipes are turning toward a sour beer taste, and craft brewers are using beer with wild yeasts and aging them in wood to give them a slightly acidic taste or moving to "beertails"—cocktail drink recipes made with beer instead of wine or spirits.

- Is a "beertail" a concept that will stay or a trend that will soon disappear from the scene to be replaced by something new?

Liquor Liability and the Law

Given that even the owner is liable if a situation occurs regarding the service of alcoholic beverages all bar staff should be trained in safe alcohol service based on the requirements of their state and municipality to help mitigate any legal problems and reduce insurance costs.

- Why is it important for all employees to be trained in proper alcohol service?

第 7 章 餐馆商业

学习目标

- 阐述当前流行的经典烹饪方法。
- 识别并分析不同类型的菜单，同时概述菜单规划的要素。
- 概括餐馆的各种分类。

7.1 美食潮流与烹饪实践

餐馆是我们日常生活的重要组成部分，因为我们处在一个快节奏的社会中，每周都会因为餐饮以及社交的需要而光顾餐馆若干次。餐馆不仅提供了一个和亲朋好友及商业伙伴休闲娱乐的地方，而且提供食物让我们保持精力充沛。

"餐馆"（restaurant）一词本身源于"恢复"（restore）。在新冠疫情之前，美国有一百多万家餐厅，拥有990万名员工（这使得餐饮业成为除政府以外的最大雇主），销售额达到3000亿美元，餐饮业经济规模在美国本土食品消费支出中所占份额已经升至约50%。疫情之后的今天，希望这些数据能够尽快"恢复"过去的水平。

餐饮行业是一个价值数十亿美元的产业，它提供了大量就业机会，并促进了国家经济建设的发展和社会福利的提升。了解该产业，离不开餐馆的核心产品——食物及其制作。所以，让我们简要了解一下我们的烹饪传统。

7.1.1 经典菜肴

西方世界包括北美的大部分烹饪传统都源于法国。有两个主要事件促成了这一点。首先是1793年的法国大革命。这场革命导致许多餐馆老板死亡，一批优秀的法国厨师失业，于是辗转来到北美，并带来了他们的烹饪技艺。其次是托马斯·杰斐逊从1784年开始担任为期5年的驻法公使，在他就任总统以后，将对法国美食的热爱也带入了总统官邸。这一举动激发了人们对法国美食的兴趣，促使美国酒馆老板们为顾客提供品质更高、更有趣的食物。

谈到经典菜肴，就不能不提到两个人。第一位是马力-安托万·卡莱姆（Marie-Antoine Carême，1784—1833），他被誉为"经典菜肴"的创始人。卡莱姆在童年时曾被遗弃并流浪在巴黎街头。他凭自己的本事从帮厨起步，最终成为塔列朗亲王（Talleyrand）和英国摄政王的厨师。他还先后担任过英国国王乔治四世、俄罗斯沙皇亚历山大和罗斯柴尔德男爵的主厨。卡莱姆的目标是让食物呈现"轻盈""优雅""有序"和"清晰"的特点，毕生致力于完善和整理烹饪技术。他的著作首次从真正意义上系统性地阐述了西餐烹饪的原理、食谱以及菜单设计。

另一位对经典菜肴做出巨大贡献的人是奥古斯特·埃斯科菲耶（Auguste Escoffier，1846—1935）。与卡莱姆不同的是，他从来没有在哪一个贵族家庭工作过，而是先后就职于当时最豪华的酒店：巴黎的旺多姆广场酒店（Place Vendôme），伦敦的萨沃伊酒店（Savoy）和卡尔顿酒店（Carlton）。埃斯科菲耶以其对美食的诸多贡献而备受赞誉，包括简化了卡雷姆的高级美食，精简了调味品和装饰的种类，甚至将酱汁的种类简化至5种"母酱"（基础酱汁）或主要酱料。埃斯科菲耶给高级料理注入了简单与和谐的元素，其经典著作直到今天仍被使用：《烹饪指南》（*Le Guide Culinaire*）（1903）收集了5000多种经典美食菜谱；在《菜单指南》（*Le Livre des Menus*）（1912）一书中，他将一顿丰盛的美食比作一首交响乐；《我的烹饪》（*Ma Cuisine*）（1934）则收录了超过2000种经典的食谱。埃斯科菲耶的所有著作都强调了掌握烹饪技术的重要性。

20世纪初是烹饪艺术（culinary arts）和餐饮业蓬勃发展的时代，也是一个餐饮业与烹饪艺术交织融合、激动人心的时代。这一时期，不仅涌现出了迎合各种口味和价位的全新餐厅概念，烹饪艺术更在几位才华横溢、富有创造力的大师们的推动下得到快速发展。值得注意的是，餐饮业始终坚持以食材为本。

一个餐馆最主要的元素是菜肴，而经典法式烹饪的主要基础之一，同时也是美式烹饪的基础，就是五大基础酱汁（mother sauces）：

- **白酱（bechamel）**：由黄油、面粉和牛奶调制而成的奶油味浓郁的白色酱汁
- **天鹅绒酱（velouté）**：用面糊、鸡或鱼高汤和黄油等制成的白色酱汁
- **西班牙酱（espagnole）**：以牛肉高汤、炒面和番茄为主要材料的深褐色酱汁
- **番茄酱（tomato）**：以番茄为主要成分的酱汁
- **荷兰酱（hollandaise）**：以蛋黄、黄油和柠檬汁为主要材料的乳黄色酱汁

这些精心制作的酱汁是菜单上各种菜肴必不可少的搭配。直到大约1900年，所有的菜单都是用法语书写的（至今仍有些菜单保留了这一习惯），不管客人是在伦敦还是在里斯本的高档酒店或餐馆用餐，人们都期望菜肴的制作方式和口味能与法国版本相似。当时的旅行者要么会说法语，要么了解菜单上的法语词汇。

经典法国菜一直是行业主流，直到20世纪60年代末和70年代初新派美食（nouvelle cuisine）开始走红。比起经典法国菜，新派美食的口味更清淡，在食品加工机、搅拌机和榨汁机等辅助工具的帮助下，菜肴制作起来更加简单，且使用更天然的调料和食材。新派美食不再使用油面糊来增稠酱汁，而是使用蔬菜泥来代替。新鲜食材备受青睐，包括用于调味的香草。新派美食将经典的烹饪技术和原则与现代技术和科学研究相结合，"更简单、更快捷"很快成为更时尚的理念，摆盘也成为烹饪艺术的一部分。北美烹饪应运而生。加拿大和美国丰富的物产为地方美食在全国范围内的繁荣提供了基础。融合（fusion），即将两种美食的风味和技术相结合的方式，变得流行起来。例如，新英格兰美食和意大利美食，或者加利福尼亚美食和亚洲美食可以融合在一起，或者一个日本食谱可能与一个墨西哥食谱相结合，创造出一种新的混合食谱。

许多伟大的厨师影响了当代烹饪艺术的发展。其中包括朱莉亚·查尔德（Julia Child），她的电视节目在很大程度上揭开了法国烹饪的神秘面纱，并鼓励了一代家庭主妇提升她们的烹饪技能。最近，安东尼·布尔顿（Anthony Bourdon）的《无预订》（*No Reservations*）和《未知之旅》（*Parts Unknown*）以及安德鲁·席莫（Andrew Zimmern）的《奇异食物》（*Bizarre Foods*）吸引了公众的兴趣，它们将美食与独特而充满异国情调的地方旅行相结合。而美食频道（Food Network）里的一些名人，例如泰勒·弗洛伦斯（Tyler Florence）、鲍比·福雷（Bobby Flay）、盖伊·费里（Guy Fieri）、瑞·德拉蒙德（Ree Drummond）和罗伯

特·欧文（Robert Irvine）等，通过各种节目推广了烹饪和美食家的生活方式。这些节目从发掘最热门的小餐馆、汽车餐厅和潜水餐厅，到寻找下一位美食网络明星，再到提升"美国最差厨师"（Worst Cook in America）参赛者的厨艺等。此外，像"厨艺大战"（Chopped）和"残酷厨房"（Cutthroat Kitchen）这样的节目也很受欢迎。

烹饪学校为培育新一代厨师从而推进烹饪艺术的不断发展做出了重要贡献。例如，被誉为加利福尼亚州美食的开创者——伯克利市潘尼斯之家餐馆（Chez Panisse）的主厨及老板爱丽丝·沃特斯（Alice Waters），只使用当地农民种植的新鲜农产品。另一位现代厨师保罗·普鲁德霍姆（Paul Prudhomme）则以对基础烹饪，尤其是对卡津（Cajun）风格（一种起源于美国南路易斯安那州的地方菜肴风味，融合了法国、西班牙和非洲的风味，味道浓郁）烹饪所抱有的满腔热情激励了许多有抱负的厨师。

查理·特罗特（Charlie Trotter）——芝加哥查理·特罗特餐厅的前主厨兼老板，被公认为美国最优秀的主厨及老板之一，也是融合美食之王。他曾在一本著作中提到："除了爱，唯有美食！一切的关键都在于卓越，或者至少是追求卓越的理念。在你刚接触烹饪或者经营餐馆时，你必须确定自己是否愿意全身心地投入追求卓越的理念中。我是这样认为的：如果你追求完美，全力以赴地追求完美，那么，你至少可以达到一个较高的水准，这样你才可以安枕无忧。总之，要成就真正有意义的事情，卓越必须成为人生追求的目标。"

查理·特罗特将他的知识和经验融合在一起，形成了对现代精致餐饮体验的连贯看法。他说："我认为，将欧洲人在餐桌享受方面的精致、美国人在经营小企业方面的创造力和活力、日本人在营造情感方面的简约和诗意优雅，以及将健康和饮食关注纳入其中的现代方法相结合，将涵盖一系列元素，可以更加充分地表达自我。我将更加致力于这方面的探索。"查理·特罗特在54岁时不幸因中风去世。

7.1.2 烹饪艺术与营养

随着21世纪厨师的专业水平不断提高，厨师们需要具备坚实的烹饪基础，包括多元文化烹饪技能，以及富有激情、可靠性、合作性和主动性等强有力的就业特质。此外，还需要具备良好的管理技能，包括强大的监督培训能力、会计技能、卫生与安全知识、营养意识和市场营销/销售技能。

反式脂肪不仅被禁止出现在许多城市的菜单上，而且根据美国全国餐馆协会的研究，近四分之三的美国人认为，相比于两年前，他们现在在餐厅就餐时更倾向于选择更健康的食物。对于那些想要在外出就餐时能做出明智选择的人来说，HealthyDiningFinder.com是一个很好的资源。早期加入该项目的成员包括阿比餐厅（Arby's）、华馆中餐厅（P. F.Chang's）、布卡迪贝波餐厅（Buca di Beppo）、饼干桶餐厅（Cracker Barrel）、圆桌披萨（Round Table Pizza）、洛可鸡肉餐厅（El Pollo Loco）和著名戴夫烧烤餐厅（Famous Dave's）。还有一些餐馆正在从菜单使用的食材中去除添加剂，或避免使用转基因食品。

因此，"回归基础烹饪"这一术语已被重新定义，意思是采用经典烹饪方法，并融入现代技术和科学元素，来制作更加健康且美味的菜肴。这方面的例子包括：

- 通过加工并利用食物本身的天然淀粉来增稠汤和酱汁，而不是使用传统的增稠方法
- 重新定义基础酱汁，剔除白酱和以鸡蛋为基础的酱汁，添加或用果泥、萨尔萨酱或酸辣酱代替
- 烹饪中追求更多文化融合，以开发大胆而浓郁的风味
- 尝试甜味和辣味的搭配
- 利用全球一体化的趋势为餐馆带来新的创意和风味
- 评估食谱并替换食材，以获得更好的风味。即用调味汁代替水，用香料油和醋代替无味的油和醋
- 用香草和香料代替盐
- 回到单锅烹饪的方式以保留风味
- 餐厅提供更多健康的用餐选择

今天，厨师这一职业在酒店业以及世界各地都拥有着各种各样的机会。

7.1.3 烹饪实践

在这个新的千年，烹饪教育正在引领餐饮探索的潮流。如果你准备在酒店业发展事业，那么你必须培养扎实的烹饪基础。你需要培养烹饪技能、出色的就业能力、人际交往能力、菜单开发技能、营养知识、卫生/安全知识、会计技能和计算机技能。

在成为一名成功的主厨之前，你必须首先是个优秀的厨师。要成为优秀厨师，你必须了解烹饪的基本技巧和原理。烹饪艺术在过去数千年间没有发生太多改变——我们仍然用火来进行烹饪，烧烤、炙烤和炖煮也依然是受欢迎的烹饪方法。然而，科学技术使我们能够改进食物的制备方法。

要成为一名成功的厨师，你需要学习所有基本的烹饪方法，以便理解风味特点。在查看食谱进行烹饪时，你可以尝试丰富基本的食材清单以提升风味。例如，如果食谱中要求用水，可尝试用调味汁来代替。了解各种基本食材的味道也很重要，这样你才可以提升风味。"回归基础烹饪"这一理念意味着：评估你的食谱，并寻找每一种食材的风味改进方法。

就业能力特质是指诸如态度、激情、主动性、奉献精神、紧迫感和可靠性等这些技能。这些特质无法通过教师讲授获得，但是一个好厨师可以通过各种实例展现出来。大多数雇主都认为这些就业能力特质比技术更为重要。因为通常一个人如果具备很强的就业能力特质，那么，他的技术技能也会很强。

关于餐饮行业，需要认识到的最重要的事情之一是：你不能独自完成工作。在整个工作过程中，每个人都必须与他人协作才能成功。在人员管理中最重要的因素是尊重。管理一个厨房就像训练一支足球队，每个人都必须齐心协力才会奏效。足球队和厨房之间的区别是

主厨或经理不能只进行场外监督，而必须融入。一个出色的人员管理技能的例子是，一位酒店总经理要求酒店的餐具清洗组必须直接向他汇报工作。当被问及原因时，他表示，这些清洁人员最清楚哪些东西被扔进了垃圾桶，哪些食物是客人们不喜欢吃的，而且他们也是对运营中的卫生和安全负有最大的责任的人。所以，尽管餐饮行业的人员管理有很多方面需要注意，如培训、评估、培养以及授权等，但最重要的还是尊重。

7.2 菜单规划与管理

菜单的设计与管理方式对餐馆运营的成功至关重要。餐馆的菜单需要与其经营理念相一致，而这个理念必须基于目标市场中客人的期望，并且菜单要能够超越这些期望。菜单的类型一般将取决于所经营餐馆的类型。

7.2.1 菜单的类型

菜单的类型主要分为以下六种：

（1）单点菜单：这些菜单的菜品是单独定价的。

（2）套餐菜单：套餐菜单为每道菜提供一种或多种选择，其价格固定，优点是让客人觉得物有所值。这种菜单在酒店和欧洲使用得更为频繁。

（3）当日特选菜单：当日特选菜单列出"当日供应"的菜品。

（4）旅游菜单：这种菜单旨在吸引游客，强调物美价廉、制作快捷，且食物能反映当地风味。

（5）加州式菜单：客人可在一天中的任何时间点这些菜单上的任何菜品。

（6）循环菜单：循环菜单在一段时间内会重复使用。

一份菜单一般包括6—8道开胃菜、2—4种汤、一些沙拉（既可作为开胃菜，也可作为主菜）、8—16道主菜，以及4—6道甜点。

菜单的规划需要考虑多个因素，包括客人的需求和期望、厨师的能力、设备的容量和布局、菜单食材的稳定性和可获取性、价格和定价策略（成本和盈利能力）、营养价值、菜单的准确性、菜单分析（边际贡献）、菜单设计、菜单工程以及连锁菜单等。这些因素共同展示了餐馆运营业务的复杂性。

7.2.2 菜单规划的要素

菜单规划需要了解的几个要素包括：

第一，顾客的需求和期望。在规划菜单时，最重要的是考虑顾客的需求和期望，而不是老板、厨师或经理的想法。如果确定市场上存在对某种特定类型餐厅的需求空缺，那么菜单必须与餐厅的主题相协调。橄榄园餐厅是一家快速发展的全国连锁餐馆的好例子。其经营理念定位于中间路线，并在开发阶段进行焦点小组讨论，听取顾客对菜肴和装潢等方面的意见，开业后吸引了大量的顾客。这一策略非常成功，直到后来销售额有所下降，新董事会才重新制定了餐馆的新菜单和新发展方向。

第二，厨师的能力。厨师的能力也必须与菜单和经营理念相协调。必须聘请具有适当专业水平的厨师，以满足高峰期的需求以及客人所期望的烹饪专业水平。菜单的长度、复杂程度以及要服务的客人数量，都是决定厨师能力范围的因素。

第三，设备的容量和布局。设备的容量和布局会影响菜单和厨师制作食物的效率。有些餐厅在开胃菜菜单上列出几种油炸菜品或冷盘，就是为了避免使用炉灶和烤箱，因为主菜需要用到这些设备。类似的情况也发生在甜点上。通过避免使用主菜所需的设备，厨师发现在高峰期更容易制作出所需数量的餐点。

中餐馆是有效利用菜单和设备的最佳范例之一。许多中餐馆的菜单开头都有套餐，套餐里面包括几道固定价格的菜品。

第四，菜单食材的稳定性和可获取性。在美国，大多数食材全年都有供应。但是，在一年中的某些时候，有些食材的价格会很昂贵。这是因为它们不是时令产品，经济学上，需求一旦超过供应，价格就会上涨。例如，当墨西哥湾的一场风暴中断了鲜鱼和贝类的供应时，其价格就会上涨。一些经营者为了应对这种情况，每天都会打印新的菜单。还有一些经营者会在价格较低时购买一定数量的冷冻食材。

第五，价格和定价策略。目标市场和餐厅的经营理念会在很大程度上决定菜单的价格范围。例如，一家社区餐馆的开胃菜价格为7.25—9.95美元，主菜价格为12.95—15.95美元，每道菜品的售价都必须能为市场所接受，并为餐馆老板带来利润。影响定价的因素包括竞争对手对类似产品的定价、菜品的食材成本、制作该菜品的人工成本、必须覆盖的其他成本、经营者预期的利润、菜品的边际贡献。

菜单定价主要有两种方法：比较法和成本法。比较法是通过分析竞争对手的价格范围，然后确定开胃菜、主菜和甜点的价格范围。这种方法考虑了市场竞争，确保定价在合理范围内。而成本法则是对菜单上的每个菜品进行成本计算，然后将其乘以达到期望食材成本百分比所需的比例。比如，如果想要让一道售价为6.95美元的菜品的食材成本占30%，那么食材成本就必须是2.09美元。饮品的定价方式也是如此。这种方法可使每道菜品达到相同的预期食材成本百分比。然而，在实际运作中，有时候按照固定的食材成本定价，可能导致一些高成本的菜品显得价格过高，与顾客的期望不符。为了平衡这种情况，餐厅采用了加权平均法，即降低一些较昂贵的肉类和鱼类菜品的利润率，提高其他一些菜品的价格，如汤、沙拉、鸡肉和意大利面等。通过赋予食材成本百分比、边际贡献和销售量等因素不同的权重，餐厅能够更好地调整价格，满足市场需求。

第六，**菜单工程**。菜单工程是一种复杂的方法，用于设定菜单价格并控制成本。它基于这样一个原则，即每个菜单菜品的食材成本百分比并不像整个菜单的总边际贡献那么重要。通常这意味着，一个菜单菜品的食材成本百分比可能高于预期，但菜单的总边际贡献则会增加。通过菜单工程，可以确定哪些菜单菜品应该重新定位、取消、重新定价，或者保持不变。这种方法有助于更精细地调整菜单，以满足餐厅的经营和市场需求。

第七，**菜单设计与布局**。菜单的布局设计有多种。基本的菜单可以由服务员背诵。休闲餐厅的菜单有时会写在黑板或类似的板子上。快餐菜单通常会在点餐柜台上方以照明背板展示。比较正式的菜单一般是单页的，或者折叠成三页或更多页。有些菜单会描述餐厅和所提供食物的类型，大多数菜单会有饮品推荐和葡萄酒选择。更高档的餐厅会有单独的酒水单。

研究显示，菜单右页的中心有一个焦点区域，适合放置招牌菜或特色菜。有些菜单比其他菜单更有特色，上面有菜品的图片，或者至少有诱人的食物描述。就像酒店的宣传册一样，菜单是一种销售工具和激励手段。菜单的设计，包括纸张、颜色和插图，都在影响客人的点菜选择和消费金额，有助于树立餐厅的形象，营造氛围。

总之，有许多因素决定了一家餐厅的成功。美国小型企业协会（U.S. Small Business Association）为那些有兴趣制订餐厅商业计划的人提供了一些课程和信息。接下来，让我们了解一下餐厅的分类。

7.3 餐馆的商业模式

7.3.1 特许经营

有几个主要的餐饮品牌采用商业模式特许经营，这包括产品和服务两个方面。特许经营是一种将特定业务扩展到多个地点，且提供相同或相似产品或服务的绝佳方式。对于那些希望经营企业但又不想从零开始创建一个概念的个人来说，尤其如此。

通过签订合同协议，特许人授予受许人（加盟商）使用其设计和方案、销售其产品以及使用其标识、宣传材料和运营服务的权利。特许人通常会提供运营系统、菜单和食谱设计以及管理专业知识。受许人必须同意维持特许人设定的标准，特许人也会要求受许人满足以下条件：

- 认同他们的愿景、使命、价值观和商业实践
- 在其他商业领域或生活方面取得过成功
- 有成功的动力
- 有足够的资金
- 准备好接受培训
- 能专注于特许经营业务

受许人通过加入一个已被证明成功的餐厅经营理念而受益，相比于一个未经证明的经营理念，这种方式取得成功的可能性显然要高得多。但是，更高的可能性也意味着更高的成本。特许经营成本包括特许经营费、特许权使用费以及广告特许权使用费，并且需要较高的个人净资产。例如，塔可钟品牌（Taco Bell）的特许经营要求在3年内开设3家餐厅，而一家独立的塔可钟餐厅的运营成本为120万—260万美元，且不包括土地或租赁成本。赛百味（Subway）的特许经营，估计成本为10.58万—39.36万美元。这包括开设一家赛百味特许经营店的全部投资，以及前3个月的运营费用。开业后，受许人需支付占总销售额一定比例的特许权使用费。受许人对餐厅的运营负全部责任，包括对其雇佣来管理餐厅人员的监督。

成为受许人也有不利之处。因为他们必须遵守特许人的政策、程序和标准，这一点很容易令受许人觉得在运营上失去了独立性。他们可能无法做出某些商业决策，即使他们认为这些决策对餐厅运营会更好。有时，这种受许人对控制权的丧失会显得限制过多，尤其是对于那些具有创业精神的人来说。

7.3.2 连锁餐馆

连锁餐馆是一组餐厅，它们在市场、理念、设计、服务、食物和名称方面完全相同——其中快餐领域的连锁餐馆最为集中。连锁餐馆源于成功运营的独立餐厅，最初发展成一个小的餐厅集团，然后通常通过特许经营的方式，发展成一个具有广泛影响力的概念，最终扩展到全国范围。事实证明，快餐或休闲概念的连锁餐馆更为成功，数量也更多。连锁餐馆的所有者可以是母公司、特许经营公司，或者有时被称为运营合伙人的独立经营者。当一家连锁餐馆建立起来时，经营者已经找到了运营的最佳方式，并且可以在设计、布局、运营方法、人员配备、菜单、采购、库存周转、营销和促销等方面实现全系统的成本节约。对于连锁餐馆来说，大多数重要的管理决策都是在公司总部做出的。建议和想法通常也来自餐厅及其顾客。其中最大的挑战之一是保持所提供食物的高质量和一致性。

连锁经营也有很多优势：首先，如果管理得当，连锁餐馆可在不同的地理位置开设门店。与独立经营的餐厅相比，这种全球布局使连锁餐馆经营者能在更多市场中崭露头角。更大的市场覆盖范围使连锁餐馆经营者可使用国内甚至国际的广告形式来吸引潜在客户。

其次，连锁经营使母公司能够拥有多种收入来源。这种获取现金的途径意味着，与非连锁的独立经营餐厅相比，连锁餐馆可以实现更快速的发展。连锁餐馆所创造的这种多种收入来源模式，是过去几十年来酒店行业饮食服务领域得以快速增长的主要原因之一。

7.3.3 独立经营的餐馆

独立餐厅通常由一个或多个所有者拥有，这些所有者通常会参与餐厅的日常经营。即使所有者拥有多家门店，每家门店通常也都是独立运营的。这些餐厅不隶属于任何全国性品牌或名称，它们为所有者提供了经营上的独立性、创造力和灵活性，但通常也伴随着更多的风险。例如，餐厅可能不像所有者期望的那样受欢迎，所有者缺乏在餐饮行业取得成功所必需的知识和专业技能，或者所有者在盈利之前没有足够的现金流来维持数月的运营。你只需看看你所在的社区，就能找到因各种原因倒闭的餐厅的例子。

7.4 餐馆的分类

对于餐厅的各种分类并没有一个单一的定义，这或许是因为餐饮行业是一个不断发展变化的行业。我们可以把餐厅分类成高档餐馆、休闲餐厅、晚餐餐厅、家庭餐馆、休闲快餐馆和快餐餐厅等，有些餐厅甚至可能属于多个类别——例如，塔可钟（Taco Bell）既是一家快餐餐厅，也是一家提供异国风味美食的餐厅。休闲快餐馆则融合了休闲餐厅和快餐餐厅的元素。这个类别的不同连锁店和经营概念数量在不断增加。一些最受欢迎的休闲快餐馆包括墨西哥烤肉连锁店（Chipotle Mexican Grill）、消防站潜水艇三明治店（Firehouse Subs）、五兄弟汉堡薯条店（Five Guys Burgers and Fries）和味千亚洲餐厅（Pei Wei Asian Diner）等。

美国全国餐馆协会的数据表明，美国人在各种饮食服务场所的花费很高。美国人每周平均外出就餐数多达5次，在生日、纪念日、母亲节和情人节等特殊场合更是如此。最受欢迎的外出就餐时段是午餐，其销售额约占快餐餐厅总销售额的50%。

7.4.1 高档餐馆与名人餐馆

高档餐馆（fine-dining restaurant）是指提供丰富菜单选择的餐厅。一般来说，高档餐馆至少有15种或更多不同的主菜可以按订单烹饪，且几乎所有食物都是在店内使用新鲜食材现做的。这些提供全方位服务的餐厅或正式，或休闲，且可根据价格、装饰、氛围、正式程度和菜单进一步分类。正如前面提到的，大多数高档餐馆可能会与其他类别交叉。许多这类餐厅提供高级美食（haute cuisine），这是一个法语术语，意思是"优雅地用餐"，或字面上的"高级食物"。美国的许多高档餐馆以法国或北意大利美食为基础，许多西方美食鉴赏家认为，法国美食、北意大利美食以及中国美食是世界上最优秀的美食。

大多数高档餐馆由企业家或合伙人们独立拥有和经营，几乎遍布每个城市。近年来，由于极富创意的主厨们将美食作为一门艺术向客人呈现，在高档餐馆用餐变得越来越有趣了。例如，在纽约的联合广场咖啡馆（Union Square Café）和格雷莫西酒馆（Gramercy Tavern）等地，丹尼·迈耶（Danny Meyer）正在寻找那些想要享受美味大餐但又不喜欢烦琐形式的客人。许多城市都有独立的高档餐馆，为生日、商务宴请或其他庆祝活动提供高档用餐服务。

如著名的马戏团餐厅（Le Cirque）的西里奥·马乔尼（Sirio Maccioni）的儿子马尔

科·马乔尼(Marco Maccioni)所说,年轻一代的独立高档餐馆经营者不希望简单地克隆父辈的餐馆,他们更愿意从母亲做的手工披萨、意面和可口的炖菜中寻找灵感,以改进餐馆的菜单。另一方面,也有越来越多的客人不满足于鸡翅和油炸奶酪。因此,厨师们开始烹制那些既平易近人又富有创意的食物,每道菜都通过精心准备,并且可能搭配葡萄酒一起上桌。

高档餐馆的细分领域包括几种类型:各种牛排馆、民族餐馆、名人餐馆和主题餐厅。像芝加哥的莫顿牛排馆(Morton's of Chicago)、露丝·克里斯牛排馆(Ruth's Chris)和休斯顿餐厅(Houston's)这样的高档牛排馆,继续吸引着商务旅行者和"特殊场合"用餐者。自然,这些餐馆的地理位置也会靠近他们的客人,通常位于人流量较大的城市会议中心或者景区附近。

一些民族餐馆被认为是高档餐馆——大多数城市都有意大利、法国和其他欧洲、拉丁以及亚洲餐厅的代表。有些甚至提供融合菜(两种美食的融合,例如意大利和日本美食的融合)。融合餐厅在融合两种独特的异国风味时必须特别谨慎。如果成功,这道菜可能会成为最新的流行风潮;如果失败,那将是一场灾难!

由名厨经营的著名高档餐馆包括沃尔夫冈·帕克(Wolfgang Puck)在加利福尼亚州圣莫尼卡的斯帕戈餐厅(Spago)、中华餐厅(Chinois);以及爱丽丝·沃特斯(Alice Waters)在加利福尼亚州伯克利的潘尼斯之家餐厅(Chez Panisse)。两位厨师都极大地激励了一代有才华的厨师。爱丽丝·沃特斯一直是许多女性厨师的榜样,她获得了无数奖项,并出版了多本烹饪著作,其中包括一本儿童烹饪书。

高档餐馆的服务水平通常很高,会有迎宾员迎接客人并引导客人入座。领班和服务员会向客人介绍特色菜品,并在点菜时协助描述和选择菜肴。如果没有单独的侍酒师(葡萄酒服务员),领班或服务员可能会介绍与餐食相配的葡萄酒,并协助点菜。一些高档或豪华的全方位服务餐厅会在餐桌旁烹饪,并使用小推车(一种可移动的推车,用于为餐桌服务增添特色;也用于制作火焰菜肴)进行法式服务。全方位服务餐厅的装饰与餐厅试图营造的整体氛围和主题相契合。食物、服务和装饰这些元素共同为餐厅客人创造了难忘的用餐体验。

名人餐馆(celebrity-owned restaurants)越来越受欢迎。一些名人拥有烹饪背景,如沃尔夫冈·帕克、戈登·拉姆齐(Gordon Ramsey)和盖伊·费里等,其他人则没有。许多体育名人也拥有餐厅,其中包括塞雷娜·威廉姆斯(Serena Williams)、小戴尔·恩哈特(Dale Earnhardt, Jr.)、勒布朗·詹姆斯(LeBron James)、丹妮卡·帕特里克(Danica Patrick)和格雷格·诺曼(Greg Norman)等。电视和电影明星也不落人后。奇普(Chip)和乔安娜·盖恩斯(Joanna Gaines)拥有一家面包店,并准备在得克萨斯州韦科市开设一家早餐和午餐餐厅;乔恩·邦·乔维(Jon Bon Jovi)和他的妻子在新泽西州经营着由志愿者运营的灵魂厨房(Soul Kitchen);休·杰克曼(Hugh Jackman)是纽约市"笑匠咖啡"(Laughing Man Coffee)的老板。

名人拥有的餐厅通常有一些额外的魅力——设计、氛围、食物的完美结合,也许还有偶尔能见到名人老板的惊喜。

7.4.2 特色餐馆

7.4.2.1 牛排馆

尽管人们对红肉的营养价值存在担忧，但牛排馆（Steakhouse）这一细分领域依然相当活跃。像弗莱明优质牛排馆和葡萄酒吧（Fleming's Prime Steakhouse and Wine Bar）、露丝·克里斯牛排馆和休斯顿餐厅这样的高档牛排晚餐餐厅，继续吸引着那些寻找高品质牛排和高档用餐体验的食客。一些餐厅在菜单上增加了更多价格实惠的菜品，如鸡肉和鱼类，以吸引更多客人。牛排餐厅经营者承认，他们不指望客人每周都光顾，但希望客人可以每两三周光顾一次。

布卢明品牌（Bloomin' Brands）是澳拜客牛排馆（Outback Steakhouse）、卡拉巴意大利烧烤餐厅（Carrabba's Italian Grill）、骨鱼烧烤餐厅（Bonefish Grill）和弗莱明优质牛排馆和葡萄酒吧的母公司。如今，全球有超过1000家澳拜客餐厅，弗莱明优质牛排馆约有30家门店。这个细分领域的其他餐厅包括斯图尔特·安德森的黑安格斯餐厅（Stuart Anderson's Black Angus）、金珊瑚餐厅（Golden Corral）和西部 sizzlin 餐厅（Western Sizzlin'），它们的销售额都超过3亿美元。事实上，连锁餐馆在这个细分领域中占据最大份额。

7.4.2.2 休闲餐厅

休闲餐厅（casual dining）类别中可以包括以下类型的餐厅：

- **中等规模的休闲餐厅**。如罗马诺通心粉烧烤餐厅（Romano's Macaroni Grill）、橄榄园餐厅（Olive Garden）等。
- **家庭餐馆**。如饼干桶餐厅（Cracker Barrel）、可可面包餐厅（Coco's Bakery）、鲍勃·埃文斯（Bob Evans）和卡罗餐厅（Carrows）等。
- **休闲快餐馆**。如帕纳拉面包店（Panera Bread）、墨西哥烤肉连锁店（Chipotel）、卡梅尔厨房和葡萄酒吧（Carmel Kitchen and Wine Bar）、PDQ餐厅（PDQ）、Qdoba墨西哥烧烤餐厅（Qdoba Mexican Grill）与五兄弟汉堡薯条店（Five Guys Burgers and Fries）等。
- **民族餐馆**。如泰国风味餐厅（Thai flavor）、拉丁小馆（Cantina Latina）和熊猫快餐（Panda Express）等。
- **主题餐馆**。如硬石咖啡馆（Hard Rock Café）、星期五餐厅（TGI Fridays）和罗伊餐厅（Roy's）等。
- **快餐/速食餐馆**。如麦当劳（McDonald's）、汉堡王（Burger King）、必胜客（Pizza Hut）、庞德罗萨（Ponderosa）、大力水手炸鸡（Popeyes）、赛百味（Subway）和塔可钟（Taco Bell）等。

正如其含义所示，休闲餐厅意味着轻松的用餐氛围，可能包括来自其他几个分类的餐厅：连锁或独立餐厅、民族餐馆或主题餐厅。硬石咖啡馆、星期五餐厅、橄榄园餐厅、休斯顿餐厅、罗马诺通心粉烧烤餐厅和红龙虾餐厅（Red Lobster）等，都是休闲餐厅的好例子。

休斯顿餐厅是希尔斯通餐饮集团（Hillstone Restaurant Group）旗下品牌，是休闲餐厅细分领域的领导者，平均每家门店的销售额约为550万美元。餐厅的菜单上大约有40种菜品，专注于美式菜肴，午餐人均消费约18美元，晚餐消费为40—45美元。休斯顿餐厅鼓励其门店保持当地特色，并保持出色的高管和门店总经理稳定性，因此，它在没有特许经营且几乎没有广告的情况下取得了成功。

7.4.2.3 晚餐餐厅

在过去几年里，晚餐餐厅（dinner house restaurants）朝着更休闲的用餐方式发展。这一趋势反映了社会的需求变化。晚餐餐厅已经成为人们释放压力的有趣场所。许多连锁餐馆都称自己为晚餐餐厅，其中一些甚至可以归入主题餐厅类别。

许多晚餐餐厅有休闲、不拘一格的装饰，可能会突出某种主题。例如，查特豪斯海鲜餐厅（Chart House Seafood Restaurant）就是一家具有航海主题的牛排和海鲜连锁店。星期五餐厅是一家美国小酒馆式晚餐餐厅，提供完整的菜单，其杂乱而有趣的装饰营造出欢乐的氛围。作为一家已经经营了50年的连锁餐馆，星期五餐馆的经营理念显然经受住了时间的考验。

7.4.3 家庭餐馆

家庭餐馆（family restaurants）是从咖啡馆风格的餐厅演变而来的。在这个细分领域中，大多数餐厅是个体或家族经营的。家庭餐馆通常位于郊区或交通便利的地方。大多数家庭餐馆提供非正式的用餐环境，菜单简单，服务旨在让就餐的家庭满意。有些餐厅提供酒精饮料，主要包括啤酒、葡萄酒，也许还有特色鸡尾酒。通常，在餐厅入口附近会有一位女招待或收银员迎接客人并带客入座，而服务员则负责点菜并从厨房端出装盘的食物。一些家庭餐馆设有沙拉吧和甜点吧，以便为客人提供更多选择并提高平均消费额。

随着经营者提升其经营理念，家庭餐馆细分领域中各种餐厅和连锁店之间的界限正在变得模糊。旗星公司（Flagstar）收购了可可面包店餐厅和卡罗家庭餐馆品牌，创造了家庭用餐的高端细分市场——介于传统咖啡馆和休闲餐厅之间。

家庭用餐细分领域中以性价比为导向的经营者是丹尼餐厅（Denny's）。更高档的家庭餐馆概念包括珀金斯餐厅（Perkins）、玛丽·卡伦德餐厅（Marie Callender's）和饼干桶餐厅，这些餐厅有时也被称为休闲餐厅。这些连锁店的平均消费额往往高于传统的和以性价比为导向的家庭连锁餐馆，它们不仅与这些餐厅竞争，还与价格适中的休闲主题餐厅经营者竞争，如苹果蜂餐厅和星期五餐厅。

协同餐厅咨询公司（Synergy Restaurant Consultants）的凯伦·布伦南（Karen Brennan）表示，比起过去，人们对餐厅的态度已有很大不同。消费者现在考虑的是"用餐解决方案"。

这个细分领域的经营者正试图利用影响整个行业的两个趋势——家庭在外就餐频率提高的趋势，以及成年人对更高品质、更美味食物的追求——来提高运营效率。

7.4.4 民族餐馆

大多数民族餐馆是由个人独立拥有和经营的。餐厅的老板及其家人致力于为喜欢尝试新事物的食客提供一些与众不同的美食，或者为与餐厅同属一个民族背景的人带来家乡的味道。传统的民族餐馆如雨后春笋般涌现，以迎合不同移民群体的口味，比如意大利人、中国人等等。

从受欢迎程度来看，在美国，民族餐馆中增长最快的当数墨西哥风味餐厅。墨西哥美食在美国西南部各州有广泛的分布，不过，由于当地市场接近饱和，这些连锁餐馆正向东扩张。塔可钟（Taco Bell）是墨西哥快餐市场的领导者，占据了60%的市场份额。这家财富500强公司通过采用高性价比的定价策略，实现了各门店客流量的增长，从而取得了这一惊人的成绩。塔可钟拥有超过7000家门店，销售额约为100亿美元。其他大型墨西哥餐饮连锁品牌还有德尔塔可（Del Taco）、拉萨尔萨（La Salsa）和埃尔托里托（EI Torito）。这些墨西哥餐饮连锁店在超值菜单上提供各种各样的菜品。总之，民族餐馆种类繁多，且越来越受欢迎。

7.4.5 主题餐馆

许多主题餐厅（theme restaurants）融合了精致的特色美食和其他几种类型餐厅的特点。它们通常提供有限的菜单，旨在通过整体用餐体验给客人留下深刻印象。在众多受欢迎的主题餐厅中，有两种类型格外突出。第一种突出了对20世纪50年代的怀旧情怀，比如雷鸟餐厅（T-Bird）和克尔维特汽车餐厅（Corvette Diners）就是如此。这些餐厅提供纯正的美式食物，比如经久不衰的肉饼，同时营造出一种有趣的氛围，餐厅里的服务员大多是女性，她们穿着波点裙，搭配运动鞋和短裤，让人回想起看似更加无忧无虑的20世纪50年代。

第二种受欢迎的主题餐厅是晚餐餐厅类型。在一些比较知名的全国性和地区性连锁餐馆中，有星期五餐厅（TGI Fridays）、霍利汉餐厅（Houlihan's）和本尼根餐厅（Bennigan's）。这些都是休闲的美式小酒馆风格的餐厅，其热闹的氛围部分是由装饰在各个壁架和墙壁上的各式各样的小摆设营造出来的。在过去的20年里，这些餐厅一直很受欢迎。如果位于黄金地段，它们的经营状况会非常好。

人们之所以被主题餐馆所吸引，是因为它们通过装饰、氛围并结合与主题相契合的有限菜单，提供了一种全方位的就餐体验，同时提供了一个社交聚会的场所。在美国和世界各地有无数的主题餐厅脱颖而出，例如以飞机、铁路、餐车、摇滚、20世纪60年代怀旧等为特色装饰的餐厅。

7.4.6 快餐餐厅

快餐餐馆（quick-service/fast-food restaurants）由各种各样的经营场所组成，它们的口号是"快速出餐"。快餐行业是真正推动餐饮行业发展的领域。最近，家庭餐替代品和快休闲的概念势头越来越强劲（见图7-1）。这一类别包括以下几种经营类型：汉堡店、披萨店、鸡

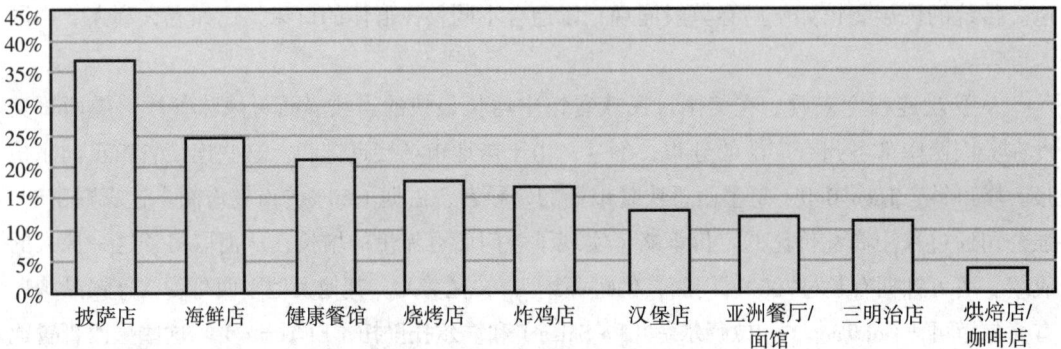

图7-1　各类餐馆所占的市场份额

肉店、煎饼店、三明治店和外卖服务。

快餐或速食餐厅提供有限的菜单，特色食物包括汉堡、薯条、热狗、鸡肉（各种做法的）、玉米卷、墨西哥卷饼、旋转烤肉卷、照烧饭、各种小吃以及其他方便忙碌人群的食物。顾客在明亮的菜单展示屏下的柜台点餐，菜单上有食物的彩色照片。餐厅甚至鼓励顾客自己清理餐盘，这有助于降低成本。以下是不同类型的快餐餐馆的例子：

- **汉堡类：** 麦当劳（McDonald's）、汉堡王（Burger King）、温蒂汉堡（Wendy's）
- **披萨类：** 必胜客（Pizza Hut）、达美乐披萨（Domino's）、教父披萨（Godfather's）
- **牛排类：** 博南扎牛排馆（Bonanza）、庞德罗萨餐厅（Ponderosa）
- **海鲜类：** 长约翰西尔弗海鲜餐厅（Long John Silver'）、D船长海鲜餐厅（Captain D's）
- **鸡肉类：** 肯德基（KFC）、教堂鸡肉餐厅（Church's Chicken）、扎克斯比鸡肉餐厅（Zaxby's）、大力水手炸鸡（Popeyes）
- **三明治类：** 赛百味（Subway）、麦卡利斯特熟食店（McAlister's Deli）
- **墨西哥风味类：** 塔可钟（Taco Bell）、埃尔托里托（EI Torito）
- **得来速/汽车餐厅/外卖类：** 声波餐厅（Sonic）、达美乐披萨（Domino's）、必胜客（Pizza Hut）

得益于其选址策略，快餐餐厅越来越受欢迎。它们分布在各个可能的区域，且位置都非常便利。它们的菜单有限，这使得顾客能够快速决定吃什么。大多数人不想花费时间在长长的菜单上做挑选食物的决定。这些餐厅提供快速服务，通常也包括自助服务设施。这类餐厅还使用更便宜的加工食材，这使得它们能够制定出极具竞争力的超低价格。快餐餐厅对熟练

和非熟练劳动力的需求也最低，这有助于提高它们的利润。

为了提高销售额，越来越多的快餐连锁品牌在门店和非传统场所（包括高速公路服务区和购物中心）采用联合品牌策略。人们希望通过这种增加客流量的组合方式，提高各个独立品牌的销售额，比如塔可钟和必胜客。许多快餐连锁品牌都将目标瞄准国际市场的拓展，主要是各个国家的大城市。

7.4.6.1 汉堡类餐厅

麦当劳是全球快餐/速食领域的巨头，每天为数百万人提供服务。麦当劳在119个国家和地区拥有3.6万家门店，员工数量达190万，年销售额高达数十亿美元。这个数字令人惊叹，因为它比紧随其后的三大连锁品牌（汉堡王、肯德基和必胜客）的总和还要多。除了传统的汉堡之外，麦当劳还有一些旨在扩大顾客群体的独特产品，比如麦乐鸡、墨西哥卷饼，以及沙拉和鱼类食品。麦当劳还推出全天供应早餐的服务，不仅针对儿童，还针对老年人，进一步扩大了顾客吸引力。创新的菜单推出也有助于刺激单店客流量的增长。

近年来，由于传统市场已经饱和，麦当劳采取了海外扩张的战略。它正在世界上人口最多的国家——中国迅速扩张，目前在中国范围内拥有超过1.2万家门店。麦当劳目前已遍布119个国家和地区，拥有数十亿潜在的顾客群体。在该公司全球约3.6万家门店中，约1.6万家位于美国以外的地区，每天为6800万人提供服务。有趣的是，麦当劳约50%的利润来自美国以外的市场。麦当劳新增的餐厅中，超过三分之二都在美国以外。麦当劳还在美国市场寻找非传统的选址，比如在军事基地里，或者在高租金地区的小型门店，又或者是在加油站内。

在美国，要获得麦当劳的特许经营权非常困难，因为其主要市场实际上已经饱和。开设一家大型品牌的快餐店通常需要花费100万—200万美元。知名度较低的连锁品牌的特许经营权费用相对较低（约3.5万美元），再加上销售额4%的特许权使用费和4%的广告费用，但对于一家高档的快餐门店来说，一位企业家需要大约12.5万美元的流动资金和40万美元的净资产，这还不包括土地成本。

每个主要的汉堡餐厅连锁品牌都有独特的定位策略来吸引其目标市场。如汉堡王的汉堡采用火焰烤制，温蒂汉堡使用新鲜肉饼。一些较小的地区性连锁品牌成功地从三大汉堡连锁品牌手中赢得市场份额，因为它们以合理的价格提供优质的汉堡。In-N-Out 汉堡店、声波餐厅和拉利餐厅（Rally's）都是很好的例子。

7.4.6.2 披萨类餐厅

披萨细分领域持续增长，其中很大一部分增长是由外卖服务的便利性推动的。该领域有几个连锁品牌：必胜客（Pizza Hut）、达美乐披萨（Domino's）、教父披萨（Godfather's）、棒约翰披萨（Papa John's）和小凯撒披萨（Little Caesar's）。拥有超过1.6万家门店的必胜客，已经进入了外卖业务领域，而在此之前，达美乐披萨几乎垄断了这一市场。必胜客现在已经建立了全系统的外卖门店，并且还提供两款披萨的优惠套餐。

为了迎合消费者不断变化的口味，达美乐披萨除了三明治和意大利面之外，还在菜单上增加了无麸质披萨。

7.4.6.3 鸡肉类餐厅

鸡肉一直很受欢迎，并且很可能会继续保持这种受欢迎的程度，因为它的生产成本相对较低，容易获得，而且适合多种烹饪方式。人们也认为鸡肉是比汉堡更健康的选择。

肯德基（KFC）在全球拥有超过18875家门店，在鸡肉细分领域占据主导地位。尽管肯德基是市场领导者，但该公司仍在不断探索将产品推向消费者的新方式。现在更多的门店提供家庭送餐服务，并且在许多城市，肯德基正与姐妹餐厅塔可钟合作，在一个方便的地点同时销售两个品牌的产品。肯德基继续丰富其菜单种类，专注于为家庭提供完整的餐食。

教堂鸡肉餐厅（Church's Chicken）在全球拥有超过1700家门店，是第二大鸡肉连锁品牌。它提供一种简单的模式，其超值菜单上有南方风味的鸡肉、辣味鸡翅、秋葵、玉米棒、凉拌卷心菜、饼干和其他食物。该餐厅专注于成为低成本供应商，并以最快的速度推向市场。为了让顾客日复一日地享受到他们期望的价值，实现门店的经济高效运营是必要的。

大力水手炸鸡（Popeyes）是鸡肉细分领域的另一个大型连锁品牌，拥有超过2600家门店，为美国餐饮企业（AFC Enterprises）所有。大力水手炸鸡是一家受新奥尔良风味启发的"辣味鸡肉"连锁品牌，在美国和25个国家开展业务。总部位于加利福尼亚州科斯塔梅萨的洛可鸡肉餐厅（EI Pollo Loco）则专注于火焰烤制腌制鸡肉，这是一种口味独特的高品质产品。

7.4.6.4 三明治类餐厅

三明治成为美国对便捷快餐痴迷的象征，已经达到了明星级别的地位。最近，三明治细分领域的新菜单推出速度超过了其他所有领域。经典的三明治（如熔岩三明治和俱乐部三明治）卷土重来，还增加了卷饼和帕尼尼三明治。

对于年轻的企业家来说，开一家三明治店是进入餐饮行业的一个受欢迎的方式。这个细分领域的领导者是赛百味（Subway），它在100多个国家拥有超过4.5万家门店。联合创始人弗雷德·德卢卡（Fred DeLuca）将最初的1000美元投资发展成了世界上最大、增长最快的连锁品牌之一。赛百味的特许经营费用是12万美元。

赛百味的策略是将连锁品牌广告费用的一半投入全国性广告中。特许经营店主需要将销售额的2.5%支付给营销基金。和其他连锁品牌一样，赛百味试图通过推出儿童套餐和"新鲜健康选择"系列来扩大其18—34岁的核心客户群体，以吸引注重健康的市场。赛百味还增加了早餐菜单，并在面包种类中加入了扁平面包。

7.4.6.5 烘焙咖啡馆

烘焙咖啡馆领域的领导者是帕内拉面包（Panera Bread），这是一家在美国和加拿大拥有2100家门店的连锁品牌，其使命是"人手一个面包"，目标是让美国各地的消费者都能广泛享受到特色面包。帕内拉面包专注于面包制作的艺术和工艺，提供现点现做的三明治、现拌沙拉，以及盛在面包碗里的汤。

7.4.6.6 其他类型餐厅

幽灵餐厅（Ghost）：幽灵餐厅或虚拟餐厅仅通过在线或电话订单为客人提供服务，只提供外卖。幽灵餐厅没有传统餐厅的桌椅和装饰，它们只有一个厨房和外卖配送人员。

快闪餐厅（Pop-Up）：这类餐厅是具有创新性的原创餐厅，让厨师或老板能够尝试各种类型的美食，看看客人的喜好。老板无须投资开设传统餐厅，从而节省了资金。各种各样的概念和选址增加了快闪餐厅的吸引力。

小酒馆（Bistro）：小酒馆是一种小型、温馨的咖啡馆风格的餐厅，提供法式家常菜，包括一些慢炖砂锅菜和乳蛋饼。"巴黎小酒馆"这个名字让人联想到一家供应焗蜗牛（用黄油和大蒜烹制的葡萄园蜗牛）、马赛海鲜汤（一种鱼汤）和法式火腿芝士三明治（用火腿和格鲁耶尔奶酪制作的传统三明治）等菜肴的法国餐厅，以及用当地食材制作的具有创意的传统法式菜肴。

食品配送服务：优步外卖（Uber Eats）是优步（Uber）推出的一个在线食品订购和配送平台。客人可以使用应用程序查看合作餐厅的菜单、查看评分、下单并支付餐费。

Grub Hub：这是一个在线和移动的预制食品订购和配送平台，与当地餐厅合作。

DoorDash：这是一个按需预制食品配送和外带的服务平台，可在几分钟内将餐食送达。

Instacart：这是一家杂货配送公司，可以在美国主要城市将杂货和其他家庭必需品从商店送到你家门口。

7.5 最佳餐馆的评定

国际上最佳餐馆的评定，比较通行的是米其林星级标准，也有一些其他的奖项，如詹姆斯·比尔德奖。

7.5.1 米其林星级

米其林星级是《米其林指南》用于对餐厅食物质量进行评级的系统。最初，它是为了向驾车旅行的法国司机指明高品质的餐厅。如今，它被全球许多顶级厨师和美食家（热爱美食的专家）视为高档用餐的标志。米其林星级不是根据客人的评价来评定的，而是由匿名的美食专家进行检查评定，他们根据食材质量、烹饪技巧，当然还有味道来评判餐厅。

星级完全根据美食质量来授予。餐厅可以被授予0到3颗星，检查员可能会多次访问一家餐厅，然后与同事讨论后再授予星级。除了星级之外，还有"必比登推介"（Bib Gourmand）奖项，授予那些提供高质量食物且价格合理的餐厅。米其林组织颇具创新性，他们曾将一颗星授予新加坡的一位街头小贩，因为他售卖美味的街头食物，其中一道著名的菜品是售价约3美元的酱油鸡面。世界上有许多一星级的米其林餐厅，而二星级的米其林餐厅只有414家。三星级的米其林餐厅则拥有卓越的美食，值得专程前往品尝。目前，全球只有135家三星级米其林餐厅，其中美国有14家，仅纽约曼哈顿就有5家，包括 Masa 餐厅、Per Se 餐厅和麦迪逊大道11号餐厅（Eleven Madison Park）。

7.5.2 詹姆斯·比尔德奖

詹姆斯·比尔德基金会（The James Beard Foundation）是一个非营利组织，其使命是表彰、支持和提升美国饮食文化背后的人们，并倡导以人才、公平和可持续性为基础的优质饮食标准。1954年，詹姆斯·比尔德（James Beard）被《纽约时报》誉为"美国烹饪之父"。比尔德是一位先锋美食家，1946年主持了电视上的第一个美食节目。比尔德培养了一代美国厨师和烹饪书作者，他们改变了美国人的饮食方式。他撰写了几本烹饪著作，其中大多数都成为经典之作。詹姆斯·比尔德基金会奖由该基金会颁发，旨在表彰美国的烹饪专业人士。2018年，詹姆斯·比尔德基金会使该奖项更具包容性，以应对该行业中存在的种族和性别不平等问题。该奖项由600多名烹饪专业人士投票选出，其中包括往届获奖者。

7.6 餐馆商业的发展趋势

进入新的世纪后，餐馆商业作为接待服务业发展最快，规模最大的服务行业，呈现出新的发展趋势，主要有：

第一，社交媒体的影响。 社交媒体对餐饮营销产生了很大的影响。由于越来越多的顾客转向从互联网获取有关餐饮的信息，使得拼趣（Pinterest）、脸书（Facebook）和推特（Twitter）等社交媒体成为餐馆营销策略的关键组成部分。除了餐馆名称、地址、电话号码、地图和菜单等基本注册信息，餐馆也同时开发在线资料，并加入如猫途鹰（Trip Advisor）、雅普（Yelp）和旅行餐厅（Urbanspoon）等在线评论网站和博客。

第二，可持续发展和本地食品。 消费者越来越重视食材的来源，在菜单上体现这一点不仅满足了消费者的心理，也是帮助农民的一个好方法。一部分餐馆参与了"从农场到餐桌"的运动，厨师与当地或者外地的农民建立直接联系，以确保获得高质量、可持续种植的产品；一部分餐馆甚至开始经营自己的农场和菜园。例如，在本地采购趋势持续的同时，店内种植这种超本地化趋势也在不断发展。除了餐馆的菜园，超本地化更是扩展成餐馆自制、农场品牌和手工制品。总之，从冰淇淋到奶酪，从泡菜到培根，从柠檬水到啤酒，餐馆正在开始制作自己的招牌菜品。

在过去几十年的发展趋势中，民族美食一直存在于主流菜单。随着美国人的口味变得更加复杂和乐于尝鲜，餐馆也开始顺应潮流。其中一个小趋势体现在烹饪融合、分子美食，以及本地的、区域的和全球的食品的融合，还有香料和烹饪风格的融合，这些都反映了新技术和风味在广度和深度上的探索。此外，民族特色食品，包括奶酪、面粉和佐料也越来越多地被用到非民族菜中。特定的菜肴，例如拉面、民族街头食品和儿童主食等都蓄势待发。

第三，对公共卫生与儿童健康的关注。 现在的餐馆比以往任何时候都更加注重烹制更健康的膳食。它们选择使用天然的原料、减少分量，并为顾客提供有机食品的选择。因为现在许多消费者体重超标，或者受到慢性疾病例如糖尿病的困扰，还有一些消费者对食物中的某些成分，例如花生、麸质或乳制品成分过敏。为了响应公众的需求，更多的餐馆在常规菜单和儿童菜单以外，还提供分量更小和更健康的食物选择。一些餐馆甚至转变为仅销售有机、无谷物以及非转基因食品的餐馆，部分餐馆例如墨西哥烤肉连锁店（Chipotle Mexican Grill）、小熊汉堡（Bareburger）和PDQ餐厅（PDQ）等，则将有机和新鲜的成分标注在它们的菜单上。

餐馆也研发、制作专门针对儿童的膳食，其追求的不仅是健康，而且是色香味俱全。传统的炸鸡、薯条、汉堡和热狗被抛弃，取而代之的是包括精蛋白、色彩丰富的水果和蔬菜、全谷物、口味清淡的腌制食物和酱汁等在内的新菜品。

第四，环境的责任。 食品浪费的减少和管理是餐馆运营的最前沿，这与消费者态度的变化和供应商对可持续性和环境敏感性的需求是相符的。堆肥、回收和捐赠都是体现可持续性和社会责任在应对食品浪费方面的策略。此外，食品成本的持续上升促使餐馆更仔细地思考将食品浪费和剩余最小化以作为成本控制的工具。

从肉类、海鲜到生产，餐馆更频繁地从当地农民和渔民那儿采购，这有助于促进当地的可持续性发展。许多独立餐馆通过种植自己的菜园子来实践超本地化采购。

关键词汇与概念			
经典菜肴	基础酱汁	烹饪艺术	经典烹饪方法
菜单工程	连锁餐馆	高档餐馆	家庭餐馆
主题餐馆	快餐厅	米其林星级	

复习讨论题

1. 请阐述从18世纪至今，西餐烹饪艺术的发展。
2. 探讨菜单规划和菜单设计在成功运营高级餐馆中的重要作用。
3. 请概述餐馆的分类是如何划分的。

知识应用

在你生活的地区附近找一家餐馆，并确定有多少潜在顾客在客源地居住或工作。

英文延伸阅读

Introducing ≫ Auguste Escoffier(1846–1935)

"Emperor of the World's Kitchens"

Auguste Escoffier is considered by many to be the patron saint of the professional cook. Called the "emperor of the world's kitchens," he is considered a reference point and a role model for all chefs. His exceptional culinary career began at the age of 13, when he apprenticed in his uncle's restaurant, and he worked until 1920, and retired to die quietly at home in Monaco in 1935. Uneducated, but a patient educator and diligent writer, he was an innovator who remained deeply loyal to the regional and bourgeois roots of French cookery. He exhibited his culinary skills in the dining rooms of the finest hotels in Europe, including the Place Vendôme in Paris and the Savoy and Carlton hotels in London.

When the Prince of Wales requested something light but delicious for a late dinner after a night in a Monte Carlo casino, Auguste Escoffier responded with *Poularde Derby,* a stuffed chicken served with truffles cooked in champagne, alternating with slices of butter-fried *foie gras*, its sauce basted with the juices from the chicken and truffles. Another interesting anecdote regarding the chef's originality in making sauces tells of a special dinner for the Prince of Wales and Kaiser Wilhelm. Escoffier was asked to create a special dish to honor such an occasion. Struggling with an apparent loss of creativity until the night before the event, the chef finally noticed a sack of overripe mangos, from which he created a sauce that he personally came out from the kitchen to serve. As he placed the plate on the table, he looked at the Kaiser and with a wicked smile said, "*zum Teufel*"—to the devil. Thus, was born sauce Diable, today a favorite classic sauce. Escoffier's insistence on sauces derived from the cooking of main ingredients was revolutionary at the time and in keeping with his famous instruction: *faites simple*—keep it simple.

In fact, in his search for simplicity, Escoffier reduced the complexity of the work of Carême, the "cook of kings and king of cooks," and aimed at the perfect balance of a few superb ingredients. In *Le Livre des Menus* (1912), Escoffier makes the analogy of a great dinner as a symphony with contrasting movements that should be appropriate to the occasion, the guests, and the season. He was meticulous in his kitchen, yet wildly imaginative in the creation of exquisite dishes. In 1903, Escoffier published *Le Guide Culinaire*, an astounding collection of more than 5,000 classic cuisine recipes and garnishes. Throughout the book, Escoffier emphasizes technique, the importance of a complete understanding of basic cookery principles, and ingredients he considers essential to the creation of great dishes.

Escoffier's refinement of Carême's *grande cuisine* was so remarkable that it developed into a new cuisine referred to as *cuisine classique*. His principles have been used by successive generations, most emphatically by the *nouvelle cuisine* brigade. Francois Fusero, *chef de cuisine* at the Hotel Hermitage, Monte Carlo, and many others, regard Escoffier as their role model.

Introducing ▶▶ Richard Melman

Chairman of the Board and Founder, Lettuce Entertain You Enterprises, Inc., Chicago, Illinois

Richard Melman is founder and chairman of Lettuce Entertain You Enterprises (LEYE), a Chicago-based corporation that owns and licenses over 120 restaurants nationwide and has more than 7,800 employees. He was awarded the James Beard Lifetime Achievement Award in 2015 for his leadership in the hospitality industry and virtually every other industry award possible. Melman is known as the man who introduced the salad bar to the world when he opened R. J. Grunts in Lincoln Park decades ago. Since that humble start, he and his family now operate the largest independent restaurant group in the nation. His sons, R. J. and Jerrod, are executive partners and serve on the LEYE executive committee. His daughter, Molly, is a managing partner who oversees hiring and training for the restaurants. It is truly a family business.

The restaurant business has been Melman's life work, beginning with his early days in a family-owned restaurant and later as a teenager working in fast-food eateries and a soda fountain and selling restaurant supplies. Melman met Jerry A. Orzoff, a man who immediately and unconditionally believed in Melman's ability to create and run restaurants. In 1971, the two opened R. J. Grunts, a hip burger joint that soon became one of the hottest restaurants in Chicago. Melman and LEYE have shaped not only the restaurant scene in Chicago but have influenced chefs and restaurants around the country with their innovative menus and focus on personal growth and development for all team members.

To operate so many restaurants well, LEYE has needed to hire, train, and develop people and then to keep them happy and focused on excellence. Melman's guiding philosophy is that he is not interested in being the biggest or the best known—only in being the best he can be. He places enormous value on the people who work for LEYE and feels tremendous responsibility for their continued success.

Melman has gone on record saying, "We hire people with creativity, passion, and the drive to be the best. That's the idea behind all of our restaurants, with authentic, ethnic concepts ranging from five-diamond French to upscale Italian, from Spanish tapas to quick-serve Asian."

Today, he has over 80 working partners, most of whom came up through the organization. Over the years, Melman has stayed close to the guests by using focus groups and frequent diner programs. "We've had the ability to give people what they want almost before they know they want it. I call this the ability to listen to people."

The group's training programs are rated among the best in the business, and Melman's management style is clearly influenced by team sports. He says, "There are many similarities between running a restaurant and a team sport. However, it's not a good idea to have 10 all-stars; everybody can't bat first. You need people with similar goals—people who want to win and play hard." He places enormous value on the people who work for Lettuce Entertain You and feels tremendous responsibility for their continued success. Melman's commitment now is to develop the young leaders of LEYE to ensure that the company will be around for another 50 years. Richard's son, RJ Melman, is now president, but Richard is at the headquarters and restaurants daily. For more information, please see the Lettuce Entertain You website.

.inc | Corporate Profile

Outback Steakhouse

The founders of Outback Steakhouse have proved that unconventional methods can lead to profitable results. Such methods include opening solely for dinner, sacrificing dining-room seats for back-of-the-house efficiency, limiting servers to three tables each, and handing 10 percent of cash flow to the restaurants' general managers.

March 1988 saw the opening of the first Outback Steakhouse. Outback's founders, Chris Sullivan, Robert Basham, and Tim Gannon, know plenty about the philosophy "No rules, just right" because they have lived it since day one. Even the timing of their venture to launch a casual steak place came when many pundits were pronouncing red meat consumption dead in the United States.

The chain went public and has since created a track record of strong earnings. It was evident that the three founders were piloting one of the country's hottest restaurant concepts. The trio found themselves with hundreds of restaurants, instead of the five they originally envisioned.

Robert Basham was given the Operator of the Year award at the Multi-Unit Foodservice Operators Conference (MUFSO). He helped expand the chain, a pioneer in the steakhouse sector of the restaurant business, to more than a thousand restaurants with some of the highest sales per unit in the industry despite the fact that they serve only dinner (although they now serve lunch at some locations).

Perhaps the strongest indication of what this company is about lies in its corporate structure, or lack thereof. Despite its rapid growth, the company has no public relations department, no human resources department, and no recruiting apparatus. In addition, the Outback Steakhouse headquarters is very different from that of a typical restaurant company. There is no lavish tower—only modest office space in an average suburban complex. Instead of settling into a conservative chair and browsing through a magazine-lined coffee table (as is the case in most reception areas), at Outback, you must belly up to an actual bar, brass foot rail and all, to announce your arrival.

Also, Outback's dining experience—large, highly seasoned portions of food for moderate prices—is so in tune with today's dining experience that patrons in many of its restaurants experience hour-long dinner waits seven nights a week. The friendly service is notable, from the host who opens the door and greets guests, to the well-trained servers, who casually sit down next to patrons in the booths and explain the house specialties featured on the menu.

Using such tactics and their "No rules, just right" philosophy, the founders have accomplished two main goals: discipline and solid growth. Good profits and excellent marketing potentials show just how successful the business has become. Bonefish Grill, Fleming's Prime Steakhouse and Wine Bar, Carrabba's Italian Grill, and Outback Steakhouse make up the Bloomin' Brands, Inc. company.

Current Issues in the Restaurant Business

Uncertainty

Ask any restaurant owner and they will likely say uncertainty is a key issue. Whether it is health care or overtime pay, until there is clarity over possible legislation, operators are wondering what will happen and what it will cost them.

- What steps can a restaurateur take to minimize uncertainty in a volatile market?

Tipping or Not

Love it or hate it, a big part of the pay in the restaurant industry is based on tips, at least for servers and bartenders. According to Danny Meyer, the disparity between tipped front-of-the-house and non-tipped back-of-the-house wages has grown wider. He eliminated tipping at some of his restaurants where service-included pricing enabled back-of-the-house employees to be paid 20 percent more. One result was the loss of about 40 percent of the front-of-the-house staff who have been replaced by servers with genuine hospitality. The debate over tipped employee's versus employees with a higher wage and no tips will most likely wage on for several more years as various restaurants and customers experiment with new models. We should note that Danny Meyer has reverted to tipping at his restaurants.

- Would you work at a service-included restaurant?

Social Media and Technology

Social media and online marketing continue to grow and evolve. As more people turn to the Internet for information about where to eat, restaurants will continue to engage them on social media sites such as Facebook, Instagram, and Twitter, which each serve as a component of an online marketing strategy. Restaurants are also featured on sites such as TripAdvisor, Google, Zagat, and Urbanspoon, and can provide information about their location in addition to responding to guest feedback and reviews. One challenge faced by restaurant operators is how to cope with negative comments that appear on social sites.

Some of the most popular guest experience technological advancements in the restaurant industry include apps and mobile payment. Studies have been conducted estimating that more than 30 percent of consumers would prefer to pay their restaurant bill with a mobile payment option rather than a physical credit or debit card or the cash payment option. The increase in consumer dependency on smartphones has caused restaurants to implement the capability to accept mobile payments. Additionally, technology at the table allows consumers to order food and drinks from a tablet or kiosk provided by the restaurant, and, in some cases, directly from their smartphone. This front-facing technology allows for less wait time at the restaurant, which is desired by the current and future generation of consumers, as well as a decrease in wages spent by the restaurant, which is beneficial to the operator.

Apps continue to gain in popularity with both diners and restaurateurs. Some of the most popular apps to date include apps that allow guests to do the following:

- Locate a restaurant or make a reservation (OpenTable, Urbanspoon, MenuPages)
- Read restaurant reviews (Yelp, TripAdvisor, Citysearch, Facebook)
- Look up the health content of menu items (HealthyOut, Gluten Free Fast Food)
- Find promotions and discounts (LivingSocial, Groupon)
- Order food delivered (Delivery.com, GrubHub, Seamless)
- Pay (PayPal, ApplePay, Venmo)

These apps are helpful for both the consumer, because they provide quick reference points for easy dining out information, and for the operator, because they assist with promoting the restaurant and providing customer feedback on the dining experience.

- How do you use social media when making dining choices?
- Which apps do you use for gathering information about a restaurant or other dining-related experiences?

Locally Sourced Foods

From meats and seafood to produce, restaurants are more frequently purchasing from local farmers and fishermen, which helps to increase sustainability. Some restaurants have herb gardens and others grow vegetables. Guests can appreciate the freshness. With guests preferring to make healthier dining choices, using locally sourced foods and featuring farm-to-table offerings can also help a restaurant add to their clientele.

- Which criteria do you use when choosing a restaurant?

General Topics

The menu: This has become an issue for restaurants reacting to the COVID-19 pandemic. Many restaurants have reduced the number of dishes on the menu, so fewer staff are required. Some are charging extra for side dishes like vegetables and starches. Operators are concentrating on promoting the popular and profitable items.

Guest service: This is critical to all restaurant operations. Attentive and friendly service is a must for the success of a restaurant. Consider the time when you had great or a bad restaurant service experience—have you been back to the restaurant with bad service?

Marketing: As the old saying goes "without butts in seats, you ain't go nothing to put in the bank." Marketing is about finding out what guests want and giving it to them. Guests need to know why they should come to eat at your restaurant and not the competition.

Hiring and training staff: Hiring people with a caring personality and winning attitude help make a restaurant successful.

Food security: Guests need to feel comfortable and safe eating in any restaurant. Staff need to practice safe food handling all the time.

Cost control: It is important to control all costs in the operation of a restaurant. Labor, food, and beverage costs are among the highest and should be watched carefully to contain all costs.

Online presence: Use the Internet and the Web to attract more guests without spending a lot of money on delivery portals.

第 8 章 社会饮食业

学习目标

- 概述托管式饮食服务的概念，阐释托管式饮食服务与餐馆商业运营之间的主要区别。

- 阐述托管式饮食服务在接待服务业各个细分市场中的具体应用情况。

- 详细描述老年生活管理行业发展的主要领域。

8.1 托管式饮食服务

除了以餐馆商业为代表的商业饮食企业外，其他社会饮食服务包括社会公共饮食服务与社会商业饮食服务，会通过相关的专业饮食服务管理企业提供的托管式饮食服务（managed service）进行。托管式饮食服务涵盖社会饮食服务及相关运营的众多公立和私立机构，主要有航空公司、机场、军队、各级学校（中小学校、大学、高等院校等）、医疗保健机构、工商企业、休闲娱乐组织、会议中心和旅行服务区等。

公司、公立和私立设施机构，以及教育或医疗保健等组织，必须决定是自行运营其饮食服务及相关业务，还是将其外包给一家托管式饮食服务公司。如果他们决定自行运营饮食服务，可能会节省一些成本；然而，如果他们缺乏专业知识，可能更倾向于邀请承包商提交方案。预计承包商会进行方案展示，并正式讨论和敲定所有合同细节。

托管式饮食服务运营与餐厅等商业饮食服务相比，有几个不同的特点：

• 餐馆面临的挑战是取悦顾客，而托管式饮食服务则要求既能满足顾客需要，又能满足客户（机构或企业本身）的需求。

• 在某些运营场景中，顾客可能有或没有其他的就餐选择，他们是固定的客户群体。这些顾客可能只在饮食服务场所就餐一次或者每日均在此就餐。

• 许多托管式饮食服务运营所在的主体机构，其主营业务并非饮食服务。

• 大多数托管式饮食服务运营会批量大量制作食物，以便在固定时间段内供应和消费。例如，批量烹饪（batch cooking）意味着制作第一批食物在上午11:30供应，第二批在下午12:15供应，第三批在下午12:45供应，而不是在上午11:30就把整个午餐时段的所有食物都摆出来。这样能让在供应时段较晚来用餐的顾客享受到与早来用餐的顾客同样品质的餐食。

• 托管式饮食服务运营的业务量更为稳定，因此更容易提供饮食服务。又由于更容易预测用餐人数和分量大小，所以在规划、组织、制作和供应餐食方面也更轻松，因此其氛围不像餐厅那样紧张。在托管式饮食服务中，周末通常比工作日更清闲，总体而言，工作时间和福利待遇可能比商业餐厅更好。

一家公司或组织可能会出于以下原因将其饮食服务或其他服务外包：

（1）财务原因

（2）项目质量

（3）管理和员工的招聘

（4）服务部门管理的专业知识

（5）可利用的资源：人力、项目、管理系统和信息系统

（6）劳动关系和其他支持

（7）行政职能外包

8.2 社会公共饮食服务

8.2.1 航空公司及机场的饮食服务

航空公司提供的餐食，其饮食服务要么来自其自身的机上业务部门，要么由承包商提供。机上餐食可能位于机场附近的设施中以工厂模式进行准备。在这种情况下，食物被制作和包装好，然后被运输到相应航班的登机口。一旦食物装载到飞机上，空乘人员就会接手为乘客提供食物和饮料。

机上饮食服务是一项复杂的后勤运作：食物必须能够承受从制作到供应这段时间内的运输条件以及长时间的保温或保冷状态。如果一道食物要以热食的形式供应，它必须能够很便利地在餐盘上重新加热。餐食还应该看起来令人有食欲且味道不错。最后，所有的食物和饮料必须按时且准确地配送到每一架即将起飞的飞机上。

美国盖特美食（Gate Gourmet）是最大的航空餐饮及相关服务提供商，在全球六大洲的60个国家运营着200个航食厨房，平均每年制作7亿份餐食，其销售额据估计达50亿美元，拥有超过4.3万名员工。

航空饮食服务市场的另一个主要参与者是德国新伊森堡的汉莎天厨（LSG Sky Chefs）。汉莎天厨集团的愿景是"成为航空餐饮以及所有机上服务相关流程管理的全球领导者"。汉莎天厨集团由159家公司组成，在53个国家拥有超过205个客户服务中心。2019年，它为全球205个以上的机场制作了约5亿份航空餐食。

航空餐饮及相关服务管理运营商负责规划菜单、制定产品规格并安排采购合同。每家航空公司都有一名代表，负责监督一个或多个地点，并检查所有食物和饮料的质量、数量和交付时间。航空公司将机上饮食服务视为一项需要控制的费用。为了削减成本，现在大多数国内航空公司在一些短途航班甚至是跨越正餐时间的航班上，不再提供餐食，而是售卖零食。盖特美食和汉莎天厨现在也为大多数航空公司运营机上零售服务。

国际航空公司试图通过提供优质的食物和饮料来脱颖而出，希望吸引更多乘客，尤其是支付高票价的商务舱和头等舱乘客。其他一些航空公司则将减少或取消饮食服务作为一项战略决策，以支持更低的票价。由于航班航程较长且机票价格较高，国际航班的饮食服务质量通常更好。

在飞机上，每架飞机通常有两到三种服务等级，一般是经济舱、商务舱和头等舱。头等舱和商务舱乘客通常会得到免费的饮料以及升级的餐食和服务。这些餐食可能包括新鲜三文鱼或菲力牛排等食物。

许多较小的地区性和本地饮食服务运营商与数百家机场的各类航空公司签订合同。大多数机场都有餐饮供应商或饮食服务承包商，他们会竞争航空公司的合同。由于有多家国际和美国的航空公司都使用美国的机场，每家航空公司都必须决定是使用自己的饮食服务（如果有的话），还是与几家独立运营商中的一家签订合同。

随着航空公司减少机上饮食服务，机场餐厅承接了这部分业务。像卡特·科拉（Cat Cora's）和奇利斯（Chili's）这样受欢迎的连锁餐馆在几个航站楼都有，还有像麦当劳和必胜客这样的快餐连锁店。这些餐厅补充了当地餐厅提供的机场饮食服务。

8.2.2 军队的饮食服务

军队饮食服务（military foodservice）是托管式饮食服务中一个庞大且重要的组成部分。美国大约有180万现役的陆军、海军和空军军人。即使军队缩编，饮食服务的销售额每年仍高达270亿美元以上。军事基地的关闭促使许多军队饮食服务机构重新思考服务和理念，以更好地满足其人员的需求。

军队饮食服务的近期趋势是，像军官俱乐部这样的服务项目被外包给饮食服务管理公司。这一举措降低了军队的成本，因为许多军官俱乐部以前是亏损的。现在这些俱乐部已将重点从精致餐饮转向更具家庭吸引力的休闲餐饮方式。许多俱乐部甚至进一步革新其基地理念，根据主题概念进行重新设计，比如体育主题或西部乡村主题等。其他节省成本的措施包括菜单管理，例如午餐和晚餐使用单一菜单（客人很少在俱乐部同时吃午餐和晚餐）。通过适当的摆盘技巧和分量控制，午餐和晚餐可以使用同一菜单（相同的菜单），这意味着两餐只需一份库存，总体库存也会减少。为了让这一运作方式成功实施，菜单在开胃菜、主菜和甜点方面提供了多种选择。

另一个趋势是尝试那些只需稍微加热即可食用且无须太多人力的预制食品。技术的进步意味着野战部队不再吃罐头食品；相反，他们收到的是装在塑料和铝箔袋中的即食口粮（MREs）。如今，一个移动野战厨房只需两个人就能操作，大量的食品供应已被预先分好份量、预先烹饪好并装在托盘中的食物所取代，这些食物只需在沸水中加热即可。

为军队人员提供饮食服务，包括在俱乐部、食堂、军队医院以及野外为士兵和军官提供餐饮。随着预算和人员数量的减少，军队通过整合职责来进行裁员。由于需要烹饪的人数减少了，所需的厨师数量也相应减少。

美国海军陆战队是这种缩编模式的一个范例，它将饮食服务外包出去。由于人数减少，如果要从训练中抽调一名海军陆战队员去食堂工作，这是他们负担不起的。索迪斯（Sodexo）获得了美国海军陆战队的合同，为7个基地的55个营房、俱乐部以及其他相关部门提供饮食服务。此外，像麦当劳和汉堡王这样的快餐店已经在数百个军事基地开业，还在更多基地安装了快速通道服务亭。基地内的快餐店为行动中的军人提供了更多的餐饮选择。由于军队饮食服务的裁减和外包，可能会出现一个问题，那就是在战斗情况下，麦当劳不太可能在前线设立摊位。在动员时，军队仍然需要自行提供饮食服务。

最近，军队饮食服务在应用新想法方面更为创新。例如，圣地亚哥海军基地饮食服务项目主任史蒂夫·哈默尔（Steve Hammel）从整体价值、质量、快速服务以及包装等方面重新评估了基地的餐饮系统，并研究了如何根据每个基地的特色为其量身定制餐饮系统。价格也很重要,所以该基地有一个价格较高的自助餐和一个固定价格的午餐,每天提供不同菜品。

在肯塔基州坎贝尔堡的另一个军事基地,耗资1000万美元进行食堂改造,并推出了健康饮食计划,淘汰了油炸锅,引入了烤鸡。

由退伍军人食堂服务(Veterans Canteen Service)推出的"明智之选"(Smart Choices)是一种健康菜单选择方案,为客人提供了更多健康的餐食选择。该活动提供的热食餐,每餐热量不超过500卡路里,总热量的35%来自脂肪,胆固醇含量为100毫克,钠含量为800毫克。甚至提供的披萨也有全麦饼皮的奶酪口味或素食口味。

8.2.3 学校的饮食服务

8.2.3.1 中小学校饮食服务

美国政府于1946年颁布了《国家学校午餐法》。其理由是,如果学生能吃到营养丰富的餐食,军队就能招募到更健康的新兵。此外,这个项目还可以利用农民生产的剩余食品。

每天,大约9.8万所学校为超过3000万名儿童提供免费或低价的早餐或午餐,或者两者都有。目前,中小学饮食服务(elementary and secondary schools foodservice)面临着许多挑战。一个主要挑战是在食品的可销售性和良好的营养之间取得平衡。除了成本和营养价值之外,还出现了普遍提供免费餐食这一更广泛的社会问题。该项目的支持者认为,营养更好的孩子注意力更集中,更不容易缺课,并且会在学校待更长时间。为所有学生提供免费餐食也消除了学校午餐中"穷孩子"的尴尬。反对普遍提供免费餐食项目的人则表示,如果我们从20世纪60年代实施的社会项目中得到了什么教训的话,那就是砸钱解决问题并不总是最好的办法。但双方都一致认为,年轻学生的饮食问题确实令人非常担忧。每天只吃一份或更少水果和蔬菜(不包括炸薯条)的儿童比例如此之高,这也许并不奇怪。

一些学校董事会正在与学校营养团队合作,改进菜单,使餐食更美味、更有营养。由厨师设计的餐食是一系列学校餐食食谱的集合,可以根据学校的情况进行调整以让学生喜欢。另一个想法是邀请学生提交食谱和成本,以供纳入菜单。还有一个想法是让学生种植自己的菜园,用于学校的餐饮项目。

学校饮食服务中食物的准备和供应方式各不相同。一些学校有现场厨房来准备食物,还有餐厅来供应食物。许多大型学区运营着一个中央配餐中心,在那里准备好餐食,然后分发给该学区内的各个学校。第三种选择是学校购买即食餐食,只需在学校进行简单装配即可。

学校可以决定是参加国家学校午餐计划(National School Lunch Program,简称NSLP),还是自行运营饮食服务。实际上,大多数学校没有太多选择余地,因为参加该计划意味着每个学生每餐大约能获得2.6美元的联邦餐费补贴。像爱玛客(Aramark)和索迪斯这样的承包公司正在为学生提供更多、更灵活的选择。

符合膳食指南的要求也是一个重要问题。为了确定儿童的营养需求,已经做了大量工作。考虑到孩子们的饮食习惯，要在健康食品和成本之间取得平衡是很困难的。根据NSLP的规定，学生必须从通常所说的 A 类菜单中选择食物。A 类菜单中的所有食物项目在每餐都必须提供给所有孩子。孩子们必须从五类餐食组成部分中至少选择三类，学校才有资格获得资金支持。然而，美国农业部（USDA）的规定对可提供的脂肪和饱和脂肪的量设定了限制：每周摄入的脂肪不应超过总热量的 30%，饱和脂肪减少到每周总热量的 10%。

由政府资助的国家学校午餐计划每年为提供给学生的餐食或打折销售的餐食支付超过136亿美元，这对快餐连锁店来说是一个巨大的潜在市场。快餐连锁店非常渴望进入中小学市场，即使这意味着收入会减少，但他们认为尽早让年轻人接触必胜客等品牌对他们是有利的——换句话说，目标是建立品牌忠诚度。例如，在明尼苏达州的德卢斯，该市学校的饮食服务总监詹姆斯·布鲁纳（James Bruner）被迫在几所初中和高中提供品牌披萨。当地的校长们为获得新收入，开始提供小凯撒（Little Caesar's）披萨，使其与学校食堂的冷冻披萨直接竞争。

塔可钟、必胜客、达美乐和赛百味在数千所学校都有门店。麦当劳、阿比等品牌也在这个市场中站稳了脚跟。尽管有积极的一面，说服孩子们接受快餐连锁店并不难，却还需面对说服成年人的困境。关于快餐连锁店是否应该进入学校，引发了很多争论。许多家长认为，学校环境应该为健康营养树立一个标准范例，而如果有快餐作为选择，就无法实现这一点。

在美国烹饪联合会（ACF）会议上的一次学校午餐挑战活动中，来自全国各地的厨师们开发了营养丰富的菜单，旨在让孩子们远离垃圾食品，转向健康食品。对11名决赛选手设定了原材料成本限制，创新、口味以及健康程度是评选获胜作品的主要标准：火鸡玉米卷沙拉、香肠披萨百吉饼和酿土豆。为了让食物对孩子们更有吸引力，一些运营商制作了色彩鲜艳的卷饼，甚至采用了学生对食材的建议。另外，学校餐食的一个关键要素是防止学生过敏，学生的过敏情况通常会显示在收银终端上，这样一来，如果学生偶然选择了会让他们过敏的食物，系统就会提醒食堂工作人员。一些学校菜单的新特点是推出了一种类似便当盒的包装餐食，类似于可即食的食品。

8.2.3.2 营养教育项目

营养教育项目（Nutrition Education Programs）如今已成为国家学校午餐计划的一项必备内容。由于这个项目，孩子们正在学习改善自己的饮食习惯，人们希望这种习惯能伴随他们一生。为了支持该项目，营养教育材料被用来装饰餐厅大厅和餐桌。也许这方面最好的例子就是美国农业部食品与营养服务局开发的名为"我的餐盘"（MyPlate）的饮食指南（见图8-1），说明了每天应如何进食以遵循健康的饮食方式。

现在许多学校正在开发独特的方式，让孩子们接触营养知识和正确的饮食准则。在佛罗里达州退伍军人公园学院，种植菜园激发了1500名小学生的兴趣，由于获得了1万美元的资助，学生们参与了菜园的种植。"真正的学校菜园"（Real School Gardens）是为教师们创建的，用于开展能让学生参与其中的户外实验课程。一些学生参与规划了菜园并乐于看着蔬菜生长，其结果是他们的蔬菜摄入量实际上有所增加。

图8-1　"我的餐盘"中的五种食物类型

8.2.3.3 高校饮食服务

高校饮食服务运营既复杂又多样，其管理涉及学生宿舍餐饮、体育赛事餐饮供应、会议餐饮、自助餐厅/学生会餐饮、教职工俱乐部餐饮、便利店餐饮、行政餐饮以及对外餐饮等。

对于饮食服务经理来说，校园内的饮食服务是一项挑战，因为客户（学生、教职工）住在校园里，大部分餐食都在校园餐饮设施中享用。如果经理或承包商缺乏创意，学生、教职工很快就会对一成不变的环境和菜单感到厌倦。大多数校园餐饮采用自助餐形式，提供每10天或14天循环一次的周期性菜单。

然而，与餐厅经理相比，高校饮食服务经理也有一些优势。预算制定相对容易，因为住校学生已经支付了餐费，而且他们的人数也容易预测。当付款有保障且用餐人数可预测时，规划和组织员工数量以及食物供应量就相对轻松，且能确保合理的利润率。例如，每日餐费是指每个人每天为饮食服务支付的费用金额。因此，如果有1000名学生用餐，一学期98天的饮食服务费用总计为65万美元，那么每日餐费计算如下：

$$650000美元 \div 98天 \div 1000名学生 \approx 6.63美元$$

现在高校饮食服务运营为学生提供了多种餐食计划。在过去的包餐计划下，学生每天支付一笔固定费用用于所有餐食，无论他们是否实际用餐，饮食服务运营商都能从那些付了钱却没吃饭的学生身上获利。而现在更常见的是，学生根据用餐次数付费：周一至周五的早餐、午餐、晚餐；或仅晚餐；以及预付费信用卡，学生可以在任何校园餐饮网点使用该卡，消费的食品和饮料费用从其信用余额中扣除。

代表600所会员院校的美国高校饮食服务协会（NACUFS）的领导者们注意到，校园内的服务和活动正在不断变化。校园环境已成为政策制定和实施的关键部分，它超越了狭隘的利益，以最能满足院校及其学生的需求为目标。

校园变化的驱动力包括品牌概念的出现和发展、私有化、校园卡的使用以及计算机的应用。如今，高校饮食服务经理必须在零售营销和商品销售方面具备更强的技能，因为学生在校园内的餐饮消费上有了更多的自主决定权。

8.2.3.4 高校学生会饮食服务

高校学生会提供各种托管式饮食服务，以满足不同学生群体的需求。提供的服务包括自助餐厅饮食服务、饮料服务、品牌快餐服务以及外卖饮食服务。

自助餐厅餐饮运营通常是学生会中热闹的地方，学生们在这里聚会社交，同时也享用餐饮。自助餐厅一般提供早餐、午餐和晚餐。根据业务量的不同，自助餐厅可能在非用餐时段和周末关闭，而且自助餐厅的菜单可能与学生宿舍餐饮设施的菜单相同，也可能不同。提供性价比高的菜单对于校园自助餐厅的成功运营至关重要。

在允许提供酒精饮料服务的校园里，饮料服务主要集中在某种形式的学生酒吧，在那里可能会提供啤酒，也许还有葡萄酒和烈酒。当然，教职工无疑也会有一个提供酒精饮料的休息区。其他饮料可能在美食广场或便利店等不同的网点供应。校园饮料服务为饮食服务运营商提供了增加利润的机会。

此外，许多大学校园欢迎品牌快餐连锁店入驻，将其作为一种方便的方式来满足忙碌的校园群体的需求。这种方式对高校来说是一种双赢的局面。像福来鸡（Chick-fil-A）、莫氏西南烧烤（Moe's Southwest Grill）、欧棒巴黎（Au Bon Pain）、本杰瑞（Ben & Jerry's）、爱因斯坦兄弟百吉饼（Einstein Bros.Bagels）、汉堡王、烟熏烧烤店（Smokehouse Bar-B-Q）、星巴克、牛肉布雷迪（Beef 'O' Brady's）、必胜客、麦当劳、赛百味和温迪（Wendy's）等连锁餐馆的经验和品牌知名度吸引了顾客。这些餐厅要么向饮食服务管理公司支付费用，要么直接向大学支付费用。显然，这种方式也存在一种风险，即快餐连锁店可能会吸引原本去自助餐厅用餐的顾客，导致自助餐厅流失客源，但大体而言，竞争往往对各方都有好处。为了激发兴趣，密苏里大学举办了一场"铁人厨师"比赛，让学生和厨师有机会展示其菜单创意，同时营造了更紧密的校园社区氛围。

外卖饮食服务是为校园群体提供的另一种便利。当学生和教职工不想自己做饭时，会很庆幸能有机会打包餐食带走。而且，学生、朋友和教职工并非只在考试期间才需要外卖服务。例如，在橄榄球和篮球比赛、音乐会及其他娱乐/体育赛事前的车尾野餐派对，让有商业头脑的饮食服务运营商有机会增加收入和利润。

托管式饮食服务运营商签订的合同类型因账户规模而异。如果账户规模较小，通常会收取一定的费用。对于较大的账户，运营商会签订按固定比例（通常约为 5%）收费的合同，或者是按比例收费和奖金分成相结合的合同。

8.2.4 公共健康饮食服务

8.2.4.1 医疗保健托管式饮食服务

医疗保健托管式饮食服务运营极其复杂，因为必须满足身体状况脆弱的各类客户的不同需求,其服务面向医院患者、长期依靠护理和辅助生活设施的居民、访客以及员工提供。服务形式包括餐盘送餐、自助餐厅、餐厅、咖啡店、餐饮承办和自动售卖机服务。

医疗保健托管式饮食服务面临的挑战是为有特殊饮食需求的患者提供多种特殊餐食。确定哪些餐食要送给哪些患者,并确保餐食准确送达,这涉及特别具有挑战性的后勤工作。除了患者,医疗保健机构的员工也需要在有限时间内(通常为30分钟),在舒适的环境中享用一顿营养丰富的餐食。由于员工通常连续工作5天,经理们在制定菜单和餐食主题时必须富有创意。

医院饮食服务的主要重点是餐盘生产线。一旦注册营养师整理好所有特殊餐食的要求,就会设置生产线,并对各种饮食的菜单进行颜色编码。生产线从一个餐盘、一块餐垫、餐具、餐巾、盐和胡椒,也许还有一朵花开始。随着餐盘在生产线上移动,根据各菜单上的颜色编码添加的食物越来越多。当然,每个餐盘都会经过两到三次检查:首先在餐盘生产线末端检查,然后在医院楼层再次检查。生产线通常以每分钟大约5个餐盘的速度逐层送餐;按照这个速度,一家拥有600张病床的大型医院可以在几个小时内完成送餐。这对员工来说很耗时,因为一天三餐意味着最多要在生产线上工作六个小时。显然,医疗保健饮食服务劳动密集程度很高,劳动力成本约占运营成本的55%—66%。为了降低成本,许多运营商增加了自助取餐区、自助餐、沙拉、甜点和配料吧的数量。他们还注重通过餐饮承办和零售创新来增加收入。运营商还必须面对一个事实,即医疗保险(Medicare)无法完全覆盖食品成本。

医院饮食服务已经发展到这样一个阶段,即对新收入来源的需求改变了许多机构中传统的患者和非患者的用餐服务比例。这种情况是由联邦政府收紧治疗费用报销标准导致的:最初,典型的急症护理机构饮食服务预算的66%用于患者用餐,其余部分用于为员工和访客提供餐饮。在过去几年里,随着现金销售变得更加重要,66:34的比例发生了逆转。

专家们一致认为,由于经济压力增加,饮食服务经理将需要采用更高科技的方法,采用节省劳动力的真空低温烹饪(sous-vide)和烹饪冷却(cook-chill)方法。目前,这个行业领域主要由自营的托管式饮食服务主导,但索迪斯(Sodexo)、康帕斯集团(Compass Group)和爱玛客(Aramark)等合同服务专业公司将继续以牺牲自营的医疗保健托管式饮食服务为代价,增加他们的市场份额。其中一个原因是,较大的合同公司具有规模经济,并且在批量采购、菜单管理和操作系统方面有更复杂精密的方法,有助于降低食品和劳动力成本。一个技术娴熟的独立饮食服务运营商的优势在于能够立即引入变革,而无须供养区域和公司员工。

医疗保健托管式饮食服务的另一个趋势是主要快餐连锁店的入驻。麦当劳、必胜客快捷餐厅(Pizza Hut Express)、汉堡王和唐恩都乐(Dunkin' Donuts)只是与合同托管式饮食服务运营商合作的几家大公司。对于合同饮食服务运营商和快餐连锁店来说,利用知名的快餐品牌是一种双赢的局面。

与餐厅门店相比,快餐连锁店从非常有吸引力的长期租赁费率中受益。连锁店会评估员工数量以及患者和访客的人数,以确定要设置的门店规模。到目前为止,他们发现工作日的午餐和晚餐时段生意不错,但周末的客流量则不尽如人意。

相比之下,几家医院开始涉足披萨配送业务:他们开通了电话和传真订餐专线,并雇佣兼职员工来配送在医院内制作的披萨。这与日益强调的客户服务相契合。现在患者的餐食以舒适食品为特色，基于食物越简单越好的理念，因此肉饼、肉馅饼、肉和土豆以及金枪鱼沙拉再次流行起来，这提高了客户满意度，让患者感到宾至如归且舒适自在。

一些医院对饮食不受限制的患者采用了客房服务菜单的概念。通常在患者入院前就会与他们联系，以便饮食服务专业人员了解未来患者的喜好和需求。

8.2.4.2 老年生活管理（SLM）

老年生活管理（SLM）是酒店管理领域中一个不断发展的领域。随着人们的寿命越来越长，他们可以选择不同级别的老年生活方式。这些级别从独立生活、协助生活、记忆照护、专业护理、持续照护到全面护理不等。老年生活管理设施的收费范围也很广，从基本的每月租金到入住前需花费50万美元购买别墅的豪华居住环境——退房时这50万美元是不可退还的！对于一对夫妇来说，这样的设施每月需缴纳1万美元的费用（平均费用约为4000美元/月）。

这些高档设施拥有宏伟的建筑，包括大堂、休息区、餐厅、健身和水疗设施，以及供人们从事各种爱好和打牌的区域。有些设施正如其高昂的价格所预期的那样，提供特别美味的餐饮和舒适的生活条件。这些设施有些像度假村，提供丰富生活的体验，包括社交生活、健康养生、终身学习、精神文化、音乐娱乐、美容美发店、手工艺工作室、咖啡馆和小酒馆、庭院和花园、水疗和健身中心，当然也少不了鸡尾酒吧和餐厅。

协助生活包括帮助客人进食、穿衣、梳妆打扮、洗澡、如厕、行走以及药物管理等方面。还包括提供准备好的餐食、定时的交通接送服务、家政服务、清洁服务以及组织的活动。许多协助生活设施还提供紧急呼叫系统、护理人员、礼宾服务和交通服务。有些设施提供高质量的虚拟参观服务，但如果可能的话，亲自去参观可以让你实地察看设施情况，并与居民交流他们的居住体验。总之，协助生活就意味着无须操心维护的无忧生活、优质的餐饮选择、健身中心、终身学习机会、家政服务以及定时前往当地各处的交通接送服务。协助生活最终会发展到持续照护，让居民在园区内就能获得支持性的医疗保健服务，以及专业护理和物理治疗。

8.3 社会商业饮食服务

8.3.1 工商业的饮食托管服务

工商业饮食托管服务是托管式饮食服务行业中最具活力的领域之一。近年来，工商业饮食服务形式变得更加丰富多彩，菜单也像商业餐厅一样有趣，提升了自身形象。

在工商业饮食服务中，以下是一些需要理解的重要术语：

- **承包商**。承包商是根据合同为客户运营饮食服务的公司。大多数公司与托管式饮食服务公司签订合同，因为他们从事制造业或其他一些服务行业，因此，他们聘请专业的托管式饮食服务公司来运营其员工餐饮设施。

- **自营者**。自营者是运营自己的饮食服务的公司。在某些情况下，这样做是因为更容易控制自己的运营，例如，更容易做出改变以满足特殊的营养或其他饮食要求。
- **联络人员**。联络人员负责将公司理念传达给承包商，并监督承包商，以确保其遵守合同条款。

承包商占据了工商业饮食服务市场约80%的份额，其余20%为自营，但趋势是更多的饮食服务运营被外包出去。工商业饮食服务领域的规模大约有3万个运营单位。为了适应公司裁员和搬迁，工商业饮食服务领域提供了规模较小的饮食服务单位，而不是大型的全服务自助餐厅。另一个趋势是，工商业饮食服务有必要实现收支平衡，在某些情况下甚至要盈利。一个有趣的变化是多租户建筑的出现，建筑内的租户都可以使用一个中央设施。然而，在当今动荡的商业环境中，商业办公空间的空置率很高。这意味着多租户办公楼中工商业饮食服务运营商的客户数量减少。因此，一些办公楼将空间租给了商业品牌餐厅。

工商业托管式饮食服务运营商响应了公司员工的要求，除了提供标准的披萨和汉堡等快餐食品外，还提供更多选择：员工们希望有更健康的食品选择，比如自制三明治、沙拉、新鲜水果和异国风味美食。

大多数工商业托管式饮食服务运营商提供多种类型的服务，服务类型由可用资源决定：资金、空间、时间和专业知识。通常这些资源相当有限，这意味着大多数运营商采用某种形式的自助餐厅服务。客户要求提供更多的无脂和无糖产品，食品不仅要根据质量，还要根据营养价值来评判。运营商也会考虑碳足迹，更倾向于从当地采购产品，而不是从全国各地运输。

工商业饮食服务可以通过以下方式来描述：

- 提供直线型、分散型或移动型系统的全方位服务自助餐厅。
- 提供部分全方位服务自助餐厅服务、快餐服务、餐车和移动服务、较少餐厅以及行政餐厅的有限服务自助餐厅。

8.3.2 休闲娱乐领域饮食托管服务

休闲娱乐领域的托管式饮食服务可能是饮食服务行业中最独特、最有趣的工作部分。

休闲娱乐饮食服务运营包括体育场、竞技场、主题公园、国家公园、州立公园、动物园、水族馆以及其他为大量人群提供食品和饮料的场所。顾客通常很匆忙（例如一场普通的职业体育赛事平均只持续2—3小时），所以这个饮食服务领域的一大挑战是要在很短的时间内提供产品。

这个领域独特而有趣的地方在于有机会参与到体育场或竞技场内的职业体育赛事、摇滚音乐会、马戏团或其他活动中——当然，还可以选择在能融入大自然的国家公园或州立公园工作——人群的欢呼声和活动的兴奋氛围使这里成为一个非常令人兴奋的工作场所。想象一下，看超级碗（Super Bowl）比赛还能获得报酬，而不是花钱去看比赛。

8.3.2.1 体育场饮食服务

休闲娱乐设施通常有几个提供食品和饮料的服务点。在体育场里，供应商会对着看台上的球迷大喊："在这里买热狗啦！"而在走廊上，其他球迷则从餐饮摊位购买食品和饮料。这些摊位提供从知名品牌食品到热狗、汉堡以及当地特色美食等各种食物。人们获取食物的另一个地方是餐厅，大多数体育场都设有这样一个特殊区域。在某些情况下，球迷必须是餐厅的会员；在其他情况下，球迷可以购买特殊门票，从而进入这个设施。这些餐厅和其他餐厅没什么不同，只是它们可以无障碍地看到比赛场地。

另一个主要的服务点是在被称为超级包厢（superboxes）、套房（suites）和天空包厢（skyboxes）的贵宾座位区。它们通常由公司租赁，用于招待公司的客人和客户。在每个这样的区域，都有为客人提供的高档品牌食品和饮料服务。这些设施能够容纳30—40位客人，通常有一个设置成自助餐形式的食物摆放区和一个客人可观看体育或其他活动的座位区。在一个大型户外体育场，可能会有多达60—70个这样的超级包厢式设施。对于体育场饮食服务来说，越来越多观众使用电子门票通过移动设备进入场馆。一旦进入体育场，观众就会接收到各类促销短信，并且体育场内还可使用全球定位系统（GPS）来进行供应商点餐。

所以，一个大型体育场或竞技场可能同时有看台上的供应商、餐饮摊位、餐厅和超级包厢，为多达6万—7万名球迷提供服务。为所有这些人提供饮食服务需要餐饮部门进行大量的规划和组织工作。获得许多体育场和竞技场餐饮合同的公司有爱玛客（Aramark）、索迪斯（Sodexo）、康帕斯集团（Compass Group）和特拉华北方公司（Delaware North）。

8.3.2.2 其他场所饮食服务

除了体育场和竞技场，为体育场提供服务的主要托管式饮食服务公司也为其他几种类型的场所提供食品和饮料服务。美国大多数国家公园都与这些公司签订了合同。这些公园有酒店、餐厅、小吃店、礼品店以及众多其他服务网点，游客可以在那里消费。除了公园，其他提供食品和饮料的场所还包括动物园、水族馆、纽约美国网球公开赛等网球赛事以及职业高尔夫赛事。所有这些活动都涉及大量人群。例如，一场包括练习时间持续一周的职业高尔夫赛事，每天会有超过2.5万名观众观看职业选手比赛。赛事活动的饮食服务与体育场和竞技场的饮食服务类似，因为它们也包括餐饮摊位、为球迷提供的食品和饮料区以及用于特殊餐饮承办和招待公司客人的企业帐篷。

8.3.2.3 休闲娱乐领域饮食服务的优缺点

在休闲娱乐领域从事饮食服务职业有几个优点，包括有独特的机会尽情观看职业和业余体育赛事；能听到人群的欢呼声；身处乡村风景优美的地区，可享受大自然；能为客人或球迷提供多样化的服务；以及有固定的工作时间表。

　　在这个领域工作的缺点则包括：短时间内要为大量人群提供服务；工作时间多分布在周末、节假日和晚上；只能提供非个性化服务；在食品方面发挥创意的机会较少；季节性就业以及有旺季和淡季的工作时间表。

　　休闲娱乐领域饮食服务是酒店行业中一个非常独特且令人激动的部分，为员工提供了与标准酒店和餐厅截然不同的工作机会。随着目前全国范围内新建体育场和竞技场不断增加的趋势，这个领域提供了更多新的职业机会。

关键词汇与概念

托管式饮食服务	航空及机场饮食服务	军队饮食服务	学校饮食服务
营养教育项目	工商业饮食服务		

复习讨论题

1. 什么是托管式饮食服务？

2. 请描述中小学校在饮食服务方面目前所面临的问题。

3. 高校饮食服务管理有哪些趋势？

4. 请简要描述医疗保健饮食服务所面临的复杂挑战。

知识应用

考察你所在大学的饮食服务，说出采用托管式饮食服务的优势与问题。

Introducing ≫ Jodi Rivera

Food Service Manager for Dining Services, Aramark, University of South Florida

Jodi is an alumna of the University of South Florida, Tampa, Florida. While taking classes, she worked at the Small Business Development Center.

After several hospitality jobs within the airline catering industry for Caterair International (later LSG/Sky Chefs), Jodi joined the Aramark Tampa team in October 2002 at the Argos Cafe. This location served breakfast, lunch, and dinner. At Argos, Jodi was responsible for the taste, preparation, and production of food. She created a four-week rotating menu cycle, daily recipe books for each station, daily prep list, pull lists, and inventory for ordering. The menus were rewritten every semester and had special celebration days and "limited-time offers," which are the responsibility of the production manager.

Jodi has also been in leadership positions, as location manager, of the Fresh Food Co. (Argos), Bull's Den Café (Andros), and Juniper Dining. While at the Tampa campus, she has also been responsible for many retail locations on campus. Jodi managed the Food Court and Freshens Smoothie in the old Marshall Center. She opened Camille's Café in the new Morsani Center. She is a certified Einstein Bros.

Bagels Manager, and has managed two at USF. Jodi managed Rocky's Hideout in the College of Business. She is also a certified Subway Manager and managed the Subway in Cooper Hall. She oversaw the convenience stores on campus: Juniper POD, Café Connect, Engineering POD, Pharmacy at Morsani Center, and Central Market at the WELL. Throughout her career, Jodi continues to be a ServSafe® manager and proctor.

Jodi participated in Aramark's next transition in August 2020: Dining Services at USF-St. Petersburg. She started at The Reef and has been responsible for financial stewardship since her arrival. All systems, vendors, storage areas, etc. had to be transitioned from Sodexho to Aramark. Jodi began training legacy (former Sodexho) and new employees on tracking production. She also supports the Coral Café and Bull Market (Starbucks We Proudly Brew sites).

Spring of 2021, the St. Pete Campus grew with the opening of The Nest, and 727 Eats. Jodi created Fall 2020 Menu with a four-week cycle and has continued to create each semester's menu. She has conducted Orientation and Safe Food Handler training for both new and returning employees at the beginning of each semester. The Catering Department at USF-SP has also grown with the relaxation of

COVID-19 protocols. Jodi is responsible for the purchasing, estimating, and costing of the contracts.

When she is not working, Jodi is a sustaining member of the Junior League of Tampa. She assisted in the recipe testing, writing, and editing of the Capture the Coast cookbook. She has also been a member of the Holy Names Alumni Association Board, as well as a past president of the board. She assists in fundraising for tuition assistance. She has also been a volunteer for Lifepath Hospice but is currently on hiatus.

Jodi enjoys a challenge, mental stimulation, and the crew she calls her "work family." The average workday has a similar structure and can become rote. What makes the day interesting and challenging are the little "crisis du jour" that may arise. That's what she calls the on the fly menu changes, catering pop-ups, having to shuffle the employees like Domino tiles to reset the manning sheet for the day. She thrives on thinking on her feet and solving for success. With five lines of business in St. Petersburg, there's never a boring day.

But what's the best part of hospitality management? It's having an idea for an event or theme meal and bring it to fruition. I'm given the ability to create something special and memorable for our guests. Watching guests really love the meal, the ambiance you created, the laughter, smiles, and pure enjoyment ... that all started with just a spark of an idea.

.inc | Corporate Profile

Sodexo

Sodexo is a leading worldwide Quality of Life Services company in North America, delivering on-site service solutions in corporate, education, health care, government, and remote site segments. Sodexo's mission is twofold: Improve the quality of daily life and contribute to the economic, social, and environmental development of the cities, regions, and countries in which it operates.

Sodexo (formerly Sodexho Alliance) was founded in 1966 by Pierre Bellon, with its first service provider in Marseilles, France. Primarily serving schools, restaurants, and hospitals, the company soon became internationally successful by signing deals with Belgian foodservice contractors. In 1980, after considerable success in Europe, Africa, and the Middle East, Sodexho Alliance decided to expand its reach into North and South America. In 1997, the company joined with Universal Ogden Services, a leading U.S. remote-site service provider. The empire grew a year later when Sodexho and Marriott Management Services merged. The merger created a new company called Sodexho Marriott Services. Listed on the New York Stock Exchange, the new company became the market leader in food and management services in the United States. At that time, Sodexho Alliance was the biggest shareholder, holding 48.4 percent of shares on the company's capital. In 2001, however, Sodexho Alliance acquired 53 percent of the shares in Sodexho Marriott Services, which changed its name to simply Sodexo.

Today, Sodexo has more than 425,000 employees at thousands of sites in 80 countries and serves 100 million consumers daily. In the United States, they serve 15 million consumers at 13,000 client sites. The goal of Sodexo is to improve the quality and life of customers and clients all over the United States and Canada. They offer outsourcing solutions to the health care, corporate, and education markets. This includes the following services: housekeeping, groundskeeping, foodservice, plant operation and maintenance, and integrated facilities management.

Sodexo's mission is to create and offer services that contribute to a more pleasant way of life for people wherever and whenever they come together. Its challenge is to continue to make its mission and values come alive through the way in which employees work together to serve the clients and customers. The values of Sodexo are service spirit, team spirit, and spirit of progress.

A leading provider of food and facilities management services in North America, Sodexo provides its services at more than 13,000 client sites, including corporations, colleges and universities, health care organizations, and school districts. They are always looking to develop talent. Sodexo offers internships in foodservice and facilities management businesses as well as in staff positions such as finance, human resources, marketing, and sales. Sodexo believes that workforce diversity is essential to the company's growth and long-term success. By valuing and managing diversity at work, Sodexo can leverage the skills, knowledge, and abilities of all employees to increase employee, client, and customer satisfaction.

Sodexo has received numerous awards; among them are as follows: top ranked in the "services" category of Global Outsourcing, recognized as a Supersector Worldwide Leader for commitment to sustainable development, named one of the world's most ethical companies, number one of World's Most Admired Companies by *Fortune* magazine, and one of the best companies for hourly workers by *Working Mother* magazine.

Current Issues in Managed Services

Healthful, Fresh, and Global

Students want more healthful and fresh items, so campus dining services are offering local farm-to-table offerings like sustainable seafood, more adventurous flavors, more international choices, such as Southeast Asian and Mediterranean, and healthier grab-and-go late night items. Students also like to see the ingredients—it's all a part of the meal experience. They want rotisseries, char-broilers and Mongolian grills, Tandoori ovens, sushi rollers, display cooking, smokers, and teppanyaki grills, woks, and fresh noodle stations. Students also like food to be part of an experience and enjoy participating in cooking classes where they can learn a lifetime skill and try new flavors at the same time.

- As a student, how important is farm-to-table and sustainable food choices to you when making campus dining decisions?
- If your campus were to offer cooking classes, what type of class(es) would you participate in?

Design

Some campus dining operations are creating a "third place" like Starbucks or Panera have done (it's not home or work—it's in-between). There is a renewed focus on the design of the dining area, working with the university managers who are aiming to create a space where the culture of the university can allow students to collaborate around food.

- How important is having a space that is both good for working and relaxing for students?

Competition and Contracts

There is essentially a fixed number of universities with which to partner. This means that the competition to do business with them is fierce, and new business for one company is often lost business for another. This can and does lead to very aggressive contracts to gain new business that can leave a narrower margin for profit.

In many instances, price changes must be approved by the client. This creates a delay between changes in the market cost of goods and the same change in the charged price. Street stores may change their prices at any time they want. According to some contracts, the price change can only happen once a year and it must be with client approval. Additionally, regarding university contracts, schools are very aware of how the cost of a meal plan impacts the overall cost of attendance and often other departments might absorb some or all of the total increase the school is willing to take leaving meal plan prices to stay at stagnant levels for multiple years.

When operating around the ebbs and flows of an academic calendar, there are many times of the year (and even the day) when we are open to maintain good standing with the contract and operating at a loss. Conventional wisdom says if you're at least breaking even, it is worth being open during those hours because it adds value and builds consumer loyalty. In a contract situation, there may be weeks or even months that you are required to be open where the financials suggest you should be closed.

- If you were a contractor providing services to a university, what services would you offer that could help increase revenue during slow periods?
- How important is it to manage price increases at the university level?

第4篇

休闲娱乐业

第 9 章 公园与俱乐部

学习目标

- 掌握休闲娱乐活动的概念。
- 阐述主题公园的发展历程。
- 介绍不同类别的热门休闲娱乐旅游地。
- 解释政府资助的休闲娱乐活动范围。
- 讲述俱乐部的主要特点和内容。

休闲活动包括积极参与的活动和消极参与的活动。消极参与的休闲活动包括观看各类体育赛事——既有团队赛事，也有个人赛事，此外还有阅读、钓鱼、演奏和听音乐、园艺、玩电脑游戏以及看电视或电影等。棒球、垒球、橄榄球、篮球、排球、网球、游泳、慢跑、滑雪、徒步旅行、有氧运动、攀岩和露营等则都属于积极的休闲活动形式。休闲是我们国家整个社会、经济和自然资源环境中不可或缺的一部分。它是我们生活和幸福的基本组成部分。

9.1 休闲娱乐的概念

休闲最好被描述为不工作的时间，或者说是可自由支配的时间。一些休闲娱乐领域的专业人士会互换使用"休闲（leisure）"和"休闲娱乐（recreation）"这两个词，而另一些人则将休闲定义为对自由时间进行富有成效、创造性或沉思性的利用。从后一种定义来看，历史一次又一次地表明，休闲与文明的进步之间存在着直接的联系。然而，具有讽刺意味的是，作为一个社会群体，我们所享受的很多休闲时光直接得益于技术和生产力的提高，或者仅仅是辛勤的劳动。

9.1.1 商业性休闲娱乐活动

随着后工业社会变得越来越复杂，生活的压力也越来越大，培养人们全面发展的需求变得日益重要。与上一代人相比，企业高管的压力水平要高得多。"职业倦怠"这个词——实际上也包括"压力"一词——已经成为我们日常词汇的一部分。休闲娱乐的意义就在于在生活中创造一种平衡与和谐，帮助人们保持身心健康和完整。

休闲活动让人们能够一起享受乐趣，并在共同的愉快经历基础上建立起持久的关系。这种休闲过程被称为"情感联结"。情感联结很难描述，但由于参与休闲活动而使朋友或商业伙伴之间对人际关系的感受变得强烈的经历却很常见。这些关系促进了个人的成长与发展。

"休闲娱乐"（recreation）这个词意味着以一种旨在让身心得到治愈和放松的方式来利用时间。休闲娱乐与生活方式以及积极态度的养成是同义的。例如我们在进行休闲活动后，会体验到更强的幸福感。有些人错误地把追求幸福当作个人目标，但是，仅仅说一句"我想要幸福，所以，我要进行休闲活动"是不够的。纳撒尼尔·霍桑（Nathaniel Hawthorne）在19世纪中期曾经写道："在这个世界上，幸福总是不期而遇的。把它当作追求的目标，它就会让我们徒劳无功地追逐，永远也得不到。倘如你把幸福当作终极目标来追求，那将是一场白费心机的追逐，永远不会成功。但当你在追求别的目标的过程中，则很有可能在不经意间获得此前连做梦也没有想到的幸福。"

休闲娱乐是一个过程，旨在营造一个有利于发现和培养能够带来幸福的特质的环境。因此，幸福和安康是休闲娱乐的附带结果。这样一来，通过参与休闲活动，幸福感可能会得到提升。个人的休闲目标与其他任何商业或个人目标一样重要。这些目标可能包括在6分钟内跑完1英里，或者保持棒球击球率在0.300以上。一个人设定并努力实现目标这一事实需要个人的规划安排，而这有助于提高生活质量。

休闲活动也创造了一种生活的平衡，它是维持个人需要的幸福感和完整性的所有活动的总和。休闲娱乐使人们获得生活乐趣，形成基于共同欢乐体验的长久关系，这一休闲娱乐活动过程被称为生活的纽带。这一纽带是很难描述的，但我们在生活里将与朋友或是商业伙伴间的关系升温的交往感受作为休闲娱乐追求的结果，是很普遍的现象。这些关系会带来个人的成长和发展。常见的商业性休闲娱乐活动有以下几种。

9.1.1.1 休闲活动中心

水疗业是人类休闲活动中最典型的活动之一。

水疗业有四个口号：减压、恢复元气、美容和提升精神境界。它们不一定按顺序来，但宗旨是让你尽情地放松、焕然一新、恢复元气，并提升到一个没有烦恼的境界，让身体的自我修复能力自由发挥作用。

对一些人来说，通往涅槃的道路是悠闲地散步并与自然交流。对另一些人来说，则是通过激烈的体育运动来体验。还有一些人，他们通过放下责任，享受按摩、用芳香精油沐浴、浸泡在特制泥浴中，或者裹上海藻混合物来达到这种境界。对于那些喜欢泥浴的人来说，加利福尼亚州纳帕谷葡萄园中的卡利斯托加（Calistoga）是个好去处，在那里你可以无重力地漂浮在火山泥中。

近年来，水疗中心越来越受欢迎，现在有好几种类型的水疗中心，它们提供各种服务，如不同种类的按摩、面部护理和身体磨砂保养等。

日间水疗中心按日提供各种护理服务。度假水疗中心或目的地水疗中心的目的是通过水疗护理、锻炼和相关知识教育，让客人感觉更好，并过上更健康的生活方式。有些水疗中心有至少入住三晚或七晚的规定，通常还提供健康的水疗餐。度假酒店水疗中心位于度假村或酒店内，为客人提供各种服务，而且客人通常还能找到一些水疗餐食。对于那些不参加会议或活动的配偶来说，度假酒店水疗中心可能是个不错的选择。除了这些水疗中心，还有俱乐部水疗中心、邮轮水疗中心和机场水疗中心，人们可以在航班间隙在机场水疗中心享受背部按摩服务。

9.1.1.2 景点与主题公园

景点和主题公园的管理与其他任何商业管理有很多相似之处。主题公园的管理者运用相同的主要管理职能——规划（包括预测）、组织、决策，以及控制。

规划涉及所有类型，可分为两大类：战略规划（长期）和战术规划（短期）。战略规划的一个例子是确定建造什么样的主题游乐设施作为下一个主要景点，或者在另一个国家规划建设一个新的主题公园。战术规划的一个例子是预测公园下个月的游客人数，以便各个部门能够合理安排员工数量。

组织就是把一切都安排妥当：谁来做什么，由谁来做，在什么时候、什么地点做。例如，一个主题公园需要一个组织架构来管理运营过程。管理团队因此被组建，并被分配任务。有人负责管理预订和门票销售、游乐设施、餐厅和饮食服务、礼品店、维护、市场营销、人力资源以及会计和财务等工作。每个部门经理都有每日、每周和每月的任务，这些任务构成了对公园的组织安排，以最大限度地提高运营效率和效果。组织架构图显示了谁向谁汇报工作，并直观地呈现了公园的运营情况。

对于许多常规决策，即定期发生的决策，决策过程可以使用预先设定好的程序来快速而轻松地处理。例如，当某一商品的库存降至补货点以下时，预先设定好的应对措施就是订购一定数量的商品，使库存恢复到正常水平。

另一种决策类型则更为复杂，即那些非经常性的、由于特殊情况引起的非程序化决策。比如在信息不完整的情况下做出的非常规决策——决定安装哪种顾客关系程序或销售点系统。

决策过程一般包括以下八个步骤：

- 识别问题并明确问题的定义
- 确定决策标准
- 为各项标准分配权重
- 制定备选方案
- 分析备选方案
- 选择备选方案
- 实施方案
- 评估决策的有效性

控制是景点管理的关键部分，需要不断检查，以确保结果符合预期。实际收入是否达到了预期？或者，实际收入是高于还是低于预期，相差多少？人工成本是多少，与预期的人工成本相比如何？总之，控制的目的是要检查运营中所有关键领域的绩效结果。

景点的收入来自门票销售、停车收费、自动售货机销售、零售项目收费、食品和饮料销售以及捐赠。不同景点之间的收入来源差异很大，有些是营利性的，有些是非营利性的，但两者都必须在预算范围内运营。许多景点70%的收入来自门票销售，大约15%来自零售收入，另外15%来自食品和饮料销售。许多景点正试图通过举办特殊活动来吸引新的收入来源，比如企业活动、父亲节或复活节庆祝活动，或者在停车场举办汽车展览。

作为企业管理者，景点管理者也在努力跟上潮流，控制支出。他们还试图在淡季留住最优秀的员工，通过对他们进行交叉培训，以便在有需要时能够胜任多项工作。由于人工成本是最高的支出项目，管理者们尽最大努力通过在多个领域增加志愿者人数来降低人工成本。

景点管理的核心在于将产品质量和客户服务保持在最高水平，其最终目标是确保收入超过支出，从而获得最大的净利润——这是一个简单的数学公式：收入减去支出，等于净利润。

9.1.2 政府资助的休闲娱乐活动

在公园、休闲和娱乐服务领域，构成政府资助休闲娱乐活动项目（Government Sponsored Recreation）的各级政府既相互交织，又各有不同。政府通过所得税、销售税和财产税来筹集资金。此外，政府还从与休闲娱乐相关的活动中筹集专项收入，例如对汽车和休闲车辆、船只、汽车燃料征税，对酒店住宿征收临时入住税（TOTs），以及州彩票和其他相关项目。这些资金被分配给联邦、州/省、市和镇各级与休闲娱乐相关的组织。休闲娱乐活动多种多样，从文化活动，如博物馆参观、工艺美术、音乐、戏剧和舞蹈，到体育运动（个人和团队运动）、户外休闲活动（如徒步旅行和露营），还有游乐园、主题公园、社区中心、游乐场、图书馆和花园等。人们可以根据自己的兴趣和能力选择休闲娱乐活动。

公园和休闲娱乐团体面临着众多挑战，尤其是当休闲娱乐资源在社区中成为更具价值的资产时。员工薪资和服务的资金来源是这些团体面临挑战的一个方面。以下是休闲娱乐专业人士必须应对的其他一些问题：

- 全面的休闲娱乐规划
- 土地分类系统
- 联邦收入分享
- 土地收购和开发资金项目
- 土地利用规划和分区
- 州和地方财政
- 越野车辆的影响及相关政策
- 休闲娱乐用地役权（Easement）的使用
- 区域指定（如荒野地区、野生和风景优美的河流、国家步道、自然保护区）
- 众多控制着全国三分之一以上土地的地方、州/省和联邦机构在目的和资源方面的差异

9.1.3 非商业性组织的休闲娱乐活动

非商业性休闲娱乐活动（noncommercial recreation）包括志愿组织开展的活动、校园休闲娱乐活动、军队休闲娱乐活动、员工休闲娱乐活动，以及面向特殊人群的休闲娱乐活动。

第一，志愿组织开展的活动。志愿组织（voluntary organizations）是非政府、非营利性机构，通过提供多方面服务项目来服务广大公众或特定群体，这些项目通常包含大量的休闲娱乐机会。20世纪初，一些志愿组织开始提供体育设施和项目。尽管这些组织是非营利性的，但它们却是篮球、游泳和举重训练等项目的先驱。后来，商业健身俱乐部也开始发展起来，为男性和女性提供锻炼服务。随着运动和健身运动的发展，俱乐部开始迎合特定人群的兴趣爱好。现在，俱乐部可以分为以下几类：专业俱乐部、社交俱乐部、体育俱乐部、餐饮俱乐部、军事俱乐部、游艇俱乐部、兄弟会俱乐部和自营俱乐部。

多功能俱乐部（multipurpose club）比健身俱乐部拥有更独特的休闲娱乐活动。球拍类运动的联赛、锦标赛和课程很常见，且大多数俱乐部提供多种类型的健身课程。一些创新型俱乐部还提供自动柜员机服务、股市行情报价服务、网球比赛的电脑配对服务、汽车美容服务、洗衣和干洗服务以及酒窖储存服务。俱乐部的收入来自会员费、用户使用费、访客费、餐饮销售收入、设施租赁收入等。在大多数俱乐部中，人力资源成本约占总支出的66%。

在城市中心可能会有几个志愿组织，每个组织都为特定人群提供服务。大城市可能会提供各种项目和服务，包括少年俱乐部、日托中心、宗教中心以及其他满足城市居民兴趣的聚会场所。

第二，校园休闲娱乐活动。 北美的学院和大学为有组织的校园休闲娱乐活动（Campus Recreation）提供了主要场所，每年参与这些项目的服务人员达数百万人。这些项目由校园休闲娱乐办公室、校内体育部门、学生会、宿舍工作人员或其他赞助方参与组织。人们将大量休闲时间用于参加各种有组织的休闲娱乐活动，如健身操、工艺美术、表演艺术、露营和体育运动等。工作人员在当地的游乐场和休闲区、公园、社区中心、健康俱乐部、健身中心、宗教组织、营地、主题公园和旅游景点规划、组织和指导这些活动。越来越多的休闲娱乐和健身工作人员也出现在工作场所，为各个年龄段的员工组织和指导休闲活动和体育项目。

各种休闲娱乐活动有助于维护校园的良好士气。一些学校利用体育活动、管弦乐队或戏剧社团演出等休闲娱乐活动作为获得校友支持的一种方式。学生们也期望有一个令人兴奋和有趣的社交生活。因此，学院和大学提供了广泛的休闲娱乐和社交活动，不同校园的活动可能会有所不同。

第三，军队休闲娱乐活动。 军队休闲娱乐活动（Armed Forces Recreation）政策是美国国防部的官方政策，为其人员的身体、社交和心理健康提供全面的福利和休闲娱乐活动。每个军种都在士气、福利和娱乐（Morale, Welfare and Recreation，简称MWR）项目的支持下赞助休闲娱乐活动，该项目由设施管理司令部负责执行。MWR活动面向所有军事设施内的所有军事人员和文职雇员开放。

MWR 项目包括以下类型的活动：

- 体育运动，包括自主参与的、竞技性的、教学性的以及观赏性的项目
- 电影放映
- 服务俱乐部和娱乐活动
- 手工艺和爱好活动
- 针对军人家庭子女的青年活动
- 特殊兴趣小组，如航空、汽车、摩托车和摩托艇俱乐部，以及徒步旅行、跳伞、钓鱼和射击俱乐部
- 休息中心和休闲区
- 开放式餐饮设施
- 图书馆

休闲娱乐与《退伍军人权利法案》、医疗服务、军人商店和军人福利社一起，均被视为军人员工福利的重要组成部分。

第四，员工休闲娱乐活动。商业和工业领域已经认识到提高员工效率的重要性。人力资源专家发现，那些将空闲时间用于有意义的休闲娱乐活动的员工，因情绪紧张、疾病或过度饮酒等原因导致的缺勤情况较少。员工休闲娱乐（Employee Recreation）项目也可能成为吸引潜在员工加入公司的一个激励因素。

在美国和加拿大，几乎所有的领先企业都有员工休闲娱乐和健康项目。一些公司将休闲娱乐活动纳入其团队建设和管理发展项目中。

第五，面向特殊需求人群的休闲娱乐活动。面向特殊需求人群的休闲娱乐活动（Recreation for Special Populations）涉及为他们服务的专业人员和组织。近年来，人们越来越认识到需要为有特殊需求的人提供休闲娱乐活动。

为残障人士提供的一项体育项目是特奥会，这是一个为残障儿童和成年人提供的国际健身、体育训练和体育竞赛项目。这个项目的独特之处在于，它通过将参与者分配到不同的竞赛组别，来适应不同能力水平的参赛者。

如今，特奥会为全球超过490万的个人提供服务，覆盖了超过172个国家。在32个竞赛项目和体育项目中，包括田径赛事、水上运动、体操、花样滑冰、篮球、排球、足球、垒球、室内曲棍球、保龄球、越野滑雪和轮椅项目等。美国国家休闲娱乐与公园协会（National Recreation and Park Association）以及众多州和地方机构及社团与特奥会密切合作，推广相关项目并赞助比赛。

9.2 主题公园

游览主题公园（theme parks）一直是深受游客喜爱的活动。主题公园试图营造出另一个时空的氛围，通常会围绕一个主导主题进行设计，建筑、景观、游乐设施、表演、饮食服务、穿着特色服装的工作人员以及零售活动都围绕这个主题展开。在这个定义中，主题概念的设定对于公园的运营至关重要，游乐设施、娱乐项目和餐饮都被用来营造出多种不同的环境。

美国各地分布着大量的主题公园，每年吸引着数以百万计的游客前来游玩。据估计，美国境内约有400家主题公园和景点，它们创造了数十亿美元的收入，并且每年提供约100个工作岗位，这对美国的经济活动做出了重大贡献。这些公园拥有各种各样的景点，从动物和海洋生物到惊险刺激的游乐设施以及动感模拟器等。有些公园具有教育主题，而有些公园则纯粹是供人们尽情玩乐的地方。

9.2.1 主题公园的发展

主题公园的概念最早始于20世纪20年代加利福尼亚州布埃纳帕克的一个小草莓农场和茶室。随着农场主人沃尔特·诺特（Walter Knott）的餐厅生意日益兴隆，他在农场里增添了各种不同的景点，以便让等待就餐的顾客打发时间。经过80多年的逐步扩张，诺特草莓农场已成为美国最大的独立主题公园之一。

如今，诺特草莓农场占地160英亩，拥有各种游乐设施、景点、现场表演、历史展览、餐饮场所和特色商店。该主题公园以四大主题为特色——鬼城（Ghost Town）、嘉年华村（Fiesta Village）、沿湖栈道（The Boardwalk）和史努比营地（Camp Snoopy，是史努比以及《花生漫画》角色的官方家园）。此外，加利福尼亚市集就位于公园外，拥有15家独具特色的商店和餐厅。

诺特草莓农场确实对美国主题公园行业产生了巨大影响。诺特草莓农场诞生后，数百家独立经营和公司运营的主题公园纷纷开始发展起来。沃尔特·诺特是这样解释主题公园为何如此快速地受到大众欢迎的："世界变得越复杂，人们越向往生活中已逝或简单的事物。我们（主题公园运营商）所做的，正是试图给予人们一些这样的东西。"也许正是如此，即便面临日益激烈的竞争，诺特草莓农场仍凭借其原汁原味的历史文物、轻松的氛围、对教育的重视、知名的美食、多样的娱乐项目、创新的游乐设施以及特色购物，继续吸引着游客。

美国许多最著名的主题公园都位于佛罗里达州。华特迪士尼世界（Walt Disney World）、海洋世界（SeaWorld）和奥兰多环球影城度假村（Universal Orlando Resort）只是位于奥兰多的众多主题公园中的一部分。布什花园（Busch Gardens）和冒险岛（Adventure Island）都位于坦帕市。

位于佛罗里达州坦帕市和弗吉尼亚州威廉斯堡的布什花园，或许是最著名的以动物为主题的公园。布什花园就像是一个别具特色的动物园。它的惊险游乐设施和动物景点数量相当。游客可以乘坐火车穿越塞伦盖蒂平原，在那里斑马和羚羊自由奔跑；可以登上巨大的橡皮艇，体验刚果河急流漂流；或者乘坐公园里众多创世界纪录的过山车。

9.2.2 华特迪士尼世界

华特迪士尼世界由四个主要主题公园组成，即魔法王国、艾波卡特、迪士尼动物王国和迪士尼好莱坞影城，拥有60多个景点、32家度假酒店、精彩绝伦的夜间表演，以及覆盖这片数千英亩热带天堂的广阔购物、餐饮和休闲设施。

华特迪士尼世界内有网球场、锦标赛级别的高尔夫球场、码头、游泳池、慢跑和自行车道、滑水和摩托艇等项目。这里总是充满新的惊喜：它新增了一个特别的水上探险乐园——一座以滑雪度假为主题的"白雪覆盖"的山，名为暴风雪海滩（Blizzard Beach）。

迪士尼的酒店在建筑风格上令人兴奋，并且提供许多便利设施。充满乐趣的迪士尼全明星运动度假村和色彩缤纷的迪士尼全明星音乐度假村被归类为经济型酒店。迪士尼荒野小屋（Wilderness Lodge）是公园的瑰宝之一，其令人印象深刻的高大木结构中庭大堂和围绕着类似落基山脉间歇泉池建造的客房别具特色。总之，公园里有数千名热情微笑的主持人和演艺人员，他们致力于让每一位迪士尼游客都能度过特别美好的夜晚。

在华特迪士尼世界，有比以往更多的项目可供游玩，比如米奇的音乐魔法（Mickey's PhilharMagic），它在魔法王国的幻想世界区域融入了3D电影技术；飞溅山，这是魔法王国边疆世界中一个受欢迎的原木漂流项目；太空任务（Mission: SPACE），这是艾波卡特的一个动感模拟器项目，模拟宇航员的体验；还有在迪士尼好莱坞影城的终极惊悚项目——《阴阳魔界》惊魂古塔。

9.2.2.1 魔法王国

华特迪士尼世界的核心以及它的第一个著名主题公园就是魔法王国。它就像一个巨大的戏剧舞台，游客在这里成为精彩迪士尼冒险的一部分。这里也是米老鼠、白雪公主、小飞侠彼得·潘、汤姆·索亚、大卫·克罗克特和瑞士家庭鲁滨逊的家园。

魔法王国内有6个充满想象力的主题区域，拥有40多个主要表演和乘车游览景点，更不用说还有商店和独特的餐饮设施了。每个主题区域都以迷人的细节来展现其主题——建筑、交通方式、音乐、服装、餐饮、购物和娱乐项目都经过精心设计，营造出一种让游客能忘却平凡世界的整体氛围。这6个主题区域如下：

- **美国小镇大街**。在这里可以体验世纪之交的魅力，乘坐马拉的有轨电车、无马马车，逛逛众多纪念品商店、投币式游戏机厅，还可以乘坐华特迪士尼世界火车进行公园大环线游览。

- **探险世界**。在这里可以和加勒比海盗一起探索异国他乡，参观瑞士家庭树屋、阿拉丁的魔法飞毯，以及华特迪士尼的热带风情鸟屋。

- **边疆世界**。在飞溅山和巨雷山铁路体验惊险刺激，在乡村熊剧场享受音乐乐趣，在边疆世界射击游戏厅娱乐休闲，在汤姆·索亚岛的洞穴和木筏之旅中体验冒险。

- **自由广场**。在美国河流上乘蒸汽船航行，在幽灵公馆中探寻神秘，还可以参观令人印象深刻的总统大厅，其中新增了前总统巴拉克·奥巴马和总统唐纳德·特朗普的配音角色。

- **幻想世界**。灰姑娘城堡是进入幻想世界的门户，在故事书马戏团（Storybook Circus）可以找到贝儿的奇幻故事和美国小镇大街爱乐乐团。参加小美人鱼的海底之旅，和爱丽儿一起进入海底世界，在"成为我们的客人"餐厅（Be Our Guest Restaurant）和加斯顿酒馆（Gaston's Tavern）用餐，或者乘坐七个小矮人矿山车。故事书马戏团还包括小飞象、华特迪士尼世界铁路和小凯西嬉水站等景点。

- **明日世界**。乘坐旋转的太空轨道车、射击类项目巴斯光年星际营救、互动式的怪兽电力公司欢笑地板、太空山、明日世界赛道、高架的明日世界单轨列车以及华特迪士尼的进步旋转木马（迪士尼最古老的节目之一），前往一个未来的科幻城市。

9.2.2.2 艾波卡特

艾波卡特（Epcot）是一个独特、永久性且不断变化的世界博览会园区，有两大主题区域：未来世界和世界之窗。其亮点包括"地球印象：烟火璀璨"（Reflections of Earth），这是一场每晚举行的烟火、喷泉、激光与古典音乐交织的盛大表演。

在未来世界的"创新世界"展区，展示了令人惊叹的，应用于家居、工作和娱乐等领域的近未来科技。这里不断有最新的消费产品展出。在"地球号宇宙飞船"（地球号宇宙飞船是艾波卡特的地标建筑）的通信 主题故事中，展馆探索了过去、现在和未来。"能源世界"展区里的巨型恐龙模型有助于解释能源的起源和未来。此外，还有"太空任务"，让游客体验模拟的太空冒险；"测试跑道"，一个高速的车辆模拟骑行项目；"想象之旅"，带领游客参观各种感官实验室；以及"海底总动员和尼莫的朋友们"，这里拥有世界第二大的室内海洋馆，生活着数千种热带海洋生物。

艾波卡特的世界之窗的展馆围绕着一个波光粼粼的潟湖（lagoon）而建，游客在这里可以看到世界著名地标的复制品，品尝11个国家的特色美食，欣赏各国的娱乐表演并感受其文化：

- **墨西哥：** 在墨西哥的节日广场，乘坐以"三骑士"为主题的"大节日之旅"游船，还有提供正宗墨西哥美食的圣天使庄园餐厅（La Hacienda de San Angel）。
- **挪威：** 木板教堂画廊，以电影《冰雪奇缘》起源为主题的展览，以及阿克胡斯皇家宴会厅餐厅（Akershus）。
- **中国：** "中国映像"，令人惊叹的360度环幕电影之旅，展示了中国的古今风貌，还有九龙餐厅。
- **德国：** 一家地道的露天啤酒花园餐厅。
- **意大利：** 圣马可广场街头艺人表演，以及意大利美食（Tutto）。
- **美国：** 激动人心的历史剧《美国历险记》。
- **日本：** 日本皇宫的复制品，以及江户铁板烧餐厅。
- **摩洛哥：** 摩洛哥富丽堂皇的马拉喀什餐厅（Marrakesh）。
- **法国：** 展现法国乡村的"法国印象"电影之旅，以及莱雪弗德法国餐厅（Les Chefs de France）和保罗先生餐厅（Monsieur Paul）。
- **英国：** 莎士比亚风格的街头艺人表演，以及玫瑰与皇冠餐厅酒吧（Rose & Grown）。
- **加拿大：** 由马丁·肖特解说的360度环幕电影《加拿大万岁！》。

每个展示区都有额外的小吃摊点和各种商店，出售来自各个国家的手工艺品和特色商品。

9.2.2.3 迪士尼好莱坞影城

迪士尼好莱坞影城拥有100多个主要表演、商店、餐厅、乘车冒险项目和后台游览项目，它将真实运营的电影、动画和电视工作室与令人兴奋的电影主题景点相结合。好莱坞大道上复刻的格劳曼中国剧院内设有"伟大电影之旅"项目。

其他主要景点包括《阴阳魔界》惊魂古塔——一个令人惊叹的13层电梯坠落体验项目、以史密斯飞船乐队为主题的快节奏冒险项目"摇滚过山车"、"美国街道"中的纽约街景、"夺宝奇兵史诗般的特技表演秀"和"布偶3D视觉秀"中的精彩演出，以及激动人心的《星球大战》冒险项目。

对迪士尼粉丝来说特别有趣的是"迪士尼动画的魔力"，游客可以参观动画学院，还能旁听由迪士尼艺术家主持的课程。在"小美人鱼之旅"剧场以及"美女与野兽"（在明星剧院上演的一场25分钟的现场音乐剧）中，深受喜爱的迪士尼电影被改编成了精彩的舞台表演。迪士尼好莱坞影城里最好的餐厅包括好莱坞棕榈树餐厅（Hollywood Brown Derby）、好莱坞与维尼餐厅（Hollywood & Vine）、50年代主题餐厅（50's Prime Time Cafe）、科幻主题餐厅（Sci-FiDine-In Theater Restaurant）和梅尔罗斯妈妈的意大利餐厅（Mama Melrose's Ristorante Italiano）。

迪士尼动物王国主题公园是华特迪士尼世界的最新成员。动物王国专注于自然和我们周围的动物世界。游客可以乘坐时光旅行般的游乐设施，与从史前时代到现代的各种动物面对面。这里会上演以迪士尼最受欢迎的动物主题电影（如《狮子王》和《虫虫危机》）为蓝本的表演，还有一个新的主题区域"潘多拉——阿凡达世界"。在动物王国还提供野生动物园之旅，让游客可以近距离接触真实的长颈鹿、大象和河马。

华特迪士尼世界的两个水上乐园是迪士尼暴风雪海滩水上乐园（Blizzard Beach）和迪士尼台风潟湖水上公园（Typhoon Lagoon）。暴风雪海滩有独特的滑雪胜地主题，而台风湖则基于一个传说，即一场强大的风暴席卷而过，留下了许多泳池和急流。两个公园都提供各种各样的滑梯、橡皮艇漂流项目、泳池和贯穿整个公园的漂流河。

所有这些以及更多的元素共同使华特迪士尼世界成为世界上最受欢迎的度假胜地。自1971年开业以来，数百万游客前来参观，其中包括来自世界各地的国王和名人，以及自开业以来的多位美国总统。最让游客称赞的是这里的清洁程度、工作人员的友好态度以及对细节令人难以置信的关注——精湛的表演技巧与丰富的想象力相结合，提供了无尽的冒险和乐趣。

9.2.2.4 环球影城

好莱坞环球影城（Universal Studios Hollywood）近40年来一直提供著名电影拍摄场地的导游服务，每天都有成千上万的人来参观环球影城。自成立以来，环球影城已成为华特迪士尼公司最强大的竞争对手。

在佛罗里达州的奥兰多，尽管与迪士尼乐园区域相近，环球影城依然取得了巨大的成功。除了好莱坞和奥兰多的园区外，环球影城还扩展到了新加坡和日本。未来还计划在俄罗斯莫斯科和中国北京开设新的园区。环球影城成功的一个原因是它将电影改编成了惊险刺激的游乐项目;另一个原因是它注重游客的参与度。游客可以参与制作音效,还能参与特技表演,这使得环球影城不仅仅是一个"幕后探秘之地"。

环球影城也是未来游乐园和主题公园发展趋势的一个很好的范例。它通过结合新技术和最先进的设备,提供更逼真的惊险游乐项目。此外,该公司已经意识到,游客往往只是因为恰好在某个地区而前往当地的主题公园。通过大幅扩展游客体验,NBC环球影视公司希望其改进措施能让游客将环球影城主题公园作为一站式的旅游目的地。

让我们更深入地了解一下环球主题公园:

• **好莱坞环球影城**:第一个环球影城主题公园号称是世界上最大的电影制片厂和主题公园。作为新的制片厂之旅的一部分,游客可以探索"哈利·波特的魔法世界",体验《速度与激情》的超燃生活,或者与《功夫熊猫》角色一起游玩,此外,还能置身于好莱坞电影的拍摄现场。之后,游客可以在环球城市大道放松身心,这条街道号称提供最优质的美食、夜生活、购物和娱乐体验。

• **奥兰多环球影城**:它本身就是一个旅游目的地,拥有三个主题公园、几个主题度假村和繁华的城市大道。在佛罗里达环球影城,就像在好莱坞园区一样,你可以探索令人兴奋的电影制作世界。在环球冒险岛,你可以体验到最棒的过山车和惊险游乐项目,而环球火山湾则提供了一个独一无二的水上主题公园,坐落在热带天堂之中。如果你光是想想还没觉得累的话,不妨去城市大道品尝美食、购物,体验一下当地最热门的夜生活。无数深受游客和当地人喜爱的场所,提供了各种各样超酷的酒吧、热门俱乐部和现场音乐表演。

• **日本环球影城**:这个主题公园拥有20多项游乐设施和表演,有些是全新的,有些是经典的热门项目,此外还有很棒的餐饮和购物体验。最新的景点"哈利·波特的魔法世界"于2014年开放,仿照奥兰多环球影城和好莱坞环球影城的同名区域建造。

• **新加坡环球影城**:2010年开业,拥有包括侏罗纪公园、怪物史莱克和变形金刚等在内的一系列游乐项目。

9.2.3 海洋世界主题公园

海洋世界主题公园及娱乐公司是海洋世界娱乐公司(SeaWorld Entertainment, Inc.)的子公司,旗下还包括布什花园(Busch Gardens)。这些动物主题公园不仅为来自世界各地的游客提供了观赏和体验众多海洋及陆地动物奇妙之处的机会,还拥有高度完善的教育项目。这些项目每年通过公园现场、电视和互联网,让数百万人了解诸如濒危动物、环境以及海洋奇观等主题的知识。此外,海洋世界主题公园及娱乐公司在全球的动物保护、研究和野生动物救助等领域也非常活跃。

该公司致力于保护海洋生物。它采用创新的项目来研究各种野生动物面临的困境。全年还参与动物繁殖、救援、康复和保护工作。海洋世界主题公园及娱乐公司在动物保护方面所做的工作对其主题公园的生存至关重要,因为研究和救援项目是通过游客收入来维系的。而且，每个公园都提供独特的表演和景点，将娱乐与教育相结合，同时坚定地致力于研究和保护工作。

目前，海洋世界主题公园及娱乐公司在美国运营以下主题公园：

- **海洋世界**：海洋世界的三个公园分别位于加利福尼亚州的圣地亚哥、佛罗里达州的奥兰多和得克萨斯州的圣安东尼奥。每个公园都有不同的主题、海洋和动物景点、表演、游乐设施和教育展览，但均以海洋生物为对象。游客可以与海豚和鱼类互动，了解海洋的奥秘。海洋世界还提供多种游乐设施，从黄貂鱼到企鹅的各种生物展品更是数不胜数。

- **布什花园**：这些主题公园位于佛罗里达州坦帕市和弗吉尼亚州威廉斯堡市，除了大型动物园和野生动物园外，还有令人兴奋的惊险游乐设施和景点。威廉斯堡公园的主题是古典欧洲。它通过穿越9个精心设计、细节逼真的欧洲村庄，再现了17世纪古老欧洲的魅力。坦帕的布什花园则以鲜明的非洲主题为特色。

- **冒险岛**：冒险岛也位于坦帕市，是坦帕湾地区唯一的水上乐园，也是佛罗里达州西海岸唯一的水上主题公园，拥有多个独特的水上游乐区和惊险刺激的水上游乐设施。该水上乐园占地30多英亩，有充满乐趣的水上设施、咖啡馆和商店。

- **美国水上乐园**：美国水上乐园也位于威廉斯堡，是弗吉尼亚州最大的家庭水上乐园，拥有最先进的水上游乐设施和景点，全部以复古冲浪为主题，还提供现场娱乐表演、购物和饮食服务。与冒险岛一样，美国水乡也致力于为游客（尤其是儿童）提供教育体验，帮助他们学习水上安全技巧。

- **奥克塔维亚水上乐园**：这些水上乐园位于奥兰多、圣安东尼奥和圣地亚哥。奥兰多水上乐园的主题是南太平洋，有以澳大利亚和新西兰为原型的吉祥物。园内还有海豚，游客可以在其中一个游乐项目中与海豚近距离接触。

- **芝麻街主题公园**：这个占地14英亩的公园位于宾夕法尼亚州兰霍恩，完全以芝麻街为主题。其设计目标是激发孩子们天生的求知欲，让他们学习和探索，同时在与其他孩子互动的过程中建立自信心。

- **探索湾**：探索湾毗邻佛罗里达州奥兰多市的海洋世界，在这里游客可以沉浸于探险之中。这里为游客提供了近距离接触海豚和其他奇异的海洋生物的机会，让他们可以与海豚一起游泳，可以在珊瑚礁、热带河流、瀑布和令人惊叹的淡水潟湖中浮潜。

9.2.4 好时乐园

提到"好时"，你会想到什么呢？在1893年的芝加哥哥伦比亚世博会上，好时公司第一次对巧克力艺术产生了浓厚的兴趣。当时，小型糖果制造商米尔顿·好时（Milton Hershey）决定制作巧克力来包裹他的焦糖糖果。他在宾夕法尼亚州的兰开斯特开设了新工厂，并将其命名为好时巧克力公司。20世纪初，公司开始大规模生产牛奶巧克力，并大获成功。不久之后，好时决定增加生产设备，并在宾夕法尼亚州中南部德里镇的农田上建造了一座新工厂。

在随后的几十年里，公司的产品线不断扩大。1968年，公司更名为好时食品公司。如今，该公司已成为全球领先的巧克力、非巧克力糖果和杂货产品制造商。

1907年，米尔顿·好时开设了好时公园，作为好时公司员工的休闲公园。他希望为他的员工创造一个可以在工作之余放松和娱乐的地方。这个公园虽然小而简单，但员工们可以在这里野餐、划独木舟，还可以在风景优美的公园里散步。1908年，公园开始扩建，增加了旋转木马。

接下来的时间里，公园不断增加更多的游乐设施。随着公园的不断扩大，公司决定向公众开放公园。它成为一个小型的地区性公园，采用按次付费乘坐游乐设施的政策。

1971年，公园进行了改造，将这个小型的地区性公园转变为一个大型主题公园。此外，该公司还决定改收一次性入场费（即游客支付一次性费用即可畅玩所有的游乐设施），取消按次付费的政策，并将公园的名称从"好时公园"（Hershey Park）更改为"好时乐园"（Hersheypark）。如今，该公园占地超过110英亩，拥有60多处游乐设施和景点。

9.3 国家公园与区域公园

9.3.1 国家公园

国家公园（national park）给人们的普遍印象是：一个由政府管理的，拥有宏伟的自然场地或园地，例如美国的黄石国家公园。但国家公园的意义远不止于此。美国在全国和其领土范围内共指定了417个区域为国家公园相关区域。美国国家公园管理局（National Park Service，简称NPS）由国会于1916年成立，旨在保护公园资源，并以一种不会损害这些资源、可供子孙后代永续享用的方式向公众开放。如今，国家公园管理局隶属于美国内政部，由一名局长领导，并向内政部部长报告。国家公园管理局局长负责制定和批准全局性的自然资源政策和标准，确定自然和文化资源计划，保护自然资源不受损害，并确保这些计划符合指令、政策和法律。

除了我们所熟知的黄石国家公园和约塞米蒂国家公园以外，美国国家公园管理局还管理着许多其他文化遗产景点，其中包括波士顿的自由之路（The Freedom Trail）、费城的独立大厅（Independence Hall）、马里兰州夏普斯堡的安蒂特姆国家战场（The Antietam National Battlefield），以及夏威夷珍珠港的亚利桑那号战舰纪念馆（USS Arizona Memorial）。管理局还负责保管众多文物，包括古代陶器、帆船、殖民时期的服饰和内战文件等。

国家公园管理局必须为公园体系的每个单位制定一份最新的综合管理计划（general management plan，简称GMP）。GMP的目的在于确保公园对资产保护和游客使用有一个明确的方向。这一决策基础将由一个跨学科团队在与公园管理局的相关办公室、其他联邦和州机构、利益相关方和公众协商后制定。GMP应基于与现有和潜在资产条件、游客体验、环境影响和替代行动方案的相对成本相关的科学信息的使用。在处理时间框架时，GMP应具备长远目光，将计划设置到未来的很多年。该计划应将公园作为国家公园管理局的一个单位，作为周边地区的一部分，全面考虑其生态、风景和文化背景。

国家公园管理局的职责范围不断扩大，还包括了解和保护环境。它监测从北极冻原到珊瑚环礁的生态系统，研究全国范围内的空气及水的质量，并参与有关酸雨、气候变化和生物多样性的全球研究。南北战争之后，当美国逐渐减少的荒野使得独特的国家资源容易受到开发利用的威胁时，将特殊的土地保留下来作为国家公园供公众使用的想法应运而生。随着过去20年中3个新领域的创建，这一体系取得了惊人的发展。其中包括各种各样的新型公园，例如城市休闲区、自由流淌的河流、长距离步道和纪念美国社会成就的历史遗迹。目前，该体系已注册登记覆盖超过8400万英亩土地的417个区域，单个区域的规模大小不等，大至阿拉斯加占地1300万英亩的兰格尔-圣伊莱亚斯国家公园及保护区（Wrangell–St–Elias National Park），小至占地仅0.02英亩的塔德乌什·科希丘什科国家纪念馆（Thaddeus Kosciuszko National Memorial，位于费城的一排房屋，纪念美国独立战争的一位英雄）。

美国的国家公园系统每年接待的游客超过3亿人次，游客们可以享受各种全面的服务和项目。随着系统的发展和变化，人们的关注点也从最初的保护自然公园的景观，逐渐转移到了保护每个公园生态系统的活力，以及保护独特或濒危的动植物物种上。

9.3.2 区域公园

19世纪，美国的区域公园快速扩展。1892年，波士顿建立了第一个城市公园体系，个人的积极性和经济支持是说服地方政府提供税款打造和维持新的休闲娱乐区域的重要基础。之后，城市政府应当为区域公园提供基础设施、项目管理与服务的想法也逐渐被接受。除此之外，区域公园也包括各类专业协会组织管理的各类主题公园，1898年，新英格兰公园协会（美国国家公园管理协会的前身）建立，旨在将公园管理者聚集起来，提升其专业素养。例如，成立于1949年的佛罗里达州旅游协会，是一个代表了120多个主要景区的行业协会。这些景区包括航空航天、历史、文化、军事和科学博物馆，植物园，城堡，晚餐娱乐，海豚及海岸公园，美洲原住民村庄，音乐娱乐综合体，观光火车，游轮和游船游览项目，国家公园，水上乐园和动物园等。

美国较为著名的区域公园有：

● **多莉山主题公园**。1961年，一个以美国内战为主题的小型游乐场"叛军铁路"（Rebel Railroad）向公众开放。20世纪70年代，"叛军铁路"更名为"淘金热路口"（Goldrush Junction），主题也随之变更为类似狂野西部的风格。如今，这个游乐场在全世界都享有盛誉，被称为多莉山主题公园（Dollywood）。1986年，歌手、词曲作者兼演员多莉·帕顿（Dolly Parton）成为公园的共同所有者，公园也因此得名。公园位于田纳西州鸽子谷的大烟山山麓，占地150英亩。除了拥有一般游乐场所有的游乐设施外，多莉山主题公园还融入了大烟山的文化特色，公园里有铁匠、吹玻璃和木雕等手工艺展示。它还举办一些节日、音乐会和音乐活动。多莱坞在其运营季节可吸引超过200万游客，至今仍一直是田纳西州最受欢迎的旅游景点。2015年7月，多莉山"梦想更多度假村"（Dream More）开业。

- **乐高乐园**。乐高乐园（Legoland）是乐高集团部分拥有的主题公园。1968年，位于丹麦比隆的乐高乐园（Legoland Billund）开业，现在每年已有超过100万人次的游客。公园以乐高积木为主题，你可以凭借想象力，将这些色彩鲜艳的塑料积木、齿轮、小人偶和其他部件组装成任意模型。公园以年轻家庭为主要市场，这一点在游乐设施中得到了强调：乐高乐园有过山车，但不像其他主题公园里的过山车那么惊险刺激。如今，全球共有6家乐高乐园，分别位于丹麦比隆（Billund, Denmark）、英国温莎（Windsor, United Kingdom）、美国加利福尼亚州的卡尔斯巴德（Carlsbad, California）、德国格恩茨堡（Günzburg, Germany）、佛罗里达州的温特黑文（Winter Haven, Florida）和马来西亚。每个乐园都有一个迷你屋，由数以百万计的乐高积木组成，拼制出来自世界各地的地标建筑和场景的模型。温莎乐高乐园是英国最受欢迎的景点之一。

- **鳄鱼乐园**。鳄鱼乐园（Gatorland）位于佛罗里达州奥兰多市，是一个占地110英亩的主题公园和野生动物保护区。乐园始于欧文·戈德温（Owen Godwin）在其后院开挖的一个鳄鱼池。第二次世界大战后，戈德温买下了位于佛罗里达州第二大高速公路旁的一块16英亩的土地，决定建造一个景点，让人们能够近距离地观看佛罗里达州本土栖息地的动物。1949年，戈德温以"佛罗里达野生动物研究所"的名义向公众开放了这个景点，又在不久后改名为"蛇村和鳄鱼农场"。1954年，戈德温再次将景区的名称改为如今的名字——鳄鱼乐园。

20世纪60年代，佛罗里达州的旅游业蓬勃发展。随着旅游业的发展，鳄鱼乐园不断扩大，增加了一系列展览和景点。如今，鳄鱼公园已拥有鳄鱼、繁殖沼泽、爬行动物秀、宠物动物园、沼泽漫步、教育项目和火车游览等项目。此外，它还提供以下表演：鳄鱼跳水表演（Gator Jumparoo）——鳄鱼会跳出水面4—5英尺以攫取食物；鳄鱼格斗（Gator Wrestlin）——这是一场鳄鱼摔跤表演，驯兽师会徒手捕捉鳄鱼；亲密接触（Up Close Encounters）——游客可以在这里与来自世界各地的野生动物见面。

除了上面所提到的一些大型主题公园之外，还有其他每年接待成千上万游客的主题公园，例如迈阿密海洋水族馆（The Miami Seaquarium）。在这个占地38英亩的热带天堂里，海豚可以在水面上行走，虎鲸可以在空中飞跃，濒危的海龟和海牛也能找到安全的栖息地……此外，这里还有多种海洋动物表演，以及一个专注于探索那些即便是顶尖的海洋科学家也无法解释的海洋奥秘的教育项目。为了扩大吸引力并增加收入，迈阿密水族馆开发了一个公司活动项目，以及针对学校和童子军的项目，以吸引年轻市场。

迈阿密的海洋乐园海豚冒险公园（Marineland Dolphin Adventure）始建于1938年，最初是为了复制野生海洋生物的多样性以便拍摄电影。它在好莱坞大受欢迎，被用于多部电影的拍摄。如今，公园提供一系列的海豚冒险活动，包括触摸、喂养海豚以及模拟成为一天的训练师，与海豚一起创作艺术作品，以及在当地的河口乘坐皮划艇游览。

9.3.3 休闲旅游目的地

除了主题公园之外，还有许多其他类型的休闲旅游景点，包括动物园、历史遗迹、博物馆以及表演艺术场所等。

9.3.3.1 动物园

美国每年约有1.75亿人去参观动物园。动物园是许多孩子和家长都喜欢的旅游景点，因此总是很受欢迎。它们是人们在纽约、芝加哥或圣地亚哥等旅游目的地城市时常常造访的旅游景点。美国的第一个动物园是费城动物园，建于1859年。即使在今天，动物园在美国和加拿大也非常受欢迎，几乎在每个主要城市都有。事实上，当华特迪士尼公司推出动物王国主题公园，将参观动物园的体验与主题公园的景点相结合时，动物园的受欢迎程度就得到了证明。布什花园（Busch Gardens）和海洋世界（SeaWorld）也有类似的公园。

以下是美国两家最受欢迎和最值得一游的动物园的例子。

• **圣地亚哥动物园**。由于各种原因，圣地亚哥动物园（San Diego Zoo, California）吸引了来自全美各地的许多游客。其中部分原因可能是当地的有利气候让动物园可全年运营。此外，动物园还有大量动物、互动节目和面向儿童的教育项目。

这家闻名世界的动物园位于加利福尼亚州圣地亚哥市中心的历史悠久的巴拉博公园内，由亨利·韦格福斯（Henry Wegeforth）博士于1916年创立，最初的动物收藏总数仅50只，如今，这里生活着约650种3500只动物。动物园还拥有丰富的植物收藏，有超过70万株奇异植物。动物园的育种计划不仅有助于丰富园内的动物种类，还为许多濒危动物的生存带来了希望。第一只在美国出生并存活到成年的大熊猫"华美"就是在圣地亚哥动物园出生的。

• **国家动物园**。华盛顿特区的国家动物园（The National Zoo）是备受尊敬的史密森学会的一部分。近300种1500多只动物在这个动物园安家落户。国家动物园展出的珍稀动物包括大熊猫、科莫多巨蜥、苏门答腊老虎和亚洲象等。

国家动物园位于远离喧嚣的居民区，距离史密森学会的其他博物馆、国会大厦和白宫都只有几分钟的路程。它不仅仅是一个观察某些动物行为的地方，也是一个积极致力于向游客宣传保护问题以及生物之间各种相互作用的场所。国家动物园繁育濒危物种，并将这些动物重新引入它们的自然栖息地。动物园还参与其他游客教育项目和生物研究。

水族馆也是每年向数百万游客提供令人兴奋的教育体验的景点。它们也是价值数百万美元的展示场所，展示着与陆地生物截然不同的水生生物。例如，每年有140万游客到访巴尔的摩（Baltimore）的国家水族馆。这座令人印象深刻的水族馆旨在激发公众对水生世界的兴趣并增进他们对其的了解，重点展示这些物种在自然环境中的美丽形态。它使用最现代的解说技巧来吸引游客并引发他们的情感共鸣。事实上，许多游客走出水族馆后，对环境保护的责任感更加强烈了。

9.3.3.2 历史遗迹和遗址

游客游访历史遗迹的历史已有数千年。历史上第一批有游客参观的景点是古代世界七大奇迹，包括吉萨大金字塔和亚历山大灯塔（埃及）、巴比伦空中花园（伊拉克）、奥林匹亚宙斯神像和罗德岛太阳神巨像（希腊），以及以弗所的阿耳忒弥斯神庙和哈利卡纳苏斯的摩索拉斯陵墓（土耳其）。历史遗迹、遗址和博物馆是如今所谓的文化遗产旅游（Heritage tourism）的一部分。遗产旅游近年来日益受到关注，尤其是受到老年人的青睐。这些群体不太可能参与冒险旅游，通常更喜欢较为被动、不太耗费体力的活动。参观历史名胜古迹与博物馆的游客通常是对国家文化感兴趣的群体。各种各样的历史景点吸引了社会各阶层的人们，因为它们种类繁多且遍布各地。

国家公园管理局管理着列入《国家史迹名录》的遗址。《国家史迹名录》（National Register of Historic Places）是美国官方列出的值得保护的地区、遗址、建筑物、结构和物品的清单。名录上的9万多个项目是美国文化、历史、工程和建筑等各方面的重要标志。历史遗迹包括经过修复后现在用作私人住宅的建筑物，以及酒店、旅馆、教堂、图书馆、美术馆和博物馆等。

由于资金不断减少，美术馆、博物馆和遗产遗址不得不发挥创意来筹集资金。它们不仅要支付运营成本，还要满足日益增多的游客的需求。为了实现自主创收，它们在继续实现遗产保护和教育目标的同时，不得不更加注重创业精神。通常，这些景点通过加强与旅游业其他经营者（如旅游公司、酒店、餐馆和汽车租赁公司）的合作、推广和套餐服务来实现创收。

以下是一些美国最重要的历史景点：

• **蒙蒂塞洛（Monticello）**。美国第三任总统、著名政治家托马斯·杰斐逊的故居。杰斐逊是《独立宣言》的起草者，是美国理想、宏伟建筑的缔造者，是弗吉尼亚大学的创始人。蒙蒂塞洛的圆顶豪宅坐落在美丽的弗吉尼亚乡村，非常值得一游。

• **阿拉莫（Alamo）**。得克萨斯州圣安东尼奥市的一座小教堂，具有丰富的历史背景。在得克萨斯州争取脱离墨西哥独立的斗争中，这座小镇发生了一场激烈的战斗。近200名得克萨斯人在一组加固的教堂建筑中坚守了13天，抵抗着圣安娜将军率领的约2400名士兵的进攻。这场战斗以得克萨斯人的惨败告终。在那之后不久，各地得克萨斯人团结起来，高呼："铭记阿拉莫！"人们至今仍铭记这段历史。

• **新奥尔良法国区（The French Quarter in New Orleans）**。它是这座城市的原始区域，充满生机和历史。与许多其他城市的历史文化街区不同，尽管2005年的"卡特里娜"飓风对这里造成了巨大破坏，新奥尔良法国区仍然在不断发展和演变。当地人一直在努力维持保护历史与时代发展之间的平衡。游客在狂欢节期间来此游玩，一定可以收获愉快的时光。

• **马丁·路德·金国家历史遗址（The Martin Luther King Jr. National Historic Site）**。位于亚特兰大斯威特奥本（Sweet Auburn）的居民区。在其故居西边两个街区是埃比尼泽浸信会教堂（Ebenezer Baptist Church），是金的祖父和父亲担任牧师的地方。正是在这样的家庭、教堂和社区环境中，马丁·路德·金度过了他的童年。在这里，他了解了家庭和基督教的爱，接触到吉姆·克劳法时代的种族隔离缺席，学会了勤奋和宽容。这个重要的遗址不断提醒人们马丁·路德·金对民权运动的重大贡献。

- 田纳西州纳什维尔的"大奥普里"（The Grand Ole Opry）乡村音乐剧场。是一档以乡村音乐嘉宾表演为特色的现场广播节目。它始于90多年前，正是它让纳什维尔成为"音乐之城"。自"大奥普里"成立以来，它已发展成为包括奥普里兰德酒店和度假村、乡村音乐名人堂以及像蓝鸟咖啡馆这样世界闻名的音乐场所。来自世界各地的著名音乐家们纷纷前来展示他们的才华，游客们也纷至沓来，聆听"大奥普里"的音乐，参观纳什维尔的名胜古迹。

- 自由之路（Freedom Trail）。是一条穿越波士顿市中心的徒步游览路线，途经17个名胜古迹，此外还有一些就在路线旁的其他展览、纪念碑和神社，其中一些是波士顿国家历史公园的一部分。这条有趣的徒步路线涵盖了美国历史的一部分，包括马萨诸塞州议会大厦（Massachusetts State House）和老南会堂（Old South Meeting House）。老南会堂是许多关于英国殖民统治的重要城镇会议的举办地，其中包括引发了波士顿倾茶事件的会议。如今，这里有一个多媒体展览，展示了该地区的300年历史。这座建筑以及另外两座经过修复的建筑如今是一个繁华的市场，有100多家特色商店、餐厅和酒吧。保罗·里维尔（Paul Revere）的故居是波士顿市中心仅存的17世纪建筑。1775年4月18日，这位银匠就是从这栋房子出发，开始了他的历史性骑行。自由之路上的另一个景点是邦克山战役纪念碑（Bunker Hill Monument）。

- 自由钟（Liberty Bell）。位于费城的市场街上。钟上的铭文写着"向全地的居民宣告自由"，这实际上出自《圣经·利未记》第25章第10节。多年来，它一直被称为州议会大厦钟。当一群废奴主义者想起钟上的铭文，并将其作为他们事业的象征时，这口钟的知名度得以提升，被称为"自由钟"。19世纪后期，这座钟曾在全美各地巡回展出，旨在向饱受战争蹂躏的国家展示，历史上曾有一段时间，人们为了一个共同的事业而战斗并献出生命。1915年，巡回展出结束后，"自由钟"回到费城，一直保存至今。在美国历史上，自由钟一直是一个简单的提醒，是自由、独立和解放的象征——不仅对美国来说是，对全世界而言也不例外。

9.3.3.3 博物馆

有专家认为，对过去和不同文化的好奇与迷恋，是吸引人们前往博物馆的动力。事实上，博物馆一直扮演着教育和启发参观者的角色。自1950年以来，美国的博物馆数量增加了四倍多。博物馆的类型多种多样，包括综合博物馆、艺术博物馆、科技博物馆、自然历史博物馆、历史博物馆和军事博物馆等。前往博物馆体验的人越多，旅游、酒店和餐饮行业的职业机会也就越多。以下是博物馆领域的几个知名机构。

- 史密森学会。史密森学会（The Smithsonian Institution）由一位从未到过美国的人于1846年创立，收藏了近1.4亿件文物、艺术品和标本。这个著名的机构由以下博物馆和美术馆组成：阿纳科斯蒂亚社区博物馆（Anacostia Community Museum）、亚瑟·M.萨克勒美术馆（Arthur M. Sackler Gallery）、库珀-休伊特史密森设计博物馆（Cooper-Hewitt, Smithsonian Design Museum）、弗里尔美术馆（Freer Gallery of Art）、赫什霍恩博物馆和雕塑园（Hirshhorn Museum and Sculpture Garden）、航空航天博物馆（Air and Space Museum）、非洲裔美国人历史文化博物馆（African American History and Culture Museum）、非洲艺术博物馆（African Art Museum）、美国历史博物馆（American History Museum）、自然历史博物馆（Natural History Museum）、美国印第安人博物馆（American Indian Museum）、国家肖像馆（National Portrait Gallery）、国家邮政博物馆（National Postal Museum）、美国艺术博物馆（American Art Museum）和伦威克美术馆（Renwick Gallery）。该学会在美国和海外还有9个研究机构，168个附属博物馆，以及国家动物园。学会的目标是增加和传播知识，同时也致力于公共教育、国家服务以及艺术、科学和历史领域的学术研究。史密森学会的博物馆每年吸引约3000万人次，且入场免费。国家动物园则每年吸引超过150万游客。除了博物馆和研究机构外，史密森学会的部分藏品还可以在线浏览。

- **菲尔德博物馆。**芝加哥菲尔德自然历史博物馆是一个公共学习机构，旨在通过丰富多样的藏品、广泛的研究、富有传奇色彩的展览和教育项目来激发公众的求知欲和好奇心。博物馆邀请游客沉浸在科学发现的世界中。

该博物馆成立于1893年，最初是为了存放世界博览会的生物和人类学藏品而设立的。这些类型的物品仍然是博物馆藏品的基础。此外，博物馆还在地质学、古生物学、考古学和民族志等领域开展研究。目前，博物馆收藏了超过2000万件物品。

菲尔德自然历史博物馆的常设展览从恐龙到矿物、宝石、植物、动物和文化展品，应有尽有。博物馆还会不时推出临时展览，如一个名为"摩托车的艺术"的展览，探讨了摩托车作为一种文化象征以及它的技术设计。

- **英国伦敦和法国巴黎的博物馆。**英国伦敦有不少博物馆和美术馆，其中大英博物馆是世界上最古老的公共博物馆。馆内收藏了一些举世闻名的文物，包括罗塞塔石碑、帕特农神庙雕塑和埃及木乃伊。博物馆还设有世界著名的阅览室，在这里，游客能够品味其独特氛围，卡尔·马克思、圣雄甘地和乔治·萧伯纳都曾对这里赞赏有加。另一座博物馆是维多利亚与阿尔伯特博物馆，以维多利亚女王和她的丈夫阿尔伯特亲王命名，馆藏有几个世纪以来的大量艺术和设计作品。

卢浮宫是世界上最大的博物馆，其巴洛克风格的外观和前面的大型玻璃金字塔十分引人注目。卢浮宫收藏了约3.8万件文物，其中包括列奥纳多·达·芬奇的《蒙娜丽莎》。卢浮宫的藏品涵盖绘画、素描和版画、雕塑、家具、纺织品、珠宝和精美服饰、文字和铭文以及各类杰作。馆内还展出了关于各国女王、国王和皇帝的相关物品以及重大历史事件的纪念物。奥赛博物馆，其前身为一个火车站，如今收藏着欧洲最优秀的19世纪艺术品之一，包括一些法国印象派画家的最佳杰作，以及雕塑和装饰艺术品。除了上述博物馆，伦敦、巴黎以及欧洲其他城市还有许多优秀的博物馆。

9.3.3.4 艺术表演

你是否曾希望能够抛开一切，跟随你最喜欢的乐队去巡演呢？虽然有些人确实会这么做，但我们大多数人没有足够的金钱或时间。然而，这并不妨碍我们在居家或旅行时偶尔欣赏一场音乐会、音乐剧、戏剧演出或喜剧表演等。虽然这些演出和表演通常不是休闲旅行的主要目的，但在某些情况下，它们可能会成为主要目的。例如，在奥兰多或拉斯维加斯，某些演出已经长期固定在当地上演。公众知道这一点，因此可能会在方便的时候前往奥兰多或拉斯维加斯，以便观看特定的演出。在纽约和伦敦这样的地方，顺路去看一场百老汇演出或音乐会可能是一个意外的惊喜。

剧院曾经极为重要。在人们还没有接触到收音机、电视等现代发明的时代，书籍和戏剧是仅有的娱乐方式。在20世纪初的工业时代，剧院的重要性开始有所下降，因为人们忙于平衡工作和陪伴家人的时间。此外，许多人也负担不起这样的奢侈消费。然而，在现代社会，剧院再次变得重要起来。昔日杂耍表演时代的老剧院如今正被修复并重新向公众开放，而且公众也对此做出了积极回应。越来越多的人会在周末、节假日或者只是在夜晚外出时去剧院或歌剧院观看演出。剧院不再仅仅吸引上层阶级，实惠的价格使它成为几乎所有人都能消费得起的娱乐方式。

音乐会、音乐剧和喜剧表演的价格也越来越亲民，并且被列入了许多人的度假日程中。随着人们在需求层次上的提升，自我实现成为更大的动力，越来越多的人通过接触文化和表演艺术来满足这一需求。

9.3.3.5 世界著名旅游城市

有些旅游目的地本身就是极具吸引力的地方。例如，欧洲之旅可能包括参观伦敦、巴黎、罗马、雅典和马德里等城市，或者仅仅专注于一个国家，游客在那里不仅可以欣赏城市风光，还能领略乡村美景。以下部分将介绍一些世界上最受欢迎的旅游目的地。

● **雅典**。雅典，希腊首都，是世界上最古老的城市之一，也是西方文明的摇篮和民主的发源地。古典时期的雅典是一个强大的城邦，是艺术、学术和哲学的中心，也是柏拉图的学园和亚里士多德的吕克昂学园的所在地。雅典历史悠久，帕特农神庙就是最好的证明——这是一座为希腊女神雅典娜而建的神庙，建于公元前5世纪，位于城市上方的一块平地上的雅典卫城。如今，雅典是一个拥有超过375万人口的繁华城市。

许多游客在参观完雅典后，会乘坐渡轮前往爱琴海中著名的希腊诸岛。最大的岛屿克里特岛崎岖多山，拥有美丽的海滩。岛上还有米诺斯国王宫殿的重建遗址——这是克里特岛上最大的青铜时代考古遗址，其历史可追溯到公元前1700年至公元前1400年之间，可能曾是米诺斯文明和文化的礼仪和政治中心。风景绝美的圣托里尼岛是大约3500年前喷发的一座死火山的火山锥残留部分。一些风景如画的白色建筑紧贴着火山口边缘，是世界上被拍摄次数最多的建筑之一。前往山顶小镇的最佳方式是骑驴。米科诺斯岛则是一个时尚的岛屿，以其著名的风车和美丽的海滩而闻名，其中一些是裸体海滩。其他经常被游客光顾的岛屿包括罗得岛（Rhodes），那里有大量的遗址、优质的海滩和夜生活；还有科孚岛（Corfu），位于希腊西海岸，由于降雨量比其他岛屿多，故岛上植被茂盛，拥有出色的海滩、博物馆和夜生活——包括一家赌场，这使得它成为跟团游游客的最爱。

• **伦敦**。伦敦是英国的首都，是曾经拥有全球四分之一领土的大英帝国的中心。这里以其历史、宫殿、王室、剧院、购物、博物馆、音乐、时尚和美食而闻名。伦敦有几个有趣的区域，如切尔西（Chelsea）、泰晤士河，以及山上的汉普斯特德（Hampstead），那里有古朴的酒吧和联排别墅。特拉法加广场因纳尔逊击败法军的特拉法加海战而得名，广场上一根高大的圆柱顶端矗立着纳尔逊勋爵的雕像。守护雕像的四只大狮子据说就是用法国舰队的大炮铸造而成的。附近的皮卡迪利广场（Piccadilly Circus）是剧院和夜生活区的核心，毗邻的苏荷区（Soho）曾是皇家公园和亨利八世最喜爱的狩猎场。伦敦还有许多其他吸引人的地方，如伦敦东区，以及令人印象深刻的议会大厦建筑群，特别是其中的大本钟钟楼。当然，还有女王在伦敦的住所——白金汉宫。

除上述热门旅游景点之外，还有牛津，游客可以参观那里著名的大学；埃文河畔的斯特拉特福小镇，这是威廉·莎士比亚的出生地，游客可以参观1564年莎士比亚出生的房子，还可以参观安妮·海瑟薇的小屋，她在嫁给莎士比亚之前曾住在那里；巨石阵，这是一组新石器时代和青铜时代的遗迹，其用途神秘未知；以及巴斯，以其具有治疗功效的温泉而闻名。巴斯是英格兰最优雅的城市，以其乔治亚风格的建筑和可追溯到罗马时代的浴场而闻名，据说这些浴场可以缓解关节炎的疼痛。许多游客喜欢英国的乡村，那里有古雅的村庄、狭窄蜿蜒的道路和环形交叉路口。游客们还可以随时享受英国的酒吧。

• **巴黎**。法国首都巴黎是一座拥有美丽建筑、林荫大道、公园、市场、餐馆和咖啡馆的城市。因此，对于游客来说，早上一边喝着咖啡、吃着羊角面包，一边常常会问的一个问题就是：先去看什么呢？巴黎有城市观光旅游团，但游览巴黎的最佳方式是步行，尤其是如果人们想避开成群的其他游客的话。游览可以从埃菲尔铁塔或巴黎圣母院、卢浮宫或奥赛博物馆、西岱岛开始，或者干脆沿着香榭丽舍大街漫步。

巴黎最初是塞纳河中间一个名为西岱岛的小岛。随着时间的推移，巴黎逐渐扩展到了左岸（Rive Gauche），巴黎索邦大学就建立在那里。这所大学用法语授课，因此这一区域被称为拉丁区（Quartier Latin）。拉丁区具有波西米亚式的知识分子气质，有许多小咖啡馆和葡萄酒吧。附近的蒙帕纳斯（Montparnasse）是当代艺术家和画家的聚集地。塞纳河右岸（Rive Droit）也有许多景点，其中最受欢迎的是蒙马特高地，那里有白色圆顶的圣心大教堂（Sacre-Cceur）和小丘广场（Place du Tertre）。仅仅沿着蜿蜒的街道走到圣心教堂，游客就能感受到巴黎的独特魅力。欣赏小市场里摆放着琳琅满目的新鲜水果、蔬菜和鲜花的景象，捕捉从咖啡馆飘出的香气，看着情侣们手挽手漫步，这些都增添了巴黎的氛围，吸引着所有来到这里的人，并给他们留下美好的回忆。

• **罗马**。人们常说："条条大路通罗马。"罗马，这座永恒之城、意大利的首都，坐落在台伯河畔的七座山丘之上，那里的每一座建筑都散发着几个世纪的历史气息。这里最值得一游的景点包括斗兽场、万神殿、西班牙大台阶、梵蒂冈城和古罗马广场。斗兽场是古代的竞技场，曾是角斗士战斗、基督徒殉道和举办体育竞赛和游戏的场所，成千上万的人在此战斗，有时甚至与凶猛的动物搏斗，只为取悦观众。万神殿始建于公元前27年，是为古罗马所有神灵而建的神庙，公元80年毁于大火，后于公元126年重建，可能是那个时代保存最完好的建筑。西班牙大台阶是欧洲最宽的阶梯，位于西班牙广场（Piazza di Spagna）和圣三一广场（Piazza Trinità die Monti）之间。这里是罗马主教（更广为人知的称呼是教皇）的主教管辖区。这个区域是游客和当地居民常去的休闲场所。梵蒂冈城是世界上最小的国家，面积仅110英亩，人口约800人。在这狭小的区域内，游客可以参观圣彼得大教堂、梵蒂冈博物馆和米开朗琪罗在西斯廷教堂天花板上绘制的《创世纪》，以及绘制在祭坛后面墙上的《最后的审判》。古罗马广场则是古罗马帝国政治、社会和经济生活的中心，这里有神庙、大殿和凯旋门，同时也是罗马民主政府的发源地。其他值得一游的意大利城市还包括威尼斯、那不勒斯、佛罗伦萨，以及托斯卡纳乡村。

- **香港**。官方名称为中华人民共和国香港特别行政区，曾被英国租借长达99年，而吸引英国人的是香港的战略位置和深水港口。

香港夏季潮湿，冬季凉爽，人口达730多万，面积相对较小，且大部分地区为山地，因而交通十分拥挤。维多利亚港及其他地区的美景使其成为令人叹为观止的地方。

这里有许多吸引游客的景点，如天星小轮，它穿梭于维多利亚港水域，是欣赏香港天际线的绝佳地点。另一个热门景点是太平山顶，它高耸于香港金融区中心之上，通过缆车可直达凉爽的山顶。旺角街市集结了各种有趣的摊位，从芬芳的花卉到金鱼和小玩意儿，琳琅满目。

香港还拥有许多令人惊叹的餐厅，主要提供粤菜，包括供应新鲜海鲜的餐厅，餐厅里展示着装有各种鱼类和贝类的水箱，供客人挑选。此外，香港还有一些艺术、历史和香港文化遗产博物馆。每年约有5700万人次前来参观香港，欣赏龙舟比赛、中国戏曲等文化活动，享受购物的乐趣。

- **曼谷**。泰国首都曼谷是一座令人陶醉的城市，让人一到这里就被深深吸引。由于有许多运河与横穿城市的湄南河相连，曼谷被誉为"东方威尼斯"。泰国文化以佛教为基础，古老的文化与充满活力的城市和谐融合——除了交通拥堵。

玉佛寺（Wat Phra Kaeo）和毗邻的大皇宫（Grand Palace）是吸引游客的热门景点。这座建筑群拥有一系列金色的尖塔和华丽的亭子，其传统的泰国建筑风格让游客着迷。河边的老外区（Farang，泰语中"外国人"的意思）也是游客感兴趣的地方，这是一个历史悠久的外交和商业区，著名的文华东方酒店的作家休息室就坐落在这里，约瑟夫·康拉德、诺埃尔·科沃德和格雷厄姆·格林都曾在这里居住和写作。

东亚公司（East Asiatic Company）是最早在曼谷开展业务的公司之一，其建筑是众多值得欣赏的古老建筑之一；另一座则是葡萄牙大使馆（Portuguese Embassy），建于1820年，是曼谷最古老的大使馆。在湄南河上乘船游览是在这个湿热城市中享受微风的绝佳方式，尤其是在凉爽的季节（每年10月至次年4月）。

吉姆·汤普森故居（Jim Thompson House）是另一个引人瞩目的景点。这位来自美国的丝绸企业家不仅收藏泰国艺术品，还热爱传统的泰国房屋和佛教雕塑。吉姆·汤普森故居实际上是由来自泰国不同地区的6座柚木房屋共同组成的。

9.4 俱乐部

北美有几千家俱乐部，包括乡村俱乐部和城市俱乐部。考虑到所有俱乐部的全部资源，例如土地、建筑、设备以及成千上万的雇员，俱乐部行业对经济所产生的影响是巨大的。

9.4.1 俱乐部的发展

俱乐部是会员们出于社交、娱乐、职业或兄弟情谊等原因相聚的场所。会员们喜欢邀请朋友、家人和商业伙伴到他们的俱乐部。这些俱乐部就像他们的第二个家，拥有多样的设施和工作人员来满足各种场合的需求。带客人到自己的俱乐部可能比邀请他们到家里更令人印象深刻，而且仍然能营造出与邀请客人到家中相似的私人氛围。如今的许多俱乐部都是在其前身的基础上发展而来的，大多效仿英国和苏格兰的俱乐部模式。例如，北美的乡村俱乐部在很大程度上仿照了1754年成立的苏格兰圣安德鲁斯皇家古老高尔夫俱乐部，该俱乐部被公认为高尔夫运动的发源地。许多商业交易都是在高尔夫球场上达成的。多年前，乡村俱乐部常常被视为社会精英的堡垒。

从历史上看，这些俱乐部的氛围吸引了社会富裕阶层。俱乐部的特色代代相传，会员们的礼仪和举止经过多年的发展形成了一定的规范，会员们可以通过一些细微之处彼此辨识，而那些不具备所需品质的人则不被接纳。

现在，各种新兴的混合型团体也将自己称为俱乐部，并针对潜在会员进行目标定位和招募。这些新俱乐部的入会费和会员费可能比一些历史悠久的俱乐部要低得多。过去严格的筛选程序和冗长的会员申请流程现在都得到了简化，金钱成为入会的关键因素。

当开发商购买一片土地，建造一个高尔夫球场，并在周围修建房屋或公寓，同时配套建设一个会所时，新的俱乐部就诞生了。这些房屋在出售时会附带俱乐部会员资格。当所有房屋都售出后，开发商会宣布将把高尔夫球场和会所出售给一位希望向公众开放的投资者，而业主们为保护其投资，则会争相购买会所和高尔夫球场。董事会随之成立，开发商的员工和所有运营事务通常会转移给新的业主或会员，并由他们负责。

9.4.2 俱乐部的类型

俱乐部最通行的两种类型是乡村俱乐部和城市俱乐部，后者还有许多具体的形式。

9.4.2.1 乡村俱乐部

几乎所有的乡村俱乐部都设有一个或多个休息室和餐厅，并且大多数都有宴会设施。会员及其客人可以享受这些服务，费用按月结算。宴会设施可供会员及其私人客人用于举办正式或非正式的聚会、晚宴、舞会、婚礼等活动。一些乡村俱乐部甚至会收取高昂的入会费——在某些情况下高达25万美元——以保持其独特性和高端定位。

乡村俱乐部有两种或更多类型的会员资格。全会员资格使会员可以随时使用俱乐部的所有设施。社交会员资格则只允许会员使用社交设施，如休息室、酒吧、餐厅等，可能还包括游泳池和网球场。其他会员形式还包括工作日会员和周末会员。

9.4.2.2 城市俱乐部

城市俱乐部主要以商务为导向，尽管有些俱乐部有规定禁止在餐厅内讨论商务事宜或查看与商务相关的文件。它们在规模、位置、设施类型和提供的服务方面各不相同。一些历史悠久、根基稳固的俱乐部拥有自己的建筑；而其他俱乐部则租赁场地。俱乐部的存在是为了满足会员的需求和期望。城市俱乐部也分为多种不同的类型：

- **专业俱乐部**。顾名思义，专业俱乐部是为同一职业的人设立的俱乐部。华盛顿特区的国家新闻俱乐部、纽约市的律师俱乐部，以及曼哈顿为演员和其他演艺人员设立的纽约修士俱乐部，都是很好的例子。

- **社交俱乐部**。社交俱乐部让会员们能够享受彼此的陪伴。虽然会员们来自许多不同的职业，但他们有着相似的社会经济背景。社交俱乐部仿照伦敦著名的男士社交俱乐部模式建立，如布德尔俱乐部、圣詹姆斯俱乐部和怀特俱乐部。在这些俱乐部里，讨论商务事宜被认为是不礼貌的行为。因此，交谈和社交互动主要集中在陪伴或与商务无关的娱乐活动上。

美国最古老的社交俱乐部被认为是宾夕法尼亚州的斯库尔基尔钓鱼公司，也被称为"鱼屋"，成立于1732年。为了确保"鱼屋"始终以社交为导向而非商务导向，它最初是作为一个男士烹饪俱乐部成立的，每个会员轮流为其他会员准备饭菜。其他一些社交俱乐部也存在于几个主要城市。它们的共同点是都提供高档的饮食服务，并配备俱乐部经理进行管理。

- **体育俱乐部**。体育俱乐部为城市的上班族和居民提供了锻炼、游泳、打壁球和/或手球等活动的机会。一些位于市中心的体育俱乐部甚至在屋顶上设置网球场和跑道。体育俱乐部通常设有休息室、酒吧和餐厅，以供会员放松身心并进行社交互动。一些体育俱乐部还设有会议室，甚至提供住宿服务。最新的特色服务被称为"高管健身套餐"：先进行湿蒸，然后在按摩浴缸中泡澡；接下来是桑拿、按摩；之后在休息室中小憩再沐浴后，便可回归工作了。

- **餐饮俱乐部和大学俱乐部**。餐饮俱乐部一般设在大城市的写字楼里，会员资格常常作为一种吸引租户的福利，提供给在办公楼内租赁空间的租户。这些俱乐部通常只在午餐时间开放，偶尔也会在晚餐时间开放。大学俱乐部则是为校友设立的俱乐部，通常位于租金较高的区域，提供各种以饮食服务为重点的设施和吸引人的项目。

- **军事俱乐部**。军事俱乐部既为士官（NCOs）也为士兵服务。军事俱乐部提供的设施与其他俱乐部类似，包括娱乐休闲设施和饮食服务。一些军事俱乐部位于军事基地内。美国最大的会员制俱乐部是位于弗吉尼亚州阿灵顿的陆军海军乡村俱乐部。该俱乐部拥有超过7000名会员、54个高尔夫球洞、两座会所以及许多其他设施。近年来，许多军事俱乐部已将俱乐部管理工作交给了平民。

- **游艇俱乐部**。游艇俱乐部为会员提供停泊船只的泊位，确保他们的船只安全存放。此外，游艇俱乐部还设有类似于其他俱乐部的休息室、酒吧和餐饮设施。游艇俱乐部以航海为主题，吸引着来自不同背景但都对航海有共同兴趣的会员。

- **兄弟会俱乐部**。兄弟会俱乐部包括许多特殊组织，如海外战争退伍军人协会、麋鹿lodge（麋鹿会）和施瑞纳兄弟会等。这些组织促进成员之间的情谊，并常常参与慈善事业。它们通常不像其他俱乐部那样豪华，但设有酒吧和宴会厅，可用于各种活动。

- **自营俱乐部**。自营俱乐部以营利为目的运营，由公司或个人所有。想要成为会员的个人购买的是会员资格，而非俱乐部的股份。自营俱乐部在20世纪后期的房地产热潮中变得流行起来。随着新的住宅开发项目的规划，一些项目中也包括了俱乐部。家庭只需支付少量的入会费和每月30—50美元的会费，就可以让全家人参与各种各样的休闲活动。

显然，休闲娱乐的机会比比皆是。我们的目标必须是在工作和休闲活动之间实现和谐，并在提供和享受这些服务方面真正做到专业。可预见的是，未来，休闲娱乐产业将大幅增长。

9.4.3 俱乐部的管理

俱乐部管理（club management）在很多方面与酒店管理类似，而且近年来两者都在不断发展。如今，俱乐部的总经理们承担着首席运营官（chief operating officer，简称COO）的角色，在某些情况下还担任公司的首席执行官（chief executive officer，简称CEO）。他们可能还负责管理业主协会以及所有体育设施，包括高尔夫球场。此外，他们还负责规划、预测和预算编制、人力资源管理、餐饮运营、设施管理和维护等工作。管理俱乐部和管理酒店的主要区别在于，在俱乐部里，客人感觉自己就像是业主（在很多情况下他们确实是），并且常常表现得像业主一样。他们对俱乐部设施的情感依恋比酒店客人更强，因为酒店客人使用酒店的频率不如俱乐部会员使用俱乐部的频率高。另一个区别是，大多数俱乐部不提供住宿服务。

俱乐部会员需要支付入会费才能加入俱乐部，之后每年还需缴纳会员费。一些俱乐部还会收取一定的设施使用费用，通常与餐饮相关，无论会员是否使用这些服务，都需要缴纳这笔费用。

美国俱乐部经理协会（Club Managers Association of America，简称CMAA）是许多俱乐部经理都会加入的专业组织。该协会的目标是通过满足俱乐部经理的教育及相关需求，推动俱乐部管理这一职业的发展。协会通过在地方和全国范围内举办会议和研讨会，为会员经理们提供交流机会，增进他们之间的友谊，使经理们能够了解当前的实践、程序和新法规。加入美国俱乐部经理协会的总经理们都要遵守一套道德准则。

成功的俱乐部总经理已经适应了不断变化和发展的环境。然而，也有一些人未能适应，他们要么破产，要么将俱乐部从私人经营转变为公开经营。成功的俱乐部增加了一些激励措施，比如推出一日会员或只需500美元即可加入夏季会员等，以吸引更多会员。佛罗里达州和其他南部各州的俱乐部会吸引"雪鸟"（来自北部各州的季节性游客），这些俱乐部会提供特别的冬季优惠价格。对于许多俱乐部来说，经济形势的变化导致会员数量减少，收入降低，偿还抵押贷款也变得更加困难。

大多数俱乐部通过在商店里增加更多商品种类来创造性地增加收入——不仅有高尔夫或网球服装、球杆或球拍，还扩展到了珠宝、书籍、有机饼干、维生素和游泳装备等商品。此外，俱乐部还增加了水疗服务，提供肉毒杆菌注射、面部护理和美容产品。俱乐部扩大了饮食服务范围，以便从婚礼等活动以及美国癌症协会和救世军等社会慈善筹款活动中获得更多收入。另外，俱乐部还通过让当地酒店的高端客人支付高额费用来享受在球场打球的特权，从而增加收入。

俱乐部通过降低财产税和削减昂贵的开支项目来减少费用。例如，通过与当地市政当局协商，使用再生水来浇灌果岭，或者减少对员工401(k)退休计划的缴费金额。

9.4.3.1 俱乐部管理架构

俱乐部的内部管理架构由公司的公司章程和规章制度所规定。这些文件确立了选举程序、职位设置、董事会和常务委员会。同时，还为每个职位和委员会及其运作方式提供了指导和方向。总经理通常会为新董事提供入职培训，并提供相关信息以帮助他们履行新职责。俱乐部的官员和董事由会员选举产生。官员们通过制定俱乐部的运营政策来代表会员的利益。许多俱乐部和其他组织通过官员的更替来保持连续性，例如秘书升任副主席，副主席升任主席。在其他情况下，被选为主席的人只是被认为是当年最有资格领导俱乐部的人。无论谁当选为主席，俱乐部的总经理都必须能够与主席以及其他官员合作。

主席主持所有正式会议，并在政策制定中发挥领导作用。副主席会为担任主席的角色做好准备，这一角色通常很重要，并且在主席缺席时，副主席将履行主席职责。如果俱乐部有多个副主席，可能会使用第一副主席、第二副主席、第三副主席等头衔。或者，副主席可能会被指定主持某些委员会，例如会员委员会。董事会成员通常会主持一个或多个委员会。

委员会在俱乐部的活动中扮演着重要角色。如果委员会运作高效，俱乐部的运营也会更加有效率。委员会成员的任期有明确规定，委员会会议按照《罗伯特议事规则》进行，这是一套关于正确会议程序的指导方针。常务委员会包括以下几个：会所管理委员会、会员委员会、财务/预算委员会、娱乐委员会、高尔夫委员会、果岭管理委员会、网球委员会、泳池管理委员会和长期规划委员会。主席可以任命额外的委员会来履行特定职能，这些委员会通常被称为特别委员会。

财务主管必须具备一定的财务和会计背景，因为其职责的一个重要部分是就财务事项提供建议，例如聘请外部审计师、编制预算和建立控制系统。总经理负责所有财务事务，通常会签署或会签所有支票。

秘书的职责是记录会议纪要并处理与俱乐部相关的信函。在大多数情况下，由总经理准备文件，然后由秘书签字。这个职位可以与财务主管的职位合并，称为秘书兼财务主管。秘书也可能会在某些委员会任职或主持这些委员会。

美国俱乐部经理协会重新审视了俱乐部经理的角色，由于人们对俱乐部经理的期望不断提高，总经理的角色已经从传统的管理模式转变为领导模式。美国俱乐部经理协会的模式基于这样一个前提，即总经理或首席运营官（COO）要对俱乐部的运营资产、投资和俱乐部文化承担更多责任。

总经理或首席运营官所需的基本能力是管理俱乐部的运营，这包括俱乐部管理、餐饮运营、会计与财务管理、人力资源与专业资源管理、建筑与设施管理、政府与外部影响因素、市场营销以及高尔夫/运动与休闲管理（见图9-1）。

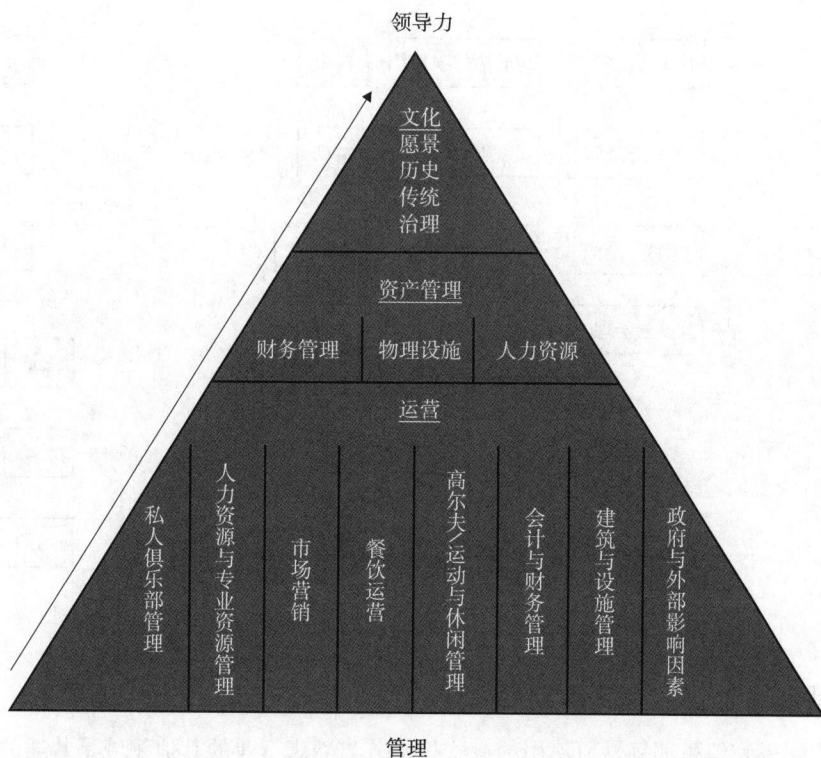

图9-1 从管理到领导能力

该模式的第二个层次是掌握资产管理技能。如今的总经理或首席运营官必须能够管理俱乐部的有形资产、财务状况和人力资源。这些方面的职责与管理俱乐部的运营同样重要。

该模式的第三个也是最后一个层次是维护和培育俱乐部的文化，这可以定义为俱乐部的传统、历史、治理和愿景。许多经理或首席运营官本质上在履行这一职能；然而，这往往是一个被忽视且发展不足的方面。

图9-2是一个乡村俱乐部的整体组织架构示例。

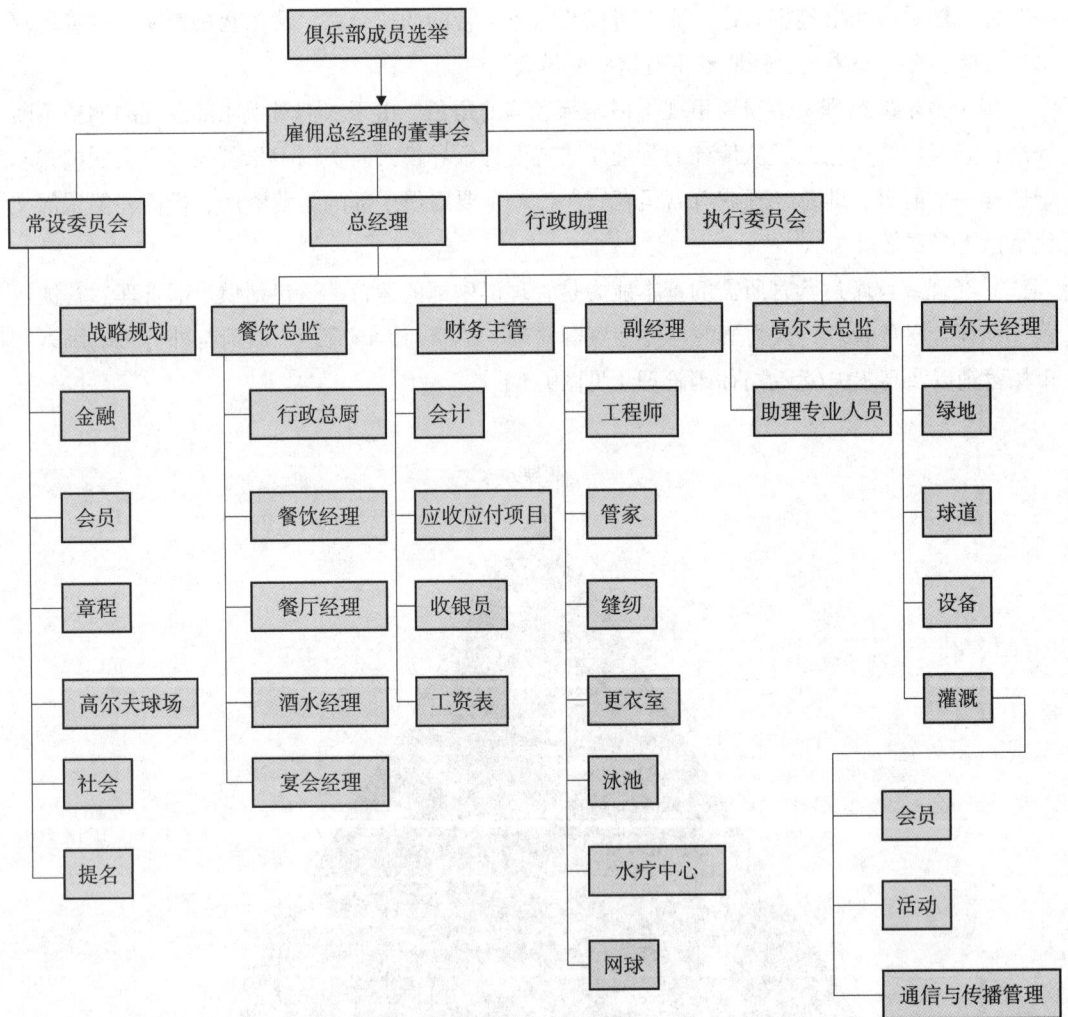

图9-2　乡村俱乐部组织结构图示例

9.4.3.2 俱乐部管理中的技术应用

在休闲娱乐和俱乐部领域所使用的一些技术，与酒店行业的其他领域是共通的。根据场所的规模和设施情况，可以使用以下信息技术系统：呼叫中心（用于销售和客户服务）、销售点系统（用于零售、餐饮和租赁业务）以及票务系统（用于售票和发放通行证）。除此之外，在度假村和俱乐部中还可以实施一些特定的系统。

高尔夫俱乐部物业管理系统通常为用户提供以下功能。首先是广泛的预订选项：在线预订和团体预订。这些系统通常可以在多个开球时间复制客人的姓名，从而节省数据输入的时间。高尔夫俱乐部的另一个重要功能是开球时间管理。这个功能可以即时查询开球时间的可用性，为客人提供全面的信息。此外，该模块还能够为不同类型的客人（公众、会员、黄昏时段客人等）管理不同的开球时间和价格。除此之外，俱乐部工作人员可以轻松地将一个或多个球员从一个开球时间重新安排（拖放操作）到另一个开球时间。一些提供俱乐部管理软件的公司包括乔纳斯软件公司（Jonas Software）、RTP | ONE 公司和 CSI 软件公司。

射频识别（RFID）技术已经进入了酒店行业的休闲娱乐和俱乐部领域。这是一种通过无线电波进行通信，用于跟踪和识别人员或物体的技术。RFID 芯片可以嵌入客人的卡片或腕带中。它们可以在入口处进行授权，并检索客人的个人资料、照片和会员特权。该系统的必要组成部分是 RFID 芯片和天线或读取器。当带有 RFID 芯片的门票、通行证或腕带靠近时，RFID 天线会从微芯片中读取一个唯一的序列号。这项技术有助于在管理方面加强防伪，同时为客人提供免接触的便利。RFID 门禁系统已经在欧洲的滑雪度假村广泛使用，现在也正在进入美国市场。此外，RFID 系统还可以具备电子钱包的功能。

RFID 技术常常在海滩度假村中应用，客人可以在不携带实际钱包的情况下，在不同的零售网点进行支付。这为客人提供了电子支付的便利，并鼓励他们购物。此外，在大型度假村和游乐园中，RFID 腕带可以用于追踪走失的儿童。

关键词汇与概念

休闲娱乐活动	政府资助的休闲娱乐活动	非商业性组织的娱乐活动
主题公园	国家公园	区域公园
俱乐部	乡村俱乐部	城市俱乐部
俱乐部管理		

复习讨论题

1. 请列举三个主题公园，并分别说明它们的创立背景和独特之处，同时确保所列举的主题公园既包括地区性的也包括全国知名的。

2. 请对比俱乐部和酒店的管理架构，明确指出它们之间的共同点和差异。

3. 请说明国家公园的重要性，并讨论国家公园专业管理人员在保护与维护国家公园方面所扮演的关键角色。

4. 请描述志愿组织的典型特点以及它们所服务的目标群体。

知识应用

1. 某区域公园的秋季销售额有所下降，业主们要求作为该公园总经理的你提出一个如何在10月份增加游客数量的方案。请说明你打算提出什么建议，以及你是如何做出这个决定的。

2. 创建一个展示不同类型的俱乐部及其各自提供的便利设施的演示文稿。

英文延伸阅读

Introducing ▶▶ Walt Disney: A Man with a Vision

In 1923, at the age of 21, Walt Disney arrived in Los Angeles from Kansas City to start a new business. The first endeavor of Walt Disney and his brother Roy was a series of shorts (a brief film shown before a feature-length movie) called *Alice Comedies*, which featured a child actress playing with animated characters. Realizing that something new was needed to capture the audience, in 1927, Disney began a series called *Oswald the Lucky Rabbit*. It was well received by the public, but Disney lost the rights as a result of a dispute with his distributor.

Walt Disney then conjured up the concept of a mouse character. Mickey and Minnie Mouse first appeared in *Steamboat Willie*, which also incorporated music and sound, on November 18, 1928. Huge audiences were ecstatic about the work of the Disney Brothers, who became overnight successes.

During the next few years, the brothers made many Mickey Mouse films, which earned them enough to develop other projects, including full-length motion pictures in Technicolor.

According to Disney, "Disneyland really began when my two daughters were very young. Saturday was always Daddy's Day, and I would take them to the merry-go-round and sit on a bench eating peanuts while they rode. And sitting there alone, I felt there should be something built, some kind of family park where parents and children could have fun together."

Walt Disney's original dream was not easy to bring to reality. During the bleak war years, not only was much of his overseas market closed, but the steady stream of income that paid for innovation dried up. However, even during the bleak years, Disney never gave up. Instead, he was excited to learn of the public's interest in movie studios and the possibility of opening the studios to allow the public to visit the birthplace of Snow White, Pinocchio, and other Disney characters.

After its creation, Disneyland had its growing pains—larger-than-expected opening day crowds, long lines at the popular rides, and a cash flow that was so tight that the cashiers had to rush the admission money to the bank to make payroll. Fortunately, since those early days, Disneyland and the Disney characters have become a part of the American dream.

By the early 1960s, Disney had turned most of his attention from film to real estate. Because he was upset when cheap motels and souvenir shops popped up around Disneyland, for his next venture, Walt Disney World, he bought 27,500 acres around the park. The center of Walt Disney World was to be the Experimental Prototype Community of Tomorrow (Epcot). Regrettably, Epcot and Walt Disney World were his dying dreams; Walt Disney succumbed to cancer in 1966.

However, Disney's legacy carries on. The ensuing years since Disney's death have included phenomenal Disney successes with Epcot, movies, a TV station, the Disney Channel, Disney stores, Disney cruise line, and Disney's Hollywood Studios theme park (formerly Disney–MGM Studios). In April 1992, Euro Disneyland, now Disneyland Paris, opened near Paris, and in 1993, Tokyo Disney Resort opened. Then Hong Kong Disneyland opened in 2005, followed by Shanghai Disneyland Park.

Both Walt Disney World and Disneyland have excellent college programs that enable selected students to work during the summer months in a variety of hotel, foodservice, and related park positions. Disney has also introduced a faculty internship that allows faculty to intern in a similar variety of positions.

_____

Source: Walt Disney.

.inc | Corporate Profile

ClubCorp

Founded in 1957, Dallas-based ClubCorp is the world leader in delivering premier golf, private club, and resort experiences. Internationally, ClubCorp owns or operates more than 200 golf and country clubs, business clubs, sports clubs, alumni clubs, and resorts in 28 states, the District of Columbia, and two foreign countries. ClubCorp has over $2 billion in assets. Among the company's nationally recognized golf properties are the Firestone Country Club in Akron, Ohio (site of the World Golf Championships–Bridgestone Invitational) and Mission Hills Country Club in Rancho Mirage, California (home of the Kraft Nabisco Championship).

The more than 40 business clubs and business and sports clubs include the

Country Club of the South in Georgia; Mission Hills Country Club in Rancho Mirage, California; Woodlands Country Club in Woodlands, Texas, Capital Club Beijing in China, and The Metropolitan, in Chicago, Illinois. The company's 20,000 employees serve the more than 430,000 members of the ClubCorp properties.

ClubCorp is in the business of building relationships and enriching lives. The extraordinary private club environments nourish relationships old and new, as well as create a world of privacy, luxury, and relaxation where guests' every need is anticipated and every expectation exceeded. Crafting fine, private-club traditions for more than 60 years, ClubCorp has developed a signature philosophy of service that resonates with every encounter, every warm welcome, and every magic moment, joining to form the bedrock of all the clubs.

Each club has its own distinctive personality and takes pride in creating the perfect settings for casual gatherings with friends, business meetings, or formal celebrations. The clubs provide safe havens where members and their guests always are welcome. Whether looking for a country club experience or a professional retreat in which to conduct business affairs, ClubCorp's members are the beneficiaries of the ultimate in private club service and tradition.

ClubCorp clubs provide a variety of membership options and experiences for a range of lifestyle pursuits. In more than 200 private business and sports clubs, country clubs, golf courses, and resorts around the world, from Seattle to Mexico and from Boston to Beijing, ClubCorp provides for its members a haven of refuge, a home away from home, where every need is anticipated and every expectation surpassed.

———

Source: ClubCorp, *Company Profile*

Current Issues in Recreation, Wellness, and Leisure

Changing Nature of Country Clubs

The number of golfers has declined over the past several decades as the needs and desires of club members have shifted from playing golf to a different type of approach to fitness. As golf memberships remain stable or decline, clubs need to find a way to continue to attract new members. Adding more fitness facilities, spas, and other indoor activities may be the way to accomplish this. Some clubs have already done this with great success and have also added more activities that involve children, making the club a family-friendly environment.

- What are three things a country club could do today to appeal to the non-golfer members in order to generate additional memberships or revenue?

Technology Meets Attractions

Theme parks and their visitors are excited to see how new technologies will be incorporated to make the visit more memorable. Imagine using Virtual Reality (VR) to enhance your ride and let the rider become part of the action, or Augmented Reality (AR) that lets you interact with your favorite character. Some parks are experimenting with rides that are personalized using facial recognition to create custom experiences during the ride, and by using cameras they are also able to take pictures and build a unique photo album of the experience. Bots, artificial intelligence, and voice-activated devices are all up and coming technologies that may also be integrated into the attraction experience. From the bot that welcomes you to a ride to a voice-activated display or artificial intelligence incorporated into ticket sales, the sky is the limit.

- Which of the technological advances is most intriguing to you?
- If you could develop an attraction around one of these technologies, what would it look like and how would it impact the guest experience?

National Parks

National parks receive more than 300 million visitors annually, and with this increased visitation comes increased needs for upkeep and maintenance. Funding for the parks has continued to decline over the years as budgets become tighter. Park managers must find additional ways to fund and maintain the parks and have introduced additional fees, partnerships with concessionaires, and special events and activities. Local organizations such as scouting groups provide community service to help with the upkeep of some parks as well as working on developing their scouting skills.

If you were a park manager, what would you do to continue providing a safe and secure environment in the midst of declining budgets?

第 10 章　博彩娱乐业

学习目标

- 描述博彩娱乐业的发展及经济影响。
- 阐述博彩度假酒店业务的独特之处。
- 概括博彩娱乐业内不同的工作岗位。

在过去30年里，酒店行业最显著的发展之一就是博彩业的惊人发展势头以及它与住宿和酒店服务行业的融合。随着博彩业在北美和全球的迅速扩张，为博彩度假村内的酒店职业创造了新的机会。

10.1 博彩娱乐业的发展

博彩娱乐行业是一个全球性的行业，在美国有5种合法的博彩形式：慈善博彩、商业赌场博彩、彩票、美国原住民博彩和赛马场外的赌博（赛马博彩）。美国50个州中有48个州存在某种形式的合法博彩（夏威夷和犹他州是两个不允许博彩的州），其中商业赌场在美国博彩市场中占比最大。

尽管博彩收入因州而异，但该行业每年为地方政府贡献数十亿美元的税收收入。博彩娱乐行业不仅在美国得到了发展，在国际上也有发展，特别是在亚洲的中国澳门和新加坡等地。2019年全球博彩行业的规模达到约1300亿美元。

10.1.1 博彩与游戏

在博彩业中，游戏和博彩之间的区别并不明显，博彩（gambling）就是以金钱做注码来玩具有风险、能带来刺激的游戏（game）。当客人在任何类型的博彩活动中下注，并且赢得游戏时，就会获得现金赔付。如果客人输掉游戏，下注的钱就归赌场所有。下注的总金额被称为"投注额"（handle），而客人实际输掉的净金额在博彩娱乐行业中被称为"赌场盈利"（win）。

赌博和博彩有什么区别呢？赌博是为了追求刺激和赚钱的机会而进行有风险的游戏。与将赌博作为一种娱乐形式的社交型赌徒不同，真正的赌徒会花大量时间学习和了解自己喜欢的有风险的游戏，并享受其中的微妙之处，特别是他们会把战胜赌场（即赢的钱比输的多）视为一种挑战。的确，数百万前往内华达州拉斯维加斯的游客、数百万前往新泽西州大西洋城的人，以及成千上万经常光顾其他赌场的人，都喜欢绿色的赌桌、旋转的轮盘赌轮、筹码的落下声、类似彩票的基诺游戏，以及游戏带来的刺激感。一排排色彩缤纷的老虎机发出音乐声和闪烁的灯光，远处传来有人中大奖的声音，还有铃铛声和客人的呼喊声……营造出一种只有在赌场才能找到的兴奋和期待的氛围。在美国，博彩娱乐行业从1976年只有两个司法管辖区允许博彩，发展到现在48个州都有某种形式的合法博彩。

不久前，有老虎机或二十一点赌桌就足以吸引游客。然而，随着赌场在北美的迅速扩张，情况已不再如此。赌场业务的竞争性迫使行业创造出更大、更好的产品来满足客人的需求。在过去十年里，这种名为"博彩娱乐"的产品不断发展演变。

有风险的游戏只是博彩娱乐中整个娱乐和休闲活动套餐的一部分。博彩娱乐的客户群体是社交型赌徒，这些客户将有风险的游戏作为一种娱乐和社交活动形式，因此在他们光顾时会将赌博与其他活动结合起来。根据这个定义，社交型赌徒对许多博彩娱乐设施感兴趣，并在入住期间参与多种不同的活动。

博彩娱乐有哪些形式呢？拉斯维加斯、中国澳门、纽约、宾夕法尼亚和大西洋城的大型度假村作为博彩娱乐行业的胜地，备受瞩目。然而，在内华达州还有一些较小的博彩场所，并且在美国的48个州和加拿大的7个省份还有其他以赌场为基础的业务。这些赌场的形式包括商业运营的企业，既有私营的也有上市公司。有些是陆基赌场，即赌场设在常规建筑内。其他的则在河船上，这些河船在河流航行，或者在停泊在水中不航行的驳船上，这种被称为码头赌场。美国原住民部落也在他们的保留地和部落土地上经营赌场。这些是陆基赌场，其复杂程度往往与拉斯维加斯的任何赌场相当。博彩娱乐在邮轮上也很受欢迎。

10.1.2 博彩娱乐业的经济影响

博彩娱乐业是指赌场博彩业务及其所有方面经营活动的总称，除了赌场内的下注活动外，还包括酒店运营、娱乐项目、零售购物、休闲活动和其他类型的运营。博彩娱乐的核心被称为"娱乐大卖场"，拥有数千间客房，其外观充满活力、有趣，并且有非博彩景点。由于博彩娱乐业的核心优势在于赌场博彩，因此，博彩娱乐业务总是有一个赌场区域，提供各种有风险的游戏，而这些游戏是营销和吸引客人的焦点。对客人来说，仅次于博彩的重要部分是高质量的饮食服务。

除了许多赌场提供的豪华自助餐外，博彩娱乐是最后一批支持全方位服务、桌边美食餐厅的酒店概念之一。饮食服务的种类繁多且多样，从由著名厨师主理的特色餐厅到民族餐馆，再到快餐和特许经营店。博彩娱乐行业在餐厅管理和烹饪艺术方面提供了无限的职业机会，而这些在以前是闻所未闻的。

住宿行业与博彩娱乐密切相关，因为提供全方位服务的酒店是博彩娱乐不可或缺的一部分。客房、餐饮、会议服务、宴会设施、健康水疗中心、休闲设施和其他典型的酒店设施都为博彩娱乐提供支持。世界上大多数最大、最复杂的酒店都位于博彩娱乐场所内，本章后面将详细介绍其中几家。

博彩娱乐为客人提供了一个可以赌博（在赌场）、吃喝、睡觉和放松，甚至可以进行一些商务活动的地方。但还不止于此：娱乐项目从最著名艺人的现场表演到运用高科技的舞台表现技术给客人以完美的视听盛宴。博彩娱乐还包括主题公园和惊险游乐设施、博物馆和文化中心。最受欢迎的博彩娱乐目的地是围绕一个中心主题设计的，包括酒店和赌场运营。

与之前的赌场业务不同，博彩娱乐业务有众多创收活动。其中博彩收入来自赌场盈利，即客人在赌场内花费的钱。从概率上来说，任何赌场游戏的赔率都对赌场有利，只是不同游戏的程度不同。赌场盈利是客人赌博的成本，客人在短期内常常能赢赌场的钱，因此他们愿意下注并碰碰运气。

非博彩收入则来自与赌场内的下注无关的来源。随着博彩娱乐概念不断强调除赌博之外的活动，非博彩收入变得越来越重要。这才是博彩娱乐的真正内涵：基于赌场吸引力的酒店娱乐业务。

市场上对将博彩作为一种娱乐活动有很强的支持。在美国，顾客必须年满21岁才能赌博。研究表明，超过三分之一的美国人在过去一年内去过赌场，其中32%的人实际参与了赌博。根据市场研究，超过85%的美国成年人表示赌场娱乐对他们自己或他人来说是可以接受的，而86%的美国人表示至少有过一次赌博的体验。

在美国，商业赌场收入占博彩业收入的36%。印第安赌场和州彩票并列第二，各占26%。在过去几年里，典型的博彩娱乐客人的人口统计构成一直保持一致。与普通美国人相比，赌场玩家往往收入和教育水平较高，并且更有可能从事白领工作。拉斯维加斯的客户群体以年轻客人为主，他们花钱是为了寻求全方位的娱乐体验。

10.1.3 博彩娱乐业的历史起源

赌博的确切起源尚不清楚。然而，根据中国的史书记载，最早关于赌博的官方记载可以追溯到约公元前2300年。罗马人也是赌徒，他们喜欢在战车比赛、斗鸡和掷骰子等种种事情上打赌。这最终导致了一些问题：除了在冬季的农神节期间，赌博或游戏都被禁止。

赌场中的合法公共赌博可以追溯到1638年，当时威尼斯大议会授予了该市一家合法赌场的特许经营权。尽管那家赌场在1774年关闭了，但其他欧洲国家（大多是资源匮乏的小司法管辖区）也允许赌博，且通常是作为更大的温泉综合体的一部分。温泉浴场是欧洲最早真正的旅游目的地，赌博被认为是许多欧洲温泉社区的重要组成部分。

然而，到1872年，除了地中海的弹丸之地摩纳哥，赌场式赌博在所有欧洲国家都被禁止了，摩纳哥的蒙特卡罗因长达数十年的垄断而变得富有。很快，上层阶级在所谓的赌场聚会社交和赌博。19世纪上半叶，有组织的赌场开始发展起来。

在美国，19世纪期间，在包括路易斯安那州、加利福尼亚州和内华达州在内的几个州里，用牌和骰子进行的公共赌博曾间歇性地合法，但到1910年，这种赌博以及玩老虎机在美国各地都被取缔了。在所有赌场式赌博被确定为犯罪行为前，赌博厅在美国大多数主要城市都十分猖獗。

拉斯维加斯有许多关于本杰明·海门·西格尔鲍姆（更广为人知的名字是巴格西·西格尔）的故事。西格尔于1906年2月28日出生在纽约布鲁克林的一个贫穷的犹太家庭。据说他很小的时候就开始通过敲诈手推车小贩来赚钱。最终，他走上了私酒贩卖、赌博敲诈和受雇杀人的道路。1931年，西格尔是处决朱塞佩"乔老板"马塞里亚的四人之一。几年后，他被派往西部发展敲诈业务。在加利福尼亚州，西格尔成功地开设了赌博窝点和赌船。在建立了一个全国性的赛马赌注电报业务后，西格尔接着在拉斯维加斯建造了著名的火烈鸟酒店和赌场。赌场最终耗资600多万美元建成,这迫使西格尔挪用利润。随后,西格尔于1947年6月在比弗利山庄被一颗从他家窗户射进来的子弹击中而身亡。在他死后的第二天,三个暴徒走进火烈鸟酒店,宣布他们是新的老板。

内河船赌博,即只允许在船上进行机会游戏,于1991年在艾奥瓦州和伊利诺伊州首次出现,很快就蔓延到中西部和南部,在密西西比州尤其盛行。像科罗拉多州和南达科他州这样的州转向有限制的赌博,这意味着赌场被限制在特定的城镇,并且最大赌注金额有上限。在过去的二三十年里,美国的赌场数量激增,印第安保留地上的赌博厅也变得很常见。

10.1.4 现代的博彩娱乐业

美国的博彩娱乐业务起源于拉斯维加斯。从20世纪40年代初到1976年,内华达州(主要是拉斯维加斯)在博彩娱乐业务上拥有垄断地位。但是,近年来亚洲及其他地方的博彩娱乐业迅速兴起,现代博彩娱乐业已经成为世界性的产业。

10.1.4.1 拉斯维加斯

仅仅"拉斯维加斯"这个名字就会让人联想到霓虹灯、奢华的表演、令人惊叹的表演者以及热闹的赌场,在那里,每晚都有数百万美元的输赢。

目前运营的博彩度假酒店的历史要短得多,只能追溯到1941年,尽管赌场行业的前身可以追溯到早期的一些合法和非法的发展。

在内华达州,形势很快转向合法化。1931年,当立法者在内华达州授权"全面放开"商业赌博时,该州正处于大萧条的困境中。他们希望通过允许在酒馆和酒店内进行机会游戏来发展旅游业。最初,对赌博并没有征收州税,而且人们认为其经济影响可以忽略不计。里诺和拉斯维加斯迅速崛起,形成了繁荣的市中心赌博区,小俱乐部则提供老虎机和桌游。这些通常是简单的临街店铺,没有真正的便利设施。

现代赌场的诞生是在1941年,以埃尔兰乔维加斯酒店(El Rancho Vegas)的开业为标志——这里后来成为拉斯维加斯大道上的第一个博彩度假酒店。作为一个类似温泉浴场的、设施齐全的目的地,又拥有美食、娱乐和赌博项目,埃尔兰乔维加斯以一种烟雾弥漫的市中心赌博厅所没有的方式吸引了休闲游客。在十年内,先后又有其他6家度假村加入了埃尔兰乔维加斯的行列,拉斯维加斯大道成为一股不可忽视的力量。

到20世纪50年代中期,拉斯维加斯大道上的博彩度假酒店改变了内华达州。此时赌场数量已超过十几家,它们成为该州经济不可或缺的一部分。立法机构成立了一个监管机构,即博彩控制委员会,负责监督这个行业,并且该州开始依赖从赌场征收的税收。由于其他发展选择未能成功,内华达州的赌场成为当地的主要产业。这个行业不断发展,随着20世纪70年代上市公司的进入,它更融入了国家经济的主流。

10.1.4.2 大西洋城

20世纪70年代，大西洋城处于贫困状态，犯罪率和贫困率都居高不下。为了振兴这座城市，1976年，新泽西州的选民投票批准了在大西洋城进行赌场赌博。随后，新泽西州通过《赌场控制法案》将赌场赌博合法化。该州希望通过赌场行业进行资本投资、创造就业机会、纳税并吸引游客，从而振兴经济，并创造一个有利于城市重建的金融环境。

该法案启动了几项针对赌场酒店业务的特定费用和税收，这些收入将用于支付监管成本、为该州的残疾人和老年人提供社会服务资金，以及为大西洋城的重建提供投资资金。《赌场控制法案》成立了赌场控制委员会，其目的不仅是确保大西洋城赌场行业的成功和诚信，还包括实现扭转城市经济未来的目标。

10.1.4.3 其他州

看到新泽西州的《赌场控制法案》的目标正在实现，并希望自己的州也能获得类似的好处，但又不想允许陆基赌场赌博，艾奥瓦州在20世纪90年代初将内河船赌场合法化。伊利诺伊州、密西西比州、路易斯安那州、密苏里州和印第安纳州也迅速效仿。随着赌场行业在美国和加拿大的传播，其竞争性产生了对现在所谓的博彩娱乐的需求，并增加了非赌场景点。因此，博彩娱乐是赌场行业的自然演变。

其他地方也陆续开设了赌场。像底特律这样的主要城市也于1996年在其境内合法化了有限数量的赌场，一部分是为了刺激旅游业，另一部分是为了防止赌博资金流向邻近的司法管辖区。像西弗吉尼亚州和特拉华州这样的州对授权新的赌场开发犹豫不决，但将赛马场的老虎机合法化，这些企业后来被称为"赛马赌场"。随着20世纪70年代赛马场观众人数的减少，赛马行业开始衰落，但赛马赌场的概念受到了欢迎，老虎机帮助几个州避免了现场赛马的消亡。

2004年，宾夕法尼亚州授权在赛马场、度假胜地和城市老虎机厅设置老虎机，这标志着老虎机游戏的进一步扩张。事实证明，即使在全国一些经济总体下滑的地区，赌博也是一个增长型行业。除了2020年的疫情期间，近年来美国商业赌场的赌博总收入一直在增加。此外，美国的赌场运营商发现，亚洲是一个比美国更有利可图的赌场市场。中国澳门和新加坡都已成为赌场巨头。在纽约州北部，一位马来西亚亿万富翁和他的云顶集团正在用一个耗资12亿美元建成的赌场、酒店和娱乐综合体，吸引游客前往纽约州卡茨基尔的云顶世界度假村。

为了重振纽约州北部的经济，该州向帝国度假村（Empire Resorts）颁发了建造拉斯维加斯风格度假村的许可证。该酒店有332间客房，赌场有10万平方英尺的博彩区域，配备10万台老虎机。帝国度假村寄希望于来自其博彩客户群中的亚洲赌徒，以及当地和其他美国城市的博彩客户。然而，要吸引大量人群并让他们千里迢迢来赌博并不是一件容易的事。

10.1.4.4 美国原住民博彩

在"加利福尼亚州诉卡巴松印第安部落等案"（1987年）中，美国最高法院以6比3的投票结果裁定，一旦一个州将任何形式的赌博合法化，该州的美国原住民就有权提供并自行监管同样的游戏，且不受政府限制。这一裁决是在加利福尼亚州和里弗赛德县试图对卡巴松和莫龙戈印第安部落经营的纸牌和宾果俱乐部实施地方和州法规之后做出的。最高法院明确承认了部落对某些博彩活动的权利。

美国29个州的保留地土地上有超过470个博彩设施，因此原住民博彩一直是美国博彩行业增长最快的领域之一。位于康涅狄格州马沙塔克特的快活大赌场（Foxwoods Resort Casino）由佩科特印第安保留地经营，是美国最大的赌场之一，拥有超过4800台老虎机和250张赌桌。

该法案提供了一个框架，使博彩活动的开展既能保护部落，又能保护普通公众。例如，该法案概述了部落签订的赌场管理合同的审批标准，并对违反其规定的行为设定了民事处罚措施。该法案显然是一种妥协，它平衡了主权部落在其土地上开展博彩活动的权利与联邦和州政府在其境内监管活动的权利。

《印第安博彩监管法案》有三个目标：

第一，为美国原住民部落经营博彩活动提供法定依据，以此促进部落经济发展、自给自足和建立强大的部落政府。

第二，为美国原住民部落监管博彩活动提供法定依据，使其能够免受有组织犯罪和其他腐败影响。

第三，建立一个独立的监管机构，即美国印第安博彩委员会（National Indian Gaming Commission，简称NIGC），来管理美国原住民土地上的博彩活动。

《印第安博彩监管法案》定义了三种不同类型的美国原住民博彩活动：

- 一类博彩，包括纯粹为了最低价值奖品而进行的社交游戏或美国原住民传统形式的博彩。
- 二类博彩，包括宾果游戏、类似宾果的游戏以及该州法律明确授权的所谓游戏。
- 三类博彩，包括所有不属于上述两类的博彩形式，因此包括大多数被认为是赌场游戏的项目。

三类博彩活动定义的重要性在于，它明确了那些必须设在允许任何人、组织或实体出于任何目的进行此类博彩活动的州内的游戏，并且这些游戏的开展必须符合各州被要求与部落"真诚"协商达成的协议。

虽然联邦博彩法禁止州政府对其征税，但在某些情况下，几个州的部落会自愿向州政府支付费用，或者通过协商达成支付费用协议。前者主要是为了感谢部落所获得的服务，或是换取在一个州维持赌场博彩垄断的许可。在密歇根州、康涅狄格州和路易斯安那州，部落已同意作为其赌场博彩综合协议的一部分向州政府付款。在几乎所有的州，部落都会按照协商协议的规定，向州政府支付其在监管赌场过程中产生的费用。

10.1.4.5 亚洲和欧洲的博彩业

亚洲有几个国家允许开展博彩活动。多年来，人们一直对 accarat（百家乐）、麻将和其他游戏情有独钟。在中国，赌博是非法的，公民参与国家运营的彩票活动则并不在此列，中国公民前往其他国家或中国澳门、中国香港等合法的博彩场所也并不违反法律。中国澳门在博彩收入方面可与拉斯维加斯大道相媲美。新加坡、菲律宾、韩国、越南、泰国、尼泊尔和澳大利亚也拥有繁荣的博彩游客的市场。此外，亚洲人喜欢在赛马比赛以及航行到国际水域的船只上赌博，这样乘客就可以合法地进行博彩。

欧洲的赌博活动已有数百年的历史。事实上，早在1190年的英格兰，理查德国王就发布了一项命令，以限制他的士兵赌博。如今，欧洲的许多国家都允许赌博。这为赌徒们提供了在几个城市进行博彩的选择。赌场是欧洲最著名的博彩形式，其中以蒙特卡洛的赌场最为知名。其他值得一提的赌场还有意大利科莫的坎皮奥内赌场（Casino di Campione），由于巨额债务，该赌场于2018年关闭，但如果能找到投资人，它可能会重新开业。坎皮奥内赌场是欧洲最大的赌场之一，有9层楼，500台老虎机，56张经典的赌桌，以及轮盘赌、二十一点、桥牌、班柯和视频扑克等游戏。法国巴黎的恩吉安莱班巴利埃赌场是一家具有巴黎奢华风格的湖畔赌场。在德国，巴登巴登赌场建于近300年前，其外观看起来就像是一座法国宫殿。

10.2 博彩业的运营管理

博彩业的运营管理十分复杂。即使你不打算在赌场内工作，对于那些想在博彩度假酒店追求职业发展的人来说，对赌博的本质以及赌场赌博具体情况的基本了解也是必不可少的。如今，许多博彩度假酒店的总裁和关键高管都是从住宿或餐饮运营方面晋升上来的；对赌场里正在发生的事情以及赌场客人与其他酒店顾客的不同之处有深入的了解，会使晋升之路更加顺畅。

如前所述，从最广泛的定义来看，赌博是指在一个未知结果上下注的行为，如果下注者猜对了，就有可能获得收益。一个被认定为赌博的行为必须具备三个要素：下注的东西（赌注）、一个随机事件（例如，老虎机转轮的旋转或一张牌的翻转），以及回报（赢利）。

这个广泛的赌博定义包括许多不同的活动：动物之间的竞赛（赛马、斗鸡）以及人类之间的竞赛（团队和个人运动）；彩票；以及使用牌、骰子和其他随机元素进行的机会游戏。一些最著名的游戏属于最后一类：扑克、二十一点和百家乐是用牌玩的，而掷骰子游戏（双骰子赌戏）是用骰子玩的。老虎机最初是机械装置（但现在是电子装置），根据转轮的随机停止来奖励奖品，也很受欢迎，且直到今天仍为大多数赌场中最受欢迎的游戏。

10.2.1 博彩与商业赌场

赌场如何从赌博中赚钱呢？答案在于它们提供的赌博类型。赌博有两种基本类型：社交赌博和商业赌博。社交赌博是在个人之间进行的，他们相互对赌；从数学角度来看，每个玩家获胜的机会是相同的。扑克是一种经典的社交游戏：每个玩家都从同一副牌中抽牌，并且有相同的机会查看牌面、加注或弃牌。其他社交赌博形式还包括多米诺骨牌和麻将。

在商业赌博中，玩家则是与"庄家"对赌，"庄家"是一个职业赌徒或一个接受公众下注的组织。商业赌博对赌场来说具有概率上的优势，也就是庄家优势，这使得专业人士能够从中获利，同时仍然提供公平的游戏。所有的彩票都是商业游戏，赌场内的每一种游戏也都是商业游戏。由于对庄家有一个小的、有保证的偏向，这就确保了随着时间的推移，赌场赢得的钱会多于它支付出去的钱。

庄家优势可以通过轮盘赌来进行最好的解释。轮盘赌的特点是一个有38个槽位的轮子，编号从1到36，以及一个单零和一个双零。每次转动时，一个小球会落入38个槽位中的一个。如果你"直下"押一个数字，每押1个单位你就会赢得35个单位。所以如果你押1美元直下，你最终会得到36美元——你押的1美元，再加上35美元。但实际上，由于轮子中任何一个数字被击中的概率是1/38，你本应该以37：1的比例获得赔付，而不是35：1。那额外的2美元就是庄家优势，它看起来很小，但随着时间的推移，会积少成多。

庄家优势是赌场得以运营的关键。没有它，向公众提供能产生收入的机会游戏的唯一方法就只能是作弊。庄家优势使赌场能够为顾客提供诚实、公平的游戏，同时还能维持经营。

扑克游戏是"所有赌场游戏都有内置庄家优势"这一规则的一个有趣例外。许多赌场都设有扑克室，玩家们使用庄家提供的桌子、牌和发牌员相互对赌。赌场与每手牌的结果没有直接的利害关系，而是从每一局的赌注（底池）中抽取一小部分（抽成）来支付扑克室的运营成本。尽管扑克是一种受欢迎的游戏，但它为赌场带来的收入很少。提供扑克游戏是作为一种便利设施，吸引那些也会玩纯粹商业游戏的玩家，或者那些陪同玩老虎机或桌游的玩家。庄家优势是一个理论数字，它描述了随着时间的推移，赌场应该保留的下注金额（投注总额）的比例。对于桌游和老虎机，赌场会跟踪留存率，以便更好地了解赌场的运营表现。

要理解留存率，我们需要理解另外两个术语：投注总额（或初始投入）和赌场盈利。投注总额是在一场游戏中下注的总金额。赌场盈利是投注总额减去赢得赌注时支付出去的钱——本质上就是赌场保留的钱。留存率是作为赌场盈利而保留的投注总额的百分比。在老虎机上，留存率非常接近理论上的庄家优势。然而，在桌游中，留存率通常比庄家优势高得多。

尽管赌场提供的游戏在统计上对庄家有利，但它们仍然是机会游戏。在短期内，玩家可能会很幸运，带着赌场的钱离开。在小赌注游戏中，这不是问题，因为大量的下注次数往往会使留存率趋向于其历史预期值。

像百家乐这样的高赌注游戏则不同。因为大量的钱分散在较少的决策中，这些游戏具有很大的波动性，在一个特定的月份里，单个赌场中百家乐游戏的留存率可能会出现大幅波动。

作为博彩度假酒店的经理，理解波动性的本质是很重要的。仅仅因为赌场部门报告某一班次出现净亏损，并不一定意味着该部门效率低下或无能——这可能只是波动性的一种表现。随着时间的推移，博彩盈利终将趋向于其历史平均值。

经理们还需要明白，由于波动性这一特质的存在，赌场与其他酒店业务是不同的。一家典型的酒店，如果周末入住率达到95%，餐厅也全部订满，肯定会盈利。然而，由于波动性，即使是繁忙的赌场，如果有一个高赌注玩家运气好，也可能在一个班次甚至一个周末出现亏损。

波动性并不是使赌场业务与大多数其他酒店业务不同的唯一方面。免费服务（comps）是另一个使赌场与众不同的方面。

免费服务是指赌场为吸引顾客而提供的免费商品和服务。几乎每个赌场都有免费服务，任何有一定地位的赌场"贵宾"都期望得到免费服务。在其他酒店运营中，免费服务主要是作为服务补救措施，用于补偿客户服务失误或其他差错，而在赌场运营中，免费服务则是常规的一部分。

免费服务的价值各不相同。一般来说，产生更高收益的玩家会得到更高价值的免费服务。例如，一个小赌注的老虎机玩家可能会得到一张打折或免费自助餐的优惠券，而一个每手下注1万美元并玩上几个小时的百家乐大赌客，则可能会得到食宿（房间、食物、饮料）全免服务，在赌场最豪华客房中的所有费用都由赌场支付。赌场客人也可能会得到娱乐方面的免费服务或其他礼物。许多老虎机玩家在达到一定的游戏门槛时还会获得现金返还。

赌场每天都有成千上万的客人，因此需要依靠客户忠诚度计划来跟踪顾客的游戏情况。希望得到免费服务和其他优惠的顾客会加入赌场的玩家忠诚度俱乐部（例如，凯撒娱乐的"全面奖励计划"、米高梅国际酒店集团的"M生活"、温德姆度假村的"红卡"等）。老虎机玩家将他们得到的卡片插入正在玩的机器中，卡片就会跟踪玩家投入和赢得的钱数。桌游玩家则由赌台经理刷他们的卡片，跟踪他们的游戏时间和平均下注金额。

赌场利用从玩家赌博模式中获取的信息，根据玩家的理论盈利和预期游戏水平向他们提供免费服务。大多数忠诚度计划都有分层奖励结构，激励顾客玩得更多并解锁更多奖励。

忠诚度计划是赌场营销的重要组成部分，许多客人会根据在哪里能得到最好的免费服务来决定他们在博彩上的花费。优秀的赌场经理知道他们必须向符合条件的玩家发放有吸引力的优惠。赌场还使用复杂的软件在老虎机玩家玩游戏时监控并向他们发放奖金。最近，一些赌场也开始跟踪和奖励非博彩消费，这反映了博彩度假酒店收入来源的拓宽。例如，一些赌场在餐饮、购物甚至酒店住宿方面提供奖励。

10.2.2 博彩度假酒店

博彩运营有几种不同的类型，规模差异很大。有两种极端，其中一端是内华达风格的博彩酒馆，这是一种典型的酒吧和餐厅，拥有不到16台电子博彩设备，通常是吧台上的视频扑克机和老虎机；另一端则是一个完全成熟的博彩度假酒店，赌场占地10万平方英尺，设有数千台老虎机和几十张桌游赌桌，大约3000间酒店客房，至少十几家酒吧和餐厅，还有会议和会展设施、娱乐场所、零售购物区，以及游泳池和水疗设施。

在上述两个极端之间（这两种情况在拉斯维加斯都能找到），还有其他几种运营类型。独立的赌场在美国或世界其他地方并不常见，它们通常只由老虎机组成——所以这种类型的运营场所可以被称为老虎机厅。在欧洲、中东、非洲和南美洲，位于酒店内的赌场可能非常小，是酒店整体接待业务的附属部分。

在美国，印第安保留地上的赌场可以有多种形式，从预制建筑中的宾果游戏厅到功能齐全的博彩度假酒店都有。后者提供住宿、餐饮和娱乐服务，与拉斯维加斯大道上的度假村没有区别。一些州只允许在河船上进行赌博，这些河船最初在水道上航行，但如今通常是"护城河中的船"式运营，永久停泊并与酒店和度假村设施几乎无缝连接。其他一些州允许在赛马场设置老虎机（称为赛马赌场），在某些情况下，这些赛马赌场也会发展成包括酒店和度假村运营。最后，也有许多邮轮公司将赌场作为船上客人可享受的设施之一。

如今，博彩度假酒店是世界上最引人瞩目的酒店业务之一。世界上最大的25家酒店中，有15家是位于拉斯维加斯大道的博彩度假酒店。全球博彩行业的规模超过1500亿美元。那些有志于从事酒店行业的人，即使对赌场运营中的博彩业务并无特别兴趣，也可能会考虑在一个既有赌场，又提供全方位住宿、餐饮、娱乐和零售服务的度假村中谋得一个职位。

现代博彩度假酒店（casino resort）的最佳范例可以在拉斯维加斯大道上找到。这些度假目的地以赌场为中心，提供多种类型的游戏：

- **老虎机**
- **桌游**。包括二十一点（也称"黑杰克"）、掷骰子游戏（双骰子赌戏）、轮盘赌、百家乐，以及像三张牌扑克这样的狂欢节游戏
- **赛马和体育投注站**。接受对赛马和体育赛事的下注
- **扑克牌室**。玩家们在这里相互对赌，而庄家只从每一局的赌注中抽取一部分作为利润
- **现场开奖的宾果游戏**

在美国的大部分地区，老虎机创造了大量的收益；在拉斯维加斯，由于高赌注的桌游游戏，收入比例更接近各占一半。在桌游中，二十一点是全美最受欢迎的游戏，而在拉斯维加斯大道上，百家乐最近大行其道。在中国澳门的赌场，几乎所有收入都来自高赌注的百家乐，老虎机的收入微不足道。

除了赌场外，博彩度假酒店还包括以下组成部分：

- **住宿**。平均有3000间酒店客房
- **餐饮场所**。从快餐服务到美食餐厅都有
- **娱乐场所**。包括休息室，也有专门为太阳马戏团和类似精彩表演建造的剧场
- **零售购物区**。一些赌场设有购物长廊，甚至有附属的购物中心（例如，凯撒宫、威尼斯人酒店和好莱坞星球酒店）
- **会议设施**。从小型会议室到与威尼斯人酒店和帕拉佐酒店相连的225万平方英尺的金沙会展中心不等
- **夜间俱乐部（夜总会）**。正成为博彩度假酒店业务中越来越赚钱的一部分

- **游泳池和水疗中心**。也可以称为"日间俱乐部"，会邀请DJ助兴，提供各种酒水

其他地区的博彩度假酒店可能拥有上述功能的一部分，但并不完全。举个例子，在内华达州以外的地方，体育博彩目前是非法的，所以那些赌场最多只会有一个赛马博彩部。除了拉斯维加斯的大多数赌场（有一些显著的例外），酒店和娱乐设施的规模都较小。

10.2.3 博彩业的新技术应用

目前，美国有23个州和三个地区允许开设商业赌场，然而这并没有阻止该行业在运营中采用、开发和实施新技术。代表博彩行业的主要贸易组织——美国博彩协会表示："商业博彩行业不断引入新技术，以提升整体客户体验和赌场运营效率。"

在过去的几十年里，商业赌场在技术方面取得了一些关键进展。早期，对于普通赌场玩家来说，技术进步虽然似乎并不明显，但极大地改善了赌场运营。这些进步包括在老虎机上引入纸币识别器，这一功能使老虎机除了可以接收硬币外，还能识别纸币，同时确定纸币的面值并确保其不是假币。

"凭票进出"（ticket-in/ticket-out，简称TITO）技术的发展使商业赌场能够在无硬币的环境中运营。虽然玩家仍然可以将纸币投入老虎机，但奖金不会以实际货币形式支付。当老虎机玩家决定不再玩某一台机器时，玩家可以兑现奖金，并获得一张印有条形码的打印票据，条形码上标明了奖金数额。这张票据可以在赌场的兑换处兑换成现金，也可以立即投入另一台TITO机器中。其他现代技术进步集中在将射频识别（RFID）芯片放置在桌游筹码内，以防止盗窃和伪造。大多数博彩运营场所还鼓励玩家注册并使用加载了账户余额的会员卡，因为这减少了携带现金和零钱的机会，减少了赌场楼层兑换零钱人员的需求，并且更容易跟踪玩家的参与情况和偏好，以便进行奖励和营销。虽然大多数玩家已经接受了这种卡的技术，但也有一些玩家仍然喜欢在老虎机或视频终端听到中奖时硬币从斜槽中滑落的声音。

传统上，有两个主要的计算机系统用于赌场运营。除了用于运行人力资源和财务等传统功能的系统之外，主要使用的系统是老虎机会计系统。建立这样一个系统缘于各个州监管机构对这种系统的要求，以确保赌场运营商以适当的方式开展业务，并能够记录所有老虎机交易信息。这些系统的要求包括会计核算、玩家跟踪以及机器性能的具体信息。内华达州是最早强制使用此类系统的州之一，其他有赌场运营的州也很快纷纷效仿。

第二个系统是赌场管理系统，它使运营商能够跟踪桌游游戏情况、管理赌场兑换处的功能，并处理赌场顾客数据（投注金额、人口统计数据等）。这些系统实时交互，使赌场运营商能够全面了解他们的赌场运营情况。

博彩行业高管 T.特伦特·唐（T.Trent Dang）表示："在过去几十年里，赌场技术有了很大的进步，但仍有发展空间。"唐指出，虽然赌场管理系统和老虎机会计系统可能配合得很好，但也存在局限性。由于这些系统主要是会计和物业管理系统，它们常常缺乏赌场运营商进行战略决策所需的功能，例如在数据库营销领域。由于这些局限性，赌场运营商正在花钱实施

赌场数据仓库、客户关系管理（CRM）、活动管理、商业智能（BI）和数据可视化产品等附加系统，以便运营商能够最大限度地利用存储在赌场管理系统和老虎机会计系统中的数据。

10.3 博彩业的工作岗位

商业赌场度假地的工作需要多学科的知识，进入这个行业的学生会发现：具备酒店运营、餐饮运营、赌场运营、零售运营，以及娱乐活动运营与管理这五个方面的知识与他们的职业发展是密切相关的。

- 酒店住宿运营。博彩娱乐酒店运营方面的职业机会与全方位服务酒店行业的职业机会非常相似，不同之处在于餐饮部门可以是独立的，而不是酒店运营的一部分。客房和宾客服务部门为接待服务管理专业的学生提供了最多的职业机会。由于博彩娱乐场所的酒店规模比非博彩酒店大得多，部门主管需要听取更多主管的工作汇报，也相应承担更大的责任。预订部、前台、客房清洁部、代客泊车部和宾客服务部都可能是人员众多的大部门。

- 餐饮运营。博彩娱乐以提供各种风格和概念的高质量饮食服务为基础。酒店行业中一些最佳运营案例都可以在博彩娱乐场所找到。餐厅管理和烹饪艺术领域会提供很多职业发展的机会。与酒店运营一样，博彩娱乐场所通常规模很大，有众多餐饮场所，包括一些餐厅、酒店客房送餐服务、宴会和会议饮食服务以及零售餐饮点。许多场所还设有美食餐厅、高端特色餐厅。在博彩娱乐场所的餐饮运营中，无论是前台还是后台，高管级别的管理职位通常都比非博彩场所多很多。

- 赌场运营。赌场运营工作分为五个职能领域：赌场运营人员、赌场服务人员、营销人员、人力资源管理人员、财务和行政人员。其中，博彩运营人员包括老虎机技术员（大约每40台机器配备一名技术员）、桌游发牌员（每张桌游大约配备4名发牌员）和桌游主管。赌场服务人员包括安保人员、采购人员以及维护和设施工程师。营销人员包括公共关系专家、市场研究人员以及广告和社交媒体专业人员。人力资源人员包括员工关系专员、薪酬专员、招聘专员和培训专员。财务和行政人员包括律师、应付账款专员、审计专员、薪资专员和收入控制专员。

博彩行业的迅猛发展增加了对熟练发牌员的需求，这些发牌员需要精通各种桌游的发牌工作，包括二十一点、掷骰子游戏、轮盘赌、扑克和百家乐。通过使用教科书和录像带，并结合在模拟赌场的实际操作培训，未来的发牌员可以在学院和私立学校提供的课程中学习发牌的技巧和要点。

- 商品零售运营。博彩娱乐业对非博彩收入来源的日益重视，要求在零售运营的各个阶段都具备专业知识，从店铺设计和布局到产品选择、商品推销和销售控制。与特许经营分包商进行谈判也可能是整体零售活动的一部分。零售运营通常会支持场所的整体主题，并且往往可以成为主要的收入来源。然而，在博彩娱乐行业中，零售管理职业常常是一个被忽视的职业发展方向。

● **娱乐活动运营**。由于竞争日益激烈，博彩娱乐公司正在打造更大型、更精彩的演出节目，以使他们的场所成为旅游目的地景点。一些演出节目的成本已高达数百万美元，需要专业的娱乐人员来制作和管理。博彩娱乐场所经常举办各种现场娱乐活动，知名艺人的表演吸引了大量观众。

赌场管理是分等级的。在管理结构的顶端，场所总裁或总经理负责日常运营。内部审计和监控部门绕过管理层级，直接向总裁或赌场董事会汇报工作，因为他们在对赌场的现金和程序进行控制方面发挥着重要作用。

在赌场总裁之下是赌场不同部门的副总裁（有时也称为总监）：赌场本身、酒店、餐饮、娱乐、营销（针对赌场客人）、销售（通常面向商务旅行和团体销售）、零售、各种支持职能部门，包括财务部门（涵盖所有赌场收银业务）以及安保部门。

在赌场内部，博彩运营副总裁监督赌场经理，赌场经理反过来监督轮班经理，赌场每天24小时运营，每个班次（白班、中班、夜班）都有一名轮班经理。轮班经理则对赌场各个部门的值班经理拥有管辖权，这些部门可能包括老虎机部门、扑克部门、基诺部门、赛马和体育博彩部门，以及直接与高价值玩家合作的赌场接待员和营销代表，他们负责安排免费服务并尽力让玩家满意。

老虎机部门包括客户服务代表（负责为玩家注册赌场的忠诚度计划），以及技术人员（负责维护老虎机的正常运行）。桌游被划分为若干赌区，每个赌区大约有十几桌游戏，由一名赌台主管负责，赌台主管直接向赌场轮班经理汇报。在赌台主管之下，一名楼层管理员负责监督2—4桌游戏，而每桌游戏则配备一名或多名发牌员。赌场可能设有贵宾厅（也称为百家乐厅），在那里可以接受高达每手5万美元的高额赌注。百家乐厅通常也有自己的经理，该经理也向赌场轮班经理汇报工作。

其他部门的管理方式类似，由部门总监负责轮班经理，轮班经理再监督主管，主管则负责一线员工的工作表现。

这里要特别提一提 **"梦幻效应"**。所谓"梦幻效应"，指的是1989年拉斯维加斯梦幻酒店（Mirage Hotel）的开业改变了博彩度假酒店经营方式的现象。梦幻酒店的开业注重的是整体体验，而不仅仅是赌博。结果，游客们前来观看各种景点，比如喷发的人造火山、海豚栖息地以及齐格弗里德和罗伊的表演。

梦幻酒店开业后，其他场所也开始升级其住宿条件和饮食服务。如今，游客可品尝到世界上一些顶级名厨提供的餐厅美食，戈登·拉姆齐（Gordon Ramsay）、沃尔夫冈·帕克（Wolfgang Puck）等名厨都在吸引着人们的关注。客房也进行了升级，配备了豪华的床上用品、主题房间以及额外的便利设施，旨在增加客房收入。当然，游客最终会为这种体验买单。

在此期间，娱乐选择也不断扩展，包括太阳马戏团（Cirque du Soleil）的演出、度假村内的主题公园，以及签订长期合同进行表演的顶级艺人。

关键词汇与概念

博彩	博彩娱乐业	博彩度假酒店	凭票进出
赌场管理系统	免费服务	博彩业的工作岗位	

复习讨论题

1. 了解博彩娱乐业的特点。

2. 博彩度假地与其他旅游度假地有何不同？谈谈博彩度假地面临的独特挑战。

3. 解释博彩度假酒店的业务与非博彩环境中的酒店业务之间的差异。

知识应用

1. 描述从20世纪30年代到现在，美国博彩度假地的兴起情况。

2. 选择三种流行的博彩游戏，并确定如果没有严格的安全措施，赌场和客人可能面临的风险和回报。

3. 选择博彩度假地五个运营领域中的一个，并研究该工作领域可能的职业发展路径。

英文延伸阅读

Introducing ≫ T. Trent Dang

Vice President Marketing and Development, Mark-it Smart, Inc.

As a music major as an undergraduate, I quickly realized that with my dreams of playing in the New York Philharmonic I was faced with quite an uphill climb. So, it made sense to become an I.T. technician at a casino! Despite mostly abandoning my musical pursuits, I have managed to stumble into an industry that I really love.

Over the years, I have worked my way up from that I.T. role to various positions in Slots and eventually Marketing, which is where I have spent the last half of my career. I also was able to earn a master's in Hotel Administration from the University of Nevada, Las Vegas, along the way. During this time, the thing that has most intrigued me about the gaming industry is that it is a highly dynamic one with multiple businesses all housed under one roof. There is often a hotel, restaurants, bars, retail shops, a bank, and, of course, a casino. There can also be other amenities such as a spa, golf course, showroom, movie theater, bowling alley, water park, or even an RV park—you name it! All of these different businesses not only need to function together from an operational standpoint, but from, most interestingly, a data analysis standpoint as well.

This segment of hospitality can come in all shapes and sizes. In addition to the wide variety of amenities found in modern casinos, there are also many different types of gaming as well. In addition to the traditional casino you may find in Las Vegas, pari-mutuel gambling (as found at thoroughbred racetracks) and lotteries are also widespread throughout the United States. There are also new and exciting types of gaming becoming legalized, such as online poker and sports betting, traditional sports betting, as well as eSports.

As new states move to legalize all of these varied types of gaming, Native American tribes expand their operations to better support their tribal members, and international markets continue to emerge. What has become very apparent is the need for these operations to harness the vast amounts of data at their disposal. It is no longer good enough to build a bigger and more elaborate resort, as many believe that this expansion has led to market saturation. The true differentiator in these ever-crowded and hyper-competitive landscapes is to now closely analyze all of the data that exists among all of the various businesses under their roof and find the "needle in the haystack" that can truly set them apart.

Oftentimes, the I.T. systems that gaming operations utilize are not designed for data analysis. They are simply systems designed to record how much money has gone through a slot machine, or to process a sale at a restaurant or retail shop. And not only are they not designed for data analysis; they oftentimes are not designed to talk to each other. For example, it is difficult for a casino to know that a guest ate at the buffet, stayed in the hotel, and played blackjack during her last visit to the casino. Despite that, we operators desperately need that data to best understand how to operate our business.

In the last few years, I have transitioned into roles where I have tried to solve these technological problems, and it has been a fascinating endeavor. As we have made technological advances, it has been so gratifying to see my colleagues in the industry be able to reap the rewards of finally having access to their data in a meaningful way and to see the strides that they have been able to make when putting this data into action.

I often have the opportunity to speak to students who are interested in joining the gaming industry after graduation, and I almost uniformly tell them that no matter what you want to be "when you grow up," whether it be a chef, brand marketer, hotelier, or casino manager, invest heavily in analytics in your studies. There is simply no way around it in today's dynamic world. Once you embrace and understand analytics, you too will find the results fascinating.

Hope to see you out on the casino floor!

.inc | Corporate Profile

Caesars Entertainment Corporation

Harrah's Entertainment was founded in 1937 by William F. Harrah as a small bingo parlor in Reno, Nevada. The name changed to Caesars Entertainment Corporation in 2010. Today, Caesars is the largest gaming company in the United States and one of the largest gaming companies in the world, with a portfolio of more than 50 casinos, which it owns or manages in three continents under the Harrah's, Caesars, and Horseshoe brand names. Caesars has riverboat or dockside casinos, golf courses, and combination racetrack and casinos in several states, including Arizona, California, Illinois, Indiana, Iowa, Nevada, Louisiana, New Jersey, Mississippi, North Carolina, Ohio, Pennsylvania, and Missouri. Caesars grew by new property development, expansions, and acquisitions, and it now operates 47 casinos in several U.S. states and five countries, with a vision "to ensure Caesars is a respected leader in our industry and a trusted corporate citizen in the communities" where they operate. Caesars is focused on building loyalty and value with its customers through a unique combination of guest service, excellent products, unsurpassed distribution, operational excellence, and technology leadership. The marketing strategy is designed to appeal to those who are avid players, especially those who play in more than one market. Caesars has grown through the development of new resorts, expansion and acquisitions, and now operates casinos on three continents. The resorts operate under the Harrah's Caesars and Horseshoe brands.

Current Issues in the Gaming Entertainment Industry

Global Mobile Gaming
Global mobile gaming is rapidly on the increase and many people are becoming addicted to it. The top games are Honor of Kings, Garden Scapes, Candy Crush Saga, Last Shelter and Pokemon Go. Video games can be expensive and cause or contribute to poor academic performance and may lead to cyber-attacks. These games rake in billions of dollars a year.

Sports Betting
As sports betting continues to grow, the challenges associated with it will also grow. Late in 2018, the U.S. Supreme

Court struck down the Professional and Amateur Sports Protection Act, which will most likely allow states outside of Nevada to legally allow sports betting. As a result, both the NFL (National Football League) and the NCAA (National Collegiate Athletic Association) have voiced concerns and asked for federal guidelines to maintain the integrity of sports. On the other hand, the American Gaming Association (AGA) has stated that federal oversight isn't needed.

The NHL (National Hockey League) recently signed a multi-year partnership with the MGM Resorts making their entry into the sports betting category. This partnership will also allow for cross-over events and promotions bringing more eyes to both hockey and the MGM properties.

- Should sports betting be federally regulated, or do you think there are already enough regulations in place to maintain the integrity of the sport?
- Do partnerships such as the NHL and MGM Resorts help or hurt sports?
- Online gambling is growing with more sites trying to attract losers.

Innovation for Growth

To stay relevant, casino resorts must continually reinvent themselves and the products and services they offer. A recent article in *Casino Journal* discusses how both Reno and Las Vegas are working to reinvent not only their properties but also to reach out to past customers to have them return to the properties. This innovation includes new approaches to technology, new types of online games, using technology to improve the guest experience, and more.

- In your opinion, how important is it for casinos to continue to innovate and re-invent themselves to attract a continual flow of guests?

Security and Safety

Safety and security of guests, property, and inventory are all top of mind for casino operators as the risks to the safety of guests and property continue to grow. Technology that allows security teams to review video footage for possible problems has improved and real-time analytics are a must for today's security-conscious casinos.

Implementing safety procedures and reinforcing how to handle situations ranging from an active shooter to a natural disaster also factor prominently in many casino training programs. Guest education is also important and innovative operators are finding ways to educate guests without causing fear.

- How important is an update security plan for a casino?
- Why is it important to train employees on security protocols?

第11章 巡游服务业 *

学习目标

- 解释巡游服务业是如何发展起来的。
- 明确巡游服务行业中的主要参与者有哪些。
- 解释巡游管理的组织结构。
- 列举热门的世界巡游目的地。

---

* 巡游通常包括旅游者乘坐邮轮、游轮及其他交通工具进行巡回游弋的休闲娱乐活动。本章中特指乘坐邮轮所进行的休闲娱乐活动。

"巡游或邮轮旅行……"仅仅这个词就会让人联想到在泳池边慵懒的日子，伴着精致美食、丰富多彩娱乐活动的浪漫夜晚，在月光下的漫步，以及在遥远充满异域风情的港口令人兴奋的短途旅行。这听起来像一场梦吗？其实不一定！近年来巡游变得越来越多样化，而且价格也更加亲民，几乎让每个人都有机会享受其中的乐趣。正如我们将在本章后面看到的，越来越多的人正在将这个梦想变为现实，而且绝大多数人都对巡游的体验惊叹不已。欢迎来到巡游的神奇世界！

不幸的是，新冠肺炎（COVID-19）疫情以及随后出现的各种变异毒株重创了巡游行业。巡游行业被迫关闭数月，在恢复航行后，又在乘客和船员中多次出现新冠疫情暴发的情况。这给已预订行程的乘客带来了广泛的混乱，比如接种疫苗的必要性，还有一些港口不允许乘客下船游览当地，无法享受当地景色。

尽管如此，巡游行业正在复苏。全球有超过200家邮轮公司提供各种各样美妙的度假体验，从嘉年华邮轮公司的"欢乐邮轮"，到"爱之船"，再到丽思卡尔顿游艇系列，还有那些仅搭载少数乘客的货轮。旅行者们将巡游与前往充满异域风情的地方以及全天的悉心照料联系在一起，认为它充满了浪漫色彩。乘坐邮轮就像是身处一个漂浮的度假胜地，住宿条件从豪华套房到甚至比大多数监狱牢房或教师办公室还小的客舱不等。邮轮上的吸引人之处和娱乐活动多种多样，从清晨的锻炼到美味佳肴，夜生活则包括跳舞、歌舞表演，可能还有赌博活动。白天的生活可能包括放松身心、去水疗中心或美容院（或者两者都去）、参加邮轮方组织的游戏活动，或者只是躺在泳池边的躺椅上读一本小说。不间断的娱乐活动包括语言课程、魅力培训课程、停靠港口的情况介绍、烹饪课程、舞蹈、桥牌、乒乓球、沙狐球等等，确保旅游者在整个巡游过程中有丰富多彩的选择。

11.1 巡游服务业的发展

巡游并非一直都是受欢迎的度假选择。几个世纪以来，一艘适航的船只仅仅被视为一种交通方式，特别是对于那些居住在海洋、河流和湖泊沿岸社区的人来说。即使在1492年哥伦布进行了历史性的航行之后，在公海上航行也仅仅是建立新殖民地和为国家带来荣耀的一种方式。那时，乘船旅行既不舒服又不卫生——与如今航行的豪华邮轮相去甚远。然而，对于一些不幸的人来说，乘船旅行却是一种必要。直到大约19世纪30年代，进行水上旅行的主要原因还是移民、贸易和战争。

第一次世界大战极大地改变了海上旅行行业。许多因素促成了这一点，包括美国移民政策的改变以及欧洲对美国人产生的新吸引力。总之，巡游成为一种时尚的活动，导致建造和运营的邮轮数量增加。后来，随着航空旅行越来越受欢迎，邮轮乘客数量有所下降。如今，大多数巡游主要集中在加勒比海或地中海航线，并强调在船上的舒适体验。停靠的港口为巡游增添了趣味。跨大西洋航行很少——只有"伊丽莎白女王二世号"定期提供。环球巡游也很罕见。

那么，乘船旅行是如何发展成为世界最大产业的一个重要部分的呢？

11.1.1 第一艘邮轮的旅行

半岛东方蒸汽航运公司（P&O）被认为是巡游的开创者。该公司的首次巡游被认为是在1844年，当时小说家威廉·梅克比斯·萨克雷（William Makepeace Thackeray）在地中海航行。到1880年，P&O 的一艘船已升级为邮轮，并进行了环球航行。美国的第一艘邮轮直到1867年才起航。当时"贵格城号"（Quaker City）从纽约港出发，前往欧洲和中东。然而，乘坐 P&O 邮轮和"贵格城号"的乘客在跨大西洋旅行的人群中只占极少数，当时大多数的海上旅行仍然由那些期盼在海外寻找到更好生活的贫困移民组成。

到20世纪初，越来越多的乘客选择了海上旅行。到这个时候，富有的地主和商人也觉得有必要体验海上旅行，这最终导致了豪华远洋客轮的演变。精英们被安排在头等舱，而其他乘客则常常挤在不卫生且狭窄的居住空间里。

好莱坞电影《泰坦尼克号》生动地描绘了海上旅行的这一方面。"泰坦尼克号"邮轮是20世纪初白星航运公司（White Star Line）建造的三艘新船之一，旨在与世界著名的豪华邮轮公司冠达邮轮（Cunard）竞争。白星航运公司的目标是让它的新船——"奥林匹克号""泰坦尼克号"和"不列颠尼克号"——成为最安静、最豪华、最稳定的远洋船只。这些目标在一定程度上得以实现，因为白星航运公司按照当时的海事规定配备了足够的救生艇（足以搭载船上一半的乘客）。1911年，"奥林匹克号"进行了首航，取得了巨大成功。于是，它的姊妹船"泰坦尼克号"在一年后的1912年4月10日进行了首次航行。"泰坦尼克号"搭载了2225名乘客，其中大多数是二等舱和三等舱的乘客。4月15日，"泰坦尼克号"撞上了一座冰山——后面的故事我们都知道了。较贫穷的乘客被锁在甲板下面，而头等舱的乘客登上了救生艇。只有705名乘客幸存下来，被认为应对"泰坦尼克号"灾难负责的史密斯船长与船一同沉没。这次事故带来的唯一好处是人们意识到需要完善安全法规——尤其是配备足够的救生艇。

11.1.2 现代巡游服务

如今，乘邮轮旅行正在兴起。全球的巡游服务业是一个规模超过1540亿美元的庞大产业，每年运送近3000万名旅游者。

除了疫情期间，邮轮行业在过去10年中经历了稳步增长，从北美港口登船的人数有所增加，而且目前没有迹象表明这种增长会停滞。邮轮公司相继推出新邮轮，在新船和翻新船只上投入了数十亿美元，目的都是增加运力。然而，该行业仍然存在巨大的增长机会。由于潜在邮轮市场仅开发了一小部分，且估计还有数百万的市场潜力，邮轮行业的前景一片光明。在接下来的几年里，数百万北美人表示他们计划进行巡游。行业估计，一旦一切恢复正常，乘客数量将会增加，因为积压的需求非常大。乘客平均花费1250—2000美元，再加上所有额外消费（饮料、博彩、娱乐、购物、水疗护理、岸上观光等），我们就能意识到邮轮行业对经济的影响是如何巨大！

主要的邮轮公司都有设计创新的新船，以吸引游客的注意力。一个很好的例子是皇家加勒比海邮轮公司的"海洋奇迹号"，它是一艘取代姊妹船"海洋交响号"的最大邮轮，船上有许多冒险游乐设施，比如十层楼高的勇气考验设施"终极深渊"——这是海上最高的滑道，还有迷你高尔夫。此外，船上有8个各具特色的主题区域，这些区域以及众多诱惑你味蕾的餐厅都能为旅行增色不少。公主邮轮公司的"魅力公主号"有一个作为各类活动中心的欧式露天广场，还有一个无边际式的船尾景观泳池、豪华床铺、25个酒吧和餐厅，其中一些餐厅受法国风格启发，还有一家由米其林三星厨师伊曼纽尔·雷诺（Emmanuel Renaut）主理。

维珍邮轮公司的"勇敢女士号"为18岁及以上的乘客提供从巴塞罗那出发的地中海巡游。丽思卡尔顿酒店推出了它的游艇系列，包括三艘优雅的游艇，具备丽思卡尔顿酒店品牌的标志性特色。米老鼠也喜欢巡游，所以你会在"迪士尼愿望号"上看到它，该邮轮提供适合家庭的特色设施，如水滑梯、带双浴室的客舱和几个儿童俱乐部。

在维珍邮轮公司的"绯红女士号"上，有20多家餐馆，从高档牛排晚餐到素食和即食，各种选择应有尽有。船上没有正式的餐厅，也没有取餐队伍。此外，船上也没有正式的晚宴之夜，不过在"绯红之夜"，客人会穿得更正式一些，之后还会被邀请穿着衣服跳进泳池。最后，就连吉米·巴菲特（Jimmy Buffet）的连锁酒店也涉足了邮轮行业，推出了"海上玛格丽塔维尔号"邮轮。

11.1.3 豪华邮轮

许多新邮轮都巨大无比，可搭载5000多名乘客和2000多名船员。这些大型邮轮实现了规模经济，并提供更多的娱乐活动来吸引乘客。例如，皇家加勒比邮轮公司的"海洋和悦号"上有水滑梯、高空滑索、水上摩托艇、精彩的百老汇风格表演和水上表演、一个由机器人调制鸡尾酒的仿生酒吧，以及几家特别的餐厅。想象一下，每天要为7000人提供饮食服务所需的后勤和组织工作：每天要用掉11万磅冰、5000打鸡蛋和2100只龙虾尾——所以有1056名饮食服务人员为客人服务真是太好了！

随着时间的推移，大型邮轮的设计越来越趋向度假村风格，船上提供各种类型的活动，以及"虚拟高尔夫"、披萨店和鱼子酱酒吧等设施。例如，"鱼子酱和香槟"邮轮，厨师们会根据乘客带来的食谱准备食物，葡萄酒服务员则会品鉴和讲解所供应的葡萄酒。

那些设计类似度假胜地的大型邮轮，有着众多活动和设施，如"虚拟高尔夫"、披萨店和鱼子酱吧等，这些会随着时间不断变化。在"鱼子酱和香槟号"邮轮即以"无论您想要什么，公司都会为您提供"为口号，厨师会按照乘客带来的食谱准备食物，侍酒师会提供葡萄酒品鉴和相关讲座。

美食及其服务的仪式感是豪华邮轮旅行的核心，以至于享受美食成了豪华邮轮上的主要消遣方式。食物的口味、口感和档次是乘客和邮轮运营商都关心的问题。人们认为所有乘客都可以随心所欲地想吃多少就吃多少，想什么时候吃就什么时候吃。如果不约束自己，有些乘客甚至可能在巡游期间每天增重3磅。

食物成本并不像人们想象的那么高——对于豪华邮轮来说，每位乘客每天的食物成本可能是40美元左右，而大众市场邮轮的成本则是20—30美元。豪华邮轮的乘客可能在客舱里吃早餐，在甲板上吃另一餐，在餐厅里吃第三餐。饮食服务也无可挑剔：银质餐具、桌布、玻璃杯和高脚杯一应俱全。技艺高超的厨师准备的八道菜晚餐可以送到客舱里——这里提供全天候的客房服务，服务人员被要求了解诸如大菱鲆（多宝鱼）的来源和三种鱼子酱之类的细节。

世邦邮轮公司（Seabourn Cruise Line）实际上归嘉年华公司所有，旗下有八艘船，包括"世邦号""追寻号""奥德赛号""索恩号""探索号"和"安可号"等，都是大约1万吨的机动船。相比之下，一些巨型邮轮的重量可能超过14.2万吨。世邦邮轮公司的每艘船仅搭载200名客人，设有100间套房。每艘船也有一些较大的套房，船后部都有一个可折叠的码头，客人可以在这里游泳，并参加各种水上运动。一个封闭的钢网游泳池让乘客可以直接在大海中游泳。这些船悬挂挪威国旗，因为船员都是挪威人；酒店服务人员也来自欧洲。还有可选的岸上观光活动，比如参观俄罗斯的尤苏波夫宫或冬宫博物馆、参观波尔多地区的一个家庭城堡，然后继续前往多尔多涅河谷，或者欣赏法国美丽的卢瓦尔河谷。

世邦邮轮公司是全球精选酒店及度假村（Preferred Hotels and Resorts Worldwide）的"首选合作伙伴"。根据这一合作关系，每入住参与合作的精选酒店或度假村5晚，就可以在选定的巡游中获得一天的免费行程。而且每次乘客乘坐世邦邮轮旅行10天，就可以在参与合作的酒店和度假村获得一晚免费住宿。巡游前后的客房预订可以通过威尼斯的奇普里亚尼酒店或格里蒂宫酒店、罗马的哈斯勒酒店或新加坡的四季酒店等进行安排。每次巡游结束后，世邦邮轮的客户会收到送到家中的装在水晶花瓶里的一束玫瑰。

区分豪华邮轮的方式之一是船员与乘客的比例。在世邦邮轮上，148间套房可容纳296名客人，即每1.51名乘客对应一名船员。私人阳台是另一个卖点。银海邮轮（Silversea）75%的套房都有私人阳台。除了高级饮品的额外费用，世邦邮轮和银海邮轮的票价几乎包含了所有费用，包括往返经济舱机票以及登船前的酒店住宿。所有顶级邮轮上每位乘客每天的费用大约是800美元。

水晶邮轮公司（Crystal Cruise Line）旗下有"水晶和谐号""水晶精神号"和"水晶交响乐号"这几艘姊妹邮轮。在这些邮轮上，顶层甲板套房配有接受过欧洲培训、戴白手套的管家和客房服务员，他们会协调包括私密晚餐等在内的各种事务。顶层套房非常宽敞，最大面积达982平方英尺，相当于一个小型公寓的大小。所有的客舱都配有鹅绒枕头、法式双人床、浴缸和淋浴设施、鲜花和水果。公共区域包括一个两层高的中庭大堂，装饰有雕塑和瀑布。购物者可以在"星光大道"购物拱廊购物。喜欢赌博的人可以去由拉斯维加斯赌场运营的2500平方英尺的"海上凯撒皇宫赌场"。一个"小酒馆"式的酒吧供应国际咖啡、奶酪和按杯售卖的葡萄酒。

丽晶七海邮轮公司（Radisson Seven Seas Cruises）总部位于佛罗里达州的劳德代尔堡，旗下有4艘船："探索者号""航海者号""水手号"和"领航者号"。"领航者号"似乎特别适合其航行区域，包括环球巡游以及夏威夷和法属波利尼西亚群岛等地区的区域巡游。它是"有史以来航行于南太平洋上的最豪华的邮轮"，有160间海景客舱和套房，以及80个阳台。

11.2 巡游服务业的市场

11.2.1 巡游服务的主要参与者

巡游服务的三大主要参与者是嘉年华邮轮公司（Carnival Cruise Lines）、皇家加勒比邮轮公司（Royal Caribbean Cruises）和挪威邮轮公司（Norwegian Cruise Line）。

嘉年华邮轮公司在财务方面最为成功，在没有疫情的情况下，其销售额约占整个邮轮市场的20%。它的目标客户是年龄25—54岁的成年人，希望凭借其令人惊叹的中庭和全天候的活动吸引近1300万名乘客，这大约占邮轮市场总乘客数的一半。除了船票本身，它最大的收入来源是饮料服务。赌场收入也很高，而且它的赌场是海上最大的。嘉年华邮轮公司希望乘客喜欢购买饮料，并将25美分硬币，最好是美元投入船上的老虎机，或者更好的是投入赌桌。它还希望乘客不介意其狭小的客舱，因为船上的活动占据了他们所有的清醒时间以及大部分夜晚时间。嘉年华公司（Carnival Corporation & PLC）旗下包括嘉年华邮轮公司、荷美邮轮公司（Holland America Line）、爱达邮轮公司（AIDA Cruises）、英国的P&O邮轮公司（P & O Cruises UK）、澳大利亚的P&O邮轮公司（P & O Cruises Australia）、冠达邮轮公司（Cunard Line）、公主邮轮公司（Princess Cruises）、世邦邮轮公司（Seabourn Cruise Line）和歌诗达邮轮公司（Costa Cruises）。

第二大邮轮公司是皇家加勒比邮轮公司，它运营着两个主要邮轮品牌和五个小品牌，即皇家加勒比国际邮轮公司（Royal Caribbean International）和名人邮轮公司（Celebrity Cruises）。这些邮轮品牌加起来每年运送数百万名乘客。其船队由48艘船组成，提供全球约280个目的地的航线服务。皇家加勒比邮轮公司的目标市场是35岁及以上、收入相对中等偏上的人群，并且欢迎家庭乘客。皇家加勒比邮轮公司拥有24艘船，共计8.4万个铺位。

第三大邮轮公司是丽星邮轮公司（Star Cruises），现在运营着挪威邮轮公司（NCL）。该公司曾获得"亚太地区领先邮轮公司"奖。丽星邮轮有限公司持续发展，不断有新船投入运营。丽星邮轮有限公司目前采用了它所谓的"自由式巡游"概念，即所有乘客都可以按照自己的意愿着装，并且可以在自己喜欢的时间和地点用餐。他们主要运营着亚洲船队和美国船队，船队共有22艘船，航行至世界各地的众多目的地。

11.2.2 巡游市场需求

哪些人会选择巡游呢？正如我们已经了解到的，如今巡游比以往任何时候都更实惠，并且吸引了广泛的市场群体——从银发苍苍的老年人到新婚的年轻夫妇，或是庆祝毕业的家庭（这确实是个不错的想法！）。巡游的发展非常惊人，乘客数量的增长超过了运力（邮轮数量）的增长。根据国际邮轮协会（CLIA）的数据，邮轮乘客的平均年龄约为46岁，已婚，家中没有孩子，家庭年收入为9万美元。然而，邮轮乘客并非一个同质化的群体，他们会进行各种各样的度假活动，而巡游只是其中的一部分。他们通常会和家人一起旅行，尤其是配偶。

大多数巡游的行程为7天或更短时间，且邮轮乘客在短途巡游中每天的花费要比长途旅行时更高。短途巡游的乘客平均年龄逐年下降，而中年乘客则更喜欢进行两到三周的巡游。环球巡游通常是老年人的选择，他们有足够的闲暇时间和资金来进行这样的长途旅行。不过，各个年龄段的人都发现，如果他们一年中足够努力工作，就能够攒下足够的钱，在一年中抽出一周时间登上邮轮。他们把巡游视为一种放松且安全的冒险，在邮轮上他们无须规划每天的活动。乘客可能会选择在下午小睡或喝茶、赌博、晒太阳，或者参加邮轮上提供的各种表演和活动。

还有一些长期巡游旅行者。他们每年会在不同的邮轮上度过三四个月甚至五个月的时间。对于这些巡游爱好者来说，巡游是一种逃离现实世界和压力的方式。不出所料，他们中的大多数人都很富有。有特权的旅行者会选择乘坐12—15艘较小的豪华邮轮，如世邦邮轮公司（Seabourn）的"奥德赛号""索恩号""探索号"和"安可号"，每艘邮轮都迎合那些年收入约20万美元及以上的人群。有时这个群体还会进行环球巡游，并且会入住豪华邮轮上的豪华套房。这些旅行者更有可能是回头客。与乘坐巨型邮轮的旅行者相比，他们年龄更大、更富有，也更有鉴赏力。

每年约有2700万名乘客选择巡游，且许多乘客对他们乘坐的特定邮轮非常忠诚——一艘邮轮上多达一半的乘客可能是回头客。邮轮票价各不相同，嘉年华邮轮公司的起价约为每人每天80美元，而豪华邮轮的票价则高达900美元。票价通常是按每日进行报价的，且仅包含邮轮费用，基于双人入住计算。而饮料、博彩、水疗护理、岸上观光和小费等费用是额外的。

11.2.3 巡游市场的类型

巡游服务业的细分市场之间存在显著差异。它的三大市场类型分别是大众市场、中端市场和豪华市场。大众市场的主要群体通常是年收入在4万—7万美元的人群。这个市场的折扣很常见。不过，这些邮轮乘客感兴趣的是每人每天平均花费80—250美元的巡游，具体费用取决于客舱的位置和大小。在大众市场的邮轮上，有丰富的活动和充足的食物，但远远称不上精致餐饮。大众市场的一些邮轮公司包括嘉年华邮轮公司、迪士尼邮轮公司（Disney Cruises）、公主邮轮公司、挪威邮轮公司和皇家加勒比邮轮公司。

中端市场包括年收入6万—8万美元的人群。这些乘客感兴趣的是每人每天平均花费150300美元的巡游。在中端市场的邮轮上，乘客可以享受到优质的餐饮和周到的服务。中端市场的邮轮时尚舒适，且每艘船都有自己的特色，能够满足不同客人的需求。这些邮轮可以容纳750—2600名乘客。中端市场的邮轮公司包括荷美邮轮公司（Holland America Lines）、风星邮轮公司（Windstar Cruises）、冠达邮轮公司（Cunard Lines）和名人邮轮公司（Celebrity Cruises）。

豪华市场的主要群体通常是年收入高于15万美元的人群，他们感兴趣的是每人每天平均花费超过500美元的巡游。在这个市场中，邮轮往往较小，平均可搭载约700名乘客，配备上乘的设施和服务。至于什么是豪华邮轮，这部分取决于个人判断、广告宣传和公共关系。那些受到旅游行业作家和其他评级人员高度赞誉的邮轮，只服务于北美收入最高的5%的人群。目前，被认为属于顶级的邮轮有"奥德赛号""索恩号""探索号""安可号"，或者银海邮轮公司（Silversea）的八艘豪华邮轮中的任何一艘。这些六星级邮轮拥有精致的美食、优质的服务、意义深远且富有想象力的航线，以及令人非常满意的整体邮轮体验。

11.3 巡游服务管理

11.3.1 巡游的类型

巡游有多种类型，包括：探险巡游、家庭巡游、圣诞巡游等。如果按邮轮的分类，可以分为现代邮轮、豪华邮轮、跨洋邮轮以及像新英格兰地区的区域邮轮巡游等。巡游的目的地增加了其吸引力。例如，阿拉斯加邮轮可以沿着内航道航行，这条航道比温哥华岛外的海域更平静，并且可以观赏冰川湾、艾西海峡的冰川景观，还能停靠像凯奇坎、史凯威和朱诺这样的港口。在地中海巡游中，人们可以游览西班牙的历史名城和独特建筑、法国的蔚蓝海岸、意大利标志性城市佛罗伦萨以及迷人的海滨小镇，还有罗马的壮丽景观。在亚洲，湄公河是很受欢迎的巡游路线，特别是流经越南和柬埔寨的湄公河下游地区。

- **区域巡游**。区域巡游是最受欢迎的，航行区域包括加勒比海、阿拉斯加、地中海，在较小程度上还包括波罗的海和其他一些小海域。大多数邮轮公司都提供区域巡游，许多公司专注于某一地区，比如加勒比海地区，而其他公司则在夏季在地中海航行，冬季在加勒比海航行。
- **沿海巡游**。北欧、美国和墨西哥都有沿海巡游项目。沿海邮轮比一般的堪称海上度假胜地的大型邮轮小得多，它们更靠近陆地航行，探寻一些大型邮轮无法到达的区域。这样一来，乘客看到的就不只是目的地的主要港口。虽然船上的娱乐活动通常仅限于一架钢琴，但乘客有机会在晚上游览停靠的港口，体验当地的文化和美食。其他设施通常也比较稀少，所以不要期望有奥林匹克规格的游泳池、购物中心或多种精致餐饮可供选择。

- **内河巡游**。欧洲提供沿着莱茵河、美因河、多瑙河和塞纳河的巡游。这些巡游让人们有机会探索奥地利、德国、法国、匈牙利和瑞士丰富的文化。欧洲内河邮轮有着友好的国际化氛围，这弥补了它们通常在规模和豪华程度上的不足。较新的、更现代化的邮轮常常给人一种小型酒店的感觉，配备有公共休息室、大型餐厅、三到四层甲板、空调、观景休息室、酒吧、温水游泳池、桑拿房、健身房、按摩理疗室和美发沙龙等设施。客舱虽小但很舒适，餐饮质量也很高。不过，内河巡游并不只在欧洲有，俄罗斯、中国（长江）、埃及（尼罗河）和澳大利亚（墨累河）也是一些令人兴奋的内河巡游目的地。

- **驳船旅行**。另一种选择是乘坐驳船，这是一种比内河邮轮更小的船只。在天气允许的情况下，从4月到11月，驳船会在欧洲的内陆水道和运河上航行。它们提供一种紧密、私密且完全随意的氛围，最大的驳船最多可搭载24人。每艘驳船都配备有餐厅和酒吧，供应当地美食。晚上，乘客可以上岸探索当地的村庄。驳船也可以租用来举办小型聚会。

- **蒸汽船旅行**。蒸汽船旅行是美国特有的一种旅行方式，例如沿着马克·吐温最喜欢的密西西比河以及其他主要河流航行，为乘客提供了一个独特的机会来观赏美国的中心地带。乘坐蒸汽船旅行是体验美国民俗文化的绝佳方式，还能品尝美国的地道美食，如牛排、虾、克里奥尔酱汁和油炸食品。蒸汽船还设有主题巡游，如体育、音乐、健康与健身主题等，这些在游客和当地人中都非常受欢迎。

- **探索与自然巡游**。许多邮轮公司提供前往充满异域风情和令人兴奋地方的探险和自然巡游。这种旅行往往以访问有趣的目的地、探索和研究自然为导向，乘客全程积极参与。例如，前往加拉帕戈斯群岛的巡游，乘客可以与海狮一起浮潜、与海龟共泳、和鬣蜥一起晒日光浴，还能寻找鲸鱼的踪迹。这些邮轮公司不会提供奢华的娱乐活动，而是聘请专业的讲师、博物学家和历史学家为游客讲解。旅行套餐中还包括一本由著名艺术家和专家绘制和撰写的个人航海日志。

- **探险巡游**。探险巡游探索多个地区，包括阿拉斯加、亚马逊河、奥里诺科河、南极洲、格陵兰岛、加拉帕戈斯群岛、南太平洋和西北航道。阿伯克龙比与肯特（Abercrombie and Kent）是最著名的探险邮轮公司之一。其他公司还包括由日本邮船公司（NYK）拥有的夸克探险公司（Quark Expeditions）、海洋协会探险公司（Oceanic Society Expeditions）和林德布拉德探险公司（Lindblad Expeditions），它们在北美大陆沿海地区和阿拉斯加沿海地区航行。

- **帆船巡游**。这是传统意义上的巡游方式：扬起白帆，让风将你带到停靠的港口，享受与自然融为一体的感觉。除了用餐时间，你的一天没有严格的安排，完全由你自己享受。帆船邮轮有两种类型，一种是至少80%的时间依靠船帆航行的，另一种则不是。如果你在寻找最纯粹的真实体验，那就选择一艘依靠风力航行的帆船。如果不是，也有很多高科技的、带有辅助动力的帆船可供选择。一大群船员会满足船上的所有需求。不过，如果你愿意，当然也有机会帮忙并分享航行的体验。乘坐小型帆船邮轮可以到达大型邮轮无法靠近的地方，比如马绍尔群岛的小岛群。

- **环球巡游**。对于那些有时间和金钱的人来说，环球巡游是绝佳的机会。这些巡游通常持续3—6个月，对许多人来说，这是一生一次的旅行体验。住宿豪华，食物美味，娱乐精彩，乘客可以尽情享受观光和短途旅行。还有什么缺点吗？嗯，环球巡游可能非常昂贵，每人的费用约2.5万—45万美元甚至更高，套房的费用可能高达30万美元。当然，也有一些价格更为合理的船只，或者选择仅预订旅程的一部分。

对于长时间的巡游来说，规划和准备至关重要。环球邮轮必须完全自给自足，燃料、食物和其他物资必须足够维持到下一个港口。一旦邮轮离开港口，可能好几天都看不到陆地。因此，船上有一个很大的储藏室，里面存放着各种零碎物品和备用零件，以备不时之需。邮轮上的娱乐活动也是一个问题，须提前一年或更长时间预订数百名艺人、讲师、音乐家和乐队。

- **跨洋巡游**。"跨洋"这个词意味着穿越北大西洋或太平洋往返于美洲，当然也可以穿越任何主要海洋。大多数人认为7—12天的欧美跨洋巡游既浪漫又神奇，让人联想到当年清教徒的危险航行，或者也许会让人想起过去的某一艘伟大的远洋客轮。其他邮轮有时也会提供单程的跨洋航行，以便在重新部署船只的同时盈利。在春季，它们从加勒比海航行到地中海以迎接欧洲的夏季，而在秋季则相反。这些跨洋航行可能持续一到两周的时间。

- **特色和主题巡游**。对于那些希望在享受邮轮上轻松奢华生活的同时扩展知识的人来说，有无数的特色和主题巡游可供选择。这些旅行通常有着丰富的文化内涵，行程不走寻常路，基于乘客的特殊兴趣和爱好设计，充满了充实感和冒险精神。目标客户是那些经验丰富的巡游旅行者，他们想要的不仅仅是传统的巡游体验。

在过去几年里，受欢迎的主题包括自然、艺术、戏剧、文学、历史和遗产、各种音乐、体育和健身、美食和美酒、教育以及生活方式。其他文化和充实体验的趋势包括以目的地为重点的巡游、生态旅游和自然历史、充实的研讨会和示范活动、艺术家和音乐家的特别表演，甚至还有单身人士巡游……总之，只要你能想到，它就可能存在！

11.3.2 巡游管理的组织

大型、豪华邮轮的管理最为复杂，也最具代表性。船长是邮轮上级别最高的职位，享有诸多特权。船长肩负着重大责任，包括保障所有人员（员工和乘客）的安全。实际上，邮轮上的每一项决策几乎都由船长做出，这些决策涵盖航行、运营以及公司政策等方面。要获得这一职位，必须持有船长执照以及经认可的海事政府机构颁发的所有相关证书，并且要从海事培训学校获得文凭。一般来说，邮轮船长都是从邮轮上的下属职位逐步晋升上来的，需要在邮轮上担任下属职位5—8年，并具备导航电子设备和计算机化设备的操作经验。

大副负责航行事务，一副、二副和三副向其汇报工作。这些驾驶员在驾驶台上轮班值勤，每班8小时。还有6名舵手，他们根据值班驾驶员的指令实际操控邮轮。此外，邮轮上大约有20名水手负责邮轮的粉刷和维护工作,并且在医疗中心有两名医生和三名护士,以满足客人和员工的健康需求。前往充满异域风情的目的地进行巡游可能会带来一些健康隐患。由于平均约有2200名乘客和1200名船员都在狭小的空间内活动,像诺如病毒这样的病毒和细菌很容易在大量人群中传播。因此,建议所有乘客都要及时接种麻疹、腮腺炎、风疹、水痘以及季节性流感病毒的疫苗。乘客和船员来自不同的国家,健康标准各不相同,所以勤洗手并尽力保持卫生条件对于预防疾病非常重要。

总事务长是邮轮酒店运营部门的一员,负责监督邮轮上除甲板和轮机部门之外的所有其他部门。总事务长需要具备丰富的酒店工作经验,至少有5年酒店经理的工作经历,拥有酒店管理学位,并且/或者有邮轮工作经验。当然,还必须精通英语。

酒店经理负责监督邮轮上的所有酒店运营事务,包括行政管理、员工管理、娱乐活动、饮食服务、餐厅管理以及客房服务等。酒店经理还负责培训酒店员工并监督财务运营。由于酒店经理需要直接与客人接触,所以必须彬彬有礼且能满足客人的需求。同时,酒店经理还必须能够与邮轮船长进行良好的沟通。一般来说,担任这一职位需要拥有学士学位,具备5年管理职位经验,并且至少有8年的邮轮工作经验。

客房总监(或客房部主管)负责监督客房部门的工作,并责管理和记录清洁用品、使用的设备、客舱服务、客房服务、行李搬运服务以及乘客行李。客房总监必须是优秀的组织者和沟通者。通常这一部门的人员是从内部晋升的。客房总监向酒店经理汇报工作。

餐饮经理负责管理邮轮上所有提供饮食服务的区域。这一职位包括负责控制餐饮成本以及邮轮上餐饮的整体质量。由于人们选择巡游的主要原因之一就是可以享受到源源不断的美食,所以只要邮轮在海上航行,餐饮经理的工作就永远做不完。一般来说,担任这一职位需要在餐饮部门工作6年或毕业于管理学校,并且有3年管理职位经验或4年邮轮工作经验。

邮轮总监负责监督邮轮上的所有娱乐活动和各项活动。他或她负责策划、协调和实施所有日常活动,并在所有社交活动和晚间演出中担任主持人。邮轮总监还需要进行大量的公开演讲,并将工作任务分配给员工。直接向邮轮总监汇报工作的人员包括助理邮轮总监、社交女主持人、邮轮工作人员和活动协调员。这一工作需要具备很强的组织能力和流利的英语水平。拥有专业娱乐领域的背景更佳,或者需要在邮轮上从初级邮轮工作人员职位逐步晋升,有2—5年的工作经验。

对于乘客来说,提升巡游体验的一个好方法就是参加岸上观光活动。根据停靠港口的不同,邮轮岸上观光活动可能包括以下内容:

- 浮潜
- 水肺潜水
- 与海豚一起游泳
- 乘坐充气艇和漂流
- 观光游览
- 划独木舟

- 徒步旅行/登山
- 户外自然漫步
- 购物
- 空中观光

11.3.3 巡游目的地

加勒比海是世界上最受欢迎的巡游目的地之一。在加勒比海地区，人们可以选择的三个区域包括西加勒比海、南加勒比海和东加勒比海。加勒比海地区拥有众多港口、世界上最棒的一些海滩、免税购物场所，并且在行程安排和巡游时长方面提供了最多的选择。

最受欢迎的巡游时长是七天。七天的巡游让旅行者有时间适应邮轮生活，并有更多的时间放松和游玩。最受欢迎的邮轮停靠港口包括巴哈马的拿骚（巴哈马的一个私人岛屿）、大开曼岛、圣马丁岛、墨西哥的科苏梅尔岛以及美属维尔京群岛圣托马斯岛的夏洛特阿马利亚。加勒比海地区受欢迎的邮轮目的地港口还包括波多黎各的圣胡安，它是加勒比海地区最繁忙的邮轮港口。圣胡安以其历史悠久的西班牙殖民时期建筑、美食、堡垒、附近的热带雨林以及丰富的文化而闻名。此外，还有一些曾被英国殖民、后来独立的岛屿，如巴巴多斯和圣卢西亚（英属西印度群岛），法国的马提尼克岛和瓜德罗普岛（它们是法国的海外省），以及圣马丁岛（一个地区）。荷兰曾殖民圣马丁岛、阿鲁巴岛、博内尔岛和库拉索岛——也被称为南美洲海岸外的 ABC 群岛。巴哈马是加勒比海地区另一个受巡游旅行者欢迎的目的地。

挪威邮轮公司从迈阿密出发的最受欢迎的七晚巡游会停靠以下港口：圣马丁岛的菲利普斯堡、荷属安的列斯群岛、维尔京群岛的圣托马斯岛以及巴哈马的拿骚。虽然七晚的行程对一些旅行者来说可能太长，但对于喜欢冒险的人或经验丰富的巡游旅行者来说往往又不够。因此，邮轮公司提供从1晚到15晚甚至更长时间的巡游。

例如，荷美邮轮公司最受欢迎的14晚航程的巡游行程如下：

第1天：从佛罗里达州劳德代尔堡港口出发

第2天：在海上航行

第3天：特克斯和凯科斯群岛的大特克岛

第4天：波多黎各的圣胡安

第5天：维尔京群岛的圣托马斯岛

第6天：在海上航行

第7天：巴哈马的半月礁

第8天：佛罗里达州的劳德代尔堡

第9天：巴哈马的半月礁

第10天：在海上航行

第11天：牙买加的奥乔里奥斯

第12天：开曼群岛大开曼岛的乔治敦

第13天：在海上航行

第14天：佛罗里达州的基韦斯特

第15天：返回佛罗里达州的劳德代尔堡港口

地中海巡游是唯一一种能让乘客通过几小时的航行就到达另一个国家或大洲的巡游类型。西地中海巡游会前往南欧的一些地方，包括意大利的那不勒斯、法国和西班牙。东地中海巡游会带乘客前往土耳其、希腊和尼罗河（埃及）等地。喜欢这类型目的地的巡游旅行者通常对历史感兴趣，且有体验多种文化的经历。在地中海巡游中，有丰富的历史和文化值得欣赏。旅行可从巴塞罗那开始，这是一个有许多景点的迷人城市。第一站可能是马赛，一个古老的港口城市。然后是尼斯。这座时尚的城市是法国里维埃拉的文化之都，以其普罗旺斯美食、历史徒步游览、前往周边体现里维埃拉风情的城镇和村庄的一日游以及著名的花卉市场而闻名。第二天可能会到达科西嘉岛，这是一个位于意大利海岸外的迷人岛屿。接下来可能会到达永恒之城罗马，这里有许多来自罗马帝国时期的令人惊叹的古老建筑。

在美国，巡游已成为游览阿拉斯加最受欢迎的方式，大多数主要邮轮公司都提供前往阿拉斯加的巡游。邮轮通常沿着内航道航行，前往冰川湾国家公园或哈伯德冰川。考虑到日照（和温度）因素，阿拉斯加巡游只在夏季（5—9月）提供。6月、7月和8月是旺季，此时的日平均气温实际上能达到75华氏度！

巡游同样已成为游览夏威夷最受欢迎的方式之一。夏威夷巡游是完全在夏威夷群岛内航行的。夏威夷拥有令人叹为观止的山脉、火山、热带森林、瀑布、珊瑚礁、沉没的熔岩流和水下洞穴。它是世界上体验浮潜、水肺潜水、深海捕鱼和玻璃底船游览的最佳地点之一。

关键词汇与概念

豪华邮轮	巡游市场的类型	区域巡游	沿海巡游
内河巡游	探险巡游	探索与自然巡游	环球巡游
跨洋巡游	特色和主题巡游	邮轮船长	邮轮大副
邮轮总事务长	邮轮酒店经理	邮轮餐饮经理	邮轮客房总监
邮轮总监	国际邮轮协会		

复习讨论题

1. 讨论巡游市场需求与巡游服务业发展的关系。

2. 邮轮市场的3个细分领域是什么？

3. 列举巡游的12种类型。

知识应用

1. 集思广益，举例说明哪种类型的人最有可能成为巡游服务业的乘客。

2. 使用上述例子，将潜在的巡游乘客划分到巡游行业的3个细分领域中。

3. 制订一个计划，说明如何成为邮轮上的酒店经理。

英文延伸阅读

Introducing >> JT Watters

Cruise Director, Holland America Line, Inc.

6:00 A.M.: Time to wake up, get ready, and gear up for a day on the open sea, where my main responsibility is to entertain 2,000 guests. I head to deck 9 to grab a quick breakfast, and one of the most essential components of the day... COFFEE!

7:00 A.M.–9:30 A.M.: As most guests are still eating breakfast, and before the majority of the events begin, this is my office time. This is the time for answering e-mails, organizing everything I need to run the events, and making sure that all other entertainment staff are ready for the day.

9:45 A.M.: If you aren't already awake, chances are you will be at this time. This is when I make my first of three announcements over the P.A. system to highlight some of the major upcoming morning events. In addition to highlighting my entertainment events, I also have to keep the revenue department in mind, and give a few shout-outs to the onboard service managers such as the spa, casino, shops, etc. I close the announcement by reminding everyone to keep the daily schedule with them, which they received the previous evening.

10:00 A.M.–12:00 P.M.: During this span of two hours, I usually have two major events to host. These events could include lectures, cooking demonstrations, trivia sessions, pool games, game shows, dance classes, and much more. If I have any spare time in between events, I walk the ship to check on other events and socialize with the guests. Simply being visible and available to the guests while I'm off stage is just as important as actually hosting events.

12:00 P.M.–12:45 P.M.: Lunch time (maybe)! Sometimes there just isn't enough time. Eating takes a "back seat" to my schedule of events. I eat when time becomes available, and not necessarily during designated meal times. More often than not, this chunk of 45 minutes is available to recharge.

12:45 P.M.: It's time for my second of three announcements for the day. This time I am joined by the Captain. During the days at sea, the Captain and I will always make a mid-day announcement. The Captain covers the latest nautical and meteorological information, as well as a few fun facts. He then passes the microphone off to me for another chance to promote several of the afternoon events.

12:45 P.M.–1:00 P.M.: Second dose of caffeine... check!

1:00 P.M.–4:30 P.M.: This three-hour block is dedicated to the same responsibilities I had from 10 A.M. to noon. All the guests have had lunch, and are now energized and ready to seek out the afternoon events. I should also clarify that not all guests attend every event scheduled in the daily program. The events are there if they want, but as I walk the decks, mobs of guests are content lying poolside, book in one hand, and drink in the other.

4:45 P.M.: This will be my third and final announcement of the day. This is my chance to promote the evening entertainment.

5:00 P.M.–6:30 P.M.: This is a crucial break time. Anything I can fit into this down time, I do. Sometimes it's going to the gym, sometimes laundry, chatting on the Internet, napping, dinner, watching TV, visiting the crew bar, you get the idea. About 99 percent of the time, I use this hour and a half for sleeping... I can find food later.

7:00 P.M.: Show time! This is the first of three shows during the evening. Three show times are offered in order to accommodate the schedules of all 2,000 guests. Tonight's show just

happens to be our cast of 12 talented singers and dancers. Tomorrow it could be a comedian, next night it could be an illusionist. A different show is featured each and every night. I take the stage at exactly 7 P.M. to welcome everyone to the main stage, give them a little information about the next day, a few more reminders about what's happening after tonight's show, sprinkle in some comedy when possible, and most importantly, get the audience pumped up for what they are about to see on stage.

7:45 P.M.–8:30 P.M.: I outro the show, then walk the ship to check on all the bars and lounges. Socializing is also a big part of my evenings.

8:30 P.M.: Show time #2. I hop on stage and cover the same details I did for the first crowd, get the audience amped, and introduce the cast.

9:15 P.M.–10:00 P.M.: During this time, I have the opportunity to host my own show in one of the other entertainment venues. Whether it be a game show or a party, it's a great opportunity for the guests to have something to do in addition to the main show, the music and dancing in the other bars and lounges, the casino, and the nightclub.

10:00 P.M.: Show time #3. It doesn't take too much effort to get this party crowd pumped up for the show.

10:45 P.M.–early morning hours: At 10:45 P.M., my day can end, but it never does. Technically, I don't have any more responsibilities, and I can go to bed if I want to, but if you haven't gathered by now, my life is a lot about socializing with the guests. I always choose to stay out and enjoy the late night crowd. Meeting new people is one of the biggest perks of the job.

Carnival has won some of the more prestigious awards. Used by permission of JT Watters

.inc | Corporate Profile

Carnival Cruise Lines

The name Carnival Cruise Lines is a good indication of what the company is all about. Festive yet casual, and affordable to many, Carnival brings the fun into cruising. Starting in 1972 with only one ship, the *Mardi Gras*, entrepreneur Ted Arison realized his vision of making cruising available to the masses, not only to the very rich. Fifteen years later, with seven ships in service, Carnival had become the first cruise line to advertise on Network TV (1984), and undertook its initial public offering on Wall Street to raise capital for future expansion.

So how is the situation today? Not surprisingly, Carnival is still the largest and most popular cruise line in the world. Carnival Cruise Lines is only one part of the huge Carnival Corporation. It also operates Holland America, Cunard Line, Princess Cruise Lines, P&O Cruises, and Seabourn. Together, these brands operate over 100 ships totaling more than 224,000 berths. Carnival Corporation & PLC also operate the leading tour companies in Alaska and the Canadian Yukon, Holland America Tours, and Princess Tours.

As expressed by its slogan, "Today's Carnival," all ships have a diverse and always-improving selection of amenities, activities, and facilities. Each vessel has at least two swimming pools, a full casino, duty-free shopping, the "Nautica Spa" health club, Internet cafes, and a complimentary "Camp Carnival" children's program, all top rated in the industry. Some ships even have a wedding chapel! Activities span every age group's interests and include multigenerational games for the whole family to enjoy. Entertainment ranges from Las Vegas-style revues to the latest in video, comedy shows, big-band music, and much more. Shore excursions offer traditional city tours and nature walks as well as kayaking, scuba diving, and "flightseeing" (aerial tours) for the more active cruiser. As if this weren't enough, Carnival has the most comprehensive food offerings in the cruise industry, ranging from elegant multicourse meals to casual bistros for alternative dinner services, specialty areas, and 24-hour pizzerias and room service.

If you smell awards in the air, you're

right: Carnival has won some of the more prestige awards.

Source: Based on Carnival Cruise Line. Accessed at https://www.carnival.com/

Current Issues in the Cruise Industry

- COVID-19 decimated the cruise industry. The Centers for Disease Control and Prevention (CDC) banned cruise lines from operating for months. Even after commencing operations again, some passengers developed COVID, which caused problems for not only other passengers but also the lines reputation and future bookings. Some lines introduced a must be vaccinated policy for all passengers. This policy was challenged, but most lines require all passengers 12 years old and up to be fully vaccinated—so do many of the countries and ports that the cruise ships stop at.

- New ships coming, all the major lines have new ships to tempt passengers with innovative designs and an array of features to tempt us.

- New accommodations and entertainment to distinguish themselves from other cruises.

- An increase in sustainable actions by all the major cruise lines.

- An increase in the number of embarkations, destinations, and itineraries offered through North American ports.

- An increase in the number of refurbished ships, with the intention of adding capacity; an example being Jimmy Buffets Margaritaville at Sea.

- More passengers are considering a cruise because they have been cooped up for almost two years.

- Continual development in the different types of cruises offered.

- A sizable growth in the number of job opportunities in the cruise industry.

- Cruise companies are working with celebrity chefs to enhance passengers dining experiences. An example being, Royal Caribbean has partnered with Michael Schwartz and Jamie Oliver. Crystal Cruises with renowned chef Nobu, MSC has partnered with award-winning chef Roy Yamaguchi, Holland America with Master chef Rudi Sodamin and yes, even Carnival has chef Guy Fieri.

第**5**篇

会展与活动产业

第 12 章 会展业

学习目标

- 列出并描述会展业的主要参与者。

- 阐述目的地管理公司的主要特征。

- 描述会议策划者。

- 简要阐述会议的组织形式和各种类型。

- 描述会展策划的主要过程与内容。

12.1 会展业的主要参与者

自古以来，出于社交、运动、政治或者是宗教的目的，人们会聚集起来会谈，或参加会议和进行展览活动（meetings, conventions, and expositions）。随着城市成为区域中心，此类活动的规模和举办频率不断上升，各种团体、组织和协会也开始举办定期的会议或展览。近年来，作为旅游业的一个细分市场，会议、奖励旅游、大型会议和展览活动（Meetings, Incentives, Conventions & Exhibitions，简称MICE）均呈现了快速的增长，不断地发展壮大。在美国，许多主要的甚至部分较小的城市都已拥有附带酒店及餐厅的会议中心。MICE 细分领域利润丰厚，行业统计数据表明，MICE游客的平均消费额约为其他游客的两倍。

会展产业的主要参与者包括会展与旅游主管部门、专业协会与企业、会议策划者及其客户、会议中心、专业服务机构以及展览公司。

12.1.1 协会与专业协会

作为会展产业的主要组织者，协会或专业协会发挥着重要的作用。协会（associations）是一个有组织的团体，具有某种形式的志愿者领导结构，其领导成员可能共同参与某种活动或拥有共同的目标。协会通常就是为了促进和加强这种共同的兴趣、活动或目标而组建的。协会行业在很多方面都很重要——包括员工总数、薪资总额和会员数量等方面，但在一个领域，它无可争议地处于领先地位：在举办大会和会议方面，它是最大的支出方。协会每年花费数十亿美元举办数千场会议和大会，吸引数百万与会者。由此可见，协会业务是一门大生意。

协会的历史可以追溯到几个世纪以前的中世纪甚至更早。在欧洲，行会诞生于中世纪，旨在确保合理的工资水平并维持工作标准。在美国，协会起源于18世纪初，以罗得岛（Rhode Island）的蜡烛制造商自行组织协会为标志。这些协会代表着其成员的利益，在州、地区、国家和国际层面因专业行业相关的原因而聚集，如举办年度代表大会、大会和会议，以及科研、教育与培训会议等。

酒店服务业和旅游行业由若干协会组成，其中包括以下这些：

（1）美国酒店与住宿协会（AHLA）

（2）全美餐馆协会（NRA）

（3）美国烹饪联合会（ACF）

（4）目的地市场营销国际协会

（5）国际酒店销售与营销协会（HSMAI）

（6）会议专业人士协会（AMPs）

（7）美国俱乐部管理协会（CMAA）

（8）专业会议管理协会（PCMA）

协会是酒店等行业的主要独立政治力量，在行业发展中，各类协会还为会员提供以下利益：

（1）在政府/政治事务中具有发言权

（2）扩大市场营销渠道

（3）教育与培训资源

（4）会员服务

（5）互助网络体系

每一年，数以千计的专业协会在北美各地和世界其他地区举办年会。有些协会举办会议的场地会在国家的东部、中部、西部轮番交替，有些协会则在固定的地方举行，例如全美餐馆协会的展会在芝加哥举办、美国酒店与住宿协会的会议在纽约进行等。

协会通常设有经选举产生的董事会以及会长、副会长、财务主管和秘书。根据协会章程，还可能选举出其他官员，如联络员或公共关系人员。

大会是协会的主要收入来源，因为它们会向参会者收取注册费，并向参展商收取展位费（这为参展商提供了一个向参会者推销产品的机会）。协会的大会和会议吸引的人群从数百人到超过10万人不等，在美国，只有像纽约、奥兰多、洛杉矶、旧金山和芝加哥等这样拥有大型会议场地的城市才能容纳，而未来的高水平会议场地可能会包括像华盛顿、圣地亚哥、达拉斯/沃思堡、迈阿密、波士顿和凤凰城/斯科茨代尔这样的城市。

较大型的协会通常会提早几年预定会议日期，有些协会每年会在同一时间、同一地点举办会议，而另一些则会在全国各地巡回举行。例如，全美餐馆协会每年均固定于5月的第3周在芝加哥的麦考密克展览中心举行年会。美国的一些较大协会包括：

- **行业协会（Trade Association）**。行业协会或行业团体代表某一行业内成员的利益。它们通过提供咨询、建议、施加政治压力、游说、开展教育、搭建人脉网络、举办会议与贸易展会，以及颁发行业认证等方式帮助会员。

- **专业协会（Professional Association）**。专业协会是专业的团体或组织，通常为非营利性质，其宗旨是促进成员的利益以及所在专业领域的发展。

- **医学与科学协会（Medical and Scientific Association）**。这些协会是医学和科学专业人士的专业组织。它们基于特定的专业领域，一般是全国性的组织，往往还设有地方性或区域性的分支机构。这些协会经常会举办会议，提供继续教育课程，其职能类似于工会，并且经常就专业领域内的问题发表公共政策立场。

12.1.2 工商企业

企业也是会展业的主要参与者。上市公司依法必须举行年度股东大会。大多数公司还会举办销售会议、奖励旅行（为达到或超过设定目标的员工团体提供的全额费用报销旅行）、产品发布会、焦点小组讨论、高管务虚会、研讨会和培训课程以及管理会议。

企业往往在会议方面有大笔支出，部分原因是它们可以享受税收减免。当企业决定举办一场活动时，它会确定预算是多少、活动将在哪里举行以及哪些人会参加。由于企业通常会支付与参加会议相关的所有费用，因此酒店、度假村和会议中心都会竞相争夺这项利润丰厚的业务。企业还会安排奖励旅行——为员工或客户以及他们的重要伴侣支付在酒店、度假村或邮轮上享受一次特别假期的所有费用。

近年来，随着举办会议和展览的需求不断扩大，会展业已成为价值数十亿美元的产业。由企业特别是大型酒店及会议中心承办的会议成为会展单位的基础。在美国，许多大城市以及一些较小的城市都建有会议中心，周围还有酒店及餐厅等。图12-1展示了使用会议中心的各类客户及其所占的使用比例。

按市场领域划分的会议中心使用情况

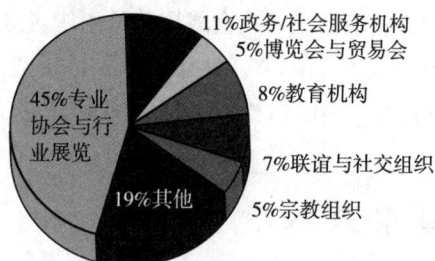

45%专业协会与行业展览

11%政务/社会服务机构

5%博览会与贸易会

8%教育机构

7%联谊与社交组织

19%其他

5%宗教组织

图12-1 会议中心客户群体

12.1.3 会议与旅游局

会议与旅游局一般是属于政府组织（Government Organization）主管和指导的一个职能部门。美国有成千上万由众多公共机构和部门组成的政府组织，其类型涵盖联邦、州和地方各级。地方政府有五种基本类型，其中三种为通用型政府（general purpose government），其余两种为特殊目的地方政府（special purpose local government），它们属于学区政府和特区政府类别。

许多会议参与者，包括协会和公司，都可归为SMERF（社交、军事、教育、宗教和兄弟会）团体一类。SMERF团体通常对价格比较敏感，因为在这些组织主办的大多数活动里，费用是由个人承担的，有时费用还不可以抵税，好在SMERF团体的运作很灵活，可确保其支出在预算范围内，因此，它们是淡季时填补业务空缺的极佳来源。

作为会展及节事活动市场的主要参与者，会议与旅游局（conventions and visitors' bureaus）一般由代表各个行业部门的多个旅游行业组织构成，包括交通运输业、住宿服务业、餐馆、旅游景点和供应商等。它们往往充当着城市的销售团队，代表当地企业，并承担5项主要职责：

（1）提升当地/城市的旅游形象

（2）推广该地区，鼓励人们前来参观并逗留更长时间

（3）吸引并鼓励特定的协会及其他组织在该地区举办会议和展览等

（4）协助协会及其他组织做好会议筹备工作，并在会议期间提供支持

（5）鼓励旅游者参与城市或地区所提供的历史、文化、娱乐活动

贯彻实施以上5种责任的最终结果，是为城市带来旅游业收益的增长。会议与旅游局在贸易展会上争取业务，感兴趣的旅游行业团体在展会上聚集洽谈业务。例如，推广旅游线路的旅游批发商需要与酒店、餐馆和旅游景点建立联系，以打包推出度假产品。同样，会议策划者可以通过参观贸易展会来考察多个地点和酒店。

许多会议与旅游局在主要城市设有办事处、代表，或者有销售团队对在贸易展会上获取的潜在客户进行跟进访问。或者，他们会主动联系潜在客户，比如大型协会、企业和奖励旅游公司。销售经理会邀请会议、大会或展览的组织者进行考察旅行（FAM），以便实地考察。会议与旅游局评估客户的需求，并相应地安排交通、酒店住宿、餐饮和旅游景点。然后，会议与旅游局会让各个酒店和其他机构自行向客户提出方案。

12.1.4 目的地管理公司

目的地管理公司（Destination Management Companies，简称DMC）是旅游业内能够提供一系列项目及服务以满足客户需求的一个服务机构。最初，目的地管理公司的销售经理专注于向会展策划者和绩效提升公司（奖励旅游公司）推销目的地。

这些团体的需求可能很简单，比如机场接送服务等；也可能很复杂，比如举办带有主题派对的国际展销会议等。为此，目的地管理公司与酒店住宿企业有着紧密的合作：有时目的地管理公司会向酒店预订房间，有时酒店可能会请求目的地管理公司在组织主题派对方面提供专业知识。与目的地管理公司相关的销售经理通常是从以下渠道获取潜在客户的线索：

（1）酒店

（2）贸易展览会

（3）会议与旅游局

（4）主动推销电话

（5）奖励旅游公司

（6）会展策划者

每位销售经理都配备有一支团队或小组，其中包括以下人员：

（1）一位拥有音响、灯光、舞台布置等方面专业技能的节事活动经理

（2）一位协助销售经理的客户经理

（3）一位主题节事活动创意总监

（4）一位视听专家

（5）一位能够协调各项事务，尤其是现场安排以确保各项规格符合既定需求的运营经理

例如，目的地管理公司将2000家福特汽车公司经销商分为了9组，以每组超过3天的标准为其规划了会议、住宿、午餐、饮料以及主题活动等事务。

12.1.5 会议策划人

会议策划人（Meeting Planners）可能是独立承包商，根据需要为协会和企业提供服务，也可能是企业或协会的全职员工。无论哪种情况，会议策划人都是一种有趣的职业。根据专业会议管理协会（Professional Convention Management Association，简称PCMA）统计，美国大约有21.2万名全职或兼职的会议策划人在从事相关工作。

专业的会议策划人不仅负责会议场地和酒店的预订，还要将会议的各项议程安排精确至最后一分钟，并全程谨记检查，以确保已签约的服务是否都得到了落实。近年来，视听与同声传译设备的技术层面问题增加了会议策划的复杂性。会议策划人的职责因会议而异，但总体上会包含以下部分或全部内容：

第一，会前准备：

（1）预估与会人数

（2）制定会议议程

（3）确定会议目标

（4）确定会议预算

（5）选择城市地点和酒店/会议场地

（6）洽谈合同

（7）规划展览

（8）准备参展商信函与资料包

（9）制订营销计划

（10）规划往返会议地点的行程

（11）安排地面交通

（12）组织运输事宜

（13）安排会议视听设备需求

第二，现场活动：

（1）进行会前简报

（2）制定贵宾接待方案

（3）疏导人员流动

（4）批准开支

第三，会后活动：

（1）进行汇报总结

（2）评估会议效果

（3）表彰与感谢

（4）为下一年度做规划

如您所见，会议策划者需要为客户处理的活动清单相当长。

服务承包商（Service Contractors）、展览服务承包商、总承包商和装饰商，这些术语都曾在不同时候用来指代负责为贸易展会运营设施提供所需全部服务的个人。就像会议策划人能够同时处理多项任务并满足会议策划中的所有需求一样，展览服务总承包商必须具备多种才能，能够满足所有展览的要求和创意想法。

服务承包商通常由展览展会经理或团体会议策划人聘用。服务承包商是设施管理团队的一员，主办方若要使用该设施，就必须聘用其服务承包商。在其他情况下，设施方可能与外部承包商签订了独家合同，并可能要求所有的大会和展览都与该承包商合作。如今，有一些互联网服务公司可以接受预订、准备名单，并通过互联网为会议策划人提供各种服务。

12.2 会展业的类型

12.2.1 会议

会议是出于交流信息的目的将人们聚集起来的各种研讨会、研习班、讲座或其他活动的总称。召开会议的原因多种多样，从展示新的销售计划到举办全面质量管理工作坊都有可能。会议可以采取以下任何一种形式：

- **培训班（Clinic）**。一种工作坊式的教育体验活动，参与者通过实践进行学习。此类会议通常涉及小组成员之间以个人为基础的互动交流。

- **论坛（Forum）**。一种为讨论共同关注的问题而举行的集会。通常情况下，某个特定领域的专家会在小组讨论中就某一问题持相反观点，并且会给予观众充分的参与机会。

- **讲座研讨会（Seminar）**。这是一种包含演讲和对话的活动，让参与者能够在特定领域分享经验。讲座研讨会由一位专家讨论主持人引导，通常参与人数在30人或更少，是一种专注于某一特定主题或课题进行深入研讨的会议形式。

- **专题讨论会（Symposium）**。通常指围绕一个特定主题进行讨论并收集各种意见的活动。参与者通常是某个领域的专家或学者。因其规模较小，参与者有机会进行深入的讨论和交流。

- **工作坊（Workshop）**。这是由一位主持人或培训师带领的小组活动，通过练习和交流技术提升参与者的技能水平，或共同探讨某一领域的新技术、新方法，是一种更加以实践为导向的会议形式。

会议的目的是影响行为。例如，一个人参加会议后，应该能够充分了解相关信息，并能够根据这些信息采取行动。有些会议的成果非常具体；而有些可能没那么明确。比如，如果召开会议是为了集思广益想出新点子，那么其成果可能不如其他类型的会议那样具体。此外，与会者的数量也是可变的。总之，一次成功的会议需要大量精心的策划与组织。

每年都有成千上万个协会花费数百万美元举办各种类型的会议，包括地区性会议、专题会议、教育会议和董事会会议等。协会会议策划者在选择会议举办地时，首要考虑的因素包括酒店和设施的可获得性、交通的便利性、与参会者所在地的距离、交通成本以及饮食服务。协会成员参加会议是自愿的，因此酒店应该与会议策划者合作，让会议举办地尽可能具有吸引力。

会议是根据客户的意愿来安排的，一般有剧院式、教室式和董事会式等三种主要形式：

• **剧院式（Theater style）**。这类布局通常适用于人数众多且无须做大量笔记或查阅资料的会议。这种布局通常由一个高台和一个讲台组成，演讲者可站在讲台上向观众发表演讲。

• **教室式（Classroom style）**。这类布局适用于更具教学性的会议形式，且与会者一般需要做详细笔记或查阅文件。工作坊式的会议常常采用这种形式。

• **董事会式（Boardroom style）**。这类布局适用于人数较少的会议，会议通常围绕着一张长方形桌举行。

12.2.2 会展

会展一般是指包含博览会和贸易展览在内的规模较大型的会议。许多协会每年会举办一场或多场会展会议，这些会展会议可以为协会筹集大部分预算资金。一场典型的会展活动一般遵循以下流程：

（1）欢迎/签到

（2）介绍会长

（3）会长致欢迎辞，宣布会议开幕

（4）特邀主讲人发表主题演讲

（5）展览会展位开放（设备制造商、贸易供应商）

（6）针对特定主题的若干工作坊或报告会

（7）午餐

（8）更多的工作坊与报告会

（9）专题演示（例如，针对酒店业大会的烹饪艺术演示）

（10）参展商的私人招待会

（11）晚餐

（12）会展活动结束

大会活动概况会为各个部门提供简要信息，让他们了解该活动对自己的影响。其中包括活动统计数据，给出预计的签到时间和日期、将占用的空间、参会人数以及餐饮销售额等详细信息。客户信息则给出了计费安排的详细情况。活动地点会标明确切的进场和退场时间，这在节奏快速的会议中心可能至关重要。

当然，会展并不总是在会展中心举行；实际上，大多数会展活动会选择在大型酒店举行，通常为期3—5天。总部酒店通常是活动最集中的场所。酒店的功能空间可依据实际情况被分配用于签到、会议、展览、餐饮等用途。

博览会是将产品与服务的销售商聚集到同一地点（通常是会展中心）的活动。在那里，他们可以向会议或贸易展览会的参会者展示自己的产品和服务。参展商是会展这一行业的重要组成部分，因为他们需要付费才能向参会者展示其产品。参展商与参会者互动，旨在促成销售或建立联系，挖掘潜在客户，以便后续跟进。博览会往往占据数十万平方英尺的空间，这些空间被划分为各个展位，以供单个制造商或其代表使用。

12.2.3 其他类型的会议

会议的类型多种多样，召开会议的目的也各不相同。常见的会议类型包括私营或上市公司举办的年度会议、董事会和委员会会议、资金筹募活动以及专业技术会议等。较为普遍的一些会议类型如下：

• **年度会议**。一般是指公司或协会每年举办一次的会议，旨在向其成员通报过去与未来的活动情况。在由志愿者或受薪委员会管理的组织中，年度会议通常是选举该组织的领导者或代表的场所。

• **董事会会议、委员会会议、研讨会、工作坊、专业技术会议**。公司的董事会会议必须每年举行一次，大多数公司甚至会召开每月例会，或每年举办4次会议。虽然并非所有会议都在酒店举行，但只要选择了酒店，就能为酒店带来额外收益。委员会会议一般会在公司的办公地点进行，偶尔也会选择酒店。研讨会、工作坊和专业技术会议等则经常在酒店举行。为了满足这些需求，酒店和会展中心都设有会议和活动经理，负责了解需求并准备方案、活动订单及预算等。

• **企业会议**。这类会议主要由企业或非营利机构举办。协会和企业每年在会议或展览上的支出都高达数十亿美元。各行业的企业举办大量会议，主要是出于教育、培训、决策、研究、销售、团队建设、推出新产品、组织架构调整或重组、解决问题以及战略规划等目的。企业会议可能是为员工举办，也可能是面向公众举办。对于公司员工来说，参加企业会议是必须履行的职责。企业会议策划者的主要目标是确保会议取得成功。

• **奖励会议**。随着会议策划者和旅行社为达到特定目标的企业员工组织奖励旅行项目，奖励旅游市场持续快速增长。奖励旅游一般为期3—6天，对于员工及其伴侣来说，可能只是一次普通的旅行，也可能是一段极其奢华的假期。在美国，奖励旅游的热门目的地是欧洲，其次是加勒比地区、夏威夷、佛罗里达州和加利福尼亚州。由于此类旅游是针对企业团体业务中特定群体的奖励，参与者肯定会意识到旅游目的地和酒店都是有特别之处的，所以，气候、娱乐设施和观光机会是奖励会议策划人重点考虑的因素。

12.3 会展活动的组织

会展活动的组织不仅包括会展规划，还包括会展的成功举办以及会后评估。正如后续所讨论到的，需要考虑的议题众多，细节繁杂。

12.3.1 会展策划

12.3.1.1 需求分析与预算

在会议策划人着手策划会议之前，必须先进行需求分析，以确定会议目的和预期成果。一旦确定了会议的必要性，会议策划人便可以与相关方合作，以期最大限度地提高会议的效率。富有成效的会议的关键在于会议议程。虽然会议议程并不总是由会议策划者负责拟定，但策划者密切参与书面议程的制定并且了解议程的核心目的是至关重要的，因为实际目的可能与书面表述有所不同。例如，一个非营利组织可能会举办一场有趣的活动来提高公众对其目标的认识，但实际上，其隐藏的目的可能是为该组织筹集资金。

会议策划者必须清楚组织想要达成的目标，才能成功地管理会议或大会。无论会议策划者扮演何种角色，在策划会议时牢记会议目标都非常有帮助。所以，如果说会议议程为制定会议目标提供了框架，那么，会议目标则为会议策划者设定预算、选择场地和设施以及规划整个会议或大会提供了框架。

在会议策划中，虽然了解顾客并掌握其需求是相当重要的，但显然，预算才是重中之重。如果会议策划者在做出每个领域具体开支的最终决定之前和整个过程中都参与预算规划，那么为会议设定预算会更加顺利。为会议设定预算并非易事。了解可支配的资金数额将有助于会议策划者更好地为客户提供活动设计的参数指导。不同活动需要规划不同的预算，而且不同场地所需的预算金额也会有所波动。因此，制定一个可行的预算作为进行决策变更的指导方针是很有必要的。当预算发生变更时，明智的做法是将这些决策告知会议策划者，以便活动策划在预算限制范围内进行。收入和支出的预估必须准确且尽可能全面，以确保在活动开始前，所有可能的支出都已纳入预算。

会议、大型会议或展览的收入来源包括资助或捐款、活动赞助商的出资、注册费、参展费、公司或组织的赞助、广告收入以及教育资料的销售所得等。

会议、大型会议或展览的费用可能包括但不限于：场地租赁费用；会议策划费用；营销费用；印刷和复印费用；办公用品和邮寄等辅助用品费用；现场及后勤工作人员费用；视听设备费用；演讲嘉宾费用；指示牌费用；娱乐和休闲费用；给嘉宾和参会者的纪念品费用；游览费用；地面交通费用；家属活动项目费用；餐饮费用等。

12.3.1.2 提案与会展场所的选择

会展活动提案是向客户推销您的场地并强烈推荐在该地点举办活动的机会。提案通常会先列出重要主题的摘要，然后再详细阐述。摘要内容包括以下方面：

- 活动类型（例如会议、研讨会、销售会议、奖励会议、招待会、婚礼等）
- 活动日期和时间（包括进场、布置和撤场的时间）
- 活动理念或主题
- 宾客人数
- 功能厅的每日/每小时使用情况
- 停车位情况
- 接送巴士服务情况
- 安保措施

技术支持

- 视听设备要求
- 翻译间及相关要求
- 麦克风
- 录音设备
- 卫星连接
- 电力需求

装饰布置

- 装饰公司信息
- 装饰布置开始和结束/拆卸时间
- 可能的平面图
- 主讲台
- 演讲台

饮食服务

- 餐饮供应类型及时间、场地
- 酒水服务、时间及场地

客房安排

- 需预留/分配的客房数量
- 需预留的套房数量
- 按优先级排列的客房分配名单
- 宾客入住和退房日期

<u>费用情况</u>

- 每个项目的费用明细和总费用

这份提案有可能会根据客户的具体需求添加其他项目，且通过协商，可对费用进行调整。例如，酒店可能因有支付更高费用的客人而爆满，因此如果策划方能同意的话，客房部经理可能会提议于一周后为对方提供更优惠的价格。

无论会议规模大小，会议策划人都必须以书面提案/报价请求（RFP/Q）的形式明确会议规格，而不是通过电话联系酒店获取报价。如今，许多大型酒店和会议中心都提供在线提交表格的服务。

选择会议场地时需评估多个因素，包括场地位置、服务水平、交通便利性、酒店客房供应情况、会议室可用性、价格、所在城市、饮食服务与质量、个人安全，以及当地的旅游景点等。

会展中心和酒店提供会议场地、住宿，以及餐饮设施和服务。每个有能力承办会议业务的会展中心和酒店团队，都试图给会展策划人留下深刻印象。为此，酒店销售主管会将酒店会议场地的详细信息和可供选择的宴会菜单发送给会展策划人，并邀请他们进行实地考察。实地考察期间，会展策划人会了解酒店的各个方面，包括会议室、客房、餐饮场所，以及任何可能引起策划人或客户兴趣的特殊的设施设备。

12.3.1.3 会展沟通与准备

会议的沟通、协调、准备，耗时很长。组织一场小型会议平均需要3—6个月的筹备时间，大型会议所需时间更长，通常提前数年预订。有些会议每年都选择同一地点举行，有些则在不同城市间轮换。

会展策划人与酒店及会展中心会有几个关键的互动环节，包括协商批量客房预订和价格。陪同客户进行实地考察能让酒店有机会展示其设施和服务水平。通常，最重要的互动对象是餐饮/宴会/会议部门的员工，尤其是服务经理、餐厅领班和服务员。这些一线员工的表现好坏能够决定会议的成败。举例来说，会议策划者经常会将一箱箱的会议材料寄到酒店，以为酒店会自动知道这些材料是为哪次会议准备的。然而，不止一次，这些材料最后被搁置在酒店的主仓库，这令会议策划者十分恼火。幸运的是，对于大多数会议策划人来说，只要他们曾成功举办过某一年的会议，那么后续几年的操作通常也就大同小异了。

12.3.1.4 会展合同

一旦会展策划人和酒店或会议设施方就所有要求及费用达成一致，就会准备一份合同，由策划人、组织方以及酒店或会展中心共同签署。合同是一份对双方或多方具有法律约束力的文件。在会议、大会和展览的情境下，合同约束的是协会或组织，与酒店或会展中心。构成一份具有法律效力的合同的要素包含以下几点：

- **要约。**要约要尽可能精确地说明提出要约的一方愿意做什么，以及期望得到什么回报。要约可能包含有关如何、在何处、何时以及向何人发出要约的具体说明。

* **对价**。对价是指为合同中所包含的承诺而进行的支付。要使合同有效，对价必须是双向流动的。例如，会议中心提供服务和设施的使用，作为对价，组织方或主办方要支付约定的金额。

* **承诺**。即无条件同意要约中明确规定的条款和条件。承诺必须与要约的条款完全一致，合同才能生效。表示接受要约的最佳方式是以书面形式同意要约内容。

要使合同具有法律强制执行力，最重要的是签约方必须具有合法缔约能力，且合同中规定的活动不得违反法律。合同中应包含"减员和业绩"条款，这意味着如果组织者预订的人数低于可接受的水平，合同中有条款保护酒店或会议设施方的利益。因为预留的场地本应产生一定的收入，如果人数减少，收入也会减少；除非合同中有类似"使用该房间/场地将保证有X美元的收入"这样的条款。条款中的业绩部分则意味着，无论实际消费情况如何，都将收取一定金额的餐饮费用。

12.3.1.5 移动会议技术

有两种类型的移动应用程序用于会展策划活动：一种是可以通过移动设备在互联网上访问的基于网络的程序，另一种是必须下载到特定设备上的软件程序（应用）。这些会议应用程序允许策划者免费或付费进入基于网络的会议平台。新的平台和软件是专门为适应智能手机和平板电脑而开发的。

该领域的市场领导者之一是艾玛迪斯销售与活动管理系统（Amadeus Sales and Event Management）。该软件的一些功能包括：

* 提供预测值，以便更好地预估客房预订情况，确保团体业务和散客业务达到理想的比例。
* 通过软件响应提案请求（RFPs）。
* 能够标记并确定哪些客户账户应从物业管理系统中跟踪散客业务的业绩。
* 增强套房逻辑功能，可对套房进行客房配置，以便更准确地进行库存报告。
* 定制化客房安全功能，允许在特定时间段内将客房纳入或移出库存管理。
* 可配置的安全设置，限制对关键预订信息的更改。
* 客房超额预订控制功能，允许对特定房型超额预订，同时限制其他房型的超额预订。
* 简化客房价格字段，大大减少耗时的数据录入工作。

同样，也有用于会议管理的在线解决方案。RegOnline提供在线活动管理、注册和策划软件。这款软件允许任何人创建活动网站，并允许参与者自行注册参加活动。此外，该软件还支持创建参会者名录，利用热门社交媒体工具进行在线推广，并支持电子邮件营销。

随着智能手机的发展，针对 iPhone 和安卓等移动设备，许多会议和活动管理应用程序也相继推出。QuickMobile就是其中一个例子。它的功能包括：完整的会议日程安排；个人议程创建；区域指南；对与会者、演讲者和参展商的搜索功能；与 Salesforce、Cvent、Eventbrite 和 RegOnline 等流行的客户关系管理（CRM）和活动平台集成。QuickMobile为 iOS、安卓和移动网页开发应用程序，使用起来更加便捷。QuickMobile还提供了一些高级功能，包括游戏中心、调查问卷、实时洞察、消息传递、社交网络互动等。

会议和大会领域的一些趋势涉及虚拟和实体活动的技术应用，这些混合活动将面对面交流与虚拟交流相结合。

12.3.2 会展场地

大多数情况下，会议和活动会在酒店、会展中心、城市中心、会议中心、大学、公司办公室或度假胜地举行，但现在越来越多的会议选择在邮轮和名胜古迹等独特场地举办。一般来说，城市中心是举办某些会议的理想场地。其一是因为这里交通便利，无论是航空还是地面交通都十分便捷。其二，大城市中心充满活力，有丰富的文化和自然景观可供游览。其三，大多数城市都有会议中心和多家酒店，能够满足宾客的住宿需求。

会展中心。世界各地的会展中心都在竞相承办最大规模的展览，这往往可以为当地经济带来数百万美元的收入。这些会展中心规模宏大，配备停车场、信息服务处、商务中心以及餐饮设施。

通常，会展中心由县、市或州政府所有，作为法人实体运营，其日常运营由对会展中心的成功运营有直接利益关系的各团体推举产生的董事会负责。董事会会任命一位总裁或总经理，按照预先确定的使命、目标和宗旨来经营管理会展中心。

会展中心拥有多种类型的展览厅和会议室，能够满足不同规模的活动需求。中心通过场地租赁来获取收益———一般是将其划分为多个展位（一个展位约100平方英尺）。大型展览会可能会占用多个展位。此外，餐饮销售、小吃摊租赁以及自动售货机的收入也为中心带来额外收益。许多中心还有自己的分包商，负责舞台搭建、施工、照明、视听设备、电气和通信等工作。

除了大型会展中心，还有一些著名的会议中心也为当地、州和国家的经济作出贡献。罗得岛会议中心就是一个很好的例子。这座造价8200万美元的会展中心是该州历史上第二大公共工程项目，位于普罗维登斯市中心，通过天桥与唐恩都乐中心（Dunkin' Donuts Center）相连。该中心拥有一个10万平方英尺的主展厅、一个2万平方英尺的宴会厅、23间会议室和一个提供全方位服务的厨房。展厅可分隔成4个独立的大厅，中心还配备了自己的电话系统，可实现个性化计费。建筑前端有一个特别的圆形多功能厅，最多可接待350人，透过其玻璃墙可欣赏普罗维登斯市中心的全景。会展中心的外立面大量使用玻璃，为整个入口和迎宾区提供了充足的自然光。

会议中心。会议中心是一种专门设计的学习环境，旨在接待和支持规模较小至中等的会议，通常参会人数在20—50人。会议营造了一个不受干扰的学习环境，其设计旨在鼓励在温馨舒适的氛围中分享信息，并高度专注于会议，提高会议效率。尽管在会议中心举行会议的团体通常就参会人数而言规模较小，但在美国，这样的小型会议每月仍会举办数千场。如今，越来越多的酒店开始瞄准高管会议，因为对这类会议而言，费用并非首要考虑因素。

酒店和度假村。酒店和度假村提供了从市中心到度假胜地的多样化的场地选择。很多酒店都设有宴会厅和会议室，可满足不同规模团体的需求。如今，这些酒店和度假村都建立了自己的网站，并为会议策划人提供帮助，协助他们策划和组织会议。会议策划人正在寻找场地的消息一经发布，各酒店之间就会展开激烈竞争以争取这笔业务。

邮轮。在非传统场地举办的会议能为与会者带来独特且难忘的体验。然而，在传统场所（如酒店和会议中心）举办会议时面临的许多挑战，在这些场所也同样存在。在某些情况下，为非传统会议环境做策划的时间要比传统场所更早。要想协商出最优方案，就必须全面了解会议的目标、预算以及与会者情况。邮轮就是非传统会议场地的一种，这种会议形式能为与会者提供诸多优势，比如折扣优惠、免费餐饮、海上航行时外界干扰少、娱乐活动丰富，而且只需携带一次行李就能游览多个目的地！

学院与大学。越来越多的会议开始选择学院、大学及其校园等作为替代场地。考虑使用校园场地时，首要的是要了解目标受众的特点。会议策划人对会议参与者有一定的了解和评估是不可避免且非常有价值的，因为大多数情况下，在校园举办会议的成本比中等价位的酒店更低。

关键词汇与概念			
协会	行业协会	专业协会	目的地管理公司
会议	会议策划人	会展	会议中心
博览会			

复习讨论题

1. 描述会议和会展行业中的主要参与者及其扮演的角色，以及每个角色对活动成功举办的重要性。

2. 解释协会会议、专业会议和会展的特征。

3. 阐述策划会议所涉及的所有步骤。

4. 解释在六种不同场地举行会议的好处。

知识应用

你被要求为你的校园内的酒店管理专业学生策划一场会议。请为这次会议制订一个总体计划。在计划中，必须确定你需要什么信息，需要谁的协助，预算限制，以及任何可能影响会议成功的其他因素。

Introducing ≫ Jill Moran, CSEP

Principal and Lead Strategist, J. S. Moran Special Event Planning and Management

In my life, there is no typical day. As the owner of a special event company, I provide a variety of services to corporate, nonprofit, and social clients. I must be able to communicate successfully with a client at one moment, a vendor at the next, and a prospect at another. My job also involves managing the growth of my company, hiring the right staff and vendors for projects, and getting each job done from start to finish in a professional and timely manner.

As a business owner, I am required to keep my eye on many facets of the company almost daily. Some areas are a must to attend to such as billing, scheduling, and marketing. The squeakiest wheel that gets the most grease, though, is the actual ongoing projects. Once a project is secured, the contracting, planning, and execution stages quickly follow after the initial handshake. These components of meeting and event planning can be time and energy consuming as the details are planned out and put into motion. Event details may involve researching, attending meetings, generating event documents, developing creative concepts and themes, securing vendors to satisfy event details, or executing an event. In the planning of any given event or conference, I may be required to attend off-site visits with vendors, venues, or clients as well as use the computer or telephone to facilitate the planning process. Visits to art supply, furniture, fabric stores, or storerooms of linen or décor vendors are also key elements as theme and design elements are worked on. Review of entertainment or speakers, planning of room layouts or trade show and exhibition space, or discussion with graphic artists also fits into the necessary details covered during the planning phase of an event.

A typical day may involve early computer time to work on production schedules, time lines, e-mails to vendors or clients, follow-up on contracts, or focused time spent on a new proposal. I find early morning (before 9 A.M.) or evening (after 8 P.M.) to be the best time for these activities. This is when I get the least telephone interruptions, and it is before or after scheduled appointments that would require my time out of the office. During the typical business day, phone calls, planning activities, and appointments occupy most of the day. If I am working on an internal project, there is more flexibility with this because of the time differences.

While the execution phase of projects and events keeps me busy moment to moment, the strategic planning and business management of my company also demand attention. The challenge for me as the owner of a small business is to carve out time for the marketing and sales arm of the business—to take time to prospect for new business at the same time that I am in the execution phase of events, so that when one project comes to an end, another will be waiting in the wings. I do this by developing fresh marketing materials using photos or components of recent meetings and events; creating video or DVD-style materials to post on my website or to send to clients; making calls to colleagues, prospects, or venues to say "hello" or touch base; and attending luncheons or visits with past clients to keep in touch. I also try to spend time getting a pulse on new markets to explore or niche areas to develop in my business. I typically subscribe to a wide variety of industry and professional magazines and try to

end my day flipping through and tearing out articles that may be useful.

Sometimes I feel, I eat, sleep, and live special events, and in many ways, I do. But work doesn't take up every moment of my life. As a mother and wife, I still try to create a fun, loving home for my family by cooking dinner almost every night and by walking daily with my husband and two dogs. These breaks during the day give me downtime and a chance to regroup. I am also active in the music ministry at my local church as a youth choir director, which offers me spiritual and community involvement. I also belong to a book group, which I often attend without finishing the book. There are only so many hours in the day, and I seem to use them up very quickly. But at the end of each day, I am always looking forward to the next!

Source: Courtesy of Jill Moran.

.inc | Corporate Profile

Hawai'i Convention Center

The Hawai'i Convention Center (HCC) and Hawaii is consistently recognized by meeting planners and conventioneers as the world's most desirable convention and meeting destination and has built its

reputation around being a facility "where business and *aloha* meet."

Since Hawaiian hospitality values are recognized as the most sophisticated and genuine in the world HCC offers each employee training in the Hawaii Institute of Hospitality, a program of the Native Hawaiian Hospitality Association (NaHHA). The seminar, headed by the Hawaii Institute of Hospitality, is just one element of a series of *Na Mea Ho'okipa* (Hawaiian Hospitality) training for the staff at the center. More than teaching hospitality, *ho'okipa* advocates a personal behavior system based on Hawaiian values and a heightened "sense of place."

"*Ho'okipa* is about understanding who we are and how we fit into this place, and the Hawai'i Convention Center has always had a fundamental sense of how it, as a viable economic powerhouse and ultimate host, fits successfully within Hawaii's cultural environment," said Peter Apo, director of NaHHA.

Implementing the ideology of the program surpasses initial training workshops. The Convention Center and NaHHA have created a comprehensive handbook that codifies a prescription for the practice of *aloha* and further explores the concept of a "Hawaiian sense of place." The hope is that it will become a tool used not exclusively for work purposes, but one for all interpersonal relationships.

Ho'okipa training also includes a novel approach to orienting staff to the concept of place, the most integral element of the visitor experience. A walking tour through historic Waikiki reiterates that it is not merely high rises and hotels, but one of the most sacred, culturally important places in Hawaii.

In addition to innovative employee training, HCC also unveils powerful marketing initiatives such as The Hawai'i Advantage: a strategy to position the Convention Center and Hawaii as the world's most desirable convention and meeting destination. This advantage is channeled through various facets, each one an instrumental consideration for meeting planners. The premise is that Hawaii as a destination expounds on aspects including, but not exclusive to, location, productivity, competitive shipping, value of facility, destination appeal, industry support, and customer service in a way that no other destination can. And, of course, no other destination offers "business with aloha."

"The Hawai'i Advantage is a powerful concept that works on several levels; it distinguishes the Hawai'i Convention Center from other venues and is an initiative rooted in testimonials of past convention attendees," said Joe Davis, SMG general manager of the Hawai'i Convention Center from 2000 to 2013. "The Convention Center and Hawaii offers conveners an unmatched experience. Once we get them here for the first time, we know they will rebook," says Davis.

Hawai'i Convention Center highlights the following:

- One million square feet of meeting facilities, including an exhibit hall, theaters, and expansive conference rooms
- Convention Television (CTV), an exclusive service with the capability to broadcast convention information in 28,000 hotel rooms in Waikiki, as well as on screens within the Center. CTV is an expedient way for organizations to reach out to conventioneers with its message, as well as showcase sponsors, VIPs,

and tradeshow participants

- Designed with a "Hawaiian Sense of Place," the Center captures the essence of the Hawaiian environment with a soaring, glass-front entry; a 70-foot misting waterfall; and mature palm trees

- A $2 million Hawaiian art collection of unique pieces commissioned for specific locations within the building and features a rooftop outdoor function space complete with a tropical garden of native flora

- State-of-the-art technical features including fiber-optic cabling, multilingual translation stations, satellite and microwave broadcast capability, and videoconferencing

- Marketed and managed by SMG, a company that operates 98 percent of the publicly owned exhibition space operated by private companies in North America

The Hawai'i Convention Center's recent list of awards includes the following:

- Stella Award, Best Convention Center in the Far West

- Prime Site Award, 1999-2016, 2018

- Hawaii Green Business Program Commendations

- 2018 Woman of the Year (Women in Lodging and Tourism, Hawaii Chapter)

Current Issues in Meetings, Conventions, and Expositions

Post-COVID Pandemic

Hopefully by the time you read this the pandemic will be a thing of the past. It devastated the meetings, conventions, and exhibition businesses. Many people turned to virtual meetings and conferences, thus avoiding in-person gatherings.

What Guests Want

People attending meetings, conventions, and expositions want an experience, not the same old boring things. They want themed parties, music lounges, interactive entertainment periods, and attendee participation events.

- How can you make student meetings more enjoyable?

- If you were planning a meeting for a group you are associated with, what could you do to make the meeting more engaging and well attended?

Virtual Meetings

In order to save time and money, many organizations are holding virtual meetings, which are best for short meetings up to about 30 minutes. However, some organizations hold full-day seminars or training sessions in virtual meeting space. These meetings can last up to eight hours.

- If you were planning a virtual meeting that was to last for four hours, what could you do to keep attendees engaged and involved?

Mobile Apps

Mobile apps are used to engage attendees and provide them with real-time information about the meeting or convention. These apps allow attendees to update their schedule, meet other attendees, share their experiences on social media, and even participate in games and giveaways. With virtually every attendee having a connected device, the challenge becomes how to manage bandwidth needs while keeping users engaged.

- If you were managing a convention or meeting venue, how would you ensure connectivity remained high for all attendees?

Reducing Environmental Impact

The meeting industry continues to find ways to hold meetings and other events in a more environmentally friendly manner. More planners are reducing the meetings carbon footprint and reducing the negative impact that meetings and conventions can have on host communities. All the major stakeholders like meeting facilities, convention bureaus, exposition centers, hotels, and other vendors that service the industry have increased their sustainability efforts in response to consumer demands.

- Why is it important for the meeting industry to focus on offering sustainable solutions?

第13章 节事活动

学习目标

- 了解节事活动行业并描述活动策划人员的工作内容。
- 对特殊节事活动进行分类。
- 描述一个成功的节事活动管理者的特质和技能。
- 确定涉及特殊活动行业的主要专业组织和协会。

13.1 节事活动行业

节事活动行业（special event industry）是一个充满活力且多元的行业。与酒店与餐饮行业相比，节事活动管理是接待服务业中的一个新兴领域。特别是，节事活动管理的未来发展趋势为酒店服务业提供大量的职业机会。

节事活动管理是一个跨学科的学习与研究领域。通过对本章的学习，你会了解到不同类型的节事活动，以及与其紧密相关且可能相互交叉的学习领域，包括市场营销、销售、饮食服务和娱乐行业等。你也会找到在这个领域获得成功所需要的技能与能力的相关信息；而关于活动组织、活动战略规划以及行业未来展望的信息，也将让你得以窥探这个令人兴奋、回报丰厚且不断发展的领域。

13.1.1 节事活动的概念

节事活动涉及了一系列不同类型的活动，这些活动可分为日常活动和特殊活动两大类别。日常活动通常是自发进行的，而特殊活动则是经过精心策划的，且往往因诸如婚礼、集市或节日等庆祝活动而举办。

节事活动管理领域的杰出学者及作家乔·J.戈德布拉特（Joe J.Goldblatt）博士通过以下方式区分了日常活动和特殊活动。

日常活动的特点：

- 自发发生
- 不会引发期待
- 通常没有特定缘由就发生

特殊活动的特点：

- 经过精心策划
- 引发期待
- 因庆祝的缘由而举办

节事活动管理的定义为：节事活动管理是对节事活动进行策划、筹备和执行的过程。节事活动包括多种不同的形式，如企业研讨会与研习班、会议与贸易展览、慈善舞会与筹款活动、集市与节日，以及婚礼和节日派对等社交活动。正因如此，该行业发展迅猛，在未来的职业发展和管理机遇方面呈现出巨大潜力。

所有社会群体都会进行庆祝活动——无论是公共的还是私人的，作为个体的还是团体的。企业、政府官员、社团及个人都意识到了庆祝活动的必要性。这推动了特殊活动行业的快速发展，带来了广泛的就业机会。当你考虑到参与特殊活动的所有策划人员、餐饮供应商、制造商、活动场地提供者及其他相关人员时，就可以想象节事活动产业的发展与管理在社会经济发展与扩大就业规模方面的巨大潜力。

13.1.2 节事活动策划者

节事活动策划是一个通用术语，指的是不断发展的特殊活动领域。据预测，当前及未来对该领域的就业需求会不断增长。和其他一些职业一样，节事活动策划的出现是为了填补一项需求空缺——随着商务和休闲领域聚会、会议等活动规模不断扩大，数量不断增加，场景越来越繁杂，需要有人来负责统筹这些活动。因此，企业经理不得不暂时放下手头工作，去应对策划大型会议和研讨会带来的额外挑战。政府官员和工作人员也得放下本职工作，去安排招聘会和军事活动。每当要举办特殊活动时，他们都要负责策划，哪怕其本职工作中往往并不包含这一职责。

"节事活动策划者"这一职业最早出现在酒店和会议中心。节事活动策划人员负责全方位策划活动，包括确定活动日期和地点、进行活动宣传、提供茶点或安排饮食服务、邀请演讲者或安排娱乐节目等。当然，这里列出的仅为一般性节事活动所需要的工作清单，具体内容将根据活动的类型、地点和性质而有所不同。

VGM职业手册《活动策划职业机遇》对优秀的活动策划候选人进行了如下描述："要在这个领域大展身手，除了具备良好的组织能力外，还需要富有创新精神、有戏剧表演天赋、喜欢冒险且热衷于创造引人注目的活动。"一名成功的活动策划者需要具备多项技能和特征，包括计算机技能、愿意出差、愿意灵活安排工作时间、有委派工作的经验、愿意长时间工作、具备谈判技巧、拥有口头和书面沟通能力、有热情、有项目管理技能等。活动策划者还要会使用诸如GoMeetings、OnBoard、Webex等会议工具软件，它们都有助于举办引人入胜的会议，促进团队全面协作。此外，成功的活动策划者还需要具有贯彻执行能力、与高层管理人员合作的能力、预算编制技能、开拓和完成销售业务的能力、极大的耐心、同时处理多项任务的能力、主动开展工作的能力、与其他部门互动的能力等。

节事活动策划者和活动经理要负责寻找并预订场地，与客户和供应商协调沟通，处理后勤事务，管理预算和开具发票，管控风险并在活动结束后提交报告。其中，活动经理需要具备卓越的组织能力、高超的人际交往能力、多任务处理能力以及优秀的时间管理能力，其职责众多，具体包括以下内容：

（1）集思广益，将活动计划和创意付诸实践

（2）处理预算编制和发票开具事宜

（3）与供应商沟通协调并进行谈判

（4）洽谈赞助协议

（5）处理后勤事务，确保活动顺利进行

（6）向高层管理人员及时汇报最新情况

（7）负责管理品牌推广和宣传沟通策略

（8）设计活动反馈调查问卷

（9）获取相关许可

（10）完成活动后的报告和总结

若能专业地履行上述职责，活动便能顺利举办。

13.1.3 节事活动管理

节事活动管理的范畴，小到只是策划一场员工出游，大到组织一场音乐节，甚至策划类似"超级碗"（美国职业橄榄球大联盟年度冠军赛）或奥运会这般规模宏大的活动。节事活动可以是一次性的、一年一度的或者是每4年举办一次的。但无论其规模大小、频率高低，都不可能简单取得成功，而是需要大量的前期准备工作。为了成功举办一场活动，组织者应具备以下关键领域的规划能力和技能：市场营销、财务、运营及法律事务。获得良好的赞助对节事活动的举办有很大的帮助，尤其是对于大型活动而言。赞助商提供资金或者实物援助，并且获得包括在活动宣传中使用或展示其标志的许可。赞助商希望他们的赞助能够得到回报，所以节事活动的组织者必须向其提供一些切实有助于其公司或组织的东西。每年都有成千上万的人参加各类节日和活动，并且大多数活动都会获得一些赞助——如果没有赞助，举办一场活动的成本太高了。

节事活动管理需要在市场营销和销售（首先是为了吸引业务）、规划（确保涵盖所有细节并保证一切按时准备就绪）、组织协调（确保所有关键人员知道做什么、为什么做、何时做、何地做以及如何做）、财务（需要制定并遵守预算）、人力资源与激励（选拔并招募最优秀的人员，对其进行培训并激励）等方面具备特殊技能，还需要极大的耐心、注重细节并不断加以检查。为了获得业务，节事活动经理要准备一份提案，供客户确认并签署合同。准备活动提案有一些重要的方法：尽可能多地了解活动信息（如果之前举办过类似活动）；弄清楚客户的真实想法；询问组织者、参与者、供应商及其他人哪些方面做得好，哪些方面做得不好，以及下次举办活动时哪些方面可以改进。撰写提案时，语言不要繁复或华丽。最后，做各项数据核算——没人会希望出现意外情况——以便客户了解成本，并且要做到按时交付且不超预算，给客户一个惊喜。

举办一场活动的成本可能很高，除了广告费用，还有场地费、安保费、人工费和制作成本（这可能不仅包括食品、饮料和服务费用，还包括舞台搭建和装饰费用）。通常，节事活动经理会对门票销售数量有一个较为准确的预估。然后，他们会对成本进行预算，包括娱乐项目和所有其他费用，同时预留合理的利润空间。

节事活动管理也发生在会议中心或酒店的销售经理完成合同签订后，活动经理会负责所有的安排工作。较大型的会议中心的活动通常会提前数年进行规划。会议与旅游管理局（CVB）通常负责提前18个月以上做出会议预订。会议与旅游管理局和会议中心的市场营销和销售团队彼此密切合作。一旦预订确定下来，高级节事活动经理就会指派一名活动经理在活动前、活动期间和活动后的一系列事务中与客户合作。

预订经理在一场成功的活动中起着至关重要的作用。他们要预订合适的场地,并与组织者合作,通过仅分配实际需要的场地来帮助他们节省资金,并确保客户能够按时开始场地布置。接着,还要根据活动概要撰写合同。活动概要以书面形式详细列出了客户的所有要求,并提供所有相关信息,例如哪家公司将作为装饰商或分包商来铺设地毯和设置展台等。

合同需要精心准备,因为这是一份法律文件,能保证某些条款的执行。例如,合同可能规定展位只能由中心工作人员清洁,或者食品只能用于样品制作,不得用于零售。在客户签署并返回合同后,节事活动经理会不时进行跟进电话沟通,直到活动前大约6个月,届时安保、商务服务和餐饮等安排将最终确定下来。节事活动经理是中心与客户之间的主要联系人,会介绍经认可的、能提供必要服务的分包商来帮助客户。

活动前两周,一份活动文件会被分发给会展中心或酒店的各部门负责人。这份活动文件包含每个部门为确保活动顺利进行所需了解的全部详细信息。活动前约10天,会召开一次"一周概览"(WAG)会议。WAG 会议是会议中心最重要的会议之一,因为它提供了一个避免出现问题的机会,比如防止两个活动团体同时到达,或者为音乐会或政治人物安排额外安保。大约与此同时,活动经理还会与展会经理及其承包商(接驳巴士的管理者、登记处工作人员、展厅经理等)召开会前或展前会议。一旦开始布置场地,服务承包商就会通过无线电话从附近的仓库呼叫大卡车来卸载展品。展品布置到位后,展会开幕,公众入场。

如果你正考虑投身节事活动管理行业,有一些活动策划及管理工具能在你追求该领域职业发展时提供助力。专业的节事活动管理者面临四大主要挑战:时间、财务、技术和人力资源。时间管理在活动策划中起着重要作用——记住,一定要像编制财务预算一样规划你的时间安排。将任务分配给合适的人,做好准确的记录和清单,会前准备好议程,并聚焦于最重要的事项,这些都是有效运用时间管理的方法。

作为节事活动策划者或管理者,还需要涉猎财务管理方面的工作:评估财务数据、管理费、供应商费用等。节事活动策划者或管理者虽然不必成为财务专家,但了解这方面的知识将极大地提升策划者或管理者做出有利且合理决策的概率。节事活动策划者或管理者可以借助一些资源,比如向财务专业人士咨询建议,或者利用技术手段辅助进行活动账务处理。

技术能在时间管理和财务方面为节事活动管理者提供帮助,那些用于文字处理、图形处理、财务处理和数据库管理的程序有助于其完成日常工作和活动策划。总之,活动专业人士依赖各种技术工具,包括智能手机、平板电脑、笔记本电脑、基于云的应用程序、活动管理软件,甚至物联网等。

此外还有一点,涉及人力资源中的有效领导,即赋予员工权力。这是成功的关键。作为领导者兼节事活动管理者,你必须培训你的同事和志愿者,并为他们提供完成工作所需的信息和资源。挑选合适的人,赋予他们权力,并培养他们的技能,是非常关键的。这样做最终会有助于你成功地实现设定的目标。赋予活动工作人员权力可以帮助他们在关键时刻做出重要决策,因为成功的活动涉及众多决策,而作为领导者兼管理者,是不可能亲自处理所有这些决策的。因此，赋予团队成员权力是成为高效领导者、提高整个团队绩效的最佳途径。

13.1.4 节事活动策划流程

节事活动策划（event planning）流程包括5个关键的阶段。需要注意的是，这些阶段并不是完全固定的——节事活动策划者必须处理的问题，实际上是对之前每个阶段所做决策进行回顾和评估。

第一阶段：调研。

节事活动策划的第一阶段是为了回答以下这些简单的问题：为什么要举办活动？应该由谁来举办？在哪里举办？活动的重点是什么？期望达成什么效果？一旦这些问题有了答案，你就可以进入节事活动策划的第二阶段。

第二阶段：节事活动设计。

节事活动策划流程的第二个阶段是既令人兴奋又极具挑战性的。这个阶段允许在创意方面自由发挥，并实施支持特殊活动目标的新想法。设计过程使活动管理者或团队可以进行头脑风暴，想出创新点子，或者对以往活动进行改进，使其对参与者来说更出色、更宏大、更精彩。设计过程旨在获取新颖独特的想法，打造一场值得投入的活动。这些活动可能是一场公司会议，也可能是一场海滨婚礼，但无论是什么，活动的设计都会给参与者留下深刻持久的印象。

第三阶段：节事活动规划。

活动策划的这个阶段首先要依据活动预算来开展。一旦确定预算，接下来的流程步骤包括外包服务以及安排所有将成为活动一部分的其他活动。活动的类型和规模最终将决定规划过程所需的步骤，这可能包括以下任务：

（1）确定活动预算

（2）选择活动场地

（3）选择住宿地点

（4）安排交通

（5）洽谈合同

（6）安排餐饮

（7）安排演讲者、娱乐节目和音乐

（8）安排视听设备

（9）制订活动营销计划

（10）准备邀请函或活动资料包

第四阶段：节事活动协调。

协调这个过程可以比作一个指挥家带领一支乐队。乐队可能已经无数次排练过一首乐曲，但在音乐会期间，指挥家仍有必要引导或掌控演出。同样，活动管理者也要在活动开展过程中进行协调工作。这可能是一段充满压力的时期，因为会有各种意想不到的问题出现；也可能是一段因完美执行而真正获得成就感的时期。无论如何，随着活动的推进，活动的协调可能涉及决策技能和能力。

协调也与节事活动的人力资源方面有关。活动管理者作为领导者，要通过自身榜样来激励他人。作为活动管理者，你将负责协调员工和志愿者，以实现节事活动预先设定的目标。正如之前所提及的，赋予员工权力将营造一个积极的环境，让你协调他们工作的任务变得轻松许多。

第五阶段：节事活动评估。

评估应该在节事活动策划过程中每个阶段进行，并且是衡量活动在多大程度上实现目标的最后一步。将实际成果与预期进行比较，对差异进行调查并纠正。图13-1表明，节事活动策划是一个持续的过程。

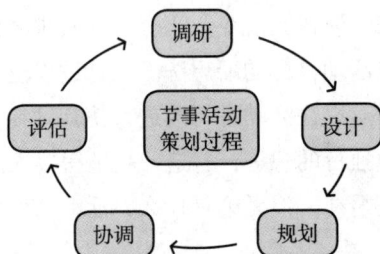

图13-1　节事活动策划过程示意图

你是否曾在参加一场极其成功的活动时，好奇是什么因素让这场活动如此成功？答案是敬业的工作人员的辛勤努力，以及使他们能够充分利用资源并确保活动取得巨大成功的活动技术。

通过节事活动策划软件，活动赞助商和策划者可以清晰而详细地沟通有关活动名称、活动地点（宴会厅、庭院或滨水草坪）、活动日期以及开始和结束时间（对于那些嘉宾可能需要长途跋涉前来参加的情况，还会包含时区信息）的信息。该软件还会详细说明所需座位和桌子类型、食物种类和数量、服务方式（自助餐还是座席餐）、宾客人数以及人均费用等。其他可能需要的数据包括有关鲜花、主桌、乐队、特殊音频或视频设备、活动挂板，或香槟祝酒等方面。所有这些数据都将包含在软件的规划页面中。

如果活动规模较大，比如芝加哥的全国餐饮协会展或纽约的国际饮食服务展，大型策划公司将与活动策划者以及举办这些大型活动的城市合作。大型音乐活动和其他主题活动也是如此。在单个酒店层面，酒店的收益管理系统软件将帮助确定应为特定活动预留或分配多少房间。该软件还能让管理团队查看未来的预订情况，并确定可以预留或划出多少房间以及定价情况。其他技术还包括在各种社交媒体平台上进行的互动投票和现场演示。

13.2 节事活动的类型

节事活动有多种类型，包括企业活动（论坛、研讨会、会议、大会）、协会活动（大型会议、展览会、会议）、慈善舞会与筹款活动、社交活动（婚礼、订婚派对、节日活动）、集市与节庆活动、音乐会和体育赛事等。常见的节事活动举办场地包括酒店和度假村、会议中心、帐篷或临时搭建场馆、宴会厅、企业自有场地、博物馆、竞技场、体育场馆、剧院以及餐厅等。每种类型的场地都有适用于特定类型活动的特殊特征，同时也会面临一些独特的挑战，提供相应的回报。在组织节事活动时，请牢记，将合适的人放在合适的位置上是至关重要的。这一点对于特殊活动尤为关键。下面讨论的各类活动，将让我们对活动专业人士可能参与策划的活动类型有初步了解。

13.2.1 企业业务活动

就活动业务而言，企业活动在行业中持续占据主导地位，约80%的活动市场为企业活动。

企业活动经理负责为公司员工、管理层及所有者策划并执行会议的各项细节。企业领域对节事活动的日益重视，催生了专门负责活动策划与管理的职位。企业活动策划者必须参与以下管理活动：领导、规划与组织、沟通、协调与执行。

企业活动包括：年度会议、销售会议、新产品发布会、培训会议与研习班、管理层会议、新闻发布会、激励会议以及颁奖典礼等。

这些活动使酒店业的多个领域受益。例如，客户可能在像海洋世界这样的大型景点或像破浪者酒店这样的度假村举办活动。每个企业客户都能为目的地经济中的酒店、餐厅、航空公司及其他企业带来数万美元的收益。企业活动策划者在选择酒店作为活动场地时，会考虑对参会者最重要的因素，包括企业住宿协议价、健身中心和商务中心等配套设施、机场接送服务以及酒店的快速入住与退房服务。因此，企业活动策划者应具备较强的谈判技巧，以便按需预订住宿和会议服务。

13.2.2 协会活动

如前文所述，协会在会议与节事活动行业中扮演着重要角色。大多数协会大会会提前2—5年进行规划，活动举办地是规划过程中的一个决定性因素。协会活动能创造数百万美元的收益，这源于成千上万的人参加各类会议和大会。

与协会相关的活动范围从在俱乐部或酒店举办的月度午餐会，到可能包含教育研讨会及有机会与其他协会成员交流的年度大会不等。协会通常会聘请全职带薪策划人员来管理年度全国会员大会，这是大多数协会章程所规定的必要活动。资金更为雄厚的大型协会，往往会聘请全职的会议与大会管理专业人员，他们不仅参与大型协会活动，还负责其他协会活动，包括董事会会议、教育研讨会、会员大会、专业会议以及区域会议。

在活动策划行业，专业协会对促进其成员的发展有着重大影响。专业协会为会员提供培训、认证、人脉拓展机会，以及商业计划方面的协助和其他咨询服务。

13.2.3 社交活动

此类活动策划包括婚礼、订婚派对、生日派对、周年纪念派对、节日派对、毕业派对、军事活动，以及所有其他社交聚会或活动。社交活动策划者通常负责选择活动场地、确定主题和设计方案、订购或规划装饰、安排餐饮和娱乐，以及印制并邮寄邀请函。前文提到，SMERF（社交、军事、教育、宗教及兄弟会）团体也会策划社交活动，成员通常自行承担活动费用，这意味着其对价格较为敏感，故在为这些团体策划活动时，认识到预算限制是非常重要的。

婚礼是最广为人知的社交活动。婚礼策划师是社交活动类别中的关键角色。这个头衔看似光鲜亮丽，我们大多数人也会有这样的认知，但策划一场婚礼涉及对细节的严格把控。别忘了，策划师要负责打造一对新人人生中最重要的日子。因此，高效的婚礼策划师会与各类服务供应商建立联系，比如酒店、婚礼场地、装饰公司、餐饮供应商、婚纱店、演奏者、摄影师、花店等等。如今举办一场婚礼要比过去昂贵得多，且通常持续时间更长。由于亲朋好友愿意长途跋涉来与新郎、新娘一同庆祝，婚礼已成为真正的"特殊活动"。如今，许多婚礼对参与者来说已变成一种小型度假活动。

慈善舞会与筹款活动为活动经理提供了一个与特定团体或慈善机构合作的独特机会。活动通常会选定一个主题。活动经理负责选择场地，协调所有决定活动成败的细节，包括餐饮、娱乐、装饰、灯光、花艺布置、邀请函、租赁、公关、交通、安保以及技术支持等。

活动经理必须具备的一项关键技能，是在既定且通常有限的预算内规划活动。为何这项技能如此关键？因为这些活动旨在为特定团体或慈善机构筹集资金，花在活动上的每一元钱，都意味着可用于慈善事业的资金将减少一元。尽管如此，这些活动又被期望办得奢华，所以在主题的策划与执行过程中，一些创意能发挥很大作用。活动经理还应具备较强的谈判技巧，与供应商协商降低价格，在某些情况下争取捐赠的服务或产品。精明的策划者会知道如何向供应商推销活动所能带来的正面公关效益。

13.2.4 集市与节日

"集市"这个词很可能会唤起对棉花糖、漏斗蛋糕、摩天轮以及嘉年华游戏的记忆。这些记忆对于为什么集市被视为节事活动是十分重要的。但在美国，大多数集市的目的通常与农业产业相关。集市通常由选举产生的委员会挑选的专业人员组织举办，且一般在地方、县或州层面举行。

节庆活动是有计划的活动，通常围绕庆祝目的设定主题。文化、周年纪念、宗教节日和一些特殊日子常以节庆的形式庆祝。在策划节庆活动时，食物和娱乐是重点考量因素。有许多网站专门介绍各类集市、节庆及其他特殊活动。节庆活动的种类繁多，令人惊叹，包括艺术、音乐、体育、文学、表演艺术、航展、科学以及儿童节庆。在节日庆祝中，人们沉浸在对共同的文化传承和社区的热爱中，这种热爱超越了任何语言、地理和文化的界限。

慕尼黑啤酒节、狂欢节、赛车节、街头音乐节、美国舞蹈艺术节、北极熊节、大蒜节、百吉饼节等，都是世界各地众多节庆活动中的一部分。

策划集市和节日活动的一个关键策略是尽早确定活动的目的。研究分析可用的人力资源是很重要的，包括会协助活动表演的专业人员和志愿者。国际节庆与活动协会（IFEA）为来自世界各地的活动经理提供了一个交流平台，他们可以在此分享关于其他节庆活动在赞助、营销、筹款、运营、志愿者协调与管理等方面的成功经验。

13.2.5 音乐会与体育赛事

音乐会经纪人是一个与节事活动有关的职业。1969年举办的伍德斯托克音乐节（Woodstock）是一个具有标志性意义的大型音乐节——它影响了参与者和社会。很多音乐会被策划为筹款活动，知名明星常常担任这些活动的主角，为特定事业筹集资金或提高关注度。规模较小的情况下，大学可能会举办音乐会作为特殊活动。

体育赛事的开幕式、中场表演和赛后表演是另一种特殊活动。由于大量体育赛事通过电视转播或在线直播，这类表演备受瞩目。这给活动经理带来了独特的挑战，即必须同时满足数百万电视观众以及现场观众的需求。

从历史上看，体育赛事比其他形式的娱乐活动更受欢迎。这可能是因为我们的竞争天性，以及观看他人竞争的渴望——这可以追溯到古老的角斗士时代。在规划特殊体育活动时，要记住主要关注点应始终放在运动员和比赛本身。因此，特殊活动的举办应是为了增添而非减损体育赛事本身的魅力。特殊活动甚至可能吸引更多观众和粉丝关注这项运动。

体育娱乐是一个未来前景被看好的领域，除了传统体育赛事，电子竞技的发展为围绕这一不断壮大的领域规划活动提供了更多机会。这些活动需要有人来策划、组织和运营中场表演以及比赛前后的活动。广大观众期待着你拥有超级碗级别的想象力，确保每一场体育赛事对最重要的参与者——粉丝来说，都是一场精彩的体验。

13.2.6 大型体育赛事

大型体育赛事是该行业中最赚钱的项目之一。无论社区大小，都热衷于举办大型体育赛事，因为它们能带来积极的经济影响，获得巨大的经济效益。

奥林匹克运动会是所有体育赛事的标志。这项每四年一届的国际体育盛会，分为夏季奥运会和冬季奥运会。奥运会吸引的人数超过任何其他体育赛事——每次均会吸引超过600万人前往主办城市。这么多人出行、入住酒店、在餐厅用餐，还可能参观主办城市的景点，不难理解为何它在该行业中扮演着如此重要的角色。

世界杯汇聚了全球最优秀的足球队伍。实际上，这项每四年举办一次的国际赛事更是一项持续的赛事，因为其预选赛在决赛前的三年中是持续进行的，最终以决赛决出冠军。每届世界杯决赛，都有近100万人亲临现场，还有数百万人通过电视或网络观看。

超级碗是美国两支最优秀橄榄球队之间的年度对决。传统上，比赛定于"超级碗周日"举行，通常在1月下旬或2月初。多年来，这一天已经成为许多美国人的节日。超级碗是美国年度收视率最高的电视节目之一，而且人们不仅看比赛，还会收看备受关注的广告——广告商们在这些广告上投入了数百万美元。人们也会观看中场表演，其间一些最受欢迎的音乐艺人会进行表演。

世界大赛是美国职业棒球大联盟（MLB）季后赛的巅峰对决，旨在决出美国最佳棒球队的称号。比赛从每年10月开始，在美国联盟和国家联盟的冠军队之间展开。如今，系列赛冠军通过七场四胜制的季后赛决出。获胜球队将获得世界大赛奖杯，每位球员都会获得一枚世界大赛戒指。

男子高尔夫则有四项主要锦标赛，被称为大满贯赛事。美国大师赛是世界顶尖高尔夫球手每年在奥古斯塔国家高尔夫俱乐部参加的大赛，其冠军自动获得未来五年参加其他三项大满贯赛事的邀请，以及美国大师赛的终身参赛邀请。这项赛事每年6月举行，是PGA巡回赛和欧洲巡回赛的官方赛程之一，场地选择多样。英国公开赛是男子高尔夫四大满贯赛事中历史最悠久的，每年在林克斯球场（位于沿海地区，风大，土壤多沙，常位于沙丘之间，几乎没有水域障碍和树木）举行。PGA锦标赛是每年8月举行的年度最后一项锦标赛，其冠军同样会自动获得未来五年参加其他三项大满贯赛事的邀请，并终身免资格赛参加PGA锦标赛。

每年都会举办一些帆船比赛。美洲杯帆船赛或许是最著名的帆船赛事。除了帆船比赛本身，它也是对船只设计、风帆设计、筹款和人员管理的考验。比赛以系列赛形式进行，目前采用九场五胜制的对抗赛制（两艘船之间的对决）。

邮轮公司也在推出专门的体育主题邮轮，让观众和参与者能够提升技能、与职业运动员见面、参加重大赛事，尽情沉浸在他们喜爱的体育项目中。

13.3 节事活动管理者与专业协会

13.3.1 节事活动管理者的素质

节事（特殊）活动管理与其他任何形式的管理一样，需要特定的技能和能力。举办一场成功的活动不仅仅需要一个创意，还需要领导力、沟通能力、有效的谈判与授权技巧、项目管理能力、在预算内工作的能力、热情以及社交技能等。以下部分将深入探讨其中一些特质和技能。

第一，领导力。作为领导者，活动经理需要身兼数职。首先，要通过阐述合理的理由，激励员工和志愿者协助实现活动既定目标，在这个角色中，活动经理就像是一名销售人员。其次，活动经理要负责为员工和志愿者提供实现目标的工具，这包括培训和协调。最后，活动经理要扮演教练的角色。作为领导者，活动经理要成为导师，并提供支持体系以打造团队。员工和志愿者的积极性是有效管理活动的重要因素。领导力是一位成功的活动经理的首要技能。活动经理的目标是成为一名领导者，能够指挥一支尊重、钦佩并听从你指挥的员工和志愿者团队，以实现既定目标。

第二，沟通能力。活动经理的成功在很大程度上取决于相关人员之间有效沟通的能力。沟通可以采取不同形式：口头、书面和电子沟通。活动经理要成为有效的沟通者，以便与所有员工、志愿者、利益相关者和其他部门保持清晰的沟通，这一点非常重要。

书面沟通是记录和提供可广泛分发信息的重要方式。与其他部门、客户或供应商的沟通可能通过面对面或在线会议进行。在社交媒体上为活动造势则是另一种沟通方式。

第三，授权能力。一个人不可能完成所有事情，但管理者往往授权不足。这种矛盾在活动行业很常见。秘诀在于提前规划，并留出时间将任务分配给他人，以促进活动的顺利进行。为了成功授权，需要一个信任的氛围和积极的工作环境。还需要有敬业的同事，他们会完成分配的任务，并在整个过程中进行有效沟通。

第四，谈判能力。谈判是两个或多个参与方在会议、大会、展览或活动之前、期间和之后，就规范他们关系的条款和条件达成协议的过程。有效的谈判者在进入谈判时，会对自己想要的结果有清晰的想法。

在开始谈判之前，请牢记以下几点：

- 做好功课。制订一个"行动计划"，明确期望的结果，并对你的需求和期望进行优先级排序，同时尽可能多地了解对方的立场。
- 留有余地。这可能为日后重新展开谈判提供机会。
- 当谈判遇到障碍时，寻找更具创造性的途径。跳出常规思维往往能找到解决方案。

第五，社交技能。社交技能是任何节事活动管理职位的重要特质。社交技能对于让与你做生意的人感到舒适、妥善处理各种情况以及消除阻碍你实现目标的障碍至关重要。沟通是一项关键的社交技能，另一项则是倾听。社交礼仪是另外一项可能成就或毁掉职业生涯的技能，而且它是一种可以通过练习获得的技能。社交礼仪被定义为展现社会认可的良好举止，并能为他人着想。酒店业的专业人士，包括节事（特殊）活动领域，必须精通得体的社交礼仪。服务是提供的最大产品之一，因此，要取得成功，社交技能和礼仪必不可少。

第六，项目管理能力。活动策划和管理可能非常耗时。因此，优秀的策划者应具备有效的项目管理技能，以便平衡一项活动的所有要素（如果同时还有其他活动在进行，则需平衡多项活动）。项目管理是指按时且在预算内完成项目。项目管理非常适合节事（特殊）活动行业，因为整个活动或活动的各个组成部分都可以作为项目进行管理。

第七，工作热情。 你可能反复听说过，在任何一个酒店行业领域，职业倦怠的风险都很高，工作要求也很苛刻。但与此同时，当活动取得圆满成功时，回报和满足感也非常大。正如人们通常所说的那样："找到你热爱做的事，你的一生都不会觉得在工作。让工作像玩耍，尽情享受！"热情、激情、动力和决心，这些都是有助于活动经理或策划者取得成功的品质。对于那些拥有着热情和激情的人来说，这可能是一条真正有意义的职业发展路径。

13.3.2 节事活动的专业组织

像其他的接待服务行业一样，专业协会是活动领域专业化发展的关键推动者。专业协会为其成员提供培训和权威的认证，会员资格还提供了与该领域其他专业人士建立联系的机会。此外，协会可以帮助成员与提供节事（特殊）活动相关产品和服务的供应商建立联系。

专业协会还为其成员提供制定商业计划和其他形式咨询的帮助。一些协会甚至提供人才库和推荐服务。以下部分简要概述与节事（特殊）活动行业相关的主要协会。

国际节庆与活动协会（International Festivals and Events Association，简称IFEA）。 国际节庆与活动协会60多年来一直为国际节事活动行业提供筹款和现代化发展理念。1983年，IFEA 启动了认证节庆与活动执行官（CFEE）项目，以提升节庆活动管理培训水平和绩效。那些寻求获得这一殊荣的人致力于在节庆与活动管理方面追求卓越，将其作为职业发展的工具，并寻求获取更多知识。CFEE 项目分为8个部分，包括核心课程和选修课程，以及节庆与活动管理经验、成就和评估。该组织目前拥有2000多名专业会员，他们通过 IFEA 的出版物、研讨会、年度大会和贸易展览以及持续的人脉拓展活动，了解行业动态。

加入该协会并满足 CFEE 要求的好处包括：能够争取更好的收入或财务待遇、获得其他行业专业人士的认可，以及深入了解节庆行业。

国际会议专家协会（Meeting Professionals International，简称为MPI）。 国际会议专家协会是一个总部位于美国达拉斯的协会，拥有一个由6万名会议和活动专业人士组成的全球社区，在19个国家的90多个分会和俱乐部中有超过1.7万名活跃会员。MPI 认为，"作为价值数十亿美元的会议和活动行业的全球权威和资源机构，MPI 通过教育、明确的职业发展路径和商业增长机会，赋予会议专业人士提升其战略价值的能力。"MPI 在多个认证项目中提供专业发展机会，其中最负盛名的两个项目是：

- 注册会议专业人士（CMP）
- 会议管理资格证书（CMM）

CMP项目的认证基于专业经验的考核和理论考试。得到这个认证之后，会议专业人员可在名片、信件的抬头或其他印刷品上的姓名后面使用CMP称号。

CMM 项目面向高级会议专业人士，提供继续教育、全球认证与认可、潜在职业发展机会以及人脉拓展平台。

国际酒店销售与市场营销协会（Hospitality Sales and Marketing Association International，简称HSMAI）。国际酒店销售与市场营销协会是全球规模最大且最活跃的酒店服务业销售与营销会员制组织，拥有来自35个国家的7000多名会员，其会员代表涵盖酒店与度假村、航空公司、邮轮公司、汽车租赁机构、主题公园及景点、会议与旅游局、目的地管理公司、预订销售机构、餐厅、高尔夫及休闲场所等众多领域。酒店服务业中任何从事销售、营销、市场管理、教育、规划或报告相关工作的人员，包括为旅游、观光、酒店、会议及会展行业提供推广、制作或支持服务的人员，均可申请成为会员。

HSMAI 的使命是成为旅游、出行及酒店服务行业专业人士获取销售与营销信息、知识、业务拓展及人脉资源的首要平台。HSMAI 为酒店销售主管、收益管理主管、酒店营销主管、酒店数字化市场营销人员及具备酒店商业头脑的人士提供认证课程。

会议与旅游局（Local Convention and Visitors Bureaus，简称CVB）。会议与旅游局是一个非营利机构，在美国和加拿大的几乎每个城市都设置有该机构。全球其他许多城市也设有 CVB 或会议与旅游协会（CVA）。简而言之，CVB 旨在促进其所在城市的旅游业、会议及相关业务发展。CVB 主要有三项职能：

（1）鼓励各类团体在其代表的城市或地区举办会议、大会及贸易展览。

（2）在活动筹备期间及活动进行过程中为这些团体提供协助。

（3）吸引游客前来体验目的地提供的历史、文化及休闲娱乐活动。

CVB 并不实际参与会议、大会及其他活动的策划或组织工作，但它会从多个方面协助会议策划者和管理者。首先，它会提供有关目的地、当地景点、服务及设施的信息。其次，它为策划者提供公正客观的信息来源。最后，由于 CVB 的资金来源于其他渠道，包括酒店营业税和会员费，所以其提供的大多数服务都是免费的。因此，它能够为活动策划者和管理者提供一系列服务。CVB 提供的一般服务示例如下：

- CVB 可充当策划者与当地社区之间的联络人。
- CVB 可通过安排会前和会后活动、配偶旅游及晚间特别活动，帮助参会者充分利用闲暇时间。
- CVB 可提供酒店房间数量及会议场地统计数据。
- CVB 能协助了解活动场地的可用性。
- CVB 是一个交通服务网络，涵盖穿梭巴士服务、地面交通及航空信息。
- CVB 可协助安排场地考察和调研行程。
- CVB 可提供演讲嘉宾及当地的学习交流机会。
- CVB 能在获取辅助服务、制作公司、饮食服务、安保等方面提供帮助。

关键词汇与概念

节事活动	节事活动策划	节事活动策划者
节事活动管理	企业业务活动	协会活动
社交活动	大型体育赛事	国际节庆与活动协会（IFEA）

复习讨论题

1. 描述节事活动策划者的角色以及节事活动策划者在规划会议时采取的五个步骤。

2. 解释不同类型的特殊活动，并为每种类型提供一个例子。

3. 指出节事（特殊）活动经理的特质和技能，并解释规划婚礼的经理如何展现这些特质。

知识应用

你被分配了一个任务，即为你们校园所在的当地慈善机构举办一场募捐活动。请运用节事活动策划的五个关键阶段来制订计划，包括场地、预算和特殊需求等。

Introducing >> Emily Greenbaum

Event Manager, Verde Events, Inc., Chicago, Illinois

Emily Greenbaum graduated from DePaul University with a B.A. in hospitality leadership with a concentration in event management and a marketing minor. Always a hard worker, Greenbaum worked numerous jobs and internships during her college career in the realm of catering and nonprofits before beginning her internship at a small boutique third-party corporate planning firm. Upon graduation, Greenbaum started full-time at this firm as an event coordinator. She began her career by assisting managers with various corporate events. From large scale registrations in the health care realm of 1,200 attendees to smaller training meetings, Greenbaum assisted in each stage of the event-planning process from start to finish.

Every day is different. Greenbaum listens to the client's needs for a meeting and helps recommend various locations before reaching out to hotels to secure contracts for meeting space and hotel rooms before jumping into the details of the meeting. Once a hotel is contracted, about two to three months before the event takes place, she begins planning the details for the entire program. Some days, she assists in menu selections to ensure that guests have enough variety throughout the meeting while also accommodating everyone's dietary needs. Other days, she focuses on meeting space set-ups and AV needs to guarantee that the content and message of the meeting is portrayed correctly. Putting together evening functions is also incredibly important as the majority of networking occurs during this time, so making sure the evening is fun and entertaining while also maintaining a professional tone is also very important. This includes but is not limited to off-site locations, live entertainment, décor, and menu selection.

Sometimes, Greenbaum has to be more creative and brainstorm potential locations and entire programs for small, high-end, executive incentive trips that her company has to put together proposals for, including destination information, hotel details, activities, and innovative dining options in order to win the business.

Greenbaum sometimes has to travel to a property a few times with her client in order to get a grasp of not only the meeting space, but also potential off-site locations. Sometimes, her clients already have space held or contracted, so they discuss the flow of events and floor plans. Other times, she takes her client to new properties to see which property would be a better fit for the given meeting or incentive trip.

After working on a program for anywhere from one year to two months, Greenbaum finally executes the program. She goes a few days before the first day of the meeting and meets with the hotel to walk through all the details: food and beverage, meeting set-ups, AV needs, transportation, activities—the list goes on and on. She makes any changes or adjustments that she needs to before everyone arrives, and then the meeting starts. Once the meeting starts, she manages all aspects. She greets people at registration and provides them with any and all materials that they would need. She checks meeting space set-ups to make sure that the rooms and AV were set correctly. Greenbaum walks through the buffet set-ups and cross-checks them with the menu selections to make any adjustments necessary. She oversees evening set-ups including furniture rentals, entertainment, catering set-up, and décor.

Finally, after working for a week straight, the event concludes, and Greenbaum feels such a sense of relief and success. After working for almost a year on a program, the event would be considered an achievement and really help elevate her client's image. Having the opportunity to not only help her client in all aspects of the program but also have a successful program gives her a great sense of accomplishment. Now she has to turn around and start on the next one. While the wheel never stops turning, Greenbaum loves seeing all of her hard work come to fruition and really make a difference for her client.

.inc | Corporate Profile

International Live Events Association

Members of the International Live Events Association Play an Active Role in Organizing a Range of Festivals, Fairs, and Other Special Events.

The International Live Events Association (ILEA) started in 1987 under the name of the International Special Events Society. The organization currently has thousands of members who are active in several chapters around the world. The organization includes professionals representing special events producers (from festivals to trade shows), caterers, decorators, florists, destination management companies, rental companies, special effects experts, audiovisual technicians, party and convention coordinators, hotel sales managers, specialty entertainers, and many others.

"The mission of the ILEA is to ensure a thriving and creative events profession by providing members and stakeholders with: collaborative networking, educational and professional development, inspiration, and outward awareness and credibility."

The ILEA awards a designation of Certified Special Events Professional (CSEP), which is considered to be the benchmark of professional achievement in the special events industry. Visit the ILEA website to learn more for further information.

Current Issues in Events Management

COVID-19 Pandemic

We all know about the devastating pandemic and how it impacted events. For the better part of two years, most events were canceled or postponed until it was safer to hold an event. Gradually we are beginning to assemble again at events and are glad to resume associations with friends and colleagues at conferences, sporting, and many other types of events.

Sustainable Events

Sustainable or climate friendly events are enabled by working in compliance with ISO 20121. A sustainable event is one that integrates environmental awareness and social responsibility in every step of the event from planning to execution. According to the Event Manager blog, hosting sustainable events not only improves the reputation of the company, it also helps reduce the carbon footprint of the event. Analyzing the event in all areas from travel to print material, food and beverage to energy needs all contribute to a more sustainable event.

Green lifestyle events also can be sustainable and are more popular now. Clients want events where the location and food and beverages are locally sourced. That means a carbon footprint where everything comes from within 100 miles.

- What challenges would a meeting planner face if asked by a client to create a sustainable event?
- What advantages would a meeting planner experience by creating a sustainable event?

Technology

The special events technology is much the same as other industries with apps that do away with paper programs and jumbo screens to view events when people cannot get close to the action of the event. GPS event locators are being used to navigate and assist clients find booths and meeting rooms.

Faster Internet connections with GoToMeeting-type connections have gained in popularity and can provide a real-time updates to attendees and allow attendees to share their experiences on social media. Other technology platforms can handle guest registration, check-in web and mobile interface, data collection and analysis and report generation, payments, promotional activities.

- What type of technology advances can you envision two years from now?
- Why is technology playing an increasingly important role in the event industry?

Security

Security concerns are of utmost importance to both meeting planners and attendees as our world has seen an increase in violent events. Having open buildings with easy public access and being in the hospitality business have created some difficulty in deciding how to handle the type of security, how much security, and who will pay for the security. Having multiple groups in a building adds another layer of difficulty. An example would be if one event is a very secured (metal detectors, bags are checked, dog sweeps, etc.) event and one is open to the public with no security and having both groups in the building at the same time. The design of the building plays a role in the number of security guards that may be needed. A wide-open building with plenty of glass doors may be aesthetically pleasing but can add additional costs to the show manager needing additional security guards. Security costs can vary widely when booking an event due to each venue's requirements and the design of the building which makes it difficult for show management to prepare a future budget when they haven't yet selected a venue. As terrorist concerns arise in the world this area will undoubtedly become more of an issue in protecting their guests, employees, and properties.

- As an event planner, how would you address potential security concerns of a client hosting an open-air event in a public place, such as a park?
- What are the potential risks that an event planner must be aware of when hosting an event that includes a highly visible celebrity?

图书在版编目（CIP）数据

国际接待服务业概论 : 第9版 / (美) 约翰·沃克著 ;
李力等译. -- 广州 : 广东旅游出版社, 2025. 6.
ISBN 978-7-5570-3516-7

Ⅰ. F719.0

中国国家版本馆CIP数据核字第20259LV712号

出 版 人：刘志松
策划编辑：官　顺
责任编辑：林保翠　俞　莹
装帧设计：王燕梅
责任校对：李瑞苑
责任技编：冼志良

国际接待服务业概论：第9版
GUOJI JIEDAI FUWUYE GAILUN: DIJIUBAN

广东旅游出版社出版发行

（广东省广州市荔湾区沙面北街 71 号首、二层）
邮编：510130
电话：020-87347732（总编室）　020-87348887（销售热线）
印刷：东莞市星河印刷有限公司
地址：广东省东莞市谢岗镇谢岗新城五路 1 号 7 号楼
开本：787 毫米 ×1092 毫米　16 开
字数：600 千
印张：21.25
版次：2025 年 6 月第 1 版
印刷：2025 年 6 月第 1 次
定价：55.00 元